PARA ESTAR EN EL MUNDO

En el nombre del Padre

Depredadores sexuales en la Iglesia

El dedo en la llaga

En el nombre del Padre

Depredadores sexuales en la Iglesia

Carlos Fazio

OCEANO

EDITOR: Rogelio Carvajal Dávila

EN EL NOMBRE DEL PADRE
Depredadores sexuales en la Iglesia

© 2004, Carlos Fazio

D. R. © 2004, EDITORIAL OCEANO DE MÉXICO, S.A. de C.V.
        Eugenio Sue 59, Colonia Chapultepec Polanco
        Miguel Hidalgo, Código Postal 11560, México, D.F.
        ☎ 5279 9000   📠 5279 9006
        ✉ info@oceano.com.mx

PRIMERA REIMPRESIÓN

ISBN 970-651-868-1

IMPRESO EN MÉXICO / PRINTED IN MEXICO

ÍNDICE

11

PREFACIO

El 29 de abril de 2002, cuando el escándalo de los abusos sexuales que involucraba a sacerdotes de la Iglesia católica en Estados Unidos crecía rápidamente, recibimos una propuesta de Editorial Oceano para escribir un libro sobre el tema. Nuestra primera reacción fue de duda. Debíamos responder a una serie de preguntas, entre las cuales figuraban los posibles motivos que llevaron al papa Juan Pablo II a intervenir de manera directa en el asunto (lo que en forma automática lo catapultó a los principales espacios de la prensa escrita, radial y televisiva del mundo); exponer la proyección del escándalo en México, con la participación de los obispos católicos locales, así como la contribución de la multinacional Televisa en la exhibición pública del "caso Maciel", que aludía al superior general de la institución religiosa denominada Legión de Cristo, el sacerdote Marcial Maciel Degollado, acusado de presuntas prácticas pedófilas por exseminaristas de la orden.

Finalmente aceptamos. Pero descartamos hacer un libro de coyuntura. Tras dos años de intensas investigaciones, el presente trabajo es el resultado de un aprendizaje del autor sobre el tema. Por fortuna, el trabajo aparece cuando el escándalo, que obnubila el juicio, ha, de hecho, desaparecido de la escena pública; por lo que el problema central —la acción de los curas pederastas y su encubrimiento sistemático por las instancias de poder en la Santa Sede y la jerarquía de las iglesias locales— puede ser visto como una constante, y con el desapego debido, gracias a la ausencia del alboroto mediático. No obstante el tiempo transcurrido, hay otra razón de fondo: tenemos la certeza que como en una montaña rusa de escándalos sexuales, éstos volverán. Pensamos, por lo tanto, que los contenidos y ejes temáticos siguen vigentes y sólo en las coyunturas del *no escándalo* puede ser bien ponderado el asunto y servir para una reflexión permanente.

El trabajo de investigación periodístico se divide en dos partes y un anexo. La primera parte aborda el estallido del conflicto de los sacerdotes pederastas en Estados Unidos, a comienzos del 2002, y concluye con la renuncia del cardenal de Boston, Bernard Law. La segunda, se refiere a la sexualidad y los abusos de poder eclesial en México; en particular, los casos del exnuncio apostólico, monseñor Girolamo Prigione, y del sacerdote Marcial Maciel. El affaire sobre la Legión de Cristo recoge testimonios e información documental de varias de las víctimas.

A nuestras primeras preguntas: ¿quiénes hicieron qué cosas?; ¿por qué?; ¿cuándo?; ¿por qué surgió el escándalo en ese momento y no antes?; ¿de qué manera son culpables?, se fueron sumando otras interrogantes que nos llevaron a bucear en la vieja matriz sexualidad-religión, con sus cuotas de represión y neurosis en su contexto histórico. Asimismo, debimos incursionar en los contenidos de los argumentos que por varios meses enfrentaron a jerarcas católicos del episcopado de Estados Unidos, agrupados, sintéticamente, en dos grupos: conservadores y progresistas. De allí que el lector encontrará, junto con la información pública más relevante sobre el asunto de fondo, exploraciones laterales sobre temas tales como el patriarcado, el celibato y la homosexualidad en la Iglesia católica, su repercusión en las sociedades occidentales y sus evidentes vínculos con el escándalo de los curas predadores.

En algunos casos, como en un carril paralelo y complementario, el lector encontrará información de interés en las notas que acompañan al cuerpo del texto. Pero queremos advertir sobre otro dato importante: a la manera de *1984*, de George Orwell, el libro se puede comenzar a leer por el anexo. En la novela de Orwell, el apéndice que contiene "los principios de la neolengua" es el hilo conductor. En la presente obra, la lectura del anexo, que incluye un documento reservado del Vaticano dirigido a "todos los patriarcas, arzobispos, obispos

14

y otros diocesanos ordinarios inclusive del rito oriental" (la *Instrucción sobre la manera de proceder en los casos de delito de solicitación*), resulta clave para desentrañar la trama del escándalo de los curas pederastas. Se trata de un hallazgo oportuno y una verdadera perla —casi un... ¡milagro exquisito!—, no obstante su aridez, por tratarse de un texto jurídico. El documento, del tipo *top secret* de Estado, y por lo tanto vedado para ser ventilado a la luz pública, exhibe la manera cómo, durante años, han procedido las autoridades de la Santa Sede y de la Iglesia católica en relación con "el peor de los delitos" posibles, la pederastia.

Una última precisión: no se trata de un libro *contra* sino *sobre* la Iglesia católica, una institución moral y política y, por tanto, sujeta a la crítica y al escrutinio público. Pese a su doctrina sobre la infalibilidad papal, su estructura de gobierno jerárquica y su cultura autoritaria, se trata de un reino sacro estatal que opera dentro de sociedades humanas. Es decir, más allá de su supuesta relación con Dios en la Tierra, la Iglesia católica, sus dirigentes y funcionarios siguen estando regidos por las leyes y sometidos a los principios morales de las sociedades contemporáneas.

En la esfera pública secular, la Iglesia católica y su *nomenklatura* han disfrutado históricamente de relativa inmunidad. Pero tanto la Iglesia como la Santa Sede tienen condición de personas morales y, en tanto tales, han contraído obligaciones. Como se desprende de los documentos y testimonios que contiene el libro, en el seno de esa institución se han cometido una gran variedad de transgresiones penales y morales (amén de guerras genocidas). En ese sentido, creemos, y así se argumenta en la obra, que los clérigos que cometieron crímenes deben ser enjuiciados. La investidura sacerdotal no debe suponer inmunidad legal ni social. Además, pensamos que la Iglesia católica, como institución moral, no debe seguir encubriendo a criminales y que tiene el deber de reparar el daño ocasionado a las víctimas de tales actos.

Por otra parte, queremos agradecer a quienes hicieron posible este libro. A los exlegionarios José Barba, José Antonio Pérez Olvera y Alejandro Pomposo, quienes accedieron a ser entrevistados y aportaron datos, documentos y testimonios valiosos. A María Consuelo Mejía, de Católicas por el Derecho a Decidir en México, que facilitó documentación y brindó sus comentarios para el capítulo sobre el patriarcado y el caso de las monjas violadas. A Alberto Athié, por la gentileza de compartir sus opiniones y correspondencia privada, en el doloroso tránsito de su vida sacerdotal al estado laical. Al sacerdote Antonio Roqueñí, por la valentía de siempre. Al psicoanalista Alberto Sladogna, por sus valiosos análisis y comentarios que permitieron un abordaje psicológico del "caso Maciel". A otras fuentes que prefirieron mantenerse en el anonimato.

También queremos agradecer a Rogelio Carvajal, editor de Oceano, por sus profesionales y atinadas observaciones, que ayudaron a darle mayor coherencia y contundencia al texto, y por acceder a la traducción e inclusión del documento confidencial del exSanto Oficio. Un reconocimiento, asimismo, a la traductora Patricia Straulino, cuyo trabajo permite presentar a los lectores la versión en español. Y, en especial, queremos destacar la activa colaboración del investigador Stephan Hasam, que aportó ideas, enfoques y oportunas anotaciones, así como por su paciencia en la lectura de los originales. Fue él, además, quien "descubrió", en la Internet, el documento anexo, imprescindible para descifrar el porqué del inmovilismo de la Santa Sede y la Iglesia católica en torno al problema de los escándalos sexuales en su seno.

abril de 2004

El escándalo de los curas predadores

El jueves santo de 2002, cuando más arreciaba el escándalo desatado por las denuncias de delitos sexuales al interior de la Iglesia católica —en particular sonados casos de abusos, pedofilia[1] y efebofilia[2] en Estados Unidos y Europa—, el papa Juan Pablo II se declaró "profundamente conmocionado" y ofreció su "solidaridad" a las víctimas de los curas y religiosos "pecadores". Admitió la existencia de "un clima denso de sospechas" que afectaba a toda la institución, y llamó "traidores" a aquellos hermanos que habían cedido a las "peores manifestaciones de iniquidad" del mundo actual.[3]

Como tantas veces antes, las palabras del pontífice fueron transmitidas al mundo de manera instantánea por la televisión. En el ocaso de su largo pontificado Karol Wojtyla se veía extenuado. Ese 23 de marzo no pudo celebrar la misa crismal que marcaba el comienzo de los actos

[1] El término pedofilia, de raíz griega (*pais*-niño, infante-*filia*-amor, atracción), es definido como "la condición de estar atraído por niños" (*Collins English Dictionary*) o como "un amor anormal, especialmente sexual por niños y niñas pequeños" (*Oxford English Dictionary*). El término apareció por primera vez en los manuales de psicología en 1906, mientras que la expresión pedófilo surge en 1951. Un sinónimo de uso frecuente es pederastia, término definido como un "trastorno psicosexual consistente en la atracción erótica que siente el adulto por los niños", *Diccionario Compact Oceano*, Barcelona, 1997.

[2] Efebo es una palabra griega que define la etapa de la hombría temprana, o a jóvenes próximos a adquirir su ciudadanía, o que están haciendo su entrenamiento militar, *Collins English Dictionary*.

[3] José Antonio Román y agencias, "Se solidariza el papa con las víctimas de curas pecadores", *La Jornada*, México, 22 de marzo de 2002.

litúrgicos de semana santa en el Vaticano. Se limitó a presidir la ceremonia y a pronunciar, balbuceante su voz, la homilía, sentado cerca del altar en la Basílica de San Pedro. Ese mismo día se había hecho pública la decisión del papa de aceptar la renuncia del arzobispo polaco de Poznan, Juliusz Paetz, quien había presentado su dimisión tras haber sido acusado de abusos sexuales a decenas de sacerdotes y seminaristas. Los cargos fueron rechazados por el prelado, quien, en una actitud típica de los abusadores con sotana, se dijo víctima de "una campaña organizada para destruirme a mí y manchar a la Iglesia".[4] No obstante, la decisión del pontífice fue tomada una vez que una comisión del Vaticano, supervisada por Wojtyla en persona, investigó el caso de manera minuciosa.[5]

Tradicionalista en extremo, impulsor de una Iglesia de neo-cristiandad —en el sentido de un superEstado sacro que se coloca por encima de los Estados-nación— a la que en su libro *Proyecto de ética global* Hans Küng calificó como de "reconquista en el sentido medieval, de contrarreforma y de antimodernismo",[6] Juan Pablo II sublimó durante su largo pontificado los temas femenino y sexual, a tal punto que algunos vaticanólogos llegaron a hablar de una verdadera "cruzada sexual" y definieron como una "obsesión" las miles de páginas escritas por el papa y los responsables de las congregaciones romanas sobre esos tópicos.

Por eso, la decisión en el caso Paetz —un prelado ultraconservador amigo personal del papa— debió ser muy dolorosa para Wojtyla. A sus 76 años, monseñor Paetz era el jerarca católico de mayor rango envuelto en un escándalo de ese tipo, después de que el cardenal arzobispo de Viena, Hans Hermann Gröer —otro de los "hijos" predilectos del papa, devoto como él de la virgen de Fátima y también de

---

[4] Pepe Rodríguez, *Pederastia en la Iglesia católica*, Ediciones B, Barcelona, 2002.

[5] La comisión investigadora designada por el papa estuvo presidida por Antoni Stankiewicz, juez del Tribunal de la Rota en el Vaticano y controlada por el vocero de la Santa Sede, Joaquín Navarro Valls, un opusdeísta muy cercano al pontífice.

[6] Citado por Carlos Fazio en *Juan Pablo II. El guerrero de Dios*, Times Editores, México, 1999.

talante conservador— fuera forzado a retirarse de la vida pública en 1998 a raíz de varias denuncias sobre delitos sexuales.[7]

El 23 de febrero anterior, el diario *Rzecspospolita*, de gran prestigio en Polonia, había publicado en primera plana la fotografía del arzobispo Paetz, con un extenso texto en el que se describía las supuestas agresiones sexuales del jerarca católico. La molestia del pontífice debió ser grande; además de polaco, monseñor había sido uno de sus colaboradores personales en Roma, a donde Paetz había llegado desterrado a raíz de sus tentaciones carnales durante el pontificado de Paulo VI. Un historial problemático que Wojtyla y la curia romana conocían bien, y que no impidió promoverlo, en 1982, como obispo de Lomza y, luego, en 1996, como arzobispo de Poznan.

Apenas un mes después, cuando aún no cesaban las réplicas del terremoto que sacudía a la Iglesia católica —con epicentro en la arquidiócesis de Boston, el cardenal arzobispo Bernard Law y el episcopado de Estados Unidos—, el papa exigió *cero tolerancia*[8] contra los sacerdotes pederastas.[9] Ante un reducido grupo de jerarcas eclesiales estadunidenses, en un excepcional "encuentro de trabajo privado" en el Vaticano —motivado por el escándalo de los curas pedófilos—, Juan Pablo II calificó los abusos de menores como un "crimen" y "un espantoso pecado a los ojos de Dios", y advirtió que "no hay cabida" en el

[7] Los problemas del cardenal Gröer habían comenzado en marzo de 1995, cuando el ingeniero Josef Hartmann denunció que desde sus 14 años hasta que terminó sus estudios en el internado católico de Hollabrunn, su guía espiritual (Gröer) había abusado sexualmente de él. Otros ocho alumnos se sumaron a las denuncias y un sacerdote, Fischer, declaró que el "acoso sexual" al que le sometía el ya obispo Gröer en 1971, fue denunciado a la jerarquía católica austriaca en 1985, sin que prosperaran las investigaciones. Una de las aficiones preferidas del cardenal era enseñarle a sus alumnos, desnudos bajo la ducha, "como limpiar el pene para evitar infecciones". Cuando el papa lo obligó a renunciar, en abril de 1998, ante la contundencia de los hechos, el prepotente Gröer tuvo que pedir perdón "a Dios y a los hombres", pero no admitió ni reconoció muchos delitos sexuales.

[8] La expresión *tolerancia cero* se convirtió en paradigma de la lucha contra el crimen en la ciudad de Nueva York a mediados de los años noventa, y está asociada a los nombres del exalcalde Rudolph Giuliani y su jefe de policía, William Bratton.

[9] "Exige el papa *cero tolerancia* contra curas pederastas", ocho columnas del diario *La Jornada*, México, 24 de abril de 2002.

19

sacerdocio ni en la vida religiosa para quienes dañan a los jóvenes. Según el pontífice, la Iglesia necesitaba un "proceso de purificación".[10]

En rigor, las palabras de Karol Wojtyla, pronunciadas con especial solemnidad ante 13 cardenales estadunidenses, el presidente, el vicepresidente y el secretario de la Conferencia Episcopal de Estados Unidos y siete purpurados de la curia romana —alineados en una doble fila en la biblioteca privada del papa, en el Palacio Apostólico Vaticano—, quedaban libradas a la interpretación. Así lo manifestaron el cardenal de Chicago, Francis E. George y el presidente del episcopado estadunidense, monseñor Wilton Gregory. "No estoy seguro de que el papa se refiera con ello a la *tolerancia cero*. Tampoco estoy seguro de que haya un consenso sobre ello entre los prelados que están aún en Roma", afirmó George durante una conferencia de prensa en la sede del Colegio Americano de la capital italiana.[11] Pero para el arzobispo de Los Angeles, Roger Mahoney, cuya arquidiócesis había adoptado una política de *tolerancia cero,* las palabras del papa significaban "la expulsión inmediata de todo aquel sacerdote que incurra en algún acto de pedofilia".

Sobre lo que no quedó ninguna duda, fue que los cardenales estadunidenses dejaron la Santa Sede regañados y sin entender la línea del pontífice. Se suponía que aparte de un tirón de orejas, Juan Pablo II iba a sentar las bases para encontrar una solución definitiva a los delitos de abuso sexual de niños y adolescentes en la Iglesia católica, así como acabar con una criminal cultura de complicidades, autodefensa y encubrimiento de tipo corporativista.[12] Una práctica añeja que se ha visto reforzada por un sólido corsé de hipocresía y la anacrónica

[10] Antonio Pelayo, "El papa exige firmeza contra el clero acusado de pedofilia", revista *Vida Nueva*, Madrid, 4 de mayo de 2002, y cable de France Press, "*Cero tolerancia* con pederastas, propone el papa", en *La Jornada*, México, 24 de abril de 2002.

[11] AFP, "*Cero tolerancia* con pederastas, propone el papa", en *La Jornada*, México, 24 de abril de 2002.

[12] El autor parte de la base de que los abusos sexuales a menores (niños y niñas) están tipificados como un delito en la mayoría de los ordenamientos jurídicos del mundo, y que abordarlos sólo como un "pecado" —como lo hace la religión católica y el sacro Estado Vaticano— supone la existencia de un doble rasero (una ley terrenal y otra que derivaría de un poder sagrado) que limita la igualdad ante la ley de las personas, sean clérigos o no los delincuentes.

vigencia de una suerte de fuero eclesiástico o diplomático —en lo que hace a una ausencia de vigilancia o rendición de cuentas de quienes se dedican a la profesión sacerdotal y actúan como funcionarios del Estado Vaticano—, caracterizado por el no sometimiento de los miembros de la Iglesia católica a la justicia civil del país a donde fueron asignados, incluso en casos tipificados como de índole criminal en la mayoría de las naciones del orbe. Una especificidad propia de un régimen teocrático, que confiere al sacerdote católico, como súbdito del sacro Estado Vaticano, un rango distinto ante la ley, que el que rige, por ejemplo, para un rabino o un pastor luterano.

Si bien el papa Wojtyla condenó en términos inequívocos y enérgicos a obispos, sacerdotes y religiosos pedófilos, la urticante disputa sobre la *tolerancia cero* entre los prelados conservadores y liberales en el seno del episcopado estadunidense había quedado sin resolverse. Los obispos tradicionalistas habían venido luchando por silenciar los escandalosos casos de pedofilia entre el clero; a su vez, el ala más liberal buscaba terminar con la nefasta política de "dólares para comprar silencios" —es decir, la vía de los arreglos extrajudiciales entre el abusador y sus víctimas, con el aval del superior jerárquico— y para proteger a los y las menores planteaba la expulsión de sacerdotes tras su primer caso de abuso sexual (*cero tolerancia*). Según la versión del acreditado vaticanista Luigi Accatoli, del diario italiano *Corriere della Sera*, fue el papa quien zanjó, en parte, la cuestión, al decir que la Iglesia católica no podía comportarse como los antiguos regímenes totalitarios de Europa del Este. "Debemos ser severos, pero no podremos aceptar nunca los procesos sumarios que se hacían en los países comunistas."[13]

Otro tema abordado durante la reunión entre el papa polaco y los cardenales estadunidenses y de la curia romana, fue el de la homosexualidad[14] en la Iglesia católica. "La lucha continúa. Es importante que se combata para que los seminarios y noviciados no sean domina-

[13] Citado por Antonio Pelayo, en *Vida Nueva*, Madrid, 4 de mayo de 2002.
[14] El término homosexualidad deriva del griego (*homos*: semejante) y fue creado hacia 1860 por el médico húngaro Karoly Mária Benkert para designar todas las formas de amor carnal entre personas pertenecientes al mismo sexo biológico. En 1910 ya se había impuesto en casi

dos por homosexuales", había declarado monseñor Gregory.[15] Según el presidente de la Conferencia Episcopal de Estados Unidos, la depredación de menores era, en definitiva, una cuestión homosexual. El mensaje parecía convocar a una nueva cacería de brujas; a una purga de *raritos* o *invertidos* en la Iglesia católica. Pero esa posición aislaba el problema y ponía punto final a las discusiones sobre el futuro del celibato, el casamiento de clérigos, la bendición de uniones de personas del mismo sexo y la ordenación de mujeres y personas gay. Además de que no hurgaba en las verdaderas causas de un fenómeno cuyas diversas manifestaciones parecía no limitarse a una cuantas "manzanas podridas" en el seno de la Iglesia católica. Ni diferenciaba entre homosexualidad —una orientación tan lícita como la heterosexual y la bisexual en tiempos recientes—, efebofilia o atracción homosexual hacia adolescentes varones —casi adultos físicamente, pero manipulables desde el punto de vista emocional— y pedofilia, definida como una parafilia o perversión patológica del comportamiento sexual, que según los especialistas tiene una etiología mucho más compleja y diversa.

En definitiva, el delincuente sexual lo es siempre por las características de lo que hace, no por su orientación sexual, aunque conviene dejar apuntado, con el fin de relativizar las sugerencias de monseñor Gregory, que según un estudio publicado por *British Medical Journal* en 1999, "la mayoría de los pedófilos son heterosexuales y a menudo están casados y tienen hijos".

---

todos los países occidentales, sustituyendo a antiguas denominaciones como inversión, uranismo, sodomía, hermafroditismo psicosexual, pederastia, unisexualismo, homofilia, safismo, lesbianismo, etcétera. Se definió entonces por oposición a la palabra heterosexual (del griego *heteros*: diferente), que designaba todas las formas de amor carnal entre personas de sexos biológicamente distintos. Fuente: Élisabeth Roudinesco y Michel Plon, *Diccionario de psicoanálisis*, Paidós, Buenos Aires, 1998.

[15] Antonio Pelayo, *op. cit.*

Manto sagrado, cobija de abusadores

La cuestión de la libido humana dentro del clero es un asunto muy añejo en la Iglesia católica. Siempre hubo cardenales, obispos y curas sexualmente *pecadores* y criminales, que sucumbieron ante las flaquezas de la carne. Incluso pontífices. ¿Pero por qué resurgía ahora con tanta virulencia el tema, y obligaba a una intervención directa del papa Juan Pablo II?

Era evidente que la erosión de la confianza en la jerarquía de la Iglesia católica por parte de los fieles estadunidenses estaba provocando un efecto "bola de nieve" en todo el mundo romano-cristiano. Pero más que el hecho mismo de los juegos eróticos y la actividad sexual del clero, lo escandaloso fue que la jerarquía de la Iglesia católica y del Estado Vaticano habían solapado, ocultado y desmentido durante mucho tiempo casos de abusos, pedofilia, homosexualismo y lesbianismo en sus seminarios, colegios y recintos religiosos, así como la violación de monjas por sacerdotes, bajo el mandamiento de que "la ropa sucia se lava en casa", según la pueblerina expresión utilizada por el expresidente del episcopado mexicano, monseñor Sergio Obeso.[16] O recurriendo a la socorrida teoría de la conspiración —tan cara a los círculos corporativistas y totalitarios—, que ubica a los jerarcas de la religión católica y del Estado Vaticano como víctimas propiciatorias de ataques de "fuerzas ocultas" y "desestabilizadoras" del exterior. Lo que el investigador español Pepe Rodríguez, autor de varias obras sobre la Iglesia católica, atribuye a una "mentalidad *conspiranoica*", propia de una percepción paranoide de la realidad.[17]

Parece obvio que el escándalo mediático fue provocado por la *corrupción de lo óptimo*, es decir, "la de quienes debiendo ser luz se con-

---

[16] José Antonio Román, "Fuero eclesiástico para curas pederastas", el viejo refrán "la ropa sucia se lava en casa" —remedo de la tradición milenaria de la jerarquía católica de que "los asuntos internos se tratan internamente"—, fue esgrimido por el expresidente de la Conferencia del episcopado Mexicano, monseñor Sergio Obeso, *La Jornada*, México, 12 de abril de 2002.

[17] Pepe Rodríguez, *op. cit.*

virtieron en tinieblas y debiendo ser ejemplo de integridad de vida, negaron con su conducta al evangelio".[18] Pero no fue menos cierto que la profunda crisis de credibilidad de la Iglesia católica tuvo origen en faltas criminales graves, tipificadas como tales en el derecho positivo pero ajenas al derecho canónico, ampliamente documentadas —como lo son, sin duda, actos de abuso sexual, pedofilia, efebofilia y violaciones de religiosas por miembros del clero, denunciados en muchos casos ante la justicia civil—, relacionadas y producto de una concepción represiva de la sexualidad y una estructura de poder cerrada, vertical y autoritaria, que además ha impuesto el celibato obligatorio, y que fueron tratadas poco menos que como una pandemia por los medios masivos de información —que aumentaron, es verdad, sus ratings y lucraron con los abusos sexuales—, en una campaña que, sin duda, incluyó falsas acusaciones y cierta dosis de sensacionalismo y "amarillismo periodístico".[19] Hace ya tiempo que los medios abandonaron su función social y que, en aras de aumentar sus ganancias, juzgan de forma moralizante, apresurada y frívola a cuanto personaje maléfico y lascivo circule por el teatro de las patologías cotidianas a fin de satisfacer a lo que Daniel Jonah Godhagen llama "nuestras sociedades de mirones".

Pero lo más reprobable ha sido el encubrimiento sistemático por parte de las autoridades eclesiales, de representantes suyos que, abusando del poder conferido por su imagen sacralizada y la aureola mítica de su investidura sacerdotal, cometieron actos tipificados como delito. Lo más criticable fue la autodefensa de integrantes de una casta sacerdotal católica supranacional deshumanizada y agresora —por

---

[18] Paz Fernández Cueto, "Roma en apuros", *Reforma*, México, 19 de abril de 2002.

[19] La expresión "periodismo amarillo" es utilizada como contrafigura del periodismo auténtico. Remite en su origen a uno de los zares de la prensa escrita estadunidense, William Randolph Hearst, director-propietario del *New York Journal*, señalado como el hado padrino del sensacionalismo de finales del siglo XIX y comienzos del siglo XX. No obstante, la extraña denominación periodismo amarillo parece tener origen en el "Yellow Kid", pintoresco y gracioso personaje, obra del dibujante Outcault, que consiguió aclimatar los "comics" o historietas. Sin descartar la versión que ubica su origen en los suplementos impresos en papel amarillo, donde los sucesos de la "crónica negra" (asesinatos, robos, incendios, explosiones, luchas callejeras, accidentes) eran descritos con un sello arrebatadamente "sensacional".

ínfimo que haya sido o sea el porcentaje de clérigos incontinentes, *pecadores* y criminales—, con la finalidad de ocultar debajo de la alfombra la vergüenza colectiva de la Iglesia católica. Lo más condenable es la amnesia moral de la Santa Sede y la Iglesia católica; que hayan callado y solapado los delitos de un puñado de abusadores y violadores, para que el Estado Vaticano y la institución eclesial —ambos con condición de personas morales— no perdieran prestigio. Como si el prestigio —vinculado con la ausencia y supresión del escándalo público— estuviera en el silencio cómplice y en la cobardía que oculta ese tipo de hechos. Aunque tal vez, como dice Goldhagen, el implacable autor de *La Iglesia católica y el Holocausto*, "habiendo tanto que esconder, el impulso a seguir escondiendo se torna imperioso, automático, casi inevitable". Se hace más difícil escapar a las estructuras de engaño y se piensa, sin duda, que dejar que la verdad se revele sería embarazoso para la Iglesia católica.

Algunos expertos consideraron que la actitud del papa obedeció a un intento por "taponar" una sangría económica que estaba arruinando a la Iglesia católica. Según el investigador Pepe Rodríguez, se trató de un problema "de dinero, no de ética o moral".[20] Las cifras millonarias que varias diócesis estadunidenses habían tenido que pagar para indemnizar —silenciar las voces— de muchas víctimas de los abusos sexuales de decenas de sacerdotes, amenazaban con llevar a la bancarrota económica a toda la institución en la unión americana, como había venido ocurriendo con las iglesias canadienses de diversas denominaciones desde comienzos de los años noventa. De generalizarse en el mundo, el problema podría ocasionar un *hoyo negro* en las arcas vaticanas. Inclusive, en un hecho insólito —inédito en la historia de la Iglesia católica y para el máximo jerarca de un Estado extranjero—,[21] el propio

[20] Sanjuana Martínez, "Demandas judiciales contra el papa por *encubrimiento*", *Proceso*, México, 21 de abril de 2002.

[21] El papa, además de ser cabeza visible de la Iglesia católica (por lo que suele ser mencionado indistintamente como Santo Padre, vicario de Jesucristo, sucesor de san Pedro, supremo pontífice de la Iglesia Universal, Patriarca de Occidente, Príncipe de los Apóstoles), es soberano del Estado y ciudad del Vaticano, un Estado independiente creado por el Tratado de Letrán

papa Juan Pablo II estaba siendo demandado judicialmente en Estados Unidos por "conspiración", "obstrucción de la justicia" y "encubrimiento" de las conductas delictivas de sacerdotes pederastas.[22]

Por otra parte, la derrama económica estaba derivando en una bancarrota moral de la Iglesia católica. De manera acelerada empezaban a trasminarse los contornos de lo que parecía, cada vez más, un mayúsculo galimatías sexual de una institución religiosa y un Estado sacro que se presentan como modelos de moralidad en el orbe. En apenas seis semanas, a comienzos de 2002, la popularidad de los obispos estadunidenses se había desplomado 16 puntos porcentuales. La crisis no parecía circunscribirse, exclusivamente, a unos cuantos sacerdotes con desviaciones sexuales patológicas y otros tantos abusadores de ocasión. Según apuntaron diversos especialistas eclesiásticos, el affaire de los curas pederastas era la manifestación visible de un profundo resquebrajamiento en la estructura de poder dentro de la Iglesia católica.

Para el teólogo Pablo Richard, lo que estaba en crisis era el modelo de cristiandad que se ha extendido por más de cuatro siglos en la Iglesia católica, a partir del Concilio de Trento (1545-1563), origen de la contrarreforma institucional, complementado por el Concilio Vaticano I (1869-1870). "Un modelo de cristiandad tridentino con mucha estructura y poder, pero poco espíritu y teología".[23] Un esquema que sostiene que

> el cristianismo sólo puede practicarse en la Iglesia. La Iglesia es una sociedad verdadera, perfecta, espiritual y sobrenatural; fuera de ésta no hay salvación. La Iglesia es indefectible e infalible, primado del romano pontífice, soberanía temporal de la sede apostólica.

---

en 1929, que abarca 44 hectáreas en el corazón de Roma. Véase *Diccionario de religiones*, Fondo de Cultura Económica, México, 1986.

[22] Sanjuana Martínez, *op. cit.*

[23] Pablo Richard, "40 años de teología de la liberación en América Latina y el Caribe (1962-2002)", ponencia presentada en la conferencia sobre cristianismo en América Latina y el Caribe, Brasil, 2003.

Pero a la crisis de una forma de ejercicio de poder de un modelo de Iglesia autoritario y patriarcal, reforzado por la ofensiva neoconservadora nacida después y en contra del Concilio Vaticano II (1962 1965) y reforzado durante el pontificado de Karol Wojtyla, se sumaba ahora una crisis de identidad del sacerdote como ser humano, que en muchos casos había transmutado su vocación de testigo o profeta por la de burócrata o simple administrador sin iniciativa de los bienes de salvación ultratumba. Una crisis del sacerdote como persona, en la medida en que se hace cómplice como cuadro de un Estado teocrático, muchas veces de manera consciente, de una forma de ejercicio de poder absoluto, clericalista, soberbio y autoritario. Es decir, lo que estaba en juego era el papel y la función del ministerio sacerdotal en la sociedad contemporánea. Como señaló la socióloga de la religión Daniele Hervieu-Léger, "no sólo el catolicismo no es la religión practicada por las masas, sino que es cada vez menos la cultura de las masas".[24]

¿La crisis del clero tenía que ver con una modificación de las relaciones de poder entre los sacerdotes y los laicos o seglares de la Iglesia católica? Si esto era así, ¿bastaría un mea culpa del papa para detener la bola de nieve? Teorías no faltaron. Hubo, incluso, quienes argumentaron que el escándalo sexual de los sacerdotes pederastas fue una excusa. Que en el fondo se trató de una campaña internacional para desprestigiar a la Iglesia católica. Una campaña orquestada por la prensa escrita, radial y televisiva de Estados Unidos, que impuso *su agenda* a los medios y trató de normar a la opinión pública urbi et orbi. ¿Por qué y para qué? Porque "Washington quiere un papa gringo", tituló su portada una revista mexicana.[25] La hipótesis se sustentaba en dos premisas: la inminente sucesión papal ante la manifiesta debilidad de Karol Wojtyla y su pérdida de mando en el Vaticano, y la "estrategia mundial de poder absoluto" impulsada desde la Casa Blanca por el presidente

---

[24] Roberto Blancarte, "El sacerdote y el mundo moderno", *Milenio*, México, 30 de abril de 2002.

[25] *Siempre!*, "El escándalo sexual de sacerdotes, pretexto: Washington quiere papa gringo", México, 24 de abril de 2002.

George W. Bush tras los atentados terroristas del 11 de septiembre de 2001 en Washington y Nueva York.[26]

Las teorías de la conspiración tienen la función de explicar un acontecimiento que se considera negativo y cuya comprensión resulta insatisfactoria y, así, se da sentido a una experiencia disruptiva, al incluirla como parte de un plan oculto más o menos general y relativamente poderoso. En este caso, la teoría del complot parecía estar abonada por la conducta de secreto y la proliferación de la intriga tan propias de la Iglesia católica y la Casa Blanca.

Pero no sólo eso. La práctica pederasta al interior de la Iglesia católica de Estados Unidos era conocida en los círculos de poder en Washington desde comienzos de los años ochenta, en plena guerra fría, cuando funcionaba la alianza entre el Vaticano y la Agencia Central de Inteligencia en su lucha contra el mundo comunista y las "fuerzas del mal". La "buena química" entre Ronald Reagan y Karol Wojtyla fue visible y está documentada en los casos de la injerencia directa del dúo en Polonia y la Nicaragua sandinista.

Nada se dijo entonces sobre el caso de los curas pederastas. El tema salió a luz con gran profusión mediática a finales de 2001, después de que el papa Wojtyla reivindicó la necesidad de una patria para los palestinos y condenó la violenta política de intervención israelí en los territorios árabes ocupados. A unos pocos meses de que el pontífice católico visitara Siria y legitimara con su presencia los pronunciamientos en contra de Israel del presidente Bashar Assad, transmitidos por televisión a todo el mundo cristiano.[27] En momentos en que un gru-

---

[26] "Se trataría de sustituir a la Iglesia Romana por sectas protestantes o, en el mejor de los casos, tener en el Vaticano a un pontífice estadunidense que protegiera y defendiera los afanes expansionistas de Washington desde la silla de San Pedro", editorializó la revista *Siempre!* "Ya no más Juan Diegos o vírgenes de Guadalupe, lo mejor es que *Superman* —a sus 50 años de existencia— o el *Hombre Araña* —aunque sin Torres Gemelas— se conviertan en los santos del nuevo milenio."

[27] El 5 de mayo de 2001, en su discurso de bienvenida al papa, en Damasco, el presidente sirio Bashar Assad "presentó a los judíos como enemigos ontológicos de Dios", y según Daniel J. Goldhagen "maquinó una analogía islámica según la cual, 'del mismo modo' que los judíos 'traicionaron' y 'torturaron' a Jesús, también 'trataron de traicionar al profeta Mahoma'". D.J. Goldhagen, *La Iglesia católica y el Holocausto*, Taurus, México, 2002.

po de cristianos *renacidos* fundamentalistas en alianza con neoconservadores radicales, cosmopolitas y sionistas de ultraderecha, discípulos del filósofo Leo Strauss[28] —entre ellos varios miembros del lobby proisraelí ultrasionista del entorno más cercano al presidente George W. Bush, como Richard Perle, Paul Wolfowitz, Douglas Feith, William Kristol y Elliot Abrams[29]— habían tomado las riendas del poder en Washington y abrasado la doctrina de la guerra preventiva que derivó en las invasiones a Afganistán e Irak y alentó la política genocida neonazi de Ariel Sharon en Cisjordania y la franja de Gaza.

En ese contexto, los straussianos y los cristianos *renacidos* de Estados Unidos —que consideran a la religión como algo útil para "alimentar las ilusiones de la mayorías"—, junto con sus aliados ortodoxos fundamentalistas de Israel, podrían haber tenido interés en desprestigiar al Vaticano para mediatizarlo y controlarlo. Igual que en la Alemania nazi: en 1935, el Estado alemán abrió varios procesos contra clérigos católicos, bajo la acusación de delitos monetarios. La campaña fue especialmente intensa en relación con el clero regular de conventos y monasterios. Cuando terminaron los procesos por corrupción aparecieron en escena las causas contra delitos sexuales monásticos, que por lo general se había procurado mantener en silencio.[30] En 1936-1937 la Gestapo buscó con afán las huellas de irregularidades morales en casi todos los conventos, seminarios, escuelas, hogares, organizaciones asistenciales y clínicas católicas. El 28 de mayo de 1937, Goebbels pronunció un discurso a través de la radio, dirigido a toda la nación, en el que condenó "la úlcera en el cuerpo de Alemania" y afirmó que "la sacristía se ha con-

---

[28] Leo Strauss nació en Kirchhain, Hesse, en 1899 y abandonó Alemania en 1938 a raíz de la persecución nazi antijudía. Desde entonces radicó en Estados Unidos y enseñó en la Universidad de Chicago. Murió en 1973.

[29] Véase Alain Frachon y Daniel Vernet, "El estratega y el filósofo", *Le Monde*, reproducido en México por *Milenio* el 26 de abril de 2003, y William Pfaff, "El largo alcance de Leo Strauss", *International Herald Tribune*, reproducido por *Milenio* el 21 de mayo de 2003, México.

[30] Véase Karlheinz Deschner, *¿Abominación nauseabunda en el lugar santo? La lucha de la Iglesia y el riesgo calculado*, fascículo de *El III Reich*, Anesa-Noguer-Rizzoli, Buenos Aires, 1975.

vertido en un burdel y los monasterios son caldo de cultivo de la vil homosexualidad".[31]

Era evidente que el objetivo de los nazis no era una mejora en la moral sexual de los eclesiásticos sino poner en entredicho total a la Iglesia católica, que les disputaba las "masas" al nacionalsocialismo. ¿Era ésa, acaso, la finalidad de los straussianos neonazis de la administración Bush? O en otro orden de ideas, ¿se pretendía avanzar en el esquema dibujado por Karol Wojtyla durante el Sínodo de las Américas, celebrado en México, en enero de 1999, donde el papa polaco inauguró un nuevo lenguaje, el de una América en singular, mensaje que diluía las contradicciones Norte-Sur y en el cual se avizoraba ya un proyecto geoestratégico que algunos obispos católicos progresistas no dudaron en catalogar como "la Iglesia del NAFTA"?[32]

Por otra parte, ¿qué mejor vehículo que la religión católica para imponer al mundo una forma de pensamiento totalizador, "globalizado"? Dado que la voz "católico" (del griego *katholikos*) quiere decir universal, es decir, abarca a "todo el planeta", ¿no puede hablarse de una sinonimia entre el pensamiento católico y el "pensamiento único" propio de la ideología neoliberal en boga? ¿Intentaría Estados Unidos consolidar su imperio neomercantilista de tipo corporativo[33] a través de dogmas de fe? ¿Se trataba de un renovado intento por realinear a la institución romana y utilizar a la fe católica ("universal") como legitimadora del pensamiento único y la ideología neoliberales? ¿Estaba detrás, ahora, el proyecto de una "Iglesia del ALCA",[34] bajo el estandarte de la Virgen de Guadalupe como manto sagrado y legitimador del hegemonismo imperial? ¿Era la Legión de Cristo, la orden ultraconservadora de origen mexicano a la que el pontífice había encomendado un

---

[31] Eric A. Johnson, *El terror nazi*, Paidós, Barcelona, 2002.

[32] Las siglas en inglés NAFTA remiten al Tratado de Libre Comercio suscrito entre Estados Unidos, Canadá y México, que entró en vigor el primero de enero de 1994.

[33] Definición acuñada por Noam Chomsky y recogida por varios críticos del imperialismo estadunidenses en los albores del siglo XXI.

[34] El lanzamiento del Área de Libre Comercio de las Américas está previsto para el año 2005 y responde a una iniciativa de Estados Unidos.

par de años antes la tarea de la revangelización de América, la encargada de llevar adelante la contraofensiva política, ideológica y propagandística de Washington y Roma?

En ese mar de especulaciones, algunas voces de las corrientes teológicas liberadoras de la Iglesia católica latinoamericana, como la del teólogo chileno-costarricense Pablo Richard, advirtieron sobre el "peligro" de que la denuncia y el castigo de los delitos de abuso sexual y otros abusos de poder, "deslegitimen el proceso auténtico de reforma en la Iglesia".[35] Según Richard,

> toda la misión profética y liberadora de la Iglesia, inspirada en Medellín, Puebla y la Teología de la Liberación [...] podría ser deslegitimada y demolida por esos casos de abusos de poder de la cristiandad neo-conservadora. Incluso es posible pensar que el sistema de globalización neoliberal imperial está utilizando esos casos de abuso sexual, justamente para deslegitimar a la Iglesia en su misión profética. En la actualidad, el sistema dominante tiene mucho miedo a todo tipo de resistencia y denuncia que venga desde la sociedad civil: de las universidades, de la prensa, de los movimientos sociales y también de la Iglesia. Se manipulan los abusos sexuales, que son reales y execrables, para deslegitimar la acción profética legítima de la Iglesia. La Iglesia conservadora, que sólo castiga y rehúsa analizar a fondo el problema y encubre su propia crisis como Iglesia de cristiandad conservadora, podría también hacerse cómplice de esa destrucción de la misión profética auténtica de la Iglesia.[36]

Visto en retrospectiva, después del escándalo mediático en Estados Unidos que obligó a la intervención vaticana, Wojtyla moderó sus críticas y los medios se olvidaron del asunto de los curas pederastas. Inclusive, como un eco de la teoría junguiana de la sincronicidad, según la cual todo lo que es afín se atrae de una u otra forma, no parecieron

---

[35] Pablo Richard, *op. cit.*
[36] *Ibíd.*

31

una simple coincidencia o meros hallazgos concomitantes las posiciones que un año después sostenían, en una total sintonía y en clima de "cruzada", la administración Bush y Juan Pablo II sobre los homosexuales. Como piezas complementarias de algún modelo para armar, y apenas con pocos días de diferencia, hubo sendas declaraciones "coincidentes" de la Casa Blanca y la Congregación para la Doctrina de la Fe en contra de las parejas homosexuales. Tema, el de la homosexualidad, que permeó la discusión de los obispos estadunidenses durante la crisis del 2002.[37]

No obstante, quiérase o no, en la coyuntura, la prolongación de un pontificado con un papa enfermo habían metido a la Santa Sede y la Iglesia católica en una lógica sucesoria; lo que, entre otras cosas, significaba una menor capacidad de cohesión y control. Pero con todo y sus puntos de contacto con la realidad, las ideas complotistas no resultaban del todo convincentes. Si bien la sucesión en el Vaticano se rige bajo raciocinios políticos y de conveniencia —aunque los cardenales en Roma digan que es una decisión... ¡del Espíritu Santo!—, es cierto que el asunto de los predadores sexuales venía arrastrándose de tiempo atrás en la Iglesia —y en la sociedad occidental, no sólo en Estados Unidos—, y se sumaba a otros temas vinculados con el dogmatismo sexual, el celibato obligatorio y la ordenación de mujeres.

Hacía ya un tiempo que distintas voces venían sosteniendo que para dirimir su profunda crisis, la Iglesia católica debía permitir una conversación más amplia sobre hasta dónde esa religión cristiana tenía que llegar para resolver sus complejos. Porque como dijo Jon Meacham, "la Iglesia tiene problemas para manejar los casos de abuso porque a menudo tiene problemas para tratar cuestiones de sexo, y punto".[38] Al culpar y responsabilizar principalmente a la homosexualidad por los casos de curas pederastas, como hizo el obispo estadunidense Gregory, ¿se quería evitar discutir otras cuestiones centrales como las raíces y

[37] Ignacio Solares, "La Iglesia y Bush en guerra con los homosexuales", *Proceso*, México, 10 de agosto de 2003.
[38] Jon Meacham, "Motivos para un cambio", *Newsweek* en español, México, 8 de mayo de 2002.

costos de una cultura de represión y secreto sexual en la Iglesia? O como algunos expertos dijeron a la luz de los acontecimientos, ¿vive la Iglesia en su interior la esquizofrenia de una doble moral?

Organicismo jerárquico

Muchas fueron las preguntas que surgieron al calor de ese debate. Por ejemplo, ¿es verdad —como afirma el investigador Pepe Rodríguez y pareció confirmar la epidemia de casos de sacerdotes pedófilos que sacudió a la Iglesia—, que en materia de celibato "lo importante no es ser casto sino parecerlo"?[39] A propósito de la denuncia sobre el hostigamiento, la explotación sexual y la violación de monjas por curas católicos,[40] ¿qué sentido de la "justicia religiosa" puede tener una mujer virgen tratada como objeto sexual y clandestino por su compañero sacerdote o religioso? O como se preguntó el magistrado español Joaquín Navarro Esteban, "¿qué idea de la ley divina pueden tener las jóvenes víctimas de estupro o violadas impunemente por ministros de la Iglesia respaldados por la 'prudencia' de sus jefes?"[41]

Al respecto, conviene recordar que —como repiten a menudo los obispos católicos—, la Iglesia es una institución jerárquica. Vertical y autoritaria, no democrática. La estructura de la Iglesia católica remite a la idea cristiana de comunidad, entendida como una unidad abstracta que está por encima de sus miembros y posee la estructura de un cuerpo. Como señala Marialba Pastor, "es una metáfora organicista del cuerpo humano, porque sus miembros se articulan y dependen del todo y es una metáfora del cosmos, porque todos sus elementos están integrados a un sistema sujeto a leyes, las leyes de Dios".[42]

Desde los siglos X y XI, en Europa se pensó que la multiplicidad sólo podría sobrevivir si era gobernada por un principio de unidad y

[39] Pepe Rodríguez, *La vida sexual del clero*, Ediciones B, Barcelona, 2001.
[40] Informe del *National Catholic Reporter* del 16 de marzo de 2001.
[41] Pepe Rodríguez, *op. cit.*
[42] Marialba Pastor, "Asociaciones, mafias y corporaciones: la lucha por el poder", *Trabajadores*, Universidad Obrera de México, México, marzo-abril de 2001.

33

que la reunión, la asociación, el establecimiento de vínculos sociales eran el modo de superar la barbarie, de civilizarse, de acceder a una vida humana que es —según el pensamiento medieval y, más tarde, el pensamiento moderno— como se realizan los más elevados valores éticos: la paz, la justicia civil y el bien común. Pero según el cristianismo, "todo cuerpo vive gracias al alma, porque Dios creó así el universo. Entonces, todos los fieles constituyen un cuerpo místico, una asamblea de cristianos o *ecclesia*, y responden a la autoridad de una cabeza, que es Cristo, en cuya salvación todos participan".[43]

El Estado moderno recogió de la Iglesia católica la idea de que "la sociedad es un cuerpo político, una república o comunidad de hombres, porque eso le había dado buenos resultados al Estado eclesiástico en términos de concentración de poder, propiedad, prestigio y privilegios; además de implicar algo estable y eterno, y no algo temporal u ocasional".[44]

Según santo Tomás de Aquino —considerado el más grande de los escolásticos medievales, cuyo sistema fue adoptado como doctrina filosófica de la Iglesia católica—, el orden del universo es jerárquico. "Dios quiere que en el gran cuerpo estén contenidos cuerpos menores que respondan a la estratificación social dada por los principios de autoridad que derivan de esa revelación. La colectividad tiene la tarea de edificar en el mundo terrenal una sociedad acorde con el plan divino".[45] La continua apropiación de Dios y lo "divino" por los distintos poderes terrenales, metamorfoseó la concepción de santo Tomás en un sistema de ideas y una organización social que vienen dados desde arriba, de manera incuestionable y eterna, y donde sus primeros depositarios son autoridades masculinas reconocidas y legitimadas por la Iglesia y el Estado: el sumo sacerdote, el profeta, el papa, el arzobispo, el obispo, el prior, el cura, el rey, el virrey, el presidente, el

---

[43] *Ibíd.*

[44] Véase "La ideología comunitaria y la ética de los negocios", en Francois Chatelet y Gérard Mairet, *Historia de las ideologías. De los faraones a Mao*, Akal, Madrid, 1989, pp. 332-361.

[45] Marialba Pastor, *op. cit.*

34

dictador, el rector, el guía, el maestro, el mayordomo, el general, el capitán, el jefe, el líder, el caudillo, el cacique, el papá... el licenciado.

Esa forma de sociedad sexista, vertical y autoritaria ha dado paso a una estructura enmascarada de poder donde, como en el caso del padre Amaro —nombre del principal protagonista del polémico film *El crimen del padre Amaro*—[46] y más allá de consideraciones de tipo ético o religioso, se trata de mantener a toda costa prebendas, privilegios y cuotas de poder político y eclesial. Como dijo el escritor católico Vicente Leñero —guionista de la película—, más allá del "cándido pecado sexual" del padre Amaro, la cinta exhibe su "unión adúltera con el poder [...] La sucia política eclesiástica que transita desde el Vaticano hasta nuestros palacios arzobispales".[47]

Inmaculadas hermandades

La estructura corporativa y piramidal de la Iglesia católica —con su cadena de mando análoga a la de un ejército— tiene en la cúspide al papa (después de Dios, el gobernante en la tierra es el soberano pontífice), seguido por el Sacro Colegio de Cardenales, los obispos y el clero, y reproduce en su interior a una sociedad de machos. Igual que el Islam, el judaísmo y otras denominaciones cristianas, la Iglesia católica está separada por sexos; por genitales. Todas esas religiones hablan de Dios padre y tienen origen o se inspiran en el jefe tribal. El papel dominante lo ejercen los que tienen pene. La mujer está sometida, ocupa un plano de inferioridad, casi servil. Como en la institución castrense —el

---

[46] *El crimen del padre Amaro* —versión cinematográfica del director mexicano Carlos Carrera basada en una adaptación de la novela del escritor portugués José Eça de Queiroz escrita a finales del siglo XIX—, fue estrenada en México el 16 de agosto de 2002 y estuvo rodeada por el escándalo provocado por jerarcas de la Iglesia católica local y grupos ultraconservadores que quisieron impedir su exhibición en las salas. Gracias, en parte, a la campaña en contra de la Iglesia católica, la película se convirtió en la más taquillera de la historia del cine mexicano y recibió varios galardones. El 8 de abril de 2003, la cinta de Carrera obtuvo nueve estatuillas doradas durante la XLV ceremonia de los premios Ariel, que otorga la Academia Mexicana del Arte y Ciencias Cinematográficas; entre ellas, la de mejor película y mejor dirección.

[47] Vicente Leñero, "Unión adúltera con el poder", *Proceso*, México, 18 de agosto de 2002.

ejército es otra sociedad machista— y en la sociedad en general, en la Iglesia la mujer es despreciada por un orden jerárquico de dominación.

De ese orden jerárquico que limita la autonomía individual en aras de la colectivización —bajo la presión de la fidelidad y la obediencia, nociones derivadas del modelo de Tomás de Aquino—, y del cual se desprende una cadena subordinada de privilegios e impunidades revocables por la autoridad en cualquier momento, hay quienes sacan como conclusión que "la consecuencia más previsible de los ambientes [...] estratificados y dominados por machos es la homosexualidad".[48] Dice por ejemplo Teodoro Boot: "En toda sociedad machista y con más razón en las acusadamente militaristas, la homosexualidad masculina es norma, y la femenina, consecuencia". Puede que sea una exageración. Quién sabe. Pero no está de más recordar que en la antigua Grecia los soldados marchaban a la guerra con jóvenes muchachos que les servían de compañía sexual. Y hasta hubo casos como el de Epaminondas y el batallón sagrado de Tebas, cuya eficacia en el combate "se basaba en el amor mutuo de las parejas de soldados que combatieron espalda contra espalda y culo contra culo contra el aguerrido ejército de Esparta".[49]

Regidas por una férrea disciplina interna, las más veces de tipo militar, y con eje en un sistema no de derechos inalienables sino de premios y castigos determinados por la autoridad, algunas órdenes y congregaciones religiosas —como los ejércitos y otras organizaciones de tipo corporativo— reproducen una asimetría de poder (la dialéctica autoritaria del amo y el esclavo que genera vasallaje y servilismo) donde los más fuertes o aptos (superiores), controlan o reducen a los más débiles (inferiores). En tanto cofradías o corporaciones, constituyen una gran familia o hermandad jerárquica —con todo un sistema simbólico y de representación—, que les permite actuar como una fuerza unida y un mismo proyecto de vida. Enmarcada en la difusión de historias

---

[48] Teodoro Boot, "La gran puta de Atenas", semanario *Brecha*, Montevideo, 21 de junio de 2002.
[49] *Ibíd.*

sagradas, la celebración de ritos y la repetición de cantos y rezos relacionados con lo sobrenatural, a esa "única verdad" le corresponde un lenguaje ilusorio-práctico, más o menos impositivo, que está rodeado de un aura de autenticidad que sirve para comunicar e imponer una sola visión del mundo. Un pensamiento único.

Entre las instituciones que "administran lo invisible y predican lo inverificable, materializándolo", la Iglesia católica comparte con otras iglesias lo que Fernando González ha denominado una "matriz productora de figuras inmaculadas".[50] Por regla general, la figura central de autoridad es la depositaria del modelo de conducta a seguir. El rasgo distintivo de esas "figuras ejemplares" —como en el caso del sacerdote mexicano Marcial Maciel, fundador de la orden Legión de Cristo— es su excepcionalidad; su capacidad para someterse a los poderes superiores y, al mismo tiempo, de unirse a ellos. No en balde, el libro-entrevista de Jesús Colina que contiene la biografía autorizada de Marcial Maciel lleva por título *Mi vida es Cristo*.[51] Su posición como intermediario entre lo sagrado y lo misterioso por un lado, y lo común y lo cotidiano por otro, permite a personajes como el "padre Maciel" ganarse la fascinación y la obediencia sumisa de los miembros de la orden, entendida ésta como una instancia mediadora para que la "vocación" de los jóvenes seminaristas se articule con la "elección-llamado" de Dios.

Pero muchas órdenes y congregaciones religiosas —como las demás cofradías y sociedades secretas y corporativas— reclaman sacrificios, y por medio de una fuerza coercitiva interna, a veces sutil e invisible, exigen lealtad al fin común y una fe ciega en sus líderes o conductores carismáticos. Además, operan códigos de obediencia, sostenidos en un voto de no hablar mal de un superior o de la congregación para salvaguardar a la institución sacralizada, y se valen de diversos métodos de vigilancia y censura —asimilables en muchos casos al *lavado de cerebro*— para homogeneizar, normar, controlar y orientar las con-

[50] Fernando M. González, "La representación de la inocencia y su cruce con la perversión", Instituto de Investigaciones Sociales de la UNAM, México, abril de 2002.

[51] Jesús Colina, *Mi vida es Cristo*, Fundación Logos, México, 2003.

ductas; y a los menores atisbos de crítica o disidencia, por ejemplo cuando se cuestiona la moral de un superior o el sistema interno de la orden, los rebeldes son reprimidos y silenciados mediante sanciones, traslados, la privación de privilegios, la indiferencia de sus compañeros, las trampas, la expulsión o el homicidio.

En tanto sociedades de machos, en las órdenes religiosas como en los ejércitos son normales las promesas de afecto (sustitutivo del amor familiar paterno o materno) y ascensos o privilegios a cambio de favores, también sexuales, lo que muchas veces se ha trasuntado en casos de pedofilia, efebofilia y abusos como los que sacudieron a la Iglesia católica durante el año 2002. Los testimonios de exseminaristas y sacerdotes de los Legionarios de Cristo recogidos en estas páginas, dan cuenta de esa relación de control y dominio despersonalizador que el padre Maciel —fundador de esa corporación religiosa multinacional y seductor con aura de santo— ejerció sobre ellos, para iniciarlos en los juegos eróticos y en ocasiones someterlos sexualmente esgrimiendo una supuesta "autorización" del papa Pío XII, cuando eran adolescentes, casi niños. Esos casos —protagonizados por una figura "excepcional", el sacerdote Marcial Maciel, quien era visto como "modelo de santidad" por jóvenes seminaristas inducidos—, vienen a desnudar el poder del "padre" en un doble sentido.

Otro caso revelador es el del exnuncio apostólico en México, monseñor Girolamo Prigione, quien merced a su investidura jerárquica mantuvo relaciones sexuales *contra natura*[52] con la religiosa Alma Zamora y, según denuncias elevadas al Vaticano, abusó de otras monjas asignadas a la nunciatura. El ejemplo, analizado de manera somera en este libro, viene a demostrar hasta qué punto la relación de dependencia y subordinación propia de una estructura vertical y sexista entre los sacerdotes y las religiosas, entre los hombres y las mujeres estimula o promueve ese tipo de abusos de poder institucional.

---

[52] El calificativo *contra natura* pertenece al sacerdote católico Antonio Roqueñí y fue manejado durante una entrevista con el autor.

¿Perversión sexual o violencia?

La irrupción de sonados casos de abusos sexuales al interior de la Iglesia católica, las más de las veces vulgarizados de manera amarillista en los medios masivos de información para alimentar a un público siempre presto a escándalos sexuales y consumista de la desgracia ajena, derivó en una asimilación práctica, pero errónea, entre curas pedófilos y abusadores. Sin embargo, es necesario distinguir entre la conducta de unos y otros, ya que la causa básica —y por lo tanto el entorno del delito sexual— puede ser distinta.

Los profesionales "psis"[53] difieren sobre los orígenes de la pedofilia. Para algunos, se trata de un trastorno que tiene que ver con una estructura u organización "perversa" de la sexualidad. Según el *Diccionario de psicoanálisis* de Jean Laplanche y Jean-Bertrand Pontalis,[54]

perversión es una desviación con respecto al acto sexual "normal", definido como coito, dirigido a obtener el orgasmo por penetración genital, con una persona del sexo opuesto. Se dice que existe perversión: cuando el orgasmo se obtiene con otros objetos sexuales (homosexualidad, pedofilia, bestialidad, etcétera) o por medio de otras zonas corporales (por ejemplo, coito anal); cuando el orgasmo se subordina imperiosamente a ciertas condiciones extrínsecas (fetichismo, trasvestismo, veedismo, sadomasoquismo), éstas pueden incluso proporcionar por sí solas el placer sexual. De un modo más general, se designa como perversión al conjunto del comportamiento psicosexual que acompaña a tales atiplas en la obtención del placer sexual.

En ese sentido, la pedofilia es una parafilia o comportamiento sexual patológico que "supone mantener actividades sexuales con niños

---

[53] Incluimos bajo esa terminología a los psiquiatras, psicoanalistas y psicólogos.
[54] *Diccionario de psicoanálisis*, Jean Laplanche y Jean-Bertrand Pontalis, Labor, Barcelona, 1971.

prepúberes" (de 13 o menos años).[55] Una psicopatología que domina los impulsos del agresor, aunque para nada nubla el entendimiento y comprensión del daño que causa a su víctima. No obstante, otros profesionales psis sostienen que la pederastia no tiene que ver con la sexualidad sino con el poder y las relaciones de género. No se trataría de un trastorno o patología sexual sino de una conducta del ámbito de la violencia que utiliza como herramienta la sexualidad. En este caso, *el abusador sexual de menores* puede controlar perfectamente sus impulsos y no lo hace. "No es, por tanto, como el pederasta, un enfermo —que delinque conscientemente—, sino un sinvergüenza que delinque buscando placer sexual con un menor por no atreverse a buscarlo con un adulto."[56]

Pero en todos los casos, el seductor y agresor abusa de los menores porque es con ellos con quienes puede ejercer un "poder absoluto". Un poder total. Es bien sabido que esa psicopatología sexual (pederasta) o forma de violencia sexual (abusador no pedófilo) se agudiza en ambientes cerrados: internados, seminarios, cárceles, cuarteles. En el caso de los sacerdotes pedófilos y abusadores —ambas conductas delictivas— hay, además, una condición "perversa", que hace a un lado todo reparo ético con tal de lograr ese fin: creen y hacen creer a la víctima —con excusas o racionalizaciones que incluso pueden tener "valor educativo" para el niño— que son representantes de una "divinidad" y pueden ejercer un cierto "poder sagrado". Una total y cruel impostura, ya que en nombre de un pretendido "magisterio" religioso, se comete el abuso desde una posición de poder y de confianza —sobre el menor victimizado, que se siente traicionado por el doble papel de "padre" que encarna el agresor-dominador—, lo que bajo la sumisión que ancestralmente se le rinde al poderoso implica que las más de las veces el delito se silencie.

[55] Las características esenciales de la pedofilia están definidas en el DSM-IV, siglas que corresponden al *Manual diagnóstico y estadístico de los trastornos mentales (IV Revisión)*, que publica la American Psychiatric Association. Citado por Pepe Rodríguez en su libro *Pederastia en la Iglesia católica*, según la edición española publicada por Masson, Barcelona, 1995.

[56] Pepe Rodríguez, *op. cit.*

Asimismo, en ambientes de excesivo clericalismo como el que impera todavía hoy en amplios sectores de una sociedad mexicana habituada a la docilidad, a una cultura autoritario-servil y a la impunidad, el sacerdote violador o abusador —un supuesto guía espiritual, líder moral y espejo ético de una colectividad— al ejercer su autoridad o su "poder institucional sagrado" sobre el laicado, abusa de miembros vulnerables de su comunidad y, muchas veces, con la complicidad de sus superiores jerárquicos —en aras de evitar el escándalo y recuperar la autoestima colectiva—, logra imponer la negación de los hechos a la comunidad de creyentes, silenciando el delito (pecado) y criminalizando (satanizando) a la víctima, cuya integridad es así doblemente violada.

El abuso sexual —a la buena o a la mala— de monaguillos, seminaristas o monjas, es siempre un abuso de poder, control y prepotencia derivado de una relación asimétrica, en la cual, una de las dos personas (poco importa el sexo), se encuentra en situación de fragilidad o inferioridad, ya sea por la edad o por respeto a la autoridad o el "prestigio sagrado" del abusador (obispos, sacerdotes, religiosos en general). Detrás de las prácticas del clero abusador y pedófilo —actividad delincuencial que como ya dijimos se manifiesta mayoritariamente en heterosexuales casados y requiere tratamiento—, hay siempre una demostración de poder absoluto que se ejerce mediante el uso de la sexualidad. En el caso del clero católico, los escasos estudios y estadísticas disponibles parecen indicar que sólo una pequeña parte de los abusadores son pedófilos. Es decir, en su mayoría, los sacerdotes que abusan de menores "son sujetos que, por factores o condicionantes psicosociales y eclesiásticos diversos, se lanzan a buscar esporádicos desahogos sexuales con aquellos *objetos* que menos se les pueden resistir, eso es, menores, deficientes psíquicos y adultos de ambos sexos con personalidad débil".[57]

Por otra parte, el rosario de denuncias de abuso infantil y transgresiones a la castidad por parte del clero —es decir, de conductas clasificadas pecaminosas por la Iglesia católica y criminales por la justicia

---

[57] *Ibíd.*

civil—, derivan de un extendido comportamiento delictivo de oculta-ciones y connivencias por parte de la institución eclesial. El abuso se-xual y la pederastia implican daños a inocentes e indefensos, y son una manifestación de dominio, prepotencia e injusticia. Pero hasta ahora la jerarquía eclesial los ha considerado sólo *pecado*, no un delito ante la ley del Estado-nación anfitrión. Ése ha sido el verdadero escándalo: el sistemático encubrimiento institucional de la Iglesia católica, ¡so pena de excomunión! —según un decreto firmado por el papa Juan XXIII el 16 de marzo de 1962[58]— de los delincuentes *pecadores*; lo que entra-ña una suerte de contradicción puritanismo-perversión.

La pederastia sería un pecado, pero es además un delito. Se trata de crímenes sin castigo que exigen justicia, y no deben quedar —como ha sucedido hasta ahora— bajo un manto de impunidad. Cuando la Igle-sia —ese "hospital de pecadores", diría Chesterton— "encubre, en aras del buen nombre de la institución, los crímenes de sus malos sacerdotes, no sólo traiciona el misterio de la Iglesia, sino que la reduce a un par-tido político, a una institución de hombres que silencia las corrupciones y los crímenes de algunos de sus miembros para salvar la abstracción institucional, a una realidad que desprecia lo humano concreto en nom-bre de lo abstracto".[59]

La pregunta es qué hacer con los curas abusadores, esos Bor-gias modernos incrustados en las estructuras del Vaticano y las jerar-quías de las iglesias católicas locales. La respuesta parece sencilla: aplicarles la jurisdicción del derecho positivo del Estado-nación anfi-trión. Hasta ahora, los agresores sexuales, los "verdugos"[60] de niños y

---

[58] Anthony Barnett, "Vatican Told Bishops to Cover up Sex Abuse: Expulsion Threat in Se-cret Documents" (El Vaticano instruyó a obispos encubrir abuso sexual: amenaza de expulsión en documentos secretos), *The Observer*, 17 de agosto de 2003.

[59] Javier Sicilia, "Crímenes sin castigo", *Proceso*, México, 21 de abril de 2002.

[60] Juan José Vaca, exsacerdote formado en la Legión de Cristo, quien actualmente se desem-peña como profesor de psicología y sociología en Holbrook, Nueva York, se refiere al clérigo Marcial Maciel como "nuestro verdugo" en el prólogo al libro *El Legionario*, de Alejandro Es-pinosa.

adolescentes de uno y otro sexo han permanecido en la sombra para la *mayor gloria* (imagen) de su Sagrado Corazón, su Dios, su Iglesia y su sacro Estado. Muchos juristas argumentan que en el caso de un delito —y como hemos reiterado el abuso de menores lo es—, el silencio puede configurar una conducta de encubrimiento, delictuosa a su vez, y como tal, sancionable; lo que permitiría dividir a los jerarcas católicos en los tres grupos penales clásicos: autores, cómplices y encubridores. Sin embargo, cuando el escándalo que destapó el diario *The Boston Globe*[61] estaba en la cresta de la ola, el cardenal Darío Castrillón, un colombiano que se desempeña como prefecto de la Congregación para el Clero en Roma, insistió que "la Iglesia trata las cosas internas". Es decir, como Estado soberano independiente, la Ciudad del Vaticano, gobernada por un "monarca absoluto",[62] el papa, aplica el derecho canónico a sus cuadros y súbditos. Nada nuevo. La Iglesia, como institución que cuenta con gran poder económico y político —y que también lo tuvo militar por muchos siglos—, desde sus orígenes buscó ubicarse por encima del Estado-nación, e incluso se constituyó en un Estado teocrático.

Desde 1219, cuando se instituyó el derecho canónico, la Iglesia católica reclamó la potestad de juzgar a los miembros del clero, sometiéndolos a su propia autoridad y exonerándolos de comparecer ante los tribunales civiles. En esos cánones se ha venido amparando por varios siglos el *milagro* de transustanciar delitos concretos en pecados abstractos bajo el manto de un discurso moral y religioso. Pero como dice el jesuita Jesús Vergara Aceves, en el mundo moderno desaparecen los fueros. "La autonomía relativa [de la Iglesia católica] la obliga a vivir bajo la justicia civil y reparar todos los daños. No ofende a la Iglesia la

---

[61] El 7 de abril de 2003, el periódico *The Boston Globe* ganó el premio Pulitzer al servicio público por su "amplia y valiente cobertura" del abuso sexual cometido por sacerdotes, "un esfuerzo que penetró el secreto, provocó reacciones locales e internacionales y produjo cambios en la Iglesia católica", AP, Nueva York, 7 de abril de 2003.

[62] Por ejemplo, Daniel Jonah Goldhagen, autor de *La Iglesia católica y el Holocausto*, se refiere a la Iglesia, como institución política autoritaria, como "la última monarquía absolutista del mundo", p. 205.

43

denuncia que haga la víctima ante los tribunales y ante la opinión pública. Es justicia para todos."[63]

En el seno del catolicismo parece abrirse camino hoy la posición de que debe mantenerse una severa vigilancia sobre los sacerdotes pederastas y abusadores sexuales, tenerlos apartados de todo contacto con los niños y adolescentes, y en el caso de quienes padecen trastornos psicosociales crónicos, someterlos a una constante terapia de apoyo psicológico. Pero existen discrepancias sobre las formas de castigo a los culpables. Javier Sicilia, por ejemplo, sostiene que reducir a los curas pedófilos al estado laical, como pretende un sector de la Iglesia católica estadunidense, "es simplemente una estupidez que no ayuda a nadie y deja suelto al criminal".[64] Por su parte, el jesuita Enrique Maza opinó acerca del "peor de los castigos" (la reducción al estado laical): "¿Qué es lo que quieren decirnos con eso, que el estado laico es una afrenta y que todos los laicos viven en el peor castigo que la Iglesia puede aplicar?".[65]

Maza, como muchos otros en la Iglesia, sostiene que los católicos son ciudadanos como todos los demás e igualmente lo son los sacerdotes y obispos, que han de estar sujetos a las leyes civiles. El problema no es ocultar a los delincuentes sino repensar en serio sobre la selección y formación de los sacerdotes, que hoy se da en la cerrazón y el autoritarismo de una institución y un sacro Estado imperial, burocratizados ambos y enfermos de poder. "Es la Iglesia del no. Todo está prohibido, nada se permite, no se puede pensar por cuenta propia, no se puede caminar por caminos inéditos. Es la época triunfal de la burocracia. Hoy se habla en voz baja, se evita causar conflicto. Es noche oscura en el desierto, es Jerusalén que mata a sus profetas."[66]

---

[63] Jesús Vergara Aceves, "Una guía para ver la película" (*El crimen del padre Amaro*), *Proceso*, México, 18 de agosto de 2002.

[64] Javier Sicilia, *op. cit.*

[65] Enrique Maza, "La etapa oscura de la Iglesia", *Proceso*, México, 21 de abril de 2002.

[66] *Ibíd.*

Sexualidad en los tiempos del cambio

P arecería un lugar común decir que los seres humanos son sexuados. Tienen sexualidad. Pero el hombre y la mujer tienen que decidir acerca de su sexualidad, cosa que no tienen que hacer los animales. "El comportamiento sexual humano no es fruto de la necesidad, sino de una decisión tomada, más o menos, consciente y libremente".[1] El abordaje de la cuestión desde un punto de vista ético ha traído no pocas confusiones y tragedias; en particular, cuando se ha hecho desde la ética teológica romanocristiana.

A lo largo de todo el siglo XX, la discusión acerca de qué tiene que ver la ética con la sexualidad ocupó un lugar central dentro y fuera de la Iglesia católica. Fue muy difundida la idea de que ciertos planteamientos éticos en materia sexual cristiana, tratan de encorsetar la sexualidad, imponiéndole estrictas reglas de juego que sirven para el control social y que fueron elaboradas desde interesados planteamientos ideológicos.

Desde el último cuarto del siglo pasado, la ética sexual proclamada por la Iglesia católica vive una profunda crisis de autoridad moral. Así lo revelan las encuestas. La razón de ese rechazo tiene que ver con la percepción de la sociedad, de que la doctrina sexual católica está muy ligada a una metafísica naturalista y esencialista poco amiga del hombre y la mujer de hoy. Es decir, una doctrina poco humana. Esa deshumanización de la ética sexual cristiana ha generado un hondo

[1] José Vico Peinado, *Liberación sexual y ética cristiana*, San Pablo, Madrid, 1999.

malestar dentro de la propia Iglesia católica. Un malestar que en muchos casos se ha transformado en denuncia. En la raíz de esa inhumanidad, se ubica el hecho de que quienes elaboraron las normas éticas de la Iglesia católica han sido de manera preferente clérigos celibatarios, portadores de una visión patriarcal,[2] machista, negativa y represiva de la sexualidad.

El momento actual está dominado por el cambio en lo que tiene que ver con la reflexión sobre la sexualidad; sobre todo en América del Norte, Europa y Oceanía. Hoy se habla de "revolución sexual"[3] no sólo en los ámbitos laicos sino también en los eclesiales. Cada vez más se achaca la "pérdida" de la libertad sexual a una ética esclerótica, dominante y restrictiva, que desde tiempos inmemoriales hizo de la actividad sexual y del incesto temas tabúes, útiles para ser empleados como instrumentos de represión y de desequilibrada distribución del poder social entre el hombre y la mujer. Sin ir muy atrás en la historia, en la España "victoriana" —hace apenas un siglo— la única "filosofía" consistía en "no hablar de sexo" en ambientes que se preciaran "sanos".[4] Dominaba una moral que ha sido definida por el sacerdote y teólogo español José Vico Peinado como "puritana, pudibunda y ñoña", donde el sexo permanecía oculto, como si se tratara de una realidad vergonzosa. Aunque no estaba tan oculto como se pretendía; simplemente estaba reprimido y en lo posible se mantenía en el clóset como una forma (represiva) para evitar escándalos públicos.

Muchos de quienes aducen que bajo el paraguas del nombre de cristiana, se impone "tamañas y culpabilizadoras exigencias morales"

[2] El patriarcado es un sistema político-jurídico en el cual la autoridad y los derechos sobre los bienes y las personas depende de una regla de filiación llamada patrilineal, es decir, que se concentran en las manos del hombre que ocupa la posición de padre fundador, sobre todo en las sociedades occidentales. Véase Élisabeth Roudinesco y Michel Plon, *Diccionario de psicoanálisis*, Paidós, Buenos Aires, 1998.

[3] Wilhelm Reich, psiquiatra y psicoanalista austriaco-estadunidense que vivió entre 1897 y 1957, fue uno de los primeros en utilizar la expresión "revolución sexual" como quedó asentado en su obra *La revolución sexual. Para una estructura de carácter autónoma del hombre*, Viena, 1929.

[4] *Ibíd.*

46

a los seres humanos,[5] están pidiendo una alternativa "afín con el evangelio". Una valoración positiva de la sexualidad que, entre otras cosas, termine de resquebrajar el patriarcado —el padre o la figura masculina como principio de todo— y la idea del dios macho. El patriarcado —el "colonialismo" más antiguo del mundo ha dicho el jesuita uruguayo Luis Pérez Aguirre—, como estructura social basada en la propiedad y posesión de la mujer, en la que ésta adquiere no derechos sino obligaciones concretas y funciones subordinadas al varón.[6]

Se trata, en todo caso, de una protesta con propuesta. Para algunos, profética. Para otros, como C. Heyward, revolucionaria, en tanto trata de romper con "la herencia de una tradición religiosa que ha despreciado el cuerpo, ha temido a la mujer y ha reprimido la sexualidad".[7] Parece obvio que poner en tela de juicio esa tradición atribuida genéricamente "a clérigos celibatarios reprimidos" y transformarla de manera radical, supone algo más que una simple "reforma".

A menudo se argumenta, y con razón, que en el ámbito de la ética sexual, el magisterio jerárquico de la Iglesia católica ha adoptado una forma rígida de ver las cosas y usado un lenguaje impositivo, autoritario e históricamente condicionado, lo que choca con un concepto de conciencia más liberal o sensible a una democratización de las relaciones sociales —y sexuales—, como el que emergió en el Concilio Ecuménico Vaticano II (1962-1965),[8] cuyo espíritu libertario fue recogido en América Latina por la II Conferencia General del Episcopado,[9]

---

[5] E. Fuchs, *Deseo y ternura. Fuentes e historia de una ética cristiana de la sexualidad y del matrimonio*, DDB, Bilbao, 1995.

[6] Luis Pérez Aguirre, *La condición femenina*, Trilce, Montevideo, 1995.

[7] C. Heyward, "Notas sobre la fundamentación histórica: más allá del esencialismo sexual", en J.B. Nelson-S.P. Longfellow, eds., *La sexualidad y lo sagrado*, DDB, Bilbao, 1996.

[8] El Concilio Vaticano II fue convocado por el papa Angelo Giuseppe Roncalli (Juan XXIII) en enero de 1959 y se extendió durante tres años (1962-1965) en dos sesiones. El Vaticano II propuso una reforma progresista de la Iglesia católica.

[9] La II Conferencia del episcopado latinoamericano celebrada en Medellín, en 1968, señaló que "los principales culpables de la dependencia de nuestros países son aquellas fuerzas que, inspiradas en el lucro sin freno, conducen a la dictadura económica y al imperialismo internacional del dinero [...] situación de injusticia que puede llamarse de violencia institucionalizada".

celebrada en Medellín, Colombia, en 1968, y en parte por los obispos latinoamericanos que participaron en la Conferencia de Puebla, México, en 1979. Procesos, todos, que fueron rápidamente desmontados durante el pontificado de Juan Pablo II, mediante una contrarreforma de signo conservador. Otro aspecto del problema tiene que ver con el hecho de que "la recepción de la ética sexual propuesta, puede estar basada en una sumisión acrítica, fomentada desde una ética de la obediencia pasiva y heterónoma —infantil e infantilizante— a lo mandado, sea lo que sea, apoyada más en la autoridad de quien manda que en la verdad de lo mandado".[10] Una "ética unilateral de la obediencia", como la llama B. Häring, basada en todo tipo de medios de control y con una astuta mezcla de premios y castigos.[11] Pero el abordaje de lo sexual también puede ser fruto de una respuesta activa, adulta, crítica y responsable, fomentada desde una ética de la responsabilidad emancipada.

Sobre represión y neurosis

A raíz de la difusión periodística de sonados casos de pedofilia criminal protagonizados por obispos y sacerdotes de Estados Unidos y Europa, y de la creciente revelación acerca de la profundidad de esa y otras prácticas sexuales non sanctas en la Iglesia católica, ocultadas hasta ahora por una suerte de *omertá* —la ley del silencio típica de las mafias italianas— de confesores, directores espirituales y jerarcas eclesiales, se ha venido investigando acerca de una posible conexión entre celibato obligatorio, represión sexual y neurosis en el sacerdocio.

Ya decía Sigmund Freud que los deberes irrealizables sólo sirven para producir patologías, individuos infelices y enfermos. Casos como los del cura estadunidense John J. Geogham, quien a lo largo de tres décadas de oficio sacerdotal abusó, violó o manoseó a más de 130 niños y murió estrangulado en una prisión de Estados Unidos cuando

---

[10] José Vico Peinado, *op. cit.*
[11] B. Häring, *Proyecto de una vida lograda*, PPC, Madrid, 1996.

purgaba una condena de nueve años, o el del sacerdote mexicano Marcial Maciel Degollado, fundador de la orden Legionarios de Cristo, acusado por una decena de víctimas ante el Vaticano de haberlos obligado cuando eran seminaristas, casi niños y adolescentes, a prácticas de masturbación, sexo oral y penetración anal —pese a lo cual goza de total impunidad—, pueden resultar lastimosamente emblemáticos.

Es obvio que no se puede endilgar el sanbenito de "reprimido" a todos los clérigos que viven su sexualidad de forma célibe. Tampoco es verdad que haya una relación de causa-efecto entre el celibato sacerdotal obligatorio y la pedofilia, que es una parafilia y no consecuencia de una conducta de represión sexual. No obstante, ¿en cuántos casos una vida de castidad se ha basado en una auténtica sublimación consciente y madura, y en cuántos se ha vivido con represión, claudicaciones, neurosis o sustituciones larvadas? O de otra manera —que abarca a los hombres de la Iglesia católica, destruida la antigua hipócrita coraza de que "los sacerdotes no tienen sexo"—, ¿cuál es la naturaleza de la pulsión sexual?

Esa pregunta clave fue elaborada por el psicoanalista freudiano marxista austriacoestadunidense Wilhelm Reich, pionero teórico de la revolución sexual. En su segunda etapa de producción teórica,[12] Reich sostuvo que la "libido" es la energía primordial, y atribuye todas las desgracias que acaecen en la salud psíquica al bloqueo, la represión y el encadenamiento de esa energía vital. Con lo cual, la represión sexual conduce más temprano que tarde a la neurosis. Un hombre o mujer cuyas pulsiones sexuales son reprimidas por la familia y la sociedad, tendrá un "carácter neurótico" (en contraposición dicotómica con el "carácter genital", apto para la satisfacción orgástica sin represión). El carácter neurótico conocerá la angustia, el sentimiento de culpabilidad, las pulsiones sádicas y masoquistas, la envidia, los celos.

---

[12] Hay dos marcos teóricos reichianos, uno marcado por su pertenencia al freudo-marxismo, hasta que fue expulsado de la Sociedad Psicoanalítica y del Partido Comunista alemán, que luego remplaza por otra concepción donde coloca al orgón como sustancia básica y sobre la cual intentó inventar máquinas para medir esa energía, por lo que fue encarcelado en Estados Unidos.

Según el médico psicoanalista de ideas libertarias, la neurosis no tiene una etiología endógena sino exógena. Todos los conflictos que engendran el carácter neurótico —definido como una modificación crónica del Yo, a manera de una *máscara* o *coraza* que tiende a protegerlo contra los peligros exteriores e interiores que lo amenazan— tienen un origen exterior. El conflicto deviene del "choque" entre las exigencias de la pulsión sexual y las fuerzas represivas externas, que han sido previamente internalizadas. De acuerdo con Reich, para liberar a las personas de la neurosis no hay más que una solución: desbloquear la libido, reforzarla y restablecer la capacidad de satisfacción orgástica; se trata de reorientar el carácter neurótico hacia la actividad sexual genital natural.

Si bien las resistencias que se manifiestan en el neurótico son personales, éstas se inscriben en un círculo más amplio de resistencias: un *círculo social de represión* cuyos agentes son el Estado, la Iglesia, la escuela (o la empresa) y la familia. Según Reich, ese círculo que atenaza e impide el libre ejercicio natural de las pulsiones vitales primarias se forma, en primer lugar, en la familia patriarcal, represiva y monogámica.

Siguiendo a Reich, el claretiano Vico Peinado —licenciado en teología por la Universidad Pontificia de Comillas— recuerda que en la organización familiar de tipo patriarcal,

> el padre de familia reproduce, dentro de la célula familiar —que como suele decirse es la primera célula de la sociedad—, la función represora del Estado autoritario, para el cual prepara ciudadanos sumisos. La represión familiar más importante es, con toda seguridad, la represión sexual, porque la prohibición que pesa sobre la sexualidad —y que impide el libre ejercicio de esa función biológica fundamental— repercute en el conjunto de la personalidad, paralizándola e inmovilizándola, mediante la formación de la coraza caracterial. La familia patriarcal monogámica va a convertirse en un verdadero laboratorio ideológico, y en "el primer soporte de la sociedad reaccionaria, de la jerarquía del Estado, de la Iglesia y la empresa". Para culminar en esa represión, la familia patriarcal va al unísono con otras instituciones: el Estado autoritario y su legislación represiva; la

Iglesia y su moral sexual centrada en el matrimonio y la procreación; la escuela y sus modelos educativos culturales de moderación, obediencia y sumisión; la empresa del trabajo alienante y alienado, y su jerarquía casi militar.[13]

De acuerdo con la posición de Reich —que ha perdido vigor ante la tendencia actual hacia un autoritarismo-servilismo conservador y lo que se ha dado en llamar la dictadura del pensamiento único—, se trata de preparar, mediante el rechazo del placer sexual, sujetos esclavos que hagan funcionar la máquina económica en beneficio de la clase dominante.

Para que el sistema pueda perpetuarse, hay que castrar al individuo en sus deseos placenteros, presentándoselos como perversos y obligándole a interiorizar esa represión, de tal suerte que pueda reproducirla en sus propios hijos, cosa que hace a las mil maravillas la familia patriarcal monogámica, que reprime el placer y no acepta la sexualidad más que en su aspecto de reproducción y en el estrecho marco del matrimonio monogámico.[14]

No obstante, hay quienes piensan en la Iglesia católica —como Luis Pérez Aguirre— que no se trata de embarcarse sin más con el grito libertario de Reich, "que pretendía llegar a la total superación de toda represión sexual, para así poder encontrar al *hombre natural*, porque conlleva el simplismo de reducir la sexualidad a la genitalidad y al poder orgásmico con la felicidad".[15]

Según el jesuita uruguayo, ya fallecido, la Iglesia católica debería decir una palabra más libertaria y profunda aún, "que deje de hacer naufragar el coito en *misterios sagrados* y haga justicia a la plenitud de significados que comporta la sexualidad en el ser humano".[16]

[13] José Vico Peinado, *op. cit.*
[14] *Ibíd.*
[15] Luis Pérez Aguirre, *La Iglesia increíble*, Trilce, Montevideo, 1993.
[16] *Ibíd.*

¿Una revolución inconclusa?

El sexo y la religión —y en otro sentido la castidad y el poder *sagrado*— han tenido siempre una relación tan íntima como contradictoria, pocas veces armoniosa. Como culto a la fertilidad, la religión no es concebible sin sexo. Se trata además de un culto reproductivo de homo sapiens, animales y semillas, por lo tanto, responde al imperativo de la economía. Hay, pues, una relación inextricable entre sexo, religión y economía. De lo que podría deducirse que la expresión sexo "contra natura" (donde no hay fertilidad ni reproducción) es un sexo contraeconómico. Ergo, el aborto, las pastillas anticonceptivas, el condón, las felaciones, la masturbación y por supuesto la homosexualidad, no "producen", por lo tanto, atentan contra los objetivos económicos de la religión.

Por otra parte, en cada época hay preguntas fundamentales sobre cuerpo, deseo, masculinidad y femineidad que se convierten en temas de controversia, los cuales, a su vez, reflejan y dan forma a los profundos cambios en las relaciones de hombres y mujeres, mujeres y mujeres, hombres y hombres, adultos y niños.

Como dice el sociólogo Jeffrey Weeks, en la médula de cada uno de esos interrogantes está "la angustia causada por la renegociación de las fronteras y la incertidumbre del *orden natural*".[17] La "anarquía sexual" y los cambios en la materia en el siglo XIX, respondieron a la incertidumbre de las relaciones en los albores de la revolución industrial y la expansión imperial. Hoy observamos características producto de la actual fase del mundo capitalista[18] y los cambios de la modernidad. Esas características producen una nueva orientación hacia sexualidad y cuerpo, y comenzamos a definirnos con nuevos arquetipos que tienen que ver con la ruptura de viejas formas de autoridad y la transformación de la vida íntima.

---

[17] Jeffrey Weeks, "Sexualidad en el milenio", en revista *Diálogo* de la UNESCO, México, enero de 2000.

[18] Proceso vulgarizado por los medios masivos de información como "globalización neoliberal", y que diversos autores asimilan al imperialismo de nuestros días, con eje en Estados Unidos como potencia hegemónica.

Un aspecto central es el desafío a la tradición cristiano romana. Junto con un progresivo proceso de secularización, en las sociedades occidentales presenciamos una transformación radical de patrones tradicionales sexuales y de género. Frente al tabú sexual religioso se opone, hoy, la información y la enseñanza de la sexualidad desde los primeros años escolares. Frente a una arraigada cultura de miedo, culpa y represión —que lleva de manera indistinta el sello del catolicismo y otras religiones—, hay una mayor libertad para evitar caer en la neurosis. También se vienen registrando cambios en la lucha contra las normas y estructuras propuestas social y eclesialmente. Es decir, los cambios económicos, sociales y culturales experimentados a escala mundial, socavan los bastiones tradicionales de vida, familia y regulación de la vida privada por parte del Estado y las iglesias. Las diferencias y equilibrios tradicionales entre hombres y mujeres se han transformado por los cambios materiales y culturales, y por la irrupción del feminismo, cuyas luchas han acarreado lo que Weeks llama una "crisis de masculinidad". Por otra parte, la desigualdad de derechos y la discriminación en relación con la orientación sexual —a menudo simplificada de manera errónea como una "división" entre homosexualidad y heterosexualidad— ha sido cuestionada por los movimientos públicos de lesbianas y gays, así como de nuevas identidades.

También la relación entre adultos y niños se ha vuelto motivo de negociaciones y renegociaciones. Esto se acentúa por pánicos morales y controversias públicas que van del temor a la violencia sexual en el cine y los medios audiovisuales, el auge de la pedofilia, la prostitución y la pornografía infantil vía Internet —uno de los lados oscuros del ciberespacio—, la explotación sexual infantil por redes criminales y de clientes dispuestos, con base en relaciones económicas y de poder desiguales (asimétricas) entre el-la infante y el adulto (a menor edad, mayor vulnerabilidad), hasta el "sexoturismo infantil", elementos todos que conforman lo que el francés Denis Duclos ha definido como "capitalismo autófago".[19]

[19] Denis Duclos, "L'autophagie, grande menace de la fin de siècle", *Le Monde Diplomatique*, París, otoño de 1996.

Una sociedad que se devora a sí misma de manera insaciable y en la cual —según el español Manuel Castells— la "materia prima" son los niños.[20] Explotación sexual infantil que ha sido definida por Vitit Muntarbhorn, exrelator especial de la Comisión de Derechos Humanos de Naciones Unidas, como "una forma contemporánea de esclavitud, ubicua y en expansión".

El propio Duclos ha denunciado la hipocresía que subyace en la "infantolatría social", cuya mayor expresión público-mediática, de manera paradójica, fue la Cumbre Mundial Pro Infancia de 1990, donde se aludió a los menores como un "recurso". La cumbre que, no obstante, significó un paso adelante y tuvo un impacto positivo en otros órdenes, definió a la niñez como "el recurso más apreciado de la raza humana".[21] Como señala el investigador Stephen Hasam, "los deseos y las fantasías sexuales de las clases en el poder —educadas, profesionales y prósperas— por niñas y niños, han sido claramente identificados y explotados por una industria de la propaganda dirigida a ese sector económico, hasta promover bancos y chocolates en medios electrónicos e impresos".[22] Al respecto, Duclos se pregunta por qué la pedofilia parece ser más sostenida, entre otras opciones sexuales, en las clases elevadas. "¿La costumbre de identificar en los infantes a la servidumbre, a los subordinados o esclavos, no explica en parte la reversión de la metáfora que conduce a utilizar a los niños como esclavos?".[23]

En ese contexto, y más allá de la retórica eclesial, ¿qué son los niños para la Iglesia católica? ¿Qué papel desempeñan los infantes? ¿Por qué ens ocasiones miembros del clero los abusan o *sacrifican*?

---

[20] Manuel Castells, *La era de la información. La sociedad red*, Siglo XXI Editores, Madrid-México, 1999.

[21] Stephen A. Hasam, "Turismo sexual infantil: el peor de los pecados", en revista *Diálogo* de la UNESCO, México, enero de 2000.

[22] *Ibíd.*

[23] Denis Duclos, *op. cit.*

Diversidad y ciudadanía sexual

Es evidente que esa metamorfosis en materia sexual, o la "transformación de la intimidad" —como la llama Anthony Giddens—, socava la concepción tradicional de la Iglesia católica y otras religiones. Igual sucede con la mirada feminista del mundo y el ejercicio de autonomía de la mujer, considerados anatemas por la Iglesia católica; línea acentuada durante el pontificado conservador de Juan Pablo II.

El ideal emancipatorio que irrumpió en los años sesenta del siglo XX, tiende hacia una relación democrática e igualitaria entre los seres humanos —con independencia de las relaciones de sexo o género— y parte de la creencia de que las relaciones y uniones amorosas deben ser una elección personal y no por convenio o por tradición. Para quienes vienen impulsando tales posiciones, las razones para esa elección son claras: atracción personal, deseo sexual, confianza mutua, respeto, responsabilidad, compatibilidad y libertad en el ejercicio de sus derechos. Al igual que el cambio generalizado desestabiliza los modelos tradicionales de las relaciones, los conceptos tradicionales del yo y de las identidades individual y colectiva, se ven en extremo minados:

> Cada vez más, la identidad no es algo que asumimos o con lo que nacemos o a lo que nos mantenemos atados a lo largo de nuestra vida. Es algo que hacemos para nosotros mismos. Tenemos múltiples posibilidades de identidad. Vivimos en un mundo marcado por la diversidad sexual, y basado en la elección de los estilos de vida.[24]

Las nuevas tecnologías en el campo de la salud, la reproducción, la cirugía plástica, la ingeniería genética y la información, han cuestionado, en lo fundamental, la inmutable percepción de nuestro yo, de nuestro cuerpo y de la interacción sexual. Sin embargo, esas nuevas formas sociales y esa "ciudadanía sexual", como ahora se llama,[25] enfrentan

---

[24] Jeffrey Weeks, *op. cit.*
[25] El ciudadano tiene derechos inalienables que incluyen su sexualidad.

55

resistencias en el campo de la religión y la política, e incluso pueden dar lugar a nuevos fundamentalismos. Como todo cambio, implica riesgos y oportunidades. Poco a poco, las entidades que tradicionalmente han reglamentado el comportamiento social y sexual —los Estados y las iglesias— están reconociendo la nueva realidad, y así lo señalan los diversos intentos, confusos y fallidos, por ignorar o reprimir o responder en forma constructiva a esa revolución inconclusa. Como dice Jeffrey Weeks, "la historia sexual está siendo hecha y rehecha de manera continua, año tras año, y no por medio de la Providencia, la naturaleza, la ciencia y la historia, sino en la intimidad de la vida diaria de todos nosotros, los simples mortales".[26]

La ceremonia de la confusión

La sexualidad humana es irrenunciable y no se confunde ni con la actividad, ni con el ejercicio de la misma. Como explica Vico Peinado,

la primera consecuencia es que no se puede reducir la sexualidad humana a una simple actividad sexual, ni al ejercicio de la misma, aun cuando una y otro puedan expresarla. Y es que mientras la sexualidad es una manera de ser permanente en la persona, que la estructura corporal y anímicamente, con anterioridad a cualquier tipo de decisión, la actividad sexual y el ejercicio de la misma, en cambio, sí dependen de la libre toma de decisión de la persona y, por eso mismo, carecen de permanencia y tienen una duración determinada en la vida del hombre.[27]

En ese sentido, aunque alguien no exprese su sexualidad por un tiempo determinado o indefinido, a través de la actividad sexual, no por eso deja de ser sexuado. Por pertenecer al ser, de la mujer y del hombre, la sexualidad es irrenunciable. Una renuncia libre —en caso de celibato sacerdotal por ejemplo— no puede significar un rechazo

[26] Jeffrey Weeks, *op. cit.*
[27] José Vico Peinado, *op. cit.*

de la sexualidad, sino que supone o puede suponer, más bien, empeñar esa fuerza al servicio de deberes que se consideran igualmente vitales. En principio, la abstinencia sexual puede ser una decisión responsable o irresponsable, pero es siempre —o debería ser— una decisión fruto de la libertad o la capacidad de autodeterminación del hombre o la mujer. En cuanto tales, es una decisión sólo humana, ya que no ocurre lo mismo con los animales.

En cuanto don, la sexualidad humana conlleva aparejado el deseo, la atracción, la posibilidad de enamoramiento y el placer. Como dice Vico Peinado, tanto el varón como la mujer están "preprogramados" para experimentarlos. "No depende de su querer o no querer". Es parte de su *pathos*. Otra cosa es lo que de manera libre se quiere hacer o dejar de hacer con aquello que se experimenta "psicosomáticamente" de manera espontánea. Eso sí pertenece a su *ethos* y puede ser valorado por la ética de manera positiva o negativa. Según el teólogo español, por no haber tenido en cuenta de manera suficiente la diferencia entre ambos planos —el del *pathos* y el del *ethos*—, se han mantenido posiciones que han contribuido a "la ceremonia de la confusión", incluida la teología cristiana católica.

Históricamente, a esa ceremonia de la confusión ha aportado también —¡qué duda cabe!— la férrea doctrina moral de la Iglesia romana, revitalizada y puesta al día en sus aristas más conservadoras por el papa Juan Pablo II —a contracorriente de lo que sucede en la sociedad— y la forma poco ortodoxa de vivir su castidad de muchos sacerdotes, religiosos y religiosas, así como la actitud justificadora y encubridora que la jerarquía eclesial adoptó de manera sistemática sobre tales prácticas. Las noticias sobre los hábitos afectivo-sexuales de los clérigos y las motivaciones psicológicas que los llevan a romper su compromiso de celibato con tanta frecuencia, no son una novedad. Tampoco es nueva la discusión en torno a la ley del celibato obligatorio de la Iglesia católica, que algunos críticos han definido como una moral de "elegidos".

Uno de los elementos de la formación moral es el ejemplo. Por eso, lo más grave del asunto es que los mismos que predican la doctrina cristiana o están más directamente vinculados a ella, son los primeros en prescindir, en la práctica, de normas como el celibato. ¿Por qué? Porque no pueden acatarla o no lo consideran válido. Tal realidad exhibe, de manera descarnada, la falta de algo bastante esencial en la prédica moral: la coherencia. Cuando un ejemplo no avala la prédica, ésta pierde todo su fundamento. A su vez, la refutación práctica de la doctrina induce a pensar si su contenido es correcto. Como muchos piensan hoy en el seno de la Iglesia católica, ¿habrá llegado el momento de cambiar la norma?

Jesús, en cuanto ser sexuado, fue un varón que vivió su sexualidad de una manera determinada. Según los indicios que avala una determinada serie de exégesis, Jesús no se casó, sino que vivió célibe.[28] Su renuncia al matrimonio habría sido voluntaria, "por el reino de los cielos". Su celibato lo hizo libre, pero no fue excusa para no amar. De acuerdo con los estudiosos, tampoco fue misógino y fue un tipo coherente con lo que predicó. A partir del ejemplo de Jesucristo, para los cristianos católicos amar siempre y al máximo, preferentemente a los más pobres, ha sido la utopía de la vocación cristiana "en la integración creativa de la sexualidad de cara al reino". Ésa es la tarea de la castidad desde la ética cristiana católica. "Es la virtud de vivir la sexualidad como opción por el reino de Dios", dice Vico Peinado. Pero no es una virtud ascética ni una forma de ideal estoico. "La castidad tiene sentido por y para el reino."

Pero según dicen los entendidos, andar por la senda de Jesús no es fácil ni siempre posible. Para Vico Peinado, por ejemplo, no hay duda que si se viven con madurez y aceptación plena, la castidad y el celibato pueden convertirse en un valioso instrumento para la realización personal en el plano de lo religioso. No obstante, hay que partir del hecho de que el sacerdote católico es un ser humano que optó libremente por el celibato, norma que, en general, está probado, la ma-

[28] Algunos autores como Schalom Ben Chorin, en su libro *María Madre* (Mutter Mirjam, V. & Deuer, Münich, 1971) y Uta Ranke-Heinemann, en *Eunucos por el reino de los cielos*, Trotta, Madrid, 1994, señalan que Jesús pudo haber estado casado.

yoría no puede cumplir. Y si bien, en principio —como hemos venido sosteniendo—, intentar llevar una vida de castidad no tiene por qué ser el origen de problemas emocionales o psicopatológicos, la decisión debe pasar por un proceso previo de maduración-asimilación-aceptación. La no maduración de esa opción es la que exhibe a menudo la falta de congruencia del clero, su doble discurso e hipocresía.

Como dice el investigador Pepe Rodríguez, el sacerdote (el religioso y la religiosa) debería aprender, desde joven y disciplinándose de manera progresiva, "a sublimar sus pulsiones sexuales con madurez, en vez de limitarse a reprimirlas mediante mecanismos neuróticos, cargados de angustia, y básicamente lesivos y desestructuradores de la personalidad".[29] Sin embargo, la realidad es otra. En los colegios católicos, seminarios y casas de formación religiosa, como parte de una doble moral, se enseña a "temer" y "combatir" a la sexualidad. Aunque de manera contradictoria sean los mayores templos del sexo; lugares sexocentrados, a partir de una obsesión por satanizar al sexo. Recintos donde se respira de manera intensa e incesante el sexo por la vía perpetua de su negación.

Desde hace varios siglos, la moral católica dominante ha considerado las sensaciones físicas como algo peligroso y amenazador. La sexualidad como el Anticristo; como algo corrupto y pecaminoso. Se enseñó una moral culpabilizadora, impuesta por decreto, que parte de la visión maniquea y deformada de que la mujer y el sexo son "cosas" sumamente "peligrosas y despreciables". Una moral misógina que destila un miedo pánico hacia la mujer tentadora (Eva), "cómplice" del diablo.

Esa educación manipuladora obsesionada con el sexo —que predica su negación y practica su afirmación de manera oculta—, que coloca a la "carne" como enemiga del alma y a la mujer como un demonio —a la vez que en inferioridad fisiológica, moral, jurídica y política con respecto al varón—, es la que reciben de manera abierta o encubierta los jóvenes seminaristas y las novicias que se comprometen a ser castos en un momento de su vida en que aún ignoran casi todo.

[29] Pepe Rodríguez, *op. cit.*

Esos jóvenes, a veces niños y niñas, "acaban sumergidos bajo un concepto sacralizado de la autoridad, y ahogados por una fuerza institucional que les obliga a aceptar que la negación de sí mismos (de los sentimientos más humanos) es el súmmun de la perfección".[30]

Con el paso del tiempo, la vida se encarga de situar a cada sacerdote o religioso cara a cara con la afectividad, la sexualidad y la mujer. Y muchos no resisten la prueba del celibato:

> Acosados por sus estímulos y necesidades afectivo-sexuales, se ven forzados a refugiarse en mecanismos psicológicos de tipo defensivo, tales como el aislamiento emocional o la intelectualización, o en otros más patógenos como la negación, la proyección y la represión que, en todos los casos, les llevarán a tener que padecer cotas muy elevadas de sufrimiento y deterioro de su salud mental.[31]

De esa forma, miles de curas diocesanos o seculares, cuya vocación sacerdotal no coincide necesariamente con la del celibato, viven sus existencias con dolor y frustración; la "ruta de Jesús" como una maldición. Igual ocurre con las religiosas. Muchos y muchas terminan sosteniendo relaciones sexuales clandestinas. O de tipo homosexual. O practican la pedofilia y la efebofilia, como los casos que han escandalizado a la opinión pública estadunidense y mundial. Muchos más acaban por asumir de manera abierta la relación, se casan y son suspendidos para ejercer el sacerdocio. Otros llevan una doble vida y practican un doble discurso, las más de las veces con el consentimiento de una jerarquía que ejerce una tolerancia disfrazada de ceguera. En todos los casos dejaron de practicar algo que les resultó inaceptable.

En buena lógica, la flagrante contradicción entre la doctrina y la práctica, nos lleva a preguntar acerca del porqué de ese absurdo en una institución que, como la Iglesia católica, tiene una injerencia decisiva en la moral pública y privada de la sociedad. En parte, tienen ra-

---

[30] *Ibíd.*
[31] *Ibíd.*

zón quienes sostienen que tal contradicción deriva del hecho de que la Iglesia católica institucional utiliza "lo sexual" como un eficaz instrumento de poder y control, al servicio de la jerarquía, para domeñar al clero y la feligresía.

Bajo el signo del patriarcado: el caso de las monjas violadas

Todo empezó el 18 de febrero de 1995, cuando el cardenal español Eduardo Martínez Somalo, entonces prefecto de la Sagrada Congregación para los Institutos de Vida Consagrada y Sociedades de Vida Apostólica —uno de los conservadores "duros" del entorno de Juan Pablo II—, recibió un informe sobrecogedor de la misionera Maura O'Donohue que daba cuenta de centenares de casos de monjas y novicias víctimas de abusos sexuales. Las evidencias señalaban a sacerdotes y religiosos católicos como los violadores.

Sorprendido por las dimensiones del problema, el purpurado ordenó una investigación a fondo. El resultado dibujó un panorama aún más inquietante. La comprobación de casos de religiosas sometidas a hostigamiento, explotación sexual y violaciones, a veces sistemáticos, por parte de sacerdotes y misioneros católicos, abarcaba a 23 países, la mayoría de África y también estaban Estados Unidos, Italia, Colombia y Brasil. La conspiración de silencio, habitual en casos como éstos al interior de la Iglesia católica, se habría impuesto una vez más a no ser por la denuncia publicada en el semanario estadunidense *National Catholic Reporter* el 16 de marzo de 2001. La lista de agravios incluía embarazos no deseados, abortos y la expulsión de sus congregaciones de algunas religiosas que habían sido víctima de violaciones. Según el informe O'Donohue, la pandemia del Síndrome de Inmunodeficiencia Adquirida (SIDA) —la enfermedad del VIH—, había convertido a las religiosas en un "grupo seguro" desde el punto de vista sanitario sexual.[1]

El llamado a rendición de cuentas no se hizo esperar. Distintas congregaciones de religiosas convocadas por el grupo *Catholics for a Free Choice* de Estados Unidos y las Católicas por el Derecho a Decidir de México, alzaron sus voces en distintas partes del mundo y exigieron al Vaticano terminar con su práctica sistemática de silencio cómplice. Muchos sacerdotes y laicos se unieron a la protesta. Se exigió una reparación del daño y una disculpa pública de la Iglesia católica. Se trataba, a la vez, de "no ser cómplice de los cómplices y de los perpetradores directos, burdos criminales vestidos de sotana e investidos de un poder ilimitado que les es otorgado por las autoridades eclesiásticas y cuyas inhumanas manifestaciones han sido apañadas por éstas".[2]

Una vez más afloraba de manera descarnada el antiguo conflicto entre la Iglesia católica, la sexualidad y el poder. Pero ahora se trataba de un problema al interior de la institución androgerontocrática por excelencia. Una corporación jerárquica, misógina y patriarcal donde la mujer ocupa un lugar servil, dependiente y subordinado respecto de la burocracia androclerical. La estructura sexista y opresiva que moldea a la sociedad se reproducía una vez más dentro de la multinacional religiosa, que ha sido definida como "uno de los últimos clubes para hombres" dos mil años después de su fundación: el cuerpo-objeto femenino —mercancía, cosificado por el patriarcado necrófilo— de monjas y novicias al servicio y para satisfacción del varón, en este caso sacerdotes y religiosos formalmente celibatarios, que a diario predican el sexto mandamiento: no fornicarás.

Para muchas voces dentro de la Iglesia católica se trataba de un problema de tipo estructural siempre silenciado por la jerarquía. Como señaló entonces la Coalición Nacional de Monjas Estadunidenses (NCAN, por sus siglas en inglés), lo que más dolía era que "los responsables de tales crímenes sean agentes de una Iglesia que es lenta para escuchar

---

[1] Lola Galán, "El Vaticano reconoce que cientos de monjas han sido violadas por misioneros", *El País*, Madrid, 21 de marzo de 2001.

[2] Laura Asturias, correo electrónico procedente de Guatemala fechado en abril de 2001.

el clamor de las víctimas".[3] Las religiosas estadunidenses calificaron la situación como "delicada", y recordaron que hacía siete años que Maura O'Donohue había documentado lo que estaba ocurriendo. "Es evidente que el silencio solamente alienta al opresor y permite que el mal continúe sin control."

Una moción aprobada por mayoría en el Parlamento Europeo, en su delegación en Estrasburgo, atribuyó a las autoridades vaticanas la "responsabilidad" por la violencia sexual sufrida por religiosas. Se trataba "de una violación de los derechos del hombre [sic] por parte de sacerdotes católicos".[4] El texto, que según los estatutos del parlamento no tenía carácter ejecutivo —y más bien suponía un juicio moral—, condenaba "todas las violencias sexuales contra las mujeres, en particular contra las religiosas católicas". Pedía asimismo que "los autores de los crímenes sean arrestados y entregados a la justicia".

El portavoz oficial de la Santa Sede, Joaquín Navarro Valls intentó minimizar el problema al afirmar que estaba "circunscrito a un área geográfica restringida" (algunas regiones de África), y que los obispos y congregaciones religiosas ya habían "tomado medidas concretas" para que situaciones de ese tipo no volvieran a repetirse.[5]

El informe McDonald y el sexo seguro

No parece ser un dato casual el hecho de que los abusos sexuales comenzaran a ser denunciados dentro de las congregaciones religiosas a comienzos de los años noventa, cuando crecía como leche hervida una "cultura del pánico" que, asociada con la enfermedad del VIH —en un marco de "anarquía sexual" de fin de siglo según la llamó George Gissing— y de la mano de una "aversión maligna" (una crisis de salud pública que fue tratada en algunos países inclusive "democráticos" y "desarrollados" como una "amenaza sexual" que debía ser reprimida

---

[3] "Declaración de la NCAN sobre monjas africanas", distribuida vía electrónica por la Red de Católicas por el Derecho a Decidir, marzo de 2001.

[4] Información distribuida por www.zenit.org, fechada en Estrasburgo el 6 de abril de 2001.

[5] Zenit, 20 de marzo de 2001.

65

criminalmente),[6] amenazaba con una "economía erótica de recesión" (Hutcheon).

De manera inconsciente o no, el vocero vaticano Navarro Valls parecía circunscribir "lo perverso" a una coyuntura concreta y un área geográfica determinada (la epidemia de sida en África), asociada en su visión de poder con lo marginal, el Otro (en este caso además *negro*), lo que encerraba a la vez una caracterización racial y un estigma. Lo que Michel Foucault llamó la "marginalización de lo perverso".

El asunto tenía sus antecedentes. En febrero de 1995, la religiosa Maura O'Donohue, una médica coordinadora del programa sobre el sida de Caritas Internacional y del Fondo Católico de Ayuda al Desarrollo (CAFOD), había presentado un informe confidencial al cardenal Martínez Somalo. Entre otros hechos, O'Donohue comprobó in situ, a partir de investigaciones y de entrevistar a varias de las víctimas, que la pandemia del sida había convertido a las religiosas en un "grupo seguro" desde el punto de vista sanitario, lo que aumentaba el interés sexual de los sacerdotes y misioneros por ellas. De lo que se podía deducir que la crisis del sida —con todo su impacto aterrador al cargar el peso del miedo a la enfermedad y a la muerte como secuela del placer y el deseo—, se entremezclaba con las relaciones de poder en los terrenos de la vida cotidiana (la Iglesia católica insertada en sociedades concretas), y obligaba a redefinir "la identidad (de los pastores) y sus necesidades frente a un paisaje que cambia".[7]

En otras palabras, la discordia moral y ética propia de la incertidumbre reinante a comienzos de los años noventa en la sociedad occidental, combinada con el impacto de la pandemia del sida, parecía estar incidiendo en la reconfiguración de las actitudes hacia la sexualidad por parte de algunos miembros del clero católico. El informe citaba el caso de la superiora de un convento que fue contactada por sacer-

---

[6] Según consigna el psicoanalista Leo Bersani, cuando era jefe de la mayoría en el senado de Estados Unidos, el político republicano Trent Loff "condenó el estilo de vida criminal y patológico de los homosexuales, [y] los ha comparado con los cleptómanos", *¿El recto es una tumba?*, Cuadernos del Litoral, Córdoba, Argentina, 1998.

[7] Jeffrey Weeks, "Valores sexuales en la era del sida", en *Debate Feminista*, México, 1995.

dotes interesados en mantener relaciones sexuales "seguras" con las religiosas. Dejaba constancia, también, de casos de sacerdotes que "engañaron" a novicias y religiosas jóvenes y con escasa formación, alentándolas a que recurrieran a la píldora anticonceptiva para "evitar" el contagio del sida. Otras veces las "convencían" con el argumento de que si ellos frecuentaban prostitutas podrían contraer el Síndrome de Inmunodeficiencia Adquirida.

Sin duda, la excesiva indulgencia de obispos con sacerdotes abusadores y violadores y la tradicional cultura de silencio que rodea a esos temas contribuyeron a la propagación del problema. El informe cita el caso de la superiora de una comunidad de religiosas en Malawi, que solicitó la intervención del obispo local tras comprobar que un grupo de sacerdotes de la diócesis había dejado embarazadas a 29 monjas. La reacción del prelado fue fulminante: la superiora fue suspendida y sustituida por otra religiosa. Las 29 monjas fueron expulsadas (varias colaboraron con sus testimonios para la elaboración del informe). Sin duda, la "solución final" en ese caso concreto reproducía de manera descarnada el ordenamiento jerárquico de la institución y exhibía lo que ha sido el discurso de la normalidad heterosexual, con el hombre ocupando el vértice del triángulo y la sexualidad femenina y perversa en la base.

Alarmado por la situación, el cardenal Martínez Somalo encargó una nueva investigación a un grupo de trabajo presidido por la religiosa Marie McDonald, superiora de las Hermanas Misioneras de Nuestra Señora de África. Pero el nuevo informe resultó más descorazonador. Las denuncias de hostigamiento, violación y explotación sexual de religiosas —por parte de sacerdotes y misioneros católicos— abarcaron a 23 países: Botswana, Burundi, Brasil, Colombia, República Democrática del Congo, Ghana, India, Irlanda, Italia, Kenia, Lesotho, Malawi, Nigeria, Papua Nueva Guinea, Filipinas, África del Sur, Sierra Leona, Tanzania, Tonga, Uganda, Estados Unidos, Zambia y Zimbabwe.

Elaborado en 1998, el informe McDonald incluyó casos de novicias abusadas y violadas por sacerdotes a quienes las víctimas tenían que solicitar documentos, certificados o recomendaciones oportunas para poder ingresar a conventos o trabajar en una diócesis. También reco-

67

gió testimonios de médicos católicos que se veían "asediados" por sacerdotes que les llevaban "monjas y otras jóvenes para abortar". Ya antes, Maura O'Donohue había citado un caso extremo: el de una religiosa no identificada que murió a causa de las complicaciones de un aborto. Según la versión, el sacerdote que supuestamente la había embarazado ofició la misa de réquiem para la monja difunta.[8]

El reportaje difundido por *National Catholic Reporter* pasaba revista a las distintas estrategias de acoso sexual, incluidas las coacciones físicas y morales y chantaje laboral. Unas veces eran sacerdotes que reclaman una especie de contraprestación sexual a cambio de la confesión, otras, el abuso se producía a partir de "una dependencia financiera de las religiosas, de sacerdotes que pueden pedir a cambio favores sexuales".

Entre los casos denunciados figura el de una mujer recién convertida del Islam al cristianismo que fue aceptada como novicia en una congregación local. Cuando fue a solicitar al párroco los certificados correspondientes, éste la violó como "requisito previo". Como la mujer había sido repudiada por su familia por haber abandonado la religión islámica no podía volver a su casa. La congregación religiosa la aceptó. Poco después, cuando supo que estaba embarazada, huyó a la selva. Pasaron diez días hasta que decidió hablar con el obispo. Éste llamó al cura, quien aceptó la acusación y fue castigado con... ¡un retiro de dos semanas! Una mera "indulgencia", que como en el caso del tratamiento dado, en general, a los curas predadores de menores, exhibe la doble moral sexista de la jerarquía de la Iglesia católica y del sacro Estado vaticano.

Otros testimonios daban cuenta de sacerdotes que se relacionaron con varias mujeres y tuvieron hijos de más de una. En diferentes países, miembros de los consejos parroquiales denunciaron a pastores por sus relaciones sexuales con mujeres de la comunidad, muchas veces esposas de feligreses que enfurecieron por la situación. En algunos

---

[8] Los reportes de prensa sobre el informe de Maura O'Donohue no especifican dónde y cuándo ocurrió ese hecho.

casos, los fieles esperaron la oportunidad para participar en una homilía dialogada y denunciar de manera pública a algunos sacerdotes por su "doble rasero" entre lo que predican y hacen. Una parroquia llegó a ser atacada con armas de fuego por católicos exaltados por el abuso de poder y las traiciones de los sacerdotes. Según el reporte, desde los años ochenta en muchos países las monjas se niegan a viajar solas de noche en automóvil, en compañía de un sacerdote, por miedo a sufrir abusos sexuales.

El informe McDonald hacía referencia a religiosas que habían tenido que abandonar sus congregaciones tras quedar embarazadas, mientras los sacerdotes con quienes tuvieron relaciones pudieron seguir desempeñando sus ministerios. La situación planteaba una cuestión de justicia social, ya que las monjas tenían que criar a sus hijos (resultado del abuso sexual de un sacerdote o religioso) como madres solteras, a menudo estigmatizadas y en condiciones socioeconómicas muy precarias. En muchos casos, como habían perdido su estatus en la cultura local, las religiosas se vieron forzadas a convertirse en la segunda o tercera esposa de la familia. Otra alternativa era prostituirse.

Peligro restringido: el Vaticano

Si bien los informes O'Donohue y McDonald —producto del proceso de empoderamiento de las mujeres— recogieron denuncias de 23 países (entre ellos Italia, Estados Unidos, Irlanda, Brasil, India, Colombia y Filipinas), no obstante, el grueso de los casos se habían producido en países africanos. El informe McDonald señaló que determinadas culturas "representan un serio inconveniente para el mantenimiento de los principios de la vida religiosa". En el continente africano, explicó el documento, "es imposible para una mujer rechazar a un hombre, sobre todo si es anciano y en especial si es un sacerdote". La cultura local, agregaba, está lejos de favorecer el celibato y la castidad.[9]

---

[9] En su edición del 20 de octubre de 1990, la revista católica española *vida nueva* reprodujo la posición que obispos de África meridional habían mantenido en un sínodo reciente respecto

Otros factores que han contribuido a provocar la explotación sexual de las jóvenes religiosas —y que Marie McDonald dejó asentados en su informe—, son la posición subordinada de la mujer en la Iglesia católica y la sociedad; la dependencia económica; el reclutamiento de novicias inmaduras; y el "silencio" oficial sobre la cuestión. Según McDonald, la posición subordinada de la mujer hace que "una monja se vea a sí misma como inferior, alguien que debe *servir* y *obedecer*. Es comprensible que una monja vea imposible rehusar si un sacerdote le pide favores sexuales. Esos hombres son símbolos de autoridad que deben ser obedecidos".[10]

En marzo de 2001, cuando estalló el caso de las monjas y novicias violadas, Navarro Valls aseguró que la Santa Sede estaba colaborando con los obispos y con la Unión Internacional de Superiores Generales —que agrupa a 200 mil religiosos y un millón de monjas— a fin de encontrar una solución. Según el portavoz vaticano, se venía trabajando en una doble vertiente: la formación de los sacerdotes, misioneros y religiosas, y la atención de cada caso denunciado en particular. No obstante, en un comunicado, Navarro Valls enfatizó que "unas cuantas situaciones negativas no pueden hacer olvidar la fidelidad, con frecuencia heroica, de la gran mayoría de los religiosos, religiosas y sacerdotes".

Para Nokter Wolf, abad de la orden de los benedictinos, la cuestión no era tan sencilla. "Creo que no se trata de casos excepcionales", declaró.[11] Según Manuel de Unciti, teólogo y dirigente de Obras Mi-

---

al celibato y en el que, sin duda, se basó el informe de Marie McDonald: "La formación al celibato en el contexto cultural local es muy difícil: el celibato es visto como un hecho absurdo y su motivación cristiana resulta, simplemente, no entendida ni rectamente interpretada por nuestra sociedad. Es la idea entera la que es extraña a la cultura africana, que contempla la formación al celibato como típica de personas psíquica y sexualmente inmaduras y limitadas, y que por eso necesitan someterse a la educación específica del seminario [...] además, el sentido moral que prevalece entre nuestros estudiantes (seminaristas) es el que se refiere exclusivamente a la pública vergüenza, al miedo a perder el prestigio".

[10] Miguel Bayón, "Los abusos a monjas reabren el debate sobre el sexo en la Iglesia católica", *El País*, Madrid, 22 de marzo de 2001.

[11] Rossend Domenech, "El Vaticano reconoce que curas y misioneros han violado a monjas", *El Periódico de Catalunya*, 21 de marzo de 2001.

sionales Pontificias, la denuncia "es muy grave y así lo reconoce el Vaticano".[12] "Runrún siempre ha habido", declaró De Unciti, quien sugirió que los informes se centraban en el "clero diocesano". Para el experto, "es difícil para una persona pasar de ciertas concepciones culturales al celibato, que no disfruta de mucho aprecio en África". A su vez, Juan Pérez Charlín, provincial de los Misioneros de África-Padres Blancos —orden hermana de la congregación que dirige Marie McDonald, autora de uno de los informes—, coincidió con el desprestigio del celibato en gran parte de África, "donde el valor por excelencia es la familia y tener muchos hijos".[13] Pérez Charlín recordó que a partir de 1971, diversos obispados de África central habían solicitado al Vaticano que se permitiera ordenar a personas casadas. "No sería nuevo en la Iglesia. Ya ha existido y sigue existiendo en las iglesias católicas orientales." De paso, relativizó que la cultura africana menosprecie a la mujer. "Allí hay sociedades matriarcales y matrilineales, y otras donde la mujer no cuenta."

Luego del escándalo provocado por las revelaciones de *National Catholic Reporter*, el reverendo Robert Mwaungulu, secretario general de la Conferencia Episcopal de Malawi calificó de "racista" la virtual *africanización* del problema por el portavoz oficial del Vaticano. "No es verdad que sea un problema africano. Es universal y no está restringido sólo a ciertas áreas geográficas."[14] Dijo también que la Iglesia católica de Malawi no tiene registro del incidente en el cual un sacerdote habría oficiado los ritos funerarios de una monja a la que embarazó, y que falleciera a consecuencia de complicaciones en un aborto.

Sin embargo, otras voces señalaron que el problema es "endémico" en la Iglesia católica de Malawi. El reverendo Mark Kambalazaza, clérigo controversial que estableció un ministerio católico separado, declaró a la agencia noticiosa africana PANA que por estar inmersa en

---

[12] Miguel Bayón, "Los abusos a monjas reabren el debate sobre el sexo en la Iglesia católica", *El País*, Madrid, 22 de marzo de 2001.

[13] *Ibíd.*

[14] Raphael Tenthani, "Informe del Vaticano enfurece a la Iglesia católica de Malawi", Panafrican News (PANA), 18 de abril de 2001.

71

una sociedad conservadora, la Iglesia de Malawi "no puede aceptar el dañino informe. La Iglesia debería aceptar que existe un problema, pedir disculpas y el perdón de Dios".[15] Un patriarca de la Iglesia católica, quien pidió no ser identificado, indicó que los informes de O'Donohue y McDonald podían ser veraces, "ya que hoy en día no es raro que sacerdotes de Malawi fallezcan a causa de infecciones asociadas con el sida".[16] Aseguró que algunos sacerdotes seducen a mujeres casadas, que se acercan quejándose de esposos infieles. "Nuestros sacerdotes han dejado de ser modelos a imitar", dijo la fuente.

¿Un silencio cómplice?

La condena de la Coalición Nacional de Monjas Estadunidenses por el silencio de años del Vaticano, ante el "sufrimiento físico y emocional extremo" de las religiosas víctimas de violaciones sexuales desencadenó una campaña internacional denominada "Llamado a la Rendición de Cuentas".

En su pronunciamiento de marzo de 2001, las religiosas de Estados Unidos habían planteado una serie de interrogantes dirigidas a las jerarquías católicas de África y la Santa Sede. Entre las preguntas, figuraban: "Si los perpetradores [de las violaciones] no fueran sacerdotes, ¿acaso no se presentarían cargos criminales contra ellos? ¿Son conscientes las personas de la Iglesia que la Organización de las Naciones Unidas ha declarado la violación como un crimen contra la humanidad? El retener la información o no actuar a partir de ésta durante años [en clara alusión al informe O'Donohue], ¿convierte a quienes mantuvieron ese vergonzoso silencio en cómplices de crímenes adicionales cometidos contra esas mujeres? ¿Nuestro silencio significa consentimiento?".

Cuando en julio siguiente se lanzó la campaña "Rendición de Cuentas", el recuento de humillaciones incluyó la explotación sexual

[15] *Ibíd.*
[16] *Ibíd.*

de monjas por sacerdotes y el resultado de embarazos no deseados, así como la expulsión de religiosas de sus congregaciones a raíz de los embarazos o por haber sido obligadas a practicarse el aborto. Se ponía énfasis en que la violencia contra las religiosas se estaba dando en un determinado contexto global: según datos del Fondo de Población de las Naciones Unidas (2001), la pandemia del VIH-SIDA se había convertido en la primera causa de muerte en África y en la cuarta a escala mundial.[17] Al mismo tiempo, las políticas de la Iglesia católica seguían condenando en nombre de "la cultura de la vida", el uso responsable del condón y los métodos anticonceptivos que sirven para salvar la vida de las personas, en especial mujeres.

Criticaron, también, el hecho de que las autoridades vaticanas habían sido notificadas de esos "aterradores" hechos en 1995 (informe O'Donohue), y que hasta esa fecha (julio de 2001) no habían realizado acciones públicas para terminar con los abusos, lo que otorgaba "una enorme impunidad" a los perpetradores. "El silencio del Vaticano y su inactividad han contribuido a que continúen los abusos sexuales", señalaba el texto de la campaña.

Por esas razones, se pedía a las autoridades de la Santa Sede una rendición de cuentas sobre esas "tragedias" y que pusieran fin a la violencia contra las mujeres en la Iglesia católica. Se demandaba, asimismo, que la jerarquía cooperara con las autoridades civiles, proporcionando las evidencias y ayudando en la persecución de los obispos, sacerdotes y religiosos involucrados en casos de violación y abuso sexual. La larga lista de peticiones incluía la reparación del daño de las víctimas; que se proporcionara atención médica a las monjas y a otras mujeres y menores que habían sido infectados con el VIH-SIDA por parte del clero católico;

---

[17] Según datos de la Organización Mundial de la Salud, de finales de 2001, unos 40 millones de personas en el mundo conviven con el VIH o han desarrollado el sida, una tercera parte de las cuales tienen entre 15 y 24 años. De éstos, 28 millones residen en África. Según estimados de las Naciones Unidas, el sida causará la muerte de 70 millones de personas en los primeros veinte años del siglo XXI, a menos que las naciones ricas aceleren los esfuerzos para frenar el avance de la enfermedad. En *El País*, Madrid, 26 de febrero de 2002, y *Milenio*, México, 7 de septiembre de 2002.

la reinstalación inmediata de las religiosas expulsadas de sus congregaciones por estar embarazadas y que se les otorgara apoyo terapéutico, legal y financiero para el cuidado de los hijos, cuyos padres son sacerdotes católicos.

Por otra parte, se solicitaba a las autoridades de la Iglesia la promoción de normas y valores éticos "que promulguen la dimensión positiva de la sexualidad y el respeto a la dignidad de las mujeres", y se exigía "una disculpa pública" por medio de una carta pastoral que favoreciera la eliminación de todas las formas de violencia contra las mujeres, incluido "el sexismo que ejercen los representantes de la Iglesia católica". En el texto figuraba un llamado a las y los creyentes, personas de buena voluntad y la comunidad internacional para que trabajaran por "el desmantelamiento de las estructuras de dominación que perpetúan la violencia contra las mujeres".[18]

El "Llamado a Rendición de Cuentas" fue entregado en México en la sede de la Nunciatura Apostólica el 14 de julio de 2001. María Consuelo Mejía, de Católicas por el Derecho a Decidir, afirmó que en México "las religiosas viven bajo condiciones de servidumbre y represión por parte de sus congregaciones y los obispos", pero que tales hechos no son de denunciados "por temor a las represalias de la jerarquía católica y organizaciones seculares como la Legión de Cristo".[19] Según Mejía, "los sacerdotes han ido demasiado lejos" en "una estructura eclesiástica en la que hay personas de primera y segunda clase", categoría, esta última, que corresponde a las mujeres, "que son tratadas como objeto". La activista católica criticó el "ominoso silencio" del papa Juan Pablo II sobre esos hechos.

[18] La declaración fue suscrita por más de un centenar de agrupaciones católicas y organismos humanitarios no gubernamentales del mundo, entre los que aparecían la Coalición Nacional de Monjas Estadunidenses, la Asociación por los Derechos de los Católicos en la Iglesia, la Red Latinoamericana de Católicas por el Derecho a Decidir y el Movimiento Internacional Somos Iglesia.

[19] José Antonio Zúñiga, "Debe el Vaticano ofrecer disculpas por *explotación sexual* de monjas: ONG", *La Jornada*, México, y Liliana Alcántara, "Exige ONG acabar con el abuso sexual contra monjas", *El Universal*, México, 15 de julio de 2001.

Frente al portón de la nunciatura, una gran manta clamaba: "¡Rompamos el silencio! Denunciemos los abusos sexuales dentro de la Iglesia católica".

Lavaderos de pecado

Estaba visto que el obstáculo con el que había intentado maniatar el caso de las monjas violadas el vocero vaticano Navarro Valls, con su teoría de que era un simple problema circunscrito a "un área geográfica restringida" —refiriéndose de manera elíptica a África—, comenzaba a desmadejarse. Pero pasaría todavía un tiempo antes de que se diera a conocer un estudio independiente que señalaba que "cuatro de cada diez monjas estadunidenses habían sido objeto de abusos sexuales", a menudo por sacerdotes y "otras religiosas".

Elaborado con base en una encuesta de 15 páginas respondida por mil 164 monjas de 123 órdenes religiosas, el estudio fue realizado a nivel nacional, en 1996, por investigadores de la Universidad de St. Louis, Missouri, y financiado, en parte, por varias congregaciones católicas de Estados Unidos. Su contenido había circulado de manera restringida porque la jerarquía local temía que los resultados desataran un escándalo. Finalmente fue divulgado en enero de 2003 por el diario *St. Louis Post-Dispatch* y reproducido por las agencias de noticias internacionales.[20]

La investigación mostró que unas 34 mil religiosas estadunidenses (casi 40% del total) pudieron haber sufrido alguna forma de abuso sexual. Muchas de las monjas que respondieron el cuestionario dijeron que luego de haber sido abusadas experimentaron "sentimientos de ira, vergüenza, ansiedad y depresión", y algunas afirmaron que habían intentado suicidarse. Entre los hallazgos más importantes del estudio, destacan: casi una de cada cinco religiosas dijeron haber sido víctimas de abuso sexual siendo niñas, y de ellas en 9% de los casos estuvo in-

---

[20] "Cuatro de cada 10 monjas son víctimas de abuso sexual en Estados Unidos", *Milenio*, México, y "Monjas: 40% sufrió abuso sexual", *Reforma*, México, 6 de enero de 2003.

volucrado un sacerdote, una monja u otra persona religiosa, quienes en algunos casos pertenecían a la familia de la víctima; una de cada ocho monjas señaló haber sido sexualmente explotada, y de ellas tres de cada cuatro aseguró haber sido víctima de una persona religiosa; casi una de cada 10 monjas declaró haber sido objeto de hostigamiento sexual al menos una vez durante su vida religiosa. En casi la mitad de los casos, la parte abusadora fue un cura, una monja u otra persona religiosa.

"Estas mujeres han sido la piedra angular de la Iglesia durante siglos, y un porcentaje significativo de ellas ha sido víctima de abusos como resultado de la estructura de la misma institución a la que han consagrado sus vidas", declaró al periódico John Chinball, investigador y profesor asociado de la Universidad de St. Louis, quien fue coautor del estudio. Otra de las investigadoras, Ann Wolf, dijo que el asunto había recibido muy poca atención de los obispos. Y agregó: "Las hermanas católicas están siendo violadas en sus ministerios, en el trabajo, en las sesiones de asesoría pastoral". Los investigadores señalaron que era muy probable que las cifras subestimaran la dimensión real de la victimización sexual de las religiosas. "El temor y el dolor de revelar (lo sufrido) sería suficiente para desalentar a algunas monjas a responder", indicó el estudio según el *Post-Dispatch*.

"En el nombre de Dios se han construido las peores formas de tortura mental hacia las mujeres", ha dicho Gabriela Rodríguez.[21] Y tiene razón. Sólo que la violencia psicológica, aplicada como mecanismo de control, no es patrimonio exclusivo de los hombres; el agresor puede ser también una mujer. El tema del abuso sexual entre mujeres en el seno de la Iglesia católica —una cuestión muy poco tratada hasta el presente—, fue abordado de manera cruda y desoladora por el realizador escocés Peter Mullan, en la película *En el nombre de Dios* (cuyo título original es *The Magdalene Sisters*), ganadora del León de Oro en el festival internacional de Venecia en 2002.[22]

[21] Gabriela Rodríguez, "En el nombre de Dios", *La Jornada*, México, 26 de agosto de 2003.
[22] Juan José Olivares, "*En el nombre del Padre* revela vejaciones cometidas por monjas", *La Jornada*, México, 29 de junio de 2003.

Ubicada en los años sesenta en Dublín, Irlanda, la cinta está basada en la historia real de miles de mujeres que fueron rechazadas por sus familias, abandonadas a la acción caritativa de la Iglesia católica y recluidas en monasterios y casas de "recuperación moral" de la orden Hermanas de la Misericordia. La congregación religiosa administraba los Hogares Magdalena, nombrados así en alusión a la pecadora bíblica María Magdalena, antigua prostituta redimida por Cristo luego de "lavar sus culpas" y enjuagar y besar los pies de su Señor en el acto fundacional del catolicismo.[23]

Señaladas como "mujeres fáciles" al borde del "pecado", fueron internadas en esos lugares —los Hogares Magdalena fueron inaugurados en el siglo XIX como refugio de prostitutas— la mayoría de las veces sin haber cometido más *crimen* que el de ser pobres, huérfanas, víctimas de violación o madres solteras (a las que se les hacía firmar un documento para entregar a sus hijos). Allí, las novias de Cristo, encarnadas por unas "monjas casi hitlerianas"[24] las obligaban a realizar trabajos forzados de lavandería con el fin de "expiar sus culpas" y "purificar sus almas".[25] Sin contacto alguno con el exterior, las llamadas "Mujeres Magdalena" eran explotadas, abusadas y sometidas a todo tipo de servilismo y vejaciones como una forma de socavar su autoimagen y autoestima por las monjas que controlaban los recintos, los últimos de los cuales funcionaron hasta 1996.

Según el director Peter Mullan, el filme —también galardonado en los festivales de Ljubljana y Toronto— retrata a

una sociedad que asfixia en lugar de alimentar el espíritu humano. Cada Estado teocrático, ya sea cristiano u otro, le decla-

---

[23] Se estima que "más de 30 mil mujeres fueron víctimas de esas casas que operaban más bien como campos de concentración, en donde ocurrían todo tipo de abusos y actos de corrupción", Salvador Franco y Alejandro Cárdenas, "Pecados de la fe", *El Universal*, sección Espectáculos, México, 9 de julio de 2003.

[24] José Xavier Návar, "Cuestionan otra vez a la Iglesia", *El Universal*, sección Espectáculos, México, 9 de julio de 2003.

[25] Salvador Franco y Alejandro Cárdenas, *op. cit.*

ra la guerra a la naturaleza humana empujándola a lo anormal [...] Las monjas y los sacerdotes usan el vocabulario religioso más como mujeres y hombres de negocios. Puede ser infundido con colorido bíblico, pero sigue siendo el idioma del piso de la fábrica.[26]

Sobre putos y putas

No queda duda que si de vocabulario e idioma se trata, sobre todo en los países hispanoparlantes, lo mejor es recurrir a la Real Academia Española. Eso fue lo que hicieron, precisamente, un grupo de feministas integrantes de la Asociación Hispanoamericana de Mujeres (AHM): recurrir al *Diccionario de la Lengua Española*. Y en su investigación encontraron también, varias expresiones coloquiales no consignadas, las cuales, a pesar de su riqueza léxica, exhiben cierta "tendencia machista".[27] Veamos si no:

Zorro: *Espadachín, justiciero, astuto.* **Zorra**: *Puta.* **Perro**: *El mejor amigo del hombre.* **Perra**: *Puta.* **Aventurero**: *Osado, valiente, arriesgado, mundano.* **Aventurera**: *Puta.* **Cualquier**: *Fulano, Mengano o Zutano.* **Cualquiera**: *Puta.* **Regalado**: *Participio de regalar.* **Regalada**: *Puta.* **Bicho**: *Insecto, animal.* **Bicha**: *Puta.* **Hombrezuelo**: *Hombrecillo, hombre pequeño.* **Mujerzuela**: *Puta.* **Hombre público**: *Personaje prominente.* **Mujer pública**: *Puta.* **Lobo**: *Hombre experimentado y agresivo.* **Loba**: *Puta.* **Ligero**: *Hombre débil o sencillo.* **Ligera**: *Puta.* **Adúltero**: *Infiel.* **Adúltera**: *Puta.* **Puto**: *Homosexual.* **Puta**: *Putísima.*

Más allá del desinterés sobre la visión de género de los eximios intelectuales de la Real Academia Española, cabe anotar que el lenguaje es espejo de la vida social. Y tal vez el *Diccionario de la Lengua Española* aún sea insuficiente para recopilar, con todo rigor, el amplio vocabulario utilizado en las sociedades hispano-católicas del orbe.

[26] Juan José Olivares, *op. cit.*
[27] Citado por Daniel Cazés, ombudsman de *Milenio*, en su columna dominical *El Lector Tiene la Palabra*, bajo el título de "Protestas", México, 31 de agosto de 2003.

La ley del varón

El *sexgate* eclesial, como otra expresión de la pobreza de la experiencia humana del cuerpo y el erotismo —aunque esta vez no alcanzó el glamour que lo catapultara al folletín multimediático como en la sonada historia de la felación presidencial en la Casa Blanca, protagonizada por William Clinton y la becaria Mónica Lewinsky—, fue un llamado a la reflexión; por lo menos en algunos círculos cristianos.

Se llegó a hablar de "una Iglesia enferma". El patriarcado travestido en machismo, como forma sutil de subordinación de la mujer —y basado en la explotación y la competencia desigual entre los sexos—, había desnudado una vez más a esa Iglesia "santa y prostituta" —como solía proclamarla y aceptarla el exVII obispo de Cuernavaca, monseñor Sergio Méndez Arceo—[28], y exhibía ahora la angustia, humillación y vejación a que son sometidas algunas mujeres en su seno por parte de clérigos seguidores de Jesús de Nazaret.

En la mayoría de los casos, como se desprende de los informes O'Donohue y McDonald —a partir de los testimonios de las víctimas, algunas de ellas muy jóvenes—, se reprodujo de alguna manera lo que el jesuita uruguayo Luis Pérez Aguirre señaló en su obra *La condición femenina*: "El patriarcado es la estructura social basada en la propiedad y posesión de la mujer, en la que ésta adquiere no derechos sino obligaciones concretas y funciones subordinadas al varón".[29]

El patriarcado, concepto muy utilizado hoy en la teoría feminista, se define según Victoria Sau como "una toma de poder histórica de los hombres sobre las mujeres. Esa toma pasa forzosamente por el sometimiento de las mujeres a la maternidad, a la represión de la sexualidad femenina y a la apropiación de su fuerza de trabajo".[30] Es verdad que la "experiencia de las mujeres" como máquinas reproductoras de la especie humana difiere según su familia y su estilo de vida individual,

---

[28] Gabriela Videla, *Un señor obispo*, Correo del Sur, Cuernavaca, México, 1982.

[29] Luis Pérez Aguirre, *La condición femenina*, Trilce, Montevideo, 1995.

[30] Victoria Sau, *Diccionario ideológico feminista*, Icaria Ediciones, Barcelona, 1989.

su clase social, su etnia, cultura y religión, pero esas diferencias surgen en un contexto semejante, el contexto del patriarcado, en sus formas clásica o modernizada, y tienen varias características en común. Para decirlo con las palabras de Rosemary Radford Ruether, a las mujeres, "como objetos de placer sexual para los hombres" y como reproductoras de la especie y productoras de niños, "se les asigna la mayoría del trabajo doméstico no rentable y son marginadas de los empleos bien pagados y poderosos. La cultura, incluso las religiones, refuerzan estos roles y limitaciones de las mujeres por su condición de género".[31]

En sus variadas formas, el patriarcado asigna a las mujeres ciertos papeles en la familia; establece reglas sobre su sexualidad, su cuerpo, su destino como madre y encargada del trabajo doméstico, limitándoles el acceso a otras posibilidades más amplias en la sociedad. La religión, la cultura, las costumbres, la educación, los medios de información de la sociedad dominante, refuerzan ese "lugar" asignado a la mujer.

En sus enseñanzas sobre sexualidad y reproducción (y como fundamento de sus políticas restrictivas sobre el aborto, la planificación familiar y el uso de anticonceptivos), la Iglesia católica ha empleado un concepto de *ley natural* que nunca usa en otros campos de la ética.[32] Se trata de un discurso moralista construido a partir de un supuesto orden "natural" que, según Marta Lamas, está filtrado por valores etnocéntricos (centrados en una cultura), y en el cual su definición de la sexualidad "oculta, desecha o niega otras prácticas, creencias y deseos".[33] Pero además, como señala Ana Silvia Monzón, "la opresión femenina no es natural, es una construcción histórico-cultural" que fue "institucionalizada" como sistema de dominio masculino por el dere-

[31] Rosemary Radford Ruether, "La ética desde el punto de vista de la mujer", Ruether es una de las más importantes teólogas feministas católica, autora de 25 libros. Escribe con regularidad para el *National Catholic Reporter, Christianity and Crisis* y el Servicio de Noticias Religiosas.

[32] Por ejemplo, la doctora Radford Ruether aduce que en sus enseñanzas sobre la *guerra justa*, la Iglesia católica presenta muchos matices en los cuales a los hombres se les permite matar a otros hombres; pero eso no lo aplica en el caso de las mujeres frente a un embarazo no deseado. Además es discutible si un feto en el inicio de su gestación es un ser humano.

[33] Marta Lamas, "Nuevos valores sexuales", *Letra S*, suplemento de *La Jornada*, México, 7 de agosto de 1997.

cho romano a partir de la figura jurídica del *pater familias*.[34] A través
de los siglos, esa normatividad hizo posible que la pareja heterosexual
quedara encerrada de modo permanente en una estructura de poder
falocéntrica resultante de la dominación masculina, sexual y social sobre
la pasividad de la mujer. Se trata, entonces, de un poder patriarcal que
se sostiene a través de la fuerza del "amo". "Los hombres piensan que las
mujeres sólo pueden sentir placer al reconocerlos como amos", decía
Foucault, reproduciendo la imagen de un cuerpo femenino invadido
por el "amo fálico". Al respecto, es de suyo elocuente la manera cómo
la feminista radical estadunidense Andrea Dworkin aborda el punto:
"En un mundo de poder masculino —el poder del pene—, coger es la
principal experiencia sexual de poder, potencia y posesión; ser cogida
por hombres mortales, por tipos ordinarios".[35]

Desde una perspectiva de género, la alemana Adrianne Rich señala que

> el patriarcado es el poder de los padres, un sistema familiar y
> social, ideológico y político en el que los hombres como género,
> a través de la fuerza, la presión directa, los rituales, la tradición,
> la ley, el lenguaje, las costumbres, la etiqueta, la educación y la
> división del trabajo, determinan cuál es el papel que las muje-
> res deben interpretar con el fin de estar sometidas al varón.[36]

En ese sentido, las sociedades e instituciones marcadas por el
patriarcado —como la Iglesia católica surgida en el imperio romano—,
presentan un orden asimétrico de géneros. Es decir, las mujeres y los
hombres no tienen los mismos derechos y obligaciones, el mismo poder
o posibilidades de desarrollo. Ese orden asimétrico se configura en de-

---

[34] Ana Silvia Monzón, "Bajo el signo del patriarcado", *Voces del Tiempo*, núm. 34, Guatemala,
abril-junio de 2000.

[35] Andrea Dworkin, *Intercourse*, The Free Press, New York, 1987, citada por Leo Bersani en
¿El recto es una tumba?, op. cit.

[36] Adrianne Rich, *Nacida de mujer*, Noguer, Barcelona, 1976, citada por Ana Silvia Monzón
en "Bajo el signo del patriarcado", *op. cit.*

trimento de las mujeres. A su vez, ese poder, que con frecuencia es competitivo, establece relaciones de autoridad impuesta y no compartida. "El paradigma patriarcal de la autoridad como dominación controla las mentes, los corazones y las instituciones de la Iglesia y la sociedad."[37] La autoridad como dominación "funciona a través de una cadena de mando que va de arriba hacia abajo y funciona con mayor eficacia cuando no se cuestiona el derecho a ejercer el poder y cuando se aceptan ciegamente las estructuras, aun sin comprenderlas".[38]

Qué dirá el santo padre que vive en Roma

Según planteaba Luis Pérez Aguirre, "enredada en los mecanismos opresivos del patriarcado, acomodada y adaptada a ellos, inmersa en el propio engranaje de la estructura de dominación, la mujer, como todo oprimido, teme a la libertad, en cuanto que no se siente capaz de correr el riesgo de asumirla".[39] La clave estará, decía el jesuita uruguayo, en que la mujer pueda pasar de la conciencia oprimida, o "de una conciencia mágica o ingenua, a una conciencia crítica".

Es un dato evidente que desde comienzos del decenio de los noventa cada vez más mujeres del tercer mundo —no sólo en medios urbanos sino también en las áreas campesina e indígena— fueron asumiendo una conciencia crítica, en lo que ha sido definido como un proceso de "empoderamiento". No obstante, es innegable que todavía vivimos en una sociedad y en un mundo en los cuales la autoridad se entiende como dominación "legítima" por quienes tienen el poder social, político y económico. Pero también eclesial.

A propósito de la Iglesia católica: acaso esas jóvenes novicias o religiosas que tuvieron que sacrificar su cuerpo para obtener un certificado que les permitiera trabajar en una diócesis o que fueron *sedu-*

---

[37] Latty Russel, *Bajo un techo de libertad: la autoridad en la teología feminista*, DEI, San José, Costa Rica, 1997.

[38] Geraldina Céspedes, O.P., "Poder, autoridad y ministerialidad femenina", *Voces del Tiempo*, núm. 34, Guatemala, abril-junio de 2000.

[39] Luis Pérez Aguirre, *La condición femenina*, Trilce, Montevideo, 1995.

cidas (convencidas mediante presión) para ser usadas como objeto erótico y de "sexo seguro" en el marco de la pandemia del sida, ¿no fueron víctimas de esa práctica de obligaciones subordinadas sin derechos que responde a una cadena de mando estructurada de arriba hacia abajo?

Sin duda contribuyó a ello una formación religiosa tan castradora y misógina como la católica, asentada en una "cultura del rebaño", en una grey (*grex*: hato de ganado) que crea personas infantiles, apocadas, controlables sin dificultad y muchas veces sumisas hasta el servilismo, según el lugar que ocupen en la cadena de mando. Amaestradas. Una cultura que transforma la "virtud" de la humildad (según el léxico preferido de los pastores de rebaños eclesiales) en obediencia ciega al superior y, por qué no, la "santa obediencia" en miedo. Una cultura machista que utiliza el culto a la obediencia —que las más de las veces va unido al culto a la personalidad del "padre" (obispo, sacerdote)—, como mecanismo de culpabilidad (el manejo de la culpa y la vergüenza, sentimientos muy internalizados en la mujer a partir de la cultura católica, que la impulsan a esconder las realidades "malas"). Visto desde esa óptica, lo sucedido fue una forma de abuso de poder derivada de esa relación de dominio —con su opuesto de dependencia y subordinación— que existe entre sacerdotes y religiosas, entre hombres y mujeres, al interior de la Iglesia romana.

No se trata únicamente de un problema de moral, de algunos hombres que no viven su celibato. ¿Quién puede erigirse en juez de la conciencia del otro? Esa cuestión tiene que ver, tal vez —aunque muchos católicos no dudan que sea así— con la existencia de una práctica celibataria obligatoria en hombres y mujeres cuya formación y vocación no los dispone a ello. Por otra parte, y como reflexionó una "comisión de la mujer" de la Iglesia en Cali, Colombia, ¿hasta qué punto se ha permitido que accedan a la vida religiosa "mujeres cuya juventud, inmadurez y poca formación no les permite una oposición radical y una denuncia pública e inmediata a ese tipo de hechos"?[40]

---

[40] "Los abusos sexuales a religiosas jóvenes. Nuestra palabra", Comisión Mujer-Iglesia, Cali, Colombia, versión electrónica de la Red de Católicas por el Derecho a Decidir, marzo de 2001.

83

Tampoco se trata de un asunto de pureza o de moralismo a ultranza. O de la perversión del encuentro de la castidad con la virginidad. La raíz del problema —y su solución— no hay que buscarla en la debilidad humana. "Una cosa es la práctica amorosa y sexual entre iguales, hombres o mujeres, con votos o no, por libre decisión mutua. Y otra cosa muy distinta es el abuso sexual a mujeres y/o menores, por parte de quienes tienen cargos de responsabilidad o algún tipo de poder o reconocimiento".[41]

La dependencia y el sentimiento de culpabilidad reportan siempre muy buenos dividendos a quienes fijan las reglas del juego; a quienes monopolizan el poder. Por el contrario, la independencia y la madurez crítica acaban por arruinar el juego y a quienes lo controlan, especialmente si el juego está trucado. En el caso de la violencia sexual contra las monjas pasó algo de eso. Alguna o varias religiosas que vivieron un proceso de concientización y empoderamiento —en el sentido de una toma de poderes como fórmula de ejercicio de la democracia— lograron romper la cadena de mando machista de la Iglesia católica y con ello el miedo. Se sacudieron la opresión sexista, el temor a la sotana y a la autoridad del superior como dominación y denunciaron los abusos y contagiaron a otras mujeres. Luego, los informes O'Donohue y McDonald contribuyeron a que el problema cobrara mayor visibilidad.

Ese soltar de amarras significó, también, un ¡ya basta! de religiosas de varias congregaciones, en cuyos ámbitos se reproducían condiciones de servidumbre, represión erótica y abusos de poder y sexuales de parte de obispos, sacerdotes y superiora. Encuentros internacionales de organizaciones como la Federación Internacional de Monjas o la Coalición de Monjas Americanas sirvieron para denunciar públicamente todo tipo de abusos contra la mujer en las iglesias y exponer demandas ante el Vaticano y plantear, incluso, reivindicaciones específicas como el acceso al sacerdocio femenino, la posibilidad de ser obispas, el celibato opcional y hasta la creación de un *ombudsman* religioso. Como fruto de esos encuentros surgió el Observatorio Eclesiástico,

[41] *Ibíd.*

84

una red de vigilancia que da seguimiento a los abusos de la jerarquía.

La sacudida de la opresión sexista derivó, también, en un cierto "destape lésbico" y comenzaron a salir a la luz pública historias de amor entre mujeres religiosas, como las que figuran en el libro *Monjas lesbianas: se rompe el silencio*, coordinado por las estadunidenses Rosemary Curb y Nancy Manahan.[42] Curb, religiosa y lesbiana, al igual que Manahan, explicó así la causa de su investigación: "¿Cuántas mujeres de mi generación nos hicimos monjas porque ya éramos lesbianas? Quería encontrar a mis hermanas lesbianas que habían entrado en el convento no sólo como respuesta al llamado de Dios, sino como refugio contra la heterosexualidad, el matrimonio católico y la agobiante maternidad". Narra, también, el aprendizaje de una práctica de "vigilancia de los sentidos", mediante la cual se las indujo a reprimir su "exuberancia" y a no expresar deseos, ideas ni opiniones, a partir de la convicción de que "todo lo que proviniera de nosotras era sospechoso e indigno. La obediencia ciega era nuestra máxima meta". Da cuenta, asimismo, de los "tratamientos" que se aplicaban en muchos conventos a quienes eran sospechosas de tener "desviaciones" sexuales, lo que incluía el encierro en hospitales mentales y terapias con drogas y electrochoques.

La rebelión de las monjas también llegó a México, aunque de manera más lenta dada la inexistencia de una sociedad democrática y, por tanto, debido a la ausencia de una cultura secular de la denuncia, elementos que hacen más difícil romper con los mecanismos psicológicos y las estructuras cerradas que modelan el interior de los conventos; donde la vocación y la identidad religiosas son entendidas como una "renuncia" que lleva, al decir de Marcela Lagarde, a "un pacto entre la monja y Dios, que no es un pacto sino una atadura".[43] No obstante, tal concepción ha venido cambiando y en muchas congregaciones de

---

[42] Rosemary Curb y Nancy Manahan, *Monjas lesbianas: se rompe el silencio*, Seix Barral, Barcelona, 2003.

[43] Marcela Lagarde, *Los cautiverios de las mujeres: madresposas, monjas, putas, presas y locas*. Coordinación General de Estudios de Posgrado, Facultad de Filosofía y Letras y el Centro de Estudios de la Universidad, Universidad Nacional Autónoma de México, 1990.

religiosas ya no se concibe al cuerpo como enemigo del alma o una cárcel interna y hasta no son vistas como "pecaminosas" las experiencias de vida lésbica compartida.[44]

Cambios, sin duda, que desafían a la autoridad vaticana, controlada con mano de hierro por Joseph Ratzinger. No obstante, cabe preguntar: ¿en el caso de los clérigos abusadores de monjas, dónde quedó la clásica demonización del placer tan cara a la jerarquía? ¿A dónde fueron a parar la moral "mocha" y las consabidas condenas al hedonismo, la delectación y voluptuosidad en esos casos que involucraron directamente, en una relación "sacrílega", a servidores y servidoras de la Iglesia católica? Porque está visto que no se trató de una canita al aire, por más que el vocero del Vaticano, Joaquín Navarro Valls, de manera racista, haya pretendido "restringir" el suceso a un área geográfica de los *suburbios* del planeta (el "continente negro"), para disminuirlo o encubrirlo, como coartada.

Una vez más, podría concluirse, como es hipócrita costumbre en los escándalos intraeclesiales, las viejas fobias malsanas sobre el eros, el orgasmo y el lenguaje de los órganos genitales —ahora en clave de abuso sexual—, fueron cubiertas por un manto de silencio. Por la doble moral y la mudez corporativa y cómplice de las jerarquías católicas locales y las autoridades de la Santa Sede.

---

[44] En México existen muy pocos casos documentados de abuso sexual de religiosas a manos de sus superioras. Uno de esos casos, cuya fuente es el director jurídico del Departamento de Investigaciones sobre Abusos Religiosos (DIAR), Raymundo Meza, fue la queja presentada en 1996 por siete religiosas del convento de las Carmelitas Descalzas de Santa María de la Fe, en Ciudad del Carmen, Campeche, en contra de la superiora de la orden María Josefina de Jesús Apango López. El trámite recorrió todos los canales orgánicos, pasando por el entonces superior provincial, Bernardo Chehaibar y el obispo de Campeche, José Luis Amézcua Melgoza, y llegó incluso al padre general de los Carmelitas en Roma, Camilo Maccise, quien adujo finalmente que con la "gracia y protección" de la Virgen saldrían de "todas las dificultades", citado por Rodrigo Vera en "El ya basta de las monjas", *Proceso*, México, 17 de agosto de 2003.

Rosario de abusadores
en el reino del Señor

Aquella tarde de julio de 1986 la vida de Patrick McSorley cambió de manera radical. Tenía apenas 12 años. Jugaba a la pelota en su barrio de Boston, Massachusetts, cuando su madre lo llamó. Ya en casa, su progenitora le presentó a un viejo amigo de la familia, el sacerdote John J. Geogham, quien se acababa de enterar del suicidio del padre de McSorley, ocurrido pocos años atrás.

El cura Geogham ofreció a Patrick llevarlo a tomar un helado. El chico aceptó. Luego, subieron al auto del reverendo. El vehículo avanzó lentamente. A manera de consuelo, el clérigo tomó la pierna del jovencito y le dijo: "Lamento la muerte de tu padre. Es una terrible pérdida para un hombre como tú".

Quince años después —tres largos lustros vividos entre estados de ansiedad y depresión—, un acongojado McSorley rememora que en el momento de pronunciar esa última palabra la mano del reverendo estaba ya dentro de su ropa interior. Sintió pánico, pero no se atrevió a decir nada. El auto se detuvo. Por el rabillo del ojo, Patrick alcanzó a ver que el clérigo se acariciaba a sí mismo su parte íntima. Paralizado, sin saber qué hacer, recuerda que se quedó mirando por la ventana largo tiempo, mientras el helado se derretía y resbalaba por su codo hasta que no quedó nada. A manera de despedida, Geogham le dijo: "Nosotros guardamos secretos. Somos buenos para guardar secretos. ¿Te gustaría que volviera a visitarte?".[1]

---

[1] Versión de Lisa Miller y David France, de *Newsweek*, reproducida por *El Universal* de México con el título "Ventilan más casos de curas pedófilos" el 26 de febrero de 2002.

A comienzos del 2002, el caso del reverendo John Geogham se convirtió en el ejemplo paradigmático de la serie de denuncias sobre abusos sexuales en la Iglesia católica de Estados Unidos. A lo largo de tres décadas de oficio sacerdotal en Boston, el reverendo John abusó, violó o manoseó, presuntamente, a alrededor de 130 niños y adolescentes, sin que su superior, el cardenal Bernard Law, titular de la arquidiócesis, notificara a las autoridades civiles. Esta omisión solapó la conducta criminal y antievangélica del sacerdote pederasta.

La demanda de Patrick McSorley contra Geogham y el cardenal Law fue sólo una de las muchas que hicieron tambalear en su puesto al más alto jerarca de la Iglesia católica estadunidense —a quien muchos fieles irritados pidieron su renuncia— y llevaron a la cárcel al cura pedófilo. En enero de 2002, Geogham, de 66 años, fue sentenciado a nueve años de prisión por haber abusado de un niño de 10 años en una alberca municipal; pero según las denuncias, sus víctimas preadolescentes podrían ascender a 130. El abogado Mitchell Garabedian representaba a 118 personas que entablaron demandas contra Geogham, entre ellas la del propio Patrick McSorley.

En enero, cuando se conoció la sentencia, el cardenal Law —que a sus 70 años encabezaba a los 300 obispos estadunidenses y era el responsable de recomendarle al papa los candidatos a obispos y canonizaciones— pidió una disculpa pública. El día de los santos reyes magos, el periódico *The Boston Globe* había publicado un demoledor reportaje de una plana en el que se señalaba que la arquidiócesis local sabía que Geogham era un abusador de infantes pero trató de resolver las demandas legales e indemnizaciones de manera discreta, y durante 30 años transfirió de parroquia en parroquia al cura pederasta. En respuesta, Law dijo que su intención nunca fue transferir el problema de un lugar a otro y que creía que a Geogham se le podía ayudar con terapia y rehabilitación.

El *Globe* reportó, también, que la arquidiócesis de Boston había pagado sigilosamente 10 millones de dólares para arreglar unas 50 demandas en contra de Geogham. Otro caso descubierto por el periódico registraba un pago de 375 mil dólares. Dado que la mayoría de los casos de pederastia que desembocaron en demandas civiles ante tribunales, se resolvieron mediante arreglos privados entre las partes, con jueces que permitieron que la resolución quedara sobreseída —tanto por la edad de la víctima como por el acuerdo de la resolución de cada caso—, no hay datos fidedignos sobre qué tan grande es la dimensión del problema. Pero los casos conocidos incluyen violaciones sexuales de niños de entre 10 y 13 años, desde sodomía hasta sexo oral.

El caso Geogham provocó muchas consultas a especialistas en pedofilia o pederastia, fenómeno sobre el que se sabe poco y que genéricamente se define como un deseo sexual intenso y recurrente por niños preadolescentes. Para algunos expertos, es un trastorno psicosexual que consiste en una tendencia a realizar actos o fantasías sexuales, de modo único o preferente con menores de poca edad. Se trataría de "una desviación del comportamiento sexual, cuyas causas son difíciles de determinar, pero que se da siempre en varones que presentan sentimientos de inferioridad sexual e inseguridad para mantener relaciones normales con adultos".[2] Por lo general, los agresores pederastas serían sujetos inmaduros que tienen una muy baja autoestima.

Aunque ese perfil puede ser común a muchos sacerdotes, sólo una pequeña parte del clero padece ese trastorno. Algunos investigadores sostienen que el sacerdocio podría ejercer "una peligrosa atracción en los pedófilos, no por las oportunidades que presenta para cumplir sus fantasías, sino por la esperanza de poder controlarlas".[3] Otros opinan que los clérigos que abusan de menores son sujetos que se ven "forzados" a buscar esporádicas satisfacciones sexuales en aquellos *objetos* que pueden ser fácilmente manipulados desde el punto de vista emocional y que menos se les pueden resistir. En todo caso, en la violencia sexual de un sacerdote contra un menor subyace siempre un ejercicio de poder y prepotencia.

Para Eugene Kennedy, un exsacerdote autor de *Herida abierta: la Iglesia y la sexualidad humana*, la institución católica representa un

---

[2] Pepe Rodríguez, *La vida sexual del clero*, Ediciones B, Barcelona, 2001.
[3] Lisa Miller y David France, *op. cit.*

"sitio cómodo para jóvenes que son inmaduros psicológica y sexualmente. Los sacerdotes gravitan hacia los niños porque también lo son". John Geogham se ajusta a ese perfil. Cuando era seminarista, el rector del colegio escribió que a pesar de su "ferviente espiritualidad", el joven de 18 años era "profundamente inmaduro".[4] El cardenal Law había jubilado a Geogham a principios de los años noventa. En 1996, al reiterarle su condición de jubilado, el purpurado de Boston escribió al sacerdote: "La suya ha sido una vida efectiva en el ministerio, tristemente impedida por afectaciones. Que Dios le bendiga, Jack". ¡La pedofilia una "afectación"! Desde el año anterior, Geogham había iniciado un periplo por varios centros de rehabilitación y casas de retiro, impedido de realizar trabajo parroquial. Y cuando la arquidiócesis tuvo que pagar 10 millones de dólares a sus acusadores, Law decidió volar a Roma, para solicitar a las autoridades vaticanas que retiraran los hábitos al cura pederasta, proceso casi siempre largo, pero que en ese caso se aseguró que fuera inapelable. Lo que movió a Law, pues, fue la sangría económica, no la pedofilia.

Al comenzar 2002, el primer domingo de cuaresma —época de arrepentimiento—, durante la celebración de la misa en la catedral de la Santa Cruz de Boston, el cardenal Law dijo en su homilía a modo de autocrítica: "No siempre tomamos decisiones sagradas, y acudimos a Dios por el perdón que siempre está dispuesto a darnos". Fue un arrepentimiento tardío, aunque no asumió ninguna responsabilidad de nada. Y según la moda introducida por los gobiernos genocidas de Estados Unidos ante sus crímenes en Centroamérica, Law pidió perdón y santo remedio. Una posición muy cómoda, a la que se llega sólo cuando la censura y el silencio debido fallan y el asunto se vuelve escándalo y empieza a costar muchos millones de dólares a la corporación católica. Pero la autoridad moral del jerarca católico había caído por el suelo. Una gran porción de la comunidad bostoniana había perdido la fe en su liderazgo y exigía su dimisión. Pero algunos fueron más allá. Por ejemplo, el exsacerdote James Carroll, citado por *The New Yorker*, afirmó

---

[4] *Ibíd.*

que "la renuncia en desgracia del cardenal Law sería significativa sólo en el contexto de una renuncia equivalente del papa Juan Pablo II, de cuyas políticas antirreforma —cerradas, secretas, deshonestas, totalitarias— el cardenal Law no es más que un funcionario".[5]

Se llegó a comparar el caso Geogham con el escándalo de Watergate, con la salvedad de que el procedimiento de *impeachment* contra el presidente Richard Nixon fue en un juicio público transmitido por televisión. Hubo quienes encontraron similitudes con un asunto más contemporáneo: la quiebra fraudulenta de la compañía estadunidense Enron. Otros más hallaron un enorme parecido entre la institución religiosa romana y la Casa Blanca o la Coca-Cola. En la Iglesia hay ejecutivos, una jerarquía, "secretos" (propiedad intelectual o asuntos de "seguridad nacional"), una preocupación constante acerca de las relaciones públicas, y responsables que toman decisiones. Al hacer un símil con el escándalo Enron, el exsacerdote Eugene Kennedy dijo que "la Iglesia reaccionó como lo hacen a menudo las instituciones, es decir, negando, retrasando, engañándose a sí misma pensando que todo iba bien".

Hace unos años, un hombre de Chicago, de visita en México, respondía a una pregunta rutinaria: "¿A qué te dedicas?". "Tengo un despacho en donde soy empleado de la empresa transnacional más antigua del mundo". "¿Y cuál es esa?", se le preguntó. "La Iglesia católica", respondió. El hombre, vestido de civil, era un sacerdote.[6] La subsidiaria estadunidense de esa poderosa transnacional estaba ahora sufriendo una de sus peores crisis de imagen, un escándalo que amenazaba el empleo de algunos de sus más altos ejecutivos, y que ocupaba, junto con Enron y la guerra de George W. Bush contra los "infieles" del Islam, las primeras planas periodísticas del país y del mundo.

---

[5] Jim Cason y David Brooks, "Indemnizará la Iglesia católica de Estados Unidos a mujer víctima de abuso sexual", *La Jornada*, México, 5 de abril de 2002.

[6] Jim Cason y David Brooks, "Manchan a la Iglesia católica de Estados Unidos los casos de abuso sexual de sacerdotes a menores", *La Jornada*, México, 17 de febrero de 2002.

Efecto dominó

Bernard Law nació en la ciudad de Torreón, Coahuila, el 4 de noviembre de 1931, hijo de un coronel de la Fuerza Aérea estadunidense destacado allí. Cursó sus estudios secundarios en St. Thomas, Islas Vírgenes y pasó por la Universidad de Harvard antes de realizar la carrera sacerdotal en el seminario de San José en Louisiana y en el Colegio Pontificio Josefino de Columbus, Ohio.

Ordenado sacerdote en 1961, fue promovido a obispo de Springfield-Cape Girardeau, en Missouri, doce años después. Juan Pablo II lo designó arzobispo de Boston en 1984. Ese año exhortó a los católicos de su diócesis a votar en contra de la candidata a la vicepresidencia demócrata Geraldine Ferraro, quien apoyaba el derecho al aborto. Al año siguiente, el papa lo nombró cardenal.

Era uno de los líderes más influyentes de la Iglesia católica estadunidense. Pero ahora estaba en el ojo del huracán acusado de encubrir los pecados carnales de sus pares y trataba de capear el temporal. Por eso, el cardenal Law entregó a las autoridades civiles estatales una lista de entre 60 y 70 sacerdotes que habían sido acusados de perpetrar abusos sexuales contra menores en los últimos cuarenta años, con lo que expresamente ponía punto final a la política de encubrimiento y silencio vigente en el seno de la institución eclesial.

El cambio de actitud de Law abriría una caja de Pandora. Aunque, en realidad, no se trataba de un problema nuevo. Casos como los de James Porter, quien sodomizó a 46 menores, o el de Gilbert Gauth, quien abusó de 36 monaguillos, mientras ocurrían, no tuvieron más respuesta episcopal que el simple traslado de una diócesis a otra. Lo que permitió y fomentó que los sacerdotes pederastas reincidieran en sus prácticas delictivas.

A principios de los años noventa, la Conferencia Episcopal de Estados Unidos, tras verificar que en 100 de sus 186 diócesis (56%) había habido denuncias por violencia sexual, solicitó al Vaticano la posibilidad de reducir al estado laical a los sacerdotes implicados. El 11 de junio de 1993, en una carta pastoral dirigida a la Iglesia estadunidense, el papa Karol Wojtyla había reconocido la gravedad y dimensión del problema. En ese momento ya habían sido juzgados y condenados por abuso sexual de menores unos 400 sacerdotes, y se estima que las diócesis en donde ocurrieron los hechos habían pagado, en arreglos privados, alrededor de 400 millones de dólares en indemnizaciones por las consecuencias psicológicas y los daños morales causados a las víctimas.

Debido al tradicional secretismo sobre el tema —ventilado de manera esporádica en los medios masivos de información—, derivado del hecho de que siempre se da prioridad no al contenido sino a la imagen de la institución eclesial y sus "pastores", por encima de la situación del menor victimizado ("oveja" explotada sexualmente), no existen muchas estadísticas sobre los trastornos psíquicos provocados por los curas pedófilos. Pero entre las consecuencias psicológicas inmediatas derivadas de sufrir abuso sexual, o una violación, figuran la pérdida de confianza en sí misma (de la víctima) y en el agresor; rechazo frente a la sexualidad o el sexo (varón) del agresor; pérdida de atención en clase; efectos diversos; dormir mal y tener pesadillas. A ese listado habría que sumar los trastornos adicionales generados por tratarse de un pedófilo que es sacerdote y se autoinviste de un "poder sagrado".

La "lista" de Law fue sólo la punta del iceberg. Una suerte de "efecto dominó" invadió a la Iglesia. En Manchester, Portland, Cincinnati, Maine, otros jerarcas católicos siguieron el ejemplo del cardenal de Boston y accedieron a entregar a las autoridades civiles listados de presuntos abusadores de infantes. También lo hizo la arquidiócesis de Nueva York, que en un giro dramático entregó a las autoridades fiscales una lista que resumía cuatro décadas de acusaciones de violencia sexual contra el clero. La diócesis de New Hampshire divulgó los nombres de otros 14 sacerdotes acusados de abuso contra menores en el pasado: uno de ellos todavía cumplía funciones de tiempo completo, y otros seis estaban jubilados o enfermos, pero participaban todavía en servicios religiosos. En la diócesis de Cleveland, Ohio, nueve sacerdotes católicos sospechosos de pederastia fueron suspendidos. Días después, uno de ellos, el padre Don Rooney, acusado de agresión sexual a una menor, veinte años antes, se suicidó de un balazo en la cabeza. Su cuerpo fue encontrado en un vehículo en el estacionamiento de una farmacia de Hinckley, un suburbio de Cleveland. "Pedimos a Dios que se apiade del padre Rooney y de todos nosotros", declaró el obispado local en un comunicado.[7] Pero no pidió a su Dios que se apiade de la víctima.

En Tampa, Florida, el padre Rocco D'Angelo, de 79 años, fue señalado por el abuso de 12 menores en su carrera de 31 años como guía espiritual. En Nueva York la policía arrestó al cura Romano Ferraro, de 67 años, por asalto indecente, golpes y violación de un menor. Los hechos habían empezado en un pueblo de Massachussets en 1973, cuando el niño tenía 7 años y continuaron por más de un lustro. Al otro extremo del país, en Los Angeles, el padre John Lenihan fue acusado por una mujer de 37 años de haber abusado de ella cuando tenía 16, haberla embarazado y pagado por su aborto. *The New York Times* reveló que la Iglesia católica la indemnizaría con 1.2 millones de dólares.

El escándalo crecía de costa a costa. Arreciaba la lluvia de demandas y una nube de suspicacias envolvía a la Iglesia. En West Palm Beach, el exobispo Anthony J. O'Connell admitió haber abusado de al menos ocho infantes en un cuarto de siglo. Una demanda contra O'Connell, de un hombre de 34 años de Missouri que alegó haber sido abusado por el clérigo cuando tenía 14, podía tener implicaciones sin precedentes para la jerarquía católica. Junto con O'Connell fueron acusadas tres diócesis y todos los obispos del país como "conspiradores" bajo el estatuto *Racketeering Influence and Corrupt Organizations* (RICO), el mismo usado contra las *familias* de la mafia en Estados Unidos.[8]

No sería el único caso en que la parte demandante recurriría a la ley antimafia. El abogado Jeffrey Anderson, autor de 400 querellas, entabló un juicio civil en Tampa en contra del sacerdote William Burke, por haber abusado del estudiante hispano Richard Gómez, más de 30 veces, en 1987. Pero junto con Burke, acusó a la diócesis de San Pe-

---

[7] "Se suicida sacerdote pederasta", AFP, Cleveland, Estados Unidos, 5 de abril de 2002.
[8] Horacio Santini, "La sotana de Pandora", *Milenio*, México, 13 de abril de 2002.

tersburgo (430 kilómetros al noroeste de Miami), al Vaticano y al papa, responsabilizándolos de "encubrimiento internacional" de pederastia entre el clero. Anderson aseguró tener "pruebas" de que la política de silencio seguida por la Iglesia estadunidense había salido de la Santa Sede. El litigante comparó a la Iglesia con las organizaciones del crimen organizado y la acusó de "orquestar una conspiración para encubrir delitos de pederastia a escala mundial".[9] En opinión del abogado demandante Dirk Laurenzen, las acciones judiciales continuarían porque "la Iglesia es un objetivo fácil, tiene dinero y está organizada como una corporación, con una jerarquía y un cuartel general en Roma".[10]

Según el comentarista Hendrik Hertzberg, de la revista *The New Yorker*, de enero a abril sumaban más de dos mil los casos de curas sospechosos de pedofilia. Decenas de ellos habían sido suspendidos y obligados a renunciar. Aunque esa cifra representaba una minoría de los 47 mil sacerdotes católicos del país, el problema —igual que en el escándalo de Watergate— no era tanto los crímenes repugnantes de los clérigos violadores, sino el hecho de que sus acciones fueron encubiertas por sus superiores en la cadena de mando de la nomenclatura católica hasta la cúpula en San Pedro. Como confesó fray Donald Cozzens en una carta al *National Catholic Reporter*, "un número pequeño pero significativo de nosotros ha tenido éxito en erosionar la confianza y el respeto que heredamos de los padres que nos precedieron... Ahora vemos que aunque tenemos oportunidades de hacer el bien, tenemos oportunidades sin precedentes de hacer el mal, mucho mal".

El efecto "bola de nieve" alcanzó al cardenal Roger Mahoney, de la arquidiócesis de Los Angeles, con 5.8 millones de fieles católicos. Señalado por haber cambiado de parroquia a 12 curas acusados de pederastia, Mahoney, quien aceptó caracterizar el escándalo sexual como un "cáncer", reveló que una mujer lo había acusado de abusar sexualmente de ella cuando era alumna en la secundaria católica de San Joa-

---

[9] Rosa Townsend, "Un abogado denuncia al papa por 'encubrir' casos de pederastia", *El País*, Madrid, 5 de abril de 2002.
[10] *Ibíd.*

quín, en Fresno, en los años setenta. El cardenal negó la acusación en una declaración de tres páginas enviada a la prensa, y manifestó haber pedido tanto a la Iglesia como a los agentes de la ley que investigaran la denuncia.

Tras ser contactada horas después de la revelación del cardenal, la acusadora dijo que no podía recordar demasiado y que nunca dijo que Mahoney "realmente la haya tocado".[11] La mujer, ahora de 51 años, narró que quedó inconsciente por un golpe recibido mientras jugaba con otros estudiantes en el colegio. Cuando despertó, se encontró sin la parte inferior de sus ropas, y vio a Mahoney, entonces obispo de Fresno, parado sobre ella. "Cuando volví en sí, monseñor Mahoney estaba allí, y parte de mis ropas había sido removida. No puedo recordar exactamente qué ocurrió." Cuando salió de la secundaria llamó a la policía pero no le creyeron. La mujer dijo que el hecho la había venido "carcomiendo los últimos 32 años".

La proliferación de denuncias sobre abusos sexuales, que obligó a una intervención directa del papa Juan Pablo II, vino a develar una sórdida y asentada cultura de pederastia y efebofilia en escuelas parroquiales, orfelinatos y congregaciones religiosas. Hasta entonces, los delitos sexuales del clero habían sido el secreto mejor guardado en muchas diócesis del mundo. En la mayoría de los casos, la actitud de la nomenclatura católica había sido de silencio, complicidad y encubrimiento, con el fin de proteger el imperio de la institución y no socavar la fe de sus creyentes y las vocaciones. No es que de vez en cuando algunos casos no salieran a la luz pública. Pero en el último cuarto del siglo XX, cada vez que eso ocurría, cuando una denuncia cobraba visos de llegar a los tribunales del país anfitrión, la jerarquía iba *resolviendo* de manera silenciosa las acusaciones con el talonario de cheques en una mano y acuerdos de confidencialidad con las víctimas en la otra.

Al despuntar el 2002, el affaire Geogham trastocó la estrategia y detonó un alud de demandas. La añeja política de solapamiento sal-

---

[11] "Niega cardenal de Estados Unidos haber violado a mujer", *El Universal*, México, 7 de abril de 2002.

tó en pedazos ante la magnitud de un fenómeno que no era exclusivo de Estados Unidos, y la Iglesia católica y la Santa Sede entraron en una fase que un analista describió como de "angustia y evasión", en un aparente afán por controlar el daño y limitar la desvergüenza a un "problema estadunidense", a pesar de que cada vez más se revelaban las huellas de un escándalo de dimensión global. Algunos jerarcas prominentes visualizaron la cuestión más desde una perspectiva de imagen y relaciones públicas que como un dilema ético o moral; mucho menos criminal, ya que en el Estado Vaticano no existe la concepción de derecho penal para juzgar a su *nomenklatura* y sus súbditos. Pero el secreto, como parte esencial de una cultura milenaria de la Iglesia católica, y por extensión elemento central de la cultura sacerdotal, había sido roto.

El escándalo de Mount Cashel

En Canadá, por ejemplo, el siglo XXI comenzó con varias iglesias cristianas al borde de la quiebra debido a los costosos crímenes del pasado. Un análisis del diario *The Globe and Mail* reveló que alrededor de 5,800 recursos legales individuales y cuatro grandes demandas colectivas habían sido promovidos contra las iglesias católica, anglicana, unida y presbiteriana, y el gobierno canadiense.[12] El descrédito de las iglesias agravó la deserción de feligreses y afectó la capacidad de recaudación de las diversas confesiones.

En una sociedad no tan puritana como la estadunidense, la catarata de denuncias de maltratos y abusos sexuales contra alumnos de escuelas religiosas, seguidas de costosos procesos y pagos de indemnizaciones, llevó a la Iglesia anglicana a despedir empleados y declararse en quiebra legal en 2001, a raíz de las demandas de 1,600 indígenas que fueron víctimas de abusos físicos y sexuales en su niñez. En su mayoría, el asunto tuvo que ver con alumnos que, hasta 1970, fueron obligados a estudiar en escuelas certificadas por el gobierno federal, dirigidas

---

[12] "Costosos errores del pasado: iglesias al borde de la quiebra", Notimex, Montreal, 16 de junio de 2000.

por religiosos. El pastor Jim Boyles aceptó reclamos de indígenas que databan de los años cincuenta y sesenta, pero dijo que la institución "no debe ser la única responsable" y pidió ¡subsidio! al gobierno federal, es decir, a los contribuyentes para indemnizar a las víctimas. La Iglesia anglicana envió al gobierno un balance de los haberes de la institución, que totalizaban unos siete millones de dólares. Según Boyles, se procedería a su liquidación si no había ayuda gubernamental.[13]

A su vez, varias diócesis de la Iglesia católica, entre ellas las de Quebec y Gaspe, afirmaron que no tenían los recursos financieros para enfrentar los juicios y que en términos reales estaban en bancarrota. Por su parte, en 1999, la Iglesia Unida de Canadá pagó más de un millón y medio de dólares en costos legales asociados a esas demandas, y previó que una suma más o menos similar sería necesaria anualmente en los próximos años.

El asunto no era una novedad en Canadá. En abril de 1992, los obispos católicos de la provincia de Terranova anunciaron que el orfelinato de Mount Cashel, situado en Saint-John, capital provincial, sería demolido y el terreno vendido para compensar a las víctimas de abusos sexuales llevadas a cabo por los sacerdotes que lo administraban. El obispado dijo que la Iglesia no tenía fondos para reparar el daño causado a los menores.[14] El escándalo de Mount Cashel, como se le conoce en Canadá, salió a la luz pública a finales de los años ochenta, a raíz del testimonio de Shane Earl, quien de niño vivió en el orfanato y fue una de las víctimas de la violencia sexual ejercida por sacerdotes de la orden Hermanos Cristianos. Varios curas fueron acusados y juzgados en largos procesos que pusieron en evidencia la ceguera de las autoridades públicas, que en muchos casos bloquearon y encubrieron las investigaciones para proteger a la jerarquía católica.

El caso de los abusos carnales ha involucrado de manera directa a dos obispos católicos canadienses. En septiembre de 1996, monseñor

[13] "Al borde de la quiebra la Iglesia anglicana de Canadá despide empleados", Notimex, Montreal, 14 de agosto de 2000.

[14] "Canadá: los obispos de Terranova venderán un orfelinato para expiar las culpas de sacerdotes que abusaron sexualmente de niños", Notimex, Montreal, 3 de abril de 1992.

Hubert O'Connor, de Columbia Británica, la provincia más oriental, fue condenado a dos años de prisión por pedofilia contra una niña aborigen, cuando era director de un orfelinato. El obispo estaba acusado de varios crímenes sexuales contra menores. Cuando se conoció la sentencia, monseñor O'Connor reconoció que se encontraba en esa situación porque no había respetado el celibato que impone la Iglesia.[15]

Otro hecho que escandalizó a la opinión pública se suscitó en mayo de 2001, cuando el obispo Eugene LaRocque, de la diócesis de Cornwall, provincia de Ontario, y tres sacerdotes más fueron investigados por la policía por su supuesta participación en una red de pederastas que involucraba a 68 personas, muchas de ellas influyentes, que durante muchos años abusaron sexualmente de varones menores.[16] El nombre de monseñor LaRocque salió a relucir cuando Gary Guzzo, diputado conservador en el parlamento de Ontario, declaró a la *Canadian Broadcasting Corporation* (CBC) que utilizaría su inmunidad parlamentaria para mencionar al obispo de Cornwall en la legislatura.

La intención de Guzzo, exjuez de la corte de Ontario, era "desempantanar" la investigación sobre la red de pedofilia en el denominado "Proyecto Verdad", que incluía mil páginas de información e involucraba al obispo y tres sacerdotes. El resultado de las pesquisas realizadas por el detective inspector Pat Hall había sido presentado a la corte en 1999. De los 68 sospechosos de haber creado la red de abusadores sexuales, 12 fueron acusados formalmente y 26 murieron, algunos de ellos en circunstancias sospechosas.[17] El legislador conservador quería saber por qué razón la investigación no había prosperado y opinó que, al parecer, los más influyentes miembros de la red criminal habían escapado a las acusaciones.

En 1993, el obispo LaRocque había participado en el arreglo extrajudicial de la Iglesia católica con un exmonaguillo que había acusado

---

[15] "Obispo canadiense condenado a dos años de prisión por crimen sexual", Notimex, Montreal, 13 de septiembre de 1996.

[16] "El obispo católico de Cornwall, Ontario, investigado por supuestos abusos sexuales", Notimex, 28 de mayo de 2001.

[17] *Ibíd.*

de indecencia sexual a un sacerdote de su diócesis. La víctima recibió 32,000 dólares canadienses y retiró la acusación que había presentado ante la policía. Ese arreglo privado fue conocido por la policía y desató varias investigaciones que revelaron la existencia de una red de hombres influyentes, incluidos varios abogados, que abusaban sexualmente de menores y adolescentes en dificultades. Ante la denuncia del legislador Guzzo, monseñor LaRocque se limitó a declarar a la cadena CBC que estaba "muy sorprendido".[18]

En el marco del caso LaRocque y de la amenaza de quiebra de iglesias de distintas denominaciones cristianas, el viceprimer ministro canadiense Herb Gray anunció, en octubre de 2001, que el gobierno costearía hasta 70% de las compensaciones a los indígenas que sufrieron abusos sexuales y físicos en pensionados cristianos entre 1930 y 1996. Durante ese periodo, unos 100 mil niños de las naciones indígenas e innuit (esquimales) fueron remitidos a pensionados cristianos (los únicos que había en esas regiones), muchas veces por la fuerza. Según la propuesta oficial —una suerte de FOBAPROA-IPAB sexual clerical sufragado por el pueblo vía impuestos—[19] cada demandante podría negociar mediante un mecanismo extrajudicial una compensación en efectivo y la ayuda psicológica necesaria, acorde con los daños sufridos. La mayoría de las víctimas contaba, en 2002, entre 50 y 75 años.

Según Gray, la administración federal estaba dispuesta a costear hasta 640 millones de dólares estadunidenses, para compensar "los arreglos fuera de las cortes" de unos ocho mil quinientos amerindios que presentaron reclamos legales por violencia sexual.[20] De acuerdo con la oferta gubernamental —signada por la fórmula esgrimida por

---

[18] A comienzos de octubre de 2002, la justicia canadiense no había confirmado la culpabilidad del obispo LaRocque.

[19] La referencia al Fondo Bancario de Protección al Ahorro (FOBAPROA), administrado en la actualidad por el Instituto para la Protección del Ahorro Bancario (IPAB), alude a la operación de "rescate" bancario registrada en México durante el gobierno de Ernesto Zedillo, mediante la cual se convirtió la deuda privada de un grupo de banqueros y grandes empresarios, por un valor de casi un millón de millones de pesos, en deuda pública.

[20] "Canadá ofrece compensaciones a indígenas que sufrieron abusos sexuales o físicos en los pensionados religiosos", Notimex, Montreal, 30 de octubre de 2001.

Noam Chomsky de "socialización de las pérdidas, privatización de las ganancias"—, el 30% restante debería ser negociado entre los demandantes y las iglesias católica, presbiteriana, unida y anglicana, que administraron los pensionados religiosos financiados por las autoridades federales.

Mientras se seguía negociando el punto, ante la renuencia de las iglesias a aceptar la oferta oficial, nuevos casos de pederastia salieron a la luz pública en el marco de la visita del papa Juan Pablo II a Canadá. En agosto de 2002, el cura católico Donald Holmes, de 63 años, no mostró signos de arrepentimiento cuando la corte superior de Sudbury, Ontario, lo condenó a dos años de cárcel por crímenes sexuales cometidos en los tres decenios anteriores contra un grupo de niñas que tenían entre 9 y 15 años cuando fueron abusadas. Según relató el *The Globe and Mail*, Holmes se dirigió a la sala donde estaban algunas de sus víctimas y les dijo "los sigo amando como hijas e hijos de Dios". Añadió que seguía rezando por los jurados, el fiscal y sus acusadores.[21]

Los abusos sexuales tuvieron lugar en dos parroquias de Sudbury, entre 1972 y 1983. Las primeras acusaciones surgieron en 1999. Las víctimas relataron que "admiraban" y "adoraban" al padre Holmes, pero que habían sido "manoseadas y besadas" por éste a solas. La diócesis local suspendió al padre Holmes para administrar los sacramentos por el resto de su vida. A pesar del apoyo de un grupo de feligreses que pidió la conmutación de la sentencia, el juez Gauthier, de la corte de Sudbury, determinó que una sanción condicional "enviaría una señal equivocada" a la comunidad y lo condenó a dos años de prisión por delitos sexuales.

Fruto prohibido

Durante los primeros siglos de la Iglesia, muchos hombres y mujeres hacían voto de castidad y vivían bajo el mismo techo, pero sin abandonar el mundo. Les llamaron "agapetas". Es decir, "amados". Esa

---

[21] *The Globe and Mail*, 14 de agosto de 2002.

práctica fue censurada por san Jerónimo debido a que podía ocasionar escándalos. Antes de que se extinguiera en el siglo IV, el agapetismo fue común entre los celtas. En los monasterios mixtos de Irlanda, los monjes se acostaban con las monjas para probar su autodominio. Como es natural, el resultado no fue siempre el previsto; por eso, el agapetismo fue prohibido.

La pederastia también está prohibida en la católica Irlanda. Sin embargo, varios escándalos de curas predadores han sacudido a la opinión pública local durante el último decenio. El caso más reciente culminó con la aceptación de su renuncia al obispo de la diócesis de Ferns, monseñor Brendan Oliver Comiskey, por "omisión", al no haber removido al sacerdote Sean Fortune, acusado de abusos sexuales.[22]

En 1994, el caso del cura Brendan Smyth provocó una grave crisis política en la coalición gobernante y amenazó con descarrilar el proceso de paz en el Ulster.[23] Todo empezó cuando Harry Whelehan, el ultracatólico fiscal general de Irlanda, demoró durante siete meses la firma de la extradición del sacerdote Smyth, reclamado por la justicia de Irlanda del Norte por delito de pedofilia. El escándalo, en el que se documentó la relación del fiscal con un obispo católico interesado en el futuro de Smyth, afloró en el momento en que Whelehan fue nombrado presidente del Tribunal Supremo, provocando la dimisión del primer ministro Albert Reynolds y de su ministra de Justicia, además de un delicado cambio de gobierno. Asimismo, el affaire Smyth exhibió las estrechas relaciones de subordinación que pueden establecerse entre personajes de la Iglesia católica y la administración de justicia en una sociedad formalmente secular pero que de facto vive bajo la influencia y control de una confesión religiosa cuasimonopólica.

El caso Fortune volvió a cimbrar a la sociedad irlandesa en abril de 2002, cuando el papa Juan Pablo II aceptó la renuncia de monse-

---

[22] Jorge Gutiérrez Chávez, "Aceptan renuncia de obispo irlandés", *El Universal*, México, 4 de abril de 2002.

[23] Lola Galán, "Los laboristas rompen la coalición de gobierno en Irlanda y amenazan el proceso de paz en el Ulster", *El País*, Madrid, 17 de noviembre de 1994.

ñor Comiskey. El obispo de Ferns había sido informado repetidas veces acerca de actos de violencia sexual cometidos por Sean Fortune, pero el sacerdote fue trasladado de parroquia en parroquia y se le permitió continuar ejerciendo su ministerio, y con ello sus perversiones sexuales. Como en tantos otros casos, una suerte de premio.

La trama comenzó a descubrirse tras el suicidio del padre Fortune en 1999, cuando estaba a punto de ser llevado ante un tribunal. El caso cobró tanta notoriedad, que la BBC elaboró un documental donde se narra la historia de Donnacha McGloin, un joven irlandés que tenía 14 años en 1987, cuando llegó a buscar empleo en un estudio católico de grabación en Dublín.[24] Allí se encontró con el padre Fortune, que producía cintas y le ofreció trabajo. Lo que el muchacho no sabía —aunque los funcionarios de la Iglesia sí tenían pleno conocimiento de ello—, era que Fortune tenía un largo historial como abusador de infantes. Entre sesiones de grabación de sermones para ser escuchados por los feligreses, el cura se dio tiempo para atacar a Donnacha McGloin, quien fue entrevistado por la BBC junto con otras tres víctimas —otras cuatro se habían suicidado—, dijo en su testimonio que fue violado en una caseta de grabación. "Fue una violación anal rápida, muy dolorosa, muy confusa para un joven de 14 años." A partir de ese momento, narró McGloin, su vida quedó destruida.

A McGloin —quien al ser entrevistado vivía en Escocia y tenía 29 años—, se le ha diagnosticado síndrome de estrés postraumático.[25] En abril de 2002, cuando el escándalo estaba en su apogeo, el cardenal primado de Irlanda, Desmond Connell, dijo que no podía comentar nada: "No sé suficiente del caso". Su respuesta causó estupefacción en un país abrumadoramente católico. "El hecho de que el primado de Irlanda diga eso es, simplemente, algo más allá de toda comprensión", señaló Colm O'Gorman, víctima de abusos por parte de Sean Fortune

[24] Don Melvin, "Pandora en la Iglesia irlandesa", *Milenio*, México, 4 de abril de 2002.

[25] El síndrome por estrés postraumático adquirió mayor relevancia tras la guerra de Vietnam y fue constituido como entidad clínica en los años ochenta, en un intento por agrupar los síntomas que presentaban los sobrevivientes de los conflictos bélicos y de otros campos, entre ellos, la violencia sexual.

entre los 14 y 17 años. "Desde el momento en que nací, la Iglesia me dijo que era el único lugar donde podría encontrar amor y aceptación. En lugar de eso, me violaron. Considero que la Iglesia en su totalidad participó en ello."[26]

El mutismo del cardenal Connell, atribuido a "falta de información" sobre el caso, resulta inexplicable en una Iglesia donde, como la irlandesa, todos sus funcionarios, desde un cura párroco hasta el más alto jerarca cuentan con enorme poder. Como dijo el sacerdote Michael Keane —para quien "en la Iglesia es endémico conservar los secretos, mantener las cosas tapadas"—, los funcionarios eclesiales en Irlanda eran "abusivos y dictatoriales", tenían "poder absoluto".

Ese poder comenzó a erosionarse a comienzos de los años noventa, con la publicación de un libro titulado *Fruto prohibido: la historia verdadera de mi amor secreto con el obispo*. La obra, escrita por Peter de Rosa a partir de los relatos de Annie Murphy, describe la aventura amorosa de esa mujer con el obispo de Galway, Eamonn Casey, y sus tribulaciones para conservar y criar al hijo que ambos tuvieron. Hasta entonces, los obispos de Irlanda habían sido promotores encarnizados de un código sexual ultraconservador, que a veces llegaba al grado de leer desde el altar los nombres de las mujeres jóvenes solteras que estaban embarazadas. "Tal como resultaron las cosas —dijo De Rosa—, esos maestros moralistas carecían de sentido de moral."

A raíz de los escándalos de pedofilia y de unas tres mil demandas interpuestas en los años noventa contra curas pederastas, a comienzos del siglo XXI la Iglesia católica de Irlanda había tenido que pagar indemnizaciones por 110 millones de dólares para expiar sus culpas. Allí también el puritanismo había quedado por el piso.

---

[26] *Ibíd.*

Los *DELICTA GRAVIORA* Y LA TOLERANCIA CERO

Mark Vincent Serrano, el quinto de los siete hijos de una familia católica de Nueva Jersey, era monaguillo en su parroquia de la diócesis de Paterson, igual que sus hermanos. Cuando tenía 9 años, el reverendo James T. Hanley —conocido como padre Jim—, comenzó a invitarlo a que fuera a la iglesia después del colegio. "Para mí, yo estaba saliendo con mi amigo Jim", relató al diario *The New York Times*.[1] A los 37 años, Serrano contó cómo comenzaron los abusos. Primero viendo revistas pornográficas. Después, películas. Y al final, lo que la víctima definió como "el ritual". Durante siete años, entre 1974 y 1981, varias veces a la semana, se sucedieron tocamientos, penetraciones, felaciones y masturbaciones. El padre Jim "usaba vibradores. Recuerdo esa sensación horrible en mi pecho, la adrenalina comenzaba a correr y el pelo se me erizaba", narró Serrano.

Los abusos sexuales terminaron en 1981, cuando Mark tenía 16 años. Cuatro años después, denunció ante las autoridades de la diócesis de Paterson que había sido víctima de violencia sexual. La jerarquía eclesial encontró "pruebas razonables" y en 1986 despidió al cura pederasta. Pero no dio aviso a las autoridades judiciales. La diócesis llegó a un acuerdo privado con Serrano y su familia: 241 mil dólares a cambio de un pacto de silencio. Serrano, quien vive en Virginia y continúa con lo que él llama "una curación de toda una vida", decidió romper el compromiso de confidencialidad cuando el caso Geogham desató

[1] Rosa Townsend, "El *ritual* del padre Jim", *El País*, Madrid, 19 de marzo de 2002.

el escándalo. Está casado, tiene tres hijos y su esposa esperaba otro cuando se animó a revelar su historia. El padre Jim, que tenía 64 años cuando se divulgaron sus felonías, nunca quiso hablar.

La divulgación de casos como el del cura Jim y el reverendo Geogham —definido por el padre de tres de sus víctimas como un pedófilo en serie—, generó una ola de sospechas entre la feligresía estadunidense. Una vez más volvía a confirmarse el hecho de que la Iglesia, junto con la familia y la escuela son los lugares más peligrosos para los niños. En poco tiempo la camaradería entre los sacerdotes y los infantes se tornó irrecuperable. Como dijo Kenneth L. Woodward, "la equivalencia entre *sacerdote* y *pedófilo* se ha fijado tan firmemente en la conciencia pública", que ahora todos los sacerdotes estaban a la defensiva con los jóvenes en sus parroquias.[2]

"Abuelas que antes solían rezar para que al menos uno de sus nietos se convirtiera en sacerdote, ahora les advierten que no deben quedarse solos con el hombre al que siguen llamando padre." La frase de Woodward era evidentemente certera: el hecho de ser violentado por un sacerdote representa una doble traición y un doble trauma; además del abuso de poder de alguien mayor —que por añadidura se vale de su investidura sacerdotal—, los niños sienten el ultraje y la sensación de inocencia rota que les causaría ser víctimas de abusos por parte de su padre o madre.

Justicia divina para predadores

¿El fracaso del Estado Vaticano para enfrentar el problema de los abusos sexuales en su nomenclatura en todo el mundo, es algo incrustado en su médula, una inclinación a ver la negligencia o la violencia sexual como "pecados" en lugar de "delitos" y por lo tanto de responder con oraciones en vez de sanciones?

La cuestión tiene sus bemoles. El 30 de abril de 2001, el papa

---

[2] Kenneth L. Woodward, "Irrecuperable, la confianza entre niños y religiosos", *Newsweek,* reproducido por *El Universal*, México, 26 de febrero de 2002.

Juan Pablo II firmó el motu proprio *Sacramentorum sanctitatis tutela*, que fue publicado en el *Acta Apostolicae Sedis* con fecha 5 de noviembre del mismo año. "La tutela de la santidad de los sacramentos, sobre todo de la santísima eucaristía y de la penitencia, como también la observancia del sexto mandamiento del Decálogo por parte de los fieles que el Señor elige por vocación, requiere que, para conseguir la salvación de las almas, 'que debe ser siempre la ley suprema en la Iglesia' (Código de Derecho Canónico, can. 1752), la Iglesia intervenga con su propia solicitud pastoral para prevenir los peligros de infracción", decía en su primer párrafo el motu proprio.

Por tratarse de un tema muy delicado, y que según las autoridades vaticanas podía prestarse al sensacionalismo en los medios de información, el documento pontificio no fue publicado en *L'Osservatore Romano*, y sólo se remite a los obispos y superiores religiosos que lo solicitan de manera expresa por tener que enfrentar casos de curas pederastas. No obstante, su contenido fue conocido en forma parcial a comienzos de 2002, cuando la agencia *Catholic News Service* y el semanario *National Catholic Reporter* le dieron resonancia al vincularlo con los escándalos de pedofilia en la Iglesia estadunidense.

El motu proprio papal da una serie de indicaciones "para definir de manera más detallada, tanto los delitos más graves (*delicta graviora*) cometidos contra la moral y en la celebración de los sacramentos, que son de competencia exclusiva de la Congregación para la Doctrina de la Fe, como las normas procesales especiales para declarar o infligir las sanciones canónicas".

En la práctica, se trataba de la promulgación de las "Normas sobre los delitos más graves" reservados a la exSanta Inquisición. En lo relativo a los *delicta graviora*, hasta entonces seguían vigentes las normas publicadas en 1962 sobre el *Crimine sollicitationis ad turpia* (interpretada como "Instrucciones de procedimiento en casos de solicitación"), relativas a toda el área de los abusos sexuales y en modo especial a los relacionados con la celebración del sacramento de la penitencia.

Las normas, elevadas al pontífice para su aprobación y firma en la audiencia del 16 de marzo de 1962, por el titular de la Suprema y Santa

Congregación del Santo Oficio, cardenal Alfredo Ottaviani, fueron rubricadas ese mismo día por Angelo Giuseppe Roncalli, "el papa bueno". El texto instruía a todos los patriarcas, arzobispos, obispos y otros ordinarios diocesanos "incluso del rito oriental", sobre la forma cómo debían proceder ante "casos de solicitación". La instrucción vaticana de 69 páginas, cuyo original en latín exhibe un rótulo con la palabra "Confidencial" y el sello papal de Juan XXIII, delineaba una política del "más estricto" secretismo en el tratamiento de alegatos de abuso sexual y amenazaba con la excomunión a aquellos que hicieran pública la denuncia.[3]

La instrucción también exige de la víctima que preste juramento de secretismo al momento de presentar una queja ante funcionarios de la Iglesia católica, y establece que toda denuncia de esa índole deberá "ser diligentemente archivada en los archivos secretos de la curia (romana) clasificada como estrictamente confidencial". El documento se enfoca en el abuso sexual iniciado en el marco de una "relación confesional" entre un sacerdote y un feligrés, pero aborda también lo que llama "los peores crímenes", descritos en el documento como un "acto obsceno" perpetrado por un clérigo con "jóvenes de cualquier sexo o bestias (bestialidad)".[4] En tales casos, los obispos deberían observar "el secreto del Santo Oficio... bajo pena de excomunión".

El documento pontificio de 1962 fue refrendado por el cardenal Ratzinger en una circular dirigida a todos los obispos católicos del mundo en mayo de 2001, pocos días después del motu proprio de Juan Pablo II, pero debido a que el escándalo de los curas predadores todavía no había estallado, la instrucción del prefecto de la fe pasó inadvertida para la opinión pública. De lo que no queda duda es que desde co-

---

[3] El texto, de pleno conocimiento de las jerarquías católicas del mundo, pasó inadvertido en los medios durante los meses que duró el escándalo de los curas predadores en Estados Unidos. Fue divulgado por el diario británico *The Observer*, el domingo 17 de agosto de 2003, junto con un artículo de Anthony Barnett titulado "Vatican Told Bishops to Cover Up Sex Abuse: Expulsion Threat in Secret Documents" (El Vaticano instruyó a obispos encubrir abuso sexual: amenaza de expulsión en documentos secretos), Londres, 17 de agosto de 2003.

[4] *Ibíd.*

mienzos de los años sesenta el tema de los abusos sexuales en la Iglesia
católica era ya un asunto conocido que preocupaba a las autoridades
vaticanas, y que existían procedimientos disciplinarios internos que
indican una deliberada política de encubrimiento de los clérigos infractores ante la justicia civil, y de ocultamiento a la opinión pública,
bajo amenaza de excomunión. Fue obvio que la circular de Ratzinger
intentaba consolidar la unidad de los obispos en torno al tema, en momentos que decenas de juicios comenzaban a ventilarse en los tribunales civiles de Estados Unidos.

La nueva normatividad era resultado de un largo proceso de revisión sobre la "misión típica" del ministro ordenado, por eso el motu
proprio comenzaba con las palabras "la tutela de la santidad de los sacramentos". Según la norma, uno de las más graves ofensas es el delito
contra la moral, que a la letra reza: "El delito contra el sexto mandamiento del Decálogo cometido por un clérigo con un menor de 18 años de
edad". El Código de Derecho Canónico promulgado en 1983 ya se había ocupado del delito de abuso sexual. Como explicó el secretario del
exSanto Oficio, monseñor Tarcisio Bertone, sensible a la opinión pública de comienzos de los años ochenta, el código tomaba en cuenta
el "daño verdadero" que esos abusos "causa a las víctimas, a sus familias y a la comunidad cristiana, que tiene el derecho de ser *tutelada* y
guiada[5] por ministros ordenados verdaderamente ejemplares".[6]

De acuerdo con el salesiano Bertone —quien asumió la Secretaría de la Congregación para la Doctrina de la Fe en 1995—, las viejas
normas sobre pederastia se aplicaban cuando un clérigo tenía una conducta delictiva con un menor de 16 años. Pero el motu proprio de Juan
Pablo II fijó el límite de edad en 18 años. Asimismo, prolongó la prescripción para ese tipo de agravio a 10 años, y estableció que la norma entre
en funcionamiento a partir del cumplimiento de los 18 años de la víctima, con independencia de la edad en que se haya sufrido el abuso.

---

[5] Cursivas del autor.
[6] Gianni Cardinale, "En defensa de la santidad de los sacramentos", revista *30DIAS*, Roma,
abril de 2002.

Sin embargo, en todos los órdenes de la vida terrenal, a menudo la distancia entre la norma y la realidad sigue siendo abismal. La Santa Sede no es una excepción. Más bien, como está documentado ampliamente en los casos de curas pedófilos, hacerse de la vista gorda e intervenir para salvaguardar la impunidad parece haber sido la norma del Estado Vaticano y su nomenclatura. Según admitió el propio Bertone, en el pasado, y aún hoy "hubo el peligro de que las diócesis descuidaran la gravedad del problema, no le prestaran la atención que se merece".[7] A su juicio, en la nueva normativa existe el elemento de "garantía" que sirve "para alejar el peligro de que se imponga la cultura de la sospecha". Es decir, se prevé "un auténtico y regular proceso" para establecer los hechos y confirmar las pruebas de culpabilidad ante un tribunal.

Interrogado sobre si las nuevas normas tenderían a sustituir los procedimientos reservados y extraordinarios que permitía a las diócesis de Estados Unidos aplicar sanciones muy graves —incluida la expulsión del ministerio sacerdotal, por simple vía administrativa, sin proceso— a los clérigos acusados de pederastia, Bertone dijo que ese privilegio excepcional se concedió a la Iglesia católica de Estados Unidos a comienzos de los años noventa y fue reconfirmado en 2002. Se trata, dijo, de procedimientos que "pueden ser usados ante hechos muy graves, clamorosos, en los que las responsabilidades del acusado son evidentes". Pero aclaró que como criterio ordinario, hay que seguir las normas del exSanto Oficio, que prevén un "verdadero juicio" con derecho a defensa. La pregunta quedó en el aire: ¿Un "verdadero juicio" a la usanza del siglo XII o de un Estado-nación democrático moderno de ciudadanos?

Se trata, pues, de la preservación de un ordenamiento jurídico propio, que posee una soberanía y autonomía garantizadas y permite que cuando un acusado de pederastia viste una sotana católica, sea juzgado por tribunales eclesiásticos secretos de la Congregación para la Doctrina de la Fe, en el Estado Vaticano en Roma, que tratará el caso como un asunto de familia (antítesis del derecho posmedieval); aun-

---

[7] *Ibíd.*

110

que en determinados casos particulares pueda existir alguna forma de colaboración o un intercambio de informaciones entre la autoridad eclesiástica y la justicia secular. El problema es que el derecho canónico del Estado Vaticano es penal en la sustancia, pero su eficacia práctica no es como la del Estado secular moderno. Nadie va preso por una sentencia eclesiástica; por lo general, las medidas que se adoptan cuando alguien es encontrado culpable, son de tipo terapéutico, pero sin barrotes de por medio.

Para Bertone, lo que no tiene ningún fundamento, "es la pretensión de que un obispo esté obligado a ir a la magistratura civil (de un Estado anfitrión) para denunciar a un sacerdote que le haya revelado su participación en un delito de pederastia". Según el arzobispo emérito de Vercelli y número dos del cardenal Joseph Ratzinger en la Congregación para la Doctrina de la Fe, la sociedad civil tiene la obligación de defender a sus ciudadanos, pero también debe respetar "el secreto profesional" de la nomenclatura vaticana.

La cuestión no era sencilla. ¿Dónde termina el confesionario y dónde comienza la corte? ¿Dónde trazar la raya que separa la justicia canónica de la justicia ordinaria? ¿Habían sido diseñadas las nuevas reglas para proteger al acusado en lugar de a la víctima? ¿O será que la intención final fue proteger a la corporación y por extensión al acusado en tanto miembro de la corporación? Por esos días, al interior del episcopado estadunidense se hablaba con insistencia sobre la necesidad de aplicar la *tolerancia cero* contra los clérigos pedófilos. Un error y fuera de la Iglesia. Pero ¿acaso no podía llevar la *tolerancia cero* a confundir casos clínicamente diferentes o a convertir en delatores a los obispos, levantando el dedo acusador frente a cualquier persona que "tropieza y cae"?

Por otra parte, tratándose de *delicta graviora*, los casos de pedofilia significan, a la vez, pecados mortales graves. De esos pecados —como de todos los pecados— se puede recibir la absolución con el sacramento de la confesión. Algunos de esos delitos graves comportan una excomunión reservada a la Santa Sede, por lo que, en esos casos hay que interpelar a la Penitenciaría Apostólica, que puede absolver tam-

111

bién de esas censuras con adecuadas penitencias y la reparación del daño provocado. ¿Otra vez pecados en lugar de delitos y como sinónimo de impunidad terrenal? ¿Oraciones en vez de castigos? El padre Thomas Reese, un jesuita estudioso de la historia de la Iglesia, recordó que "la teología moral cristiana reconoce que hay comportamientos adictivos y que darles la absolución tras una confesión no va a curar a esas personas".[8]

No hay duda que la Santa Sede es misericordiosa. Aunque en eso también, como ocurrió con la excomunión *ipso facto* de las sacerdotisas ordenadas por un prelado argentino, la Iglesia católica no pudo ocultar su vocación represiva y machista.

Cónclave en el Vaticano

Avanzaba abril de 2002 y la Iglesia católica de Estados Unidos no lograba salir de la tormenta desatada por el escándalo de los curas predadores. Un sector del episcopado se pronunciaba por aplicar una línea de cero tolerancia contra los violadores con sotana; pero no había consenso. Persistían las dudas sobre la norma que dicta que una sola falta es suficiente para suspender en su ministerio a un sacerdote abusador, y en qué momento entregarlo a la justicia civil.

Para entonces, el cardenal Law, acosado por su feligresía y una opinión pública adversa que lo acusaba por su "silencio culpable", había reconocido que "las dimensiones del problema eran morales, patológicas y delictivas".[9] Law, quien habló de cierto resentimiento contra los cardenales "de edad avanzada y conservadores", admitió que durante muchos años había considerado los abusos sexuales como "fallas morales". Dijo que "no había tomado suficientemente en cuenta el lado criminal que conlleva el abuso sexual contra menores de edad". Pocos días antes, y tras un viaje secreto del cardenal a Roma, la cadena esta-

[8] "Buscan clérigos de Estados Unidos solución al escándalo de la pederastia", *La Jornada*, México, 20 de abril de 2002.

[9] Eduardo Lliteras, "Piden obispos evitar los actos de pederastia", *Reforma*, México, 23 de abril de 2002.

dunidense CNN había informado que las autoridades del Vaticano habían aceptado la dimisión de Law. Pero el arzobispo de Boston desmintió la versión y reiteró que no renunciaría.

El teólogo George Weigel, autor de la biografía de Juan Pablo II *Testigo de la esperanza* (*Witness to Hope*, 1999), dijo que la línea para decidir cuándo un pecado se convierte en delito debió haber sido trazada hace mucho tiempo. "Hubo un tiempo en la historia de la Iglesia en que la gravedad de algunos actos era tal que descalificaba a una persona para seguir ejerciendo su ministerio aunque ésta se mostrara arrepentida. Debemos rescatar ese tiempo [...] Antes que nada, los obispos son pastores, no adjuntos de la fiscalía, pero lo que ha quedado muy claro con los casos de pederastia, es que la sociedad tiene razón al exigir que haya más seguridad para sus menores",[10] dijo Weigel.

En el curso de los ritos de semana santa, Juan Pablo II había abordado los casos de pedofilia y homosexualidad en los que estaban involucrados sacerdotes y obispos de todo el mundo, y calificó de "traidores" —aunque no llamó delincuentes— a aquellos hombres de Iglesia que quebrantan con sus actos sus votos de castidad. El pontífice había convocado a los cardenales estadunidenses a discutir el asunto en Roma los días 23 y 24 de abril.

Un par de días antes de la cita, el cardenal de Nueva York, Edward Egan se disculpó en una carta pública por los "errores" cometidos al lidiar con casos de abuso sexual infantil cometidos por curas bajo su jurisdicción eclesial. Egan, como Law, también había sido acusado de negligencia. El periódico *The Hartford Courant*, de Connecticut, con base en documentos sellados de la corte, reportó que el cardenal de Nueva York no había investigado a fondo las acusaciones de pedofilia. Egan se defendió diciendo que en los últimos 15 años, como titular de las diócesis de Bridgeport y Nueva York, "he buscado y actuado según la mejor consejería independiente disponible, desde expertos médicos hasta especialistas en comportamiento".[11] Aseguró que como obispo

[10] *La Jornada*, México, 20 de abril de 2002.
[11] "Lanza 'mea culpa' el cardenal de NY", *Reforma*, México, 21 de abril de 2002.

de Bridgeport dictaminó que cualquier clérigo acusado de mala conducta sexual con un menor fuera enviado, tras una investigación preliminar de la diócesis, a una institución psiquiátrica para una evaluación.
Pero admitió que no había investigado a fondo ninguna acusación.

El "mea culpa" del cardenal Law, el involucramiento de Egan por
negligencia y las sospechas que envolvían a su eminencia Roger Mahoney, de Los Angeles, por una presunta violación varios años atrás, hicieron aumentar las expectativas sobre el "encuentro de trabajo" que
sostendrían los príncipes de la Iglesia estadunidenses con el papa y algunos cardenales de la curia romana, con el fin de analizar la plaga de
la pedofilia entre el clero católico.

Los primeros en llegar a la Ciudad Eterna fueron los periodistas.
Las grandes cadenas de televisión —CNN, ABC, NBC y FOX, entre otras—,
invadieron la plaza de San Pedro con sus sets de grabación y sus pre-
sentadores de lujo. Algunos comunicadores no sabían nada acerca del
tema pero allí estaban. Los cardenales llegaron en orden disperso y en
pequeños grupos en vísperas de la reunión. A su arribo al aeropuerto
Leonardo da Vinci, en Fiumicino, algunos prelados dijeron que esperaban "una señal fuerte" del papa Juan Pablo II. Asediado por un enjambre de periodistas que se empujaban unos a otros en el intento por
entrevistarlo y fotografiarlo, Bernard Francis Law, cardenal arzobispo
de Boston —quien llegaba precedido por los rumores de su dimisión—,
dijo que su deseo era servir a la Iglesia "con cada fibra de mi ser". Y que
lo haría "hasta que Dios me conceda esa oportunidad".[12]

El elenco de participantes fue de primera. La delegación de cardenales estadunidenses la integraron Bernard Law (Boston), Roger Mahoney (Los Angeles), Anthony Bevilacqua (Filadelfia), William Keeler
(Baltimore), Adam Maida (Detroit), Francis George (Chicago), Theodore McCarrick (Washington), Edward Egan (Nueva York), James Hickey
(arzobispo emérito de Washington) y el anciano teólogo jesuita Avery
Dulles. La Conferencia Episcopal estuvo representada por su presiden-

---

[12] Antonio Pelayo, "El papa exige firmeza contra el clero acusado de pedofilia", *Vida Nueva*,
Madrid, 4 de mayo de 2002.

te, monseñor Wilton Gregory, obispo de Belleville, el vicepresidente William Skylstad, obispo de Spokane y el secretario ejecutivo, William Fay.

Por la curia romana participaron, además del secretario de Estado, cardenal Angelo Sodano, los tres cardenales estadunidenses que residen en la Ciudad Eterna: el penitenciario emérito William Baum, el presidente de la Pontificia Comisión para el Estado de la Ciudad del Vaticano, Edmund Szoka, y James Stafford, presidente del Pontificio Consejo para los Laicos. Pero el núcleo duro lo componían seis prefectos de congregación: Joseph Ratzinger (Doctrina de la Fe), Eduardo Martínez Somalo (Institutos de Vida Consagrada y Sociedades de Vida Apostólica), Giovanni Battista Re (Obispos), Jorge Medina (Culto Divino y Disciplina de los Sacramentos), Darío Castrillón (Clero) y Zenon Grocholewski (Educación Católica).

Reunidos en la Sala Bologna del Palacio Apostólico, el cardenal Sodano abrió los trabajos a primeras horas de la mañana del 23 de abril. Luego le tocó el turno a monseñor Gregory. Pero el momento climático de la jornada lo constituyó el encuentro con Juan Pablo II, quien los recibió a todos con especial solemnidad en su biblioteca privada a las doce del día. Después de un párrafo de cortesía el papa Wojtyla fue al grano:

> También yo como vosotros me he visto profundamente afligido por el hecho de que algunos sacerdotes y religiosos, cuya vocación es ayudar a la gente a vivir una santa vida a los ojos de Dios, hayan causado tanto sufrimiento y escándalo entre los jóvenes. A causa del gran daño cometido por esos sacerdotes y religiosos, la Iglesia es vista con desconfianza y muchos se han sentido ofendidos por el modo con el que los dirigentes de la Iglesia han parecido actuar en esa materia. Los abusos que han provocado esta crisis son bajo todos los puntos de vista algo malo y justamente considerados por la sociedad como un crimen; son también un espantoso pecado a los ojos de Dios. A las víctimas y a sus familias, allí donde se encuentren, expreso mi profundo sentimiento de solidaridad y preocupación.

115

A continuación, el pontífice afirmó que los obispos de Estados Unidos, dejándose guiar por algunos expertos, "tomaron algunas decisiones cuyas consecuencias han venido a demostrar que fueron equivocadas". Les pidió que buscaran "criterios más realistas" que aseguraran que no se volverían a repetir "semejantes errores". Después, con voz trémula, pronunció una de las frases que, contextualizada e interpretada libremente, acapararía al otro día las primeras planas de la prensa mundial. "Tiene que ser absolutamente claro para los fieles católicos y para toda la sociedad que los obispos y los superiores religiosos se preocupan, por encima de cualquier otra cosa, del bien espiritual de sus almas. La gente necesita saber que no hay cabida en el sacerdocio ni en la vida religiosa para aquellos que podrían hacer daño a los jóvenes."

¿Era ésa la señal que esperaban los cardenales de Estados Unidos? ¿Había ido el papa al fondo del problema? Un repaso de los titulares de la prensa en México, donde a raíz de los escándalos de pedofilia en Estados Unidos habían vuelto a salir a la luz pública las denuncias contra el padre Marcial Maciel, por supuestos abusos sexuales contra exseminaristas de la orden de los Legionarios de Cristo, puede dar una visión acerca de cómo fue interpretado el mensaje de Karol Wojtyla. "Cierra papa puertas a curas pederastas."[13] "En la Iglesia no hay cabida para pederastas, señala papa."[14] "Paidofilia, pecado pasmoso, dice el papa."[15] "Exige el papa *cero tolerancia* contra curas pederastas."[16]

Parecía un veredicto inapelable: "mano dura" contra los abusadores de infantes. No obstante, la asimilación mecánica de la ecuación entre curas pederastas y *cero tolerancia* —como elemento central del discurso papal y fórmula a seguir en lo sucesivo— no había sido aceptada de manera unánime por los cardenales que participaron en el cónclave romano. Las confusiones persistirían.

Por ejemplo, para el cardenal Mahoney, uno de los partidarios

[13] Primera plana del diario *Reforma*, México, 24 de abril de 2002.
[14] Primera plana de *El Universal*, México, 24 de abril de 2002.
[15] *Milenio*, México, 24 de abril de 2002, p. 38.
[16] Ocho columnas del diario *La Jornada*, México, 24 de abril de 2002.

116

de la línea dura (se comete un error y se está fuera de la Iglesia), fueron "los términos más enérgicos que he escuchado acerca de lo que en nuestro país llamamos la *cero tolerancia*". Sin embargo, según su colega George, de Chicago, la cosa no estaba tan clara: "No estoy seguro de que el papa se refiera con ello a la *tolerancia cero*. Tampoco estoy seguro de que haya un consenso sobre ello entre los prelados que están en Roma". Hay una diferencia entre "la monstruosidad moral" cometida por el sacerdote John Geogham (que abusó de 130 menores) y un sacerdote que "tras unas copas de más acaricia a una jovencita de 17 años. Los dos son crímenes para la sociedad civil, pero son diferentes. Aún no hemos llegado a una conclusión", dijo el prelado.[17]

Severos, no dictatoriales

Y en verdad, no habían llegado a ninguna conclusión. Tampoco sobre otro tema de carácter sexual que debatieron los cardenales durante la primera sesión de trabajo: la homosexualidad en la Iglesia.

La cuestión había sido introducida la víspera del encuentro por el vocero vaticano Joaquín Navarro Valls, quien había levantado una ola de indignación al declarar al periódico *The New York Times* que los homosexuales debían ser excluidos del sacerdocio. Ligado al Opus Dei y hombre de toda la confianza de Juan Pablo II, Navarro se hacía eco de la posición de algunos tradicionalistas católicos, que trataron de manejar la crisis causada por el escándalo de abuso sexual sosteniendo que las depredaciones de niñas, niños y adolescentes por parte de sacerdotes era, principalmente, un asunto homosexual. A la luz de las circunstancias, no parecía realista la imagen de una Iglesia católica compuesta por un clero casto, puro, célibe y del todo heterosexual. Por otra parte, no había evidencia sólida de que los sacerdotes homosexuales tuvieran más probabilidades de abusar de infantes que los heterosexuales. Por eso, algunos grupos católicos estadunidenses lo interpretaron como una campaña homofóbica promovida desde Roma, con la intención de

[17] "Cero tolerancia con pederastas, propone el papa", *La Jornada*, México, 24 de abril de 2002.

117

ubicar a los curas gay como "chivos expiatorios ideales" en un esfuerzo desesperado por recuperar la casta imagen y el prestigio perdidos. La impresión de que se preparaba una purga de sacerdotes gay comenzó a rumorarse en algunos ambientes eclesiales.

Al término de la primera sesión de trabajo en Roma, durante una conferencia de prensa en el Pontificio Colegio Estadunidense, monseñor Wilton Gregory, presidente de la Conferencia Episcopal de Estados Unidos, robusteció la hipótesis. Mencionó algunos casos de jóvenes que querían ser sacerdotes pero que se habían "asustado" por el "ambiente homosexual que se respiraba en algunas instituciones". Razón por la cual, enfatizó, "lo más importante es asegurarnos que los seminarios y noviciados católicos no estén dominados por homosexuales".[18] Se trataba, dijo, de "una lucha constante". El cardenal Adam Maida, de Detroit, apuntaló la idea: "Lo que los científicos de la conducta nos dicen a los sociólogos es que el problema en realidad no es de pedofilia sino de tipo homosexual".[19]

Los pronunciamientos de ambos dignatarios, con una Iglesia que se desgastaba día a día con casos de abusos sexuales, venían a alimentar la pregunta acerca de si, en realidad, existía —o existe— una cultura de homosexualidad escondida en el sacerdocio, y de ser así, si ésta está conectada con el problema de los curas pederastas.

Al día siguiente, miércoles 24 de abril, se reanudaron las sesiones de trabajo sin el papa. Según las crónicas, tuvo lugar un animado intercambio de opiniones entre el alto mando cardenalicio de la curia romana y sus homólogos de Estados Unidos, sobre las formas operativas para dar un escarmiento en materia de abuso sexual clerical y poner fin a la nefasta política de autodefensa y de "dólares para comprar silencios" que estaba sangrando a la Iglesia católica. La discrepancia fue evidente. Algunos prelados estadunidenses se aferraron a la idea regi-

[18] Jorge Gutiérrez Chávez, "Piden consignarlos a la autoridad", *El Universal*, México, 24 de abril de 2002; "Cero tolerancia con pederastas, propone el papa", *La Jornada*, México, 24 de abril de 2002; y Jon Meacham; "Motivos para un cambio", *Newsweek* en español, 8 de mayo de 2002.

[19] "Pedofilia, pecado pasmoso, dice el papa", *Milenio*, México, 24 de abril de 2002.

da por la norma deportiva de "una falta grave y tarjeta roja", mientras otros, respaldados por los purpurados de la Santa Sede, insistieron en que no se podía renunciar a una regulación canónica de las sanciones y que había que descartar la reducción al estado laical por la vía administrativa.

De acuerdo con Luigi Accatoli, el acreditado vaticanista del *Corriere della Sera*, la cuestión fue zanjada retomando una expresión del papa durante el almuerzo de ese día, en el sentido de que tenían que ser "severos" pero que no se podía aceptar "procesos sumarios" como los que existieron en los países comunistas de Europa del Este. Sin embargo, las divergencias perduraban a la hora de redactar el comunicado final, puesto que la conferencia de prensa convocada, inicialmente, para las siete y media de la tarde —"hora completamente inusual en el Vaticano", según dijo otro conocedor, Antonio Pelayo, de la revista católica *Vida Nueva*— se retrasó hasta bien pasadas las nueve y media. Dos largas horas de "carpintería" para afinar el texto definitivo.

Una definición inconclusa

Monseñor Wilton Gregory, el joven obispo negro de Belleville —quien revalidó en el cónclave las cualidades que le habían llevado a la cabeza del episcopado nacional más numeroso del mundo—, fue el encargado de presentar las conclusiones, pero insistió que el encuentro no había tenido como objetivo tomar decisiones definitivas. Adelantó que las propuestas de los cardenales tendrían que ser ratificadas en la asamblea plenaria del episcopado de Estados Unidos que tendría lugar en Dallas, Texas, en junio siguiente. Las propuestas eran seis:

1. Proponemos enviar a las respectivas congregaciones de la Santa Sede una colección de las directrices nacionales que la Santa Sede revisará en sus elementos esenciales de cara a las decisiones que haya que tomar sobre el abuso de los menores de edad en las diócesis y en los institutos religiosos de Estados Unidos.

119

2. Proponemos que la Conferencia Episcopal de Estados Unidos recomiende un proceso especial para la dimisión del estado clerical de los sacerdotes que se hayan convertido en casos notorios y culpables de abusos sexuales sobre menores con violencia y continuidad.

3. Reconociendo que el Código de Derecho Canónico prevé un proceso judicial para la dimisión de los sacerdotes culpables de abusos sexuales sobre menores, también propondremos un proceso especial para los casos que no sean notorios pero en los que el obispo diocesano considere que un sacerdote representa un peligro para la protección de los niños y de los adolescentes, a fin de evitar graves escándalos en el futuro y salvaguardar el bien común de la Iglesia.

4. Propondremos una visita apostólica de los seminarios y de las casas religiosas de formación en las que se conceda especial atención a los requisitos para la admisión y a la necesidad de que en ellas se enseñe la doctrina moral católica en su integridad.

5. Propondremos que los obispos de Estados Unidos hagan un esfuerzo para responder al desafío del Santo Padre, de modo que la presente crisis "debe conducirnos a un sacerdocio, a un episcopado y a una Iglesia cada vez más santos", llamando a una santidad más honda a la Iglesia de Estados Unidos, incluyendo a nosotros mismos como obispos, al clero, a los religiosos y a los fieles.

6. Proponemos que los obispos de Estados Unidos convoquen una jornada de oración y penitencia a través de toda la Iglesia de Estados Unidos para implorar la reconciliación y la renovación de la vida eclesial.

El punto tres parecía ser el factor fundamental que movía a la jerarquía de la Iglesia católica: "evitar graves escándalos en el futuro y salvaguardar el bien común de la Iglesia". Una cuestión que vincula, "a la baja", el poder y el dinero con el escándalo. Al final pareció existir el convencimiento de que la plaga no desaparecería y que probablemente disminuiría a mediano o largo plazo. Pero, al menos, quedó la impresión de que se había desactivado un mecanismo que tenía bloqueado a los obispos estadunidenses y provocado una crisis profunda en la Iglesia.

Señales confusas y decepción

Una cosa sí fue clara. El instrumento de la cero tolerancia —que sancionaba la expulsión automática de los curas predadores— había quedado postergado, por lo menos hasta la reunión plenaria del episcopado estadunidense en Dallas. En un balance preliminar al calor del evento cardenalicio, el saldo costo-beneficio dejó algunos campos de sombra. Por ejemplo, la distinción entre los casos de clérigos culpables de un abuso continuo y notorio de menores y aquellos que no fueran tan notorios y poco frecuentes, dejaba un margen de discrecionalidad y autonomía a los obispos; como siempre había sido. La idea subyacente pareció ser que la Iglesia católica responde al Estado Vaticano mientras que la población civil responde ante las leyes civiles del Estado anfitrión de los clérigos católicos. Que la Santa Sede tiene un fuero implícito porque *su reino no es de este mundo* frente a otro fuero de este mundo: la soberanía del Estado independiente del Vaticano. Además, "unas pocas manzanas podridas" no podrían seguir enrareciendo el ambiente eclesial; aunque la realidad no pareciera avalar eso.

En declaraciones a un periódico mexicano, Elio Masferrer, profesor de la Escuela Nacional de Antropología e Historia (ENAH) de México y especialista en temas religiosos, estableció que la cláusula sobre los abusos "notorios y reiterados" fue un recurso de los cardenales para "solapar" los casos de pedofilia. Más de lo mismo. "Si un hombre mantiene relaciones extramaritales, la Iglesia le niega los sacramentos. Si una mujer decide abortar, es excomulgada de inmediato. Ahí sí existe el principio de tolerancia cero. Pero cuando es un cura el que abusa de un menor, se le trata como enfermo, no como alguien que violó los votos de castidad y las leyes civiles." Con un dejo de humor negro,

Masferrer preguntó: "¿Se necesita que el sacerdote viole a un niño en el Zócalo? ¿Bastará con una vez o serán necesarias diez veces para que el cura sea denunciado?".[20]

Fue notorio, además, que el texto final intentó relativizar el fenómeno que había causado el escándalo y sacudido los cimientos de la Iglesia. "Aunque los casos de auténtica pedofilia por parte de sacerdotes y religiosos son pocos, todos los participantes reconocen la gravedad del problema", afirmaba el comunicado final en su parte no conclusiva. Incluso sin contar con estadísticas sólidas, la frase parecía apuntar al hecho de que en la mayoría de los casos denunciados estaban involucrados adolescentes. Es decir, se trataba, en realidad, de casos de efebofilia.

Esa conclusión pareció dirigida a robustecer la teoría de los sectores más conservadores del cardenalato en el sentido de que serían, más bien, manifestaciones de homosexualidad. Durante el cónclave hubo críticas a la relativa permisividad con la que la Iglesia de Estados Unidos habría afrontado ese tema. Uno de los 24 participantes dijo que "mientras se siga sosteniendo que la homosexualidad no es un impedimento para la ordenación, seguirán produciéndose escándalos como los que ahora lamentamos".[21]

Las dudas continuarían. Por ejemplo, una de las decisiones más difíciles que tendrían que enfrentar los obispos sería cómo concederle a un sacerdote una audiencia justa, en caso de estar acusado de abusos sexuales. Durante el cónclave, el asunto lo había planteado a manera de enigma el cardenal Edward Egan, de Nueva York. "¿Cómo maneja uno la situación cuando alguien llega y dice que alguien ha hecho algo mal? Bueno, un obispo podría decir: 'Creo que es un compañero muy bueno y quiero examinar esto antes de tomar una decisión'. Otro podría decir: 'Quiero enviarlo lejos para someterlo a estudios psicológicos y ver qué dicen los expertos'. Ésa sería una de las cosas que tenemos que resolver y no creo que uno pueda criticar una de las dos posiciones".

[20] Juan Rodríguez Tovar, "Persiste margen de impunidad: expertos", *Milenio*, México, 26 de abril de 2002.
[21] Antonio Pelayo, *op. cit.*

Interrogantes como ésa del cardenal Egan hizo que se especulara acerca de la posibilidad de que, durante su encierro, los cardenales pudieron haber acordado una especie de "borrón y cuenta nueva", a partir del cual sólo serían castigados los casos de nuevos abusos sexuales. Una suerte de amnistía o *punto final* para los clérigos claudicadores.

Las reacciones no se hicieron esperar. Entre la confusión y la decepción en torno al plan para lidiar con los curas pederastas, muchos católicos estadunidenses y víctimas de pedofilia manifestaron molestia y enojo con lo que percibieron una actitud arrogante y fuera de lugar de los cardenales. David Clohessy, director de la Asociación Nacional de Abusados por Sacerdotes (SNAP, por sus siglas en inglés), calificó la cumbre vaticana como "terriblemente frustrante" y a las decisiones adoptadas como "demasiado blandas y contemporizadoras". "Los obispos siguen insistiendo en ser los árbitros y eso no es algo que les corresponda. Deben dejarlo en manos de la ley", dijo Clohessy, quien señala haber sido abusado desde los 12 a los 16 años en una diócesis del estado de Missouri.[22]

No fue la suya una voz aislada. "Los católicos estadunidenses necesitan empezar a recuperar la confianza en la jerarquía, y de hecho (los prelados) hicieron que las cosas empeoraran", señaló el reverendo Richard McBriend, profesor de la Universidad de Notre Dame.[23] "El papa dejó que los obispos evadieran su responsabilidad por la crisis, y eso mismo hicieron los cardenales", agregó McBriend, un teólogo liberal convencido de que la jerarquía perdió toda credibilidad. A su vez, Louise Cahill Dittrich, integrante del grupo La Voz de los Creyentes, que busca promover una mayor participación laica en los asuntos de la Iglesia católica, criticó el hecho de que sólo tres de los doce miembros del episcopado estadunidense presentes en Roma hubieran participado en la rueda de prensa en la Santa Sede. Y que de los tres, sólo uno fuera

---

[22] "Causan decepción los resultados en el Vaticano", *Milenio*, México, 26 de abril de 2002.
[23] "La reunión con el papa 'empeoró' todo: católicos", *La Jornada*, México, 26 de abril de 2002.

cardenal activo. "Pienso que fue una medida arrogante y vergonzosa", dijo Dittrich. A su juicio, los príncipes de la Iglesia parecían no estar preparados para responder a las preguntas de los periodistas, y en ocasiones se manifestaron con evasivas. "Me sentí avergonzada por ellos porque fue muy claro que simplemente no entienden de qué se trata."[24]

Una de las cosas que más llamó la atención, fue que el caso del cardenal Law —detonador circunstancial de la crisis— se mantuvo entre algodones durante todo el encuentro. El día de la clausura, cuando el enviado especial del *The Boston Globe* quiso saber concretamente dónde estaba el cardenal y si había novedades sobre su posible renuncia, sin descomponer un solo rasgo de su cara, monseñor Gregory dijo: "Todo lo relativo al tema de la dimisión del señor cardenal es una materia de exclusiva competencia entre el cardenal Law y el Santo Padre".[25]

Sin embargo, para el grupo Catholics for a Free Choice (Católicas por el Derecho a Decidir), el tema iba más allá de las parroquias de Boston e "involucra una Iglesia que se ha convertido en insular y clerocéntrica". Según Frances Kissling, presidente de la organización, "la falta total de discusión sobre la culpabilidad legal y moral de quienes continúan asignando sacerdotes depredadores a trabajos que los exponen a los menores, y sobre la obstrucción legal de los obispos y las diócesis, mantiene la vieja mentalidad de *club de varones* del Vaticano y los obispos".[26]

En todo caso, como dijo monseñor Gregory, había pasado el momento de "los mea culpas". Era el tiempo de la acción.

---

[24] *Ibíd.*
[25] Antonio Pelayo, *op. cit.*
[26] "*Unos pocos*, los sacerdotes pederastas: la Iglesia de Estados Unidos", *La Jornada*, México, 26 de abril de 2002.

LA LIBIDO DEL CLERO

Los escándalos de abuso sexual infantil que estaban sacudiendo a la Iglesia católica habían dividido las opiniones de los expertos. Por lo menos se perfilaron dos posiciones bien definidas. Una interpretación sobre la pedofilia atribuía al celibato el hecho de que muchos clérigos buscaran relaciones con niños; la otra planteaba que existen demasiados curas homosexuales y que muchos de ellos estaban persiguiendo a los menores.

Pero como dijo Louise Cahill Dittrich a propósito del cónclave de los cardenales de Estados Unidos con el papa y la plana mayor de la curia romana, no estaba muy claro si los príncipes de la Iglesia estaban preparados para abordar el problema de los curas predadores y la homosexualidad en la Iglesia. ¿Entendían o no de qué se trataba los obispos, o se estaba agrandando la desconexión entre el patriarcado católico y la realidad de la sexualidad actual?

El cardenal Theodore McCarrick había dicho en Roma que practicar el celibato "no es el camino más fácil en el loco mundo de hoy". Pero, si la Iglesia católica eliminara el celibato, ¿habría menos sacerdotes involucrados en escándalos sexuales? Los partidarios del voto de castidad afirmaron que vincularlo con la pedofilia en una relación de causa y efecto era absurdo.

George Weigal, el biógrafo del papa, dijo que "simplemente, no hay correlación entre el celibato y la depredación sexual".[1] Dio una ra-

---

[1] Reuters, "Es el fin del celibato la solución al conflicto", *Reforma*, México, 24 de abril de 2002.

zón muy sencilla pero contradictoria: la mayoría de los abusos sexuales ocurren en el ámbito familiar (contradictoria, en tanto que los clérigos y la Iglesia católica, como veremos, se manejan como familia). Afirmó que el registro nacional de delincuentes sexuales en Estados Unidos está repleto de personas casadas. "Tratar de convertir esos graves problemas en un paseo en coche ideológico contra el celibato es no entender su verdadero sentido. Ésta no es una crisis de celibato, es una crisis de defraudar lo que se espera de un sacerdote", señaló Weigel.[2]

Sobre la otra variable, el padre Stephen J. Rossetti escribió en la revista jesuita estadunidense *America* que "ningún investigador de la corriente principal sugeriría que hay nexo alguno entre la homosexualidad y la verdadera pederastia, es decir, la atracción sexual de un adulto hacia menores prepubescentes". Según la Asociación Psiquiátrica Estadunidense, la pedofilia es un desorden caracterizado por la preferencia individual de llevar a cabo una actividad sexual con niños y jóvenes de uno y otro sexo en la pubertad. En ese sentido, el doctor Fred Berlin, profesor asociado de psiquiatría de la Universidad Johns Hopkins en Washington —y miembro de la comisión designada para delinear guías legales para que la Iglesia católica responda con efectividad a ese tipo de problemas—, dijo que no existe ninguna evidencia que pruebe que los homosexuales (hombres) son una mayor amenaza para los niños varones, que la que infringen los heterosexuales a mujeres menores de edad. "La pedofilia no es algo que se derive de, o que esté relacionado con la orientación sexual de las personas."[3]

Según el exmonje benedictino Richard Sipe, psicoterapeuta y autor de varios trabajos que analizan la sexualidad de los sacerdotes católicos desde hace más de 40 años, los argumentos de Navarro Valls, el cardenal Adam Maida y los católicos conservadores no son válidos. Sipe citó un estudio realizado con 1, 500 curas durante un tiempo prolongado el cual arrojó que "los sacerdotes homosexuales respetan su

[2] *Ibíd.*
[3] Jeanette Becerra Acosta, "Estados Unidos: los pecados de la Iglesia", *Milenio*, México, 5 de agosto de 2002.

voto de celibato en la misma proporción que los heterosexuales".[4] Agregó que, cuando menos, 30% de los sacerdotes en Estados Unidos y una tercera parte de los obispos tienen "orientación homosexual", un dato que coincide con el alto índice "clasificado" de clérigos que anualmente mueren de sida.[5]

Tanto Berlin como Sipe coincidieron en que dos terceras partes de los sacerdotes sufren de "inmadurez psicosexual", porque los futuros clérigos ingresan a los seminarios demasiado jóvenes, en su gran mayoría sin haber experimentado o asumido su sexualidad. Esa inmadurez, aunada a la "represión" del celibato y su cercanía y acceso a niños y jóvenes que estudian en colegios católicos, asisten a misa o se desempeñan como monaguillos en las parroquias, "los empuja a comportarse irresponsablemente".[6]

A su vez, para Frances Kissling, dirigente del grupo Católicas por el Derecho a Decidir, en una sociedad "sumergida en el sexo como la actual, la línea entre perversión y represión sexual puede ser a veces muy delgada [...] Si los obispos y cardenales tuvieran esposas e hijos, quizá simpatizarían menos con los sacerdotes pederastas y se preocuparían más por nuestros hijos".[7] Kissling dijo que celibato y homosexualidad no son la causa de la pedofilia, pero que ambos contribuyen a la inmadurez sexual. A su juicio, un clero más diverso, que incluya sacerdotes casados y mujeres sacerdotisas, contribuiría a crear un clero más maduro sexualmente y ayudaría a reducir la incidencia de la pederastia. Weigel consideró esa idea una tontería.

El debate llegó incluso a las páginas de *The Pilot*, el periódico católico de la arquidiócesis de Boston, epicentro del escándalo.[8] El 15

---

[4] *Ibíd.*

[5] Una encuesta realizada en 2002 por el diario *The Kansas City Star*, reveló que sacerdotes católicos estadunidenses mueren de sida en una proporción cuatro veces mayor que la de la población en general, por lo que la diócesis encargada cambia de manera deliberada la causa de fallecimiento en los certificados de defunción, para ocultar el creciente problema que afronta la Iglesia católica en relación con ese virus. Jeanette Becerra Acosta, *op. cit.*

[6] *Ibíd.*

[7] Reuters, cable citado.

[8] *The Pilot* es la publicación católica más antigua de Estados Unidos.

de marzo de 2002, un editorial publicado en ese medio acaparó los titulares de la gran prensa en todo el país por formular una serie de preguntas clave:

¿Debe el celibato continuar siendo una obligación? ¿Si fuera opcional habría menos escándalos en el ejercicio del sacerdocio? Según un estudio, el número de sacerdotes pedófilos en la arquidiócesis de Boston sería de tres mil, lo que equivale a 2% del total. ¿Cuál es el porcentaje de hombres estadunidenses afectados por esa patología sexual? ¿Es ese devastador pecado, crimen o enfermedad más común entre el círculo religioso que en la sociedad en general? ¿Cómo podemos saber la orientación sexual de alguien a menos que lo admita? ¿Hay una herramienta válida que pueda evaluar ese mundo interior? ¿Los hombres que son fuertes y agresivos son necesariamente heterosexuales? ¿Aquellos que son sensibles y aparentan debilidad son siempre homosexuales?

Abandonar el celibato, ¿sería la respuesta correcta o sería subordinarse a la cultura popular estadunidense que no cree que éste sea una expresión de amor a Dios y a su reino? Un clero con posibilidad de casarse en una sociedad donde hay 50% de divorcios, ¿sería la solución?

La saga de Trento

El celibato (del latín *caelebs*: soltero) es una antigua costumbre católica, pero no tan añeja. Tampoco es universal en su doctrina y práctica, ni tiene refrendo en la Biblia. Su aparición en la Iglesia católica es tardía y en sus orígenes fue voluntaria. Se afirma que Jesucristo eligió a Pedro, a quien Roma atribuye ser el primer papa, cuando éste estaba casado. La mayoría de los apóstoles de Jesús tenían esposa y familia. San Pablo dijo que el clérigo tenía derecho a casarse con una creyente.[9] Según la *Enciclopedia católica*, hacia el año 800 de la cristiandad la Iglesia contaba con sacerdotes casados e incluso daba a las esposas

---

[9] "¿No tenemos acaso el derecho a la compañía de una esposa creyente, como los demás apóstoles y hermanos del Señor?", cuestionó el apóstol (1 Corintios 9:5).

designaciones formales como obispas y diáconas. El Nuevo Testamento sugiere que las mujeres presidían la comida eucarística en la Iglesia primitiva. Sin olvidar que hubo varios papas casados, además de san Pedro; de ellos, varios tuvieron hijos: san Félix III, 483-492 (dos hijos), san Hormidas, 514-523 (un hijo), Adriano II, 867-872 (una hija), Clemente IV, 1265-1268 (dos hijas) y Félix V, 1439-1449 (un hijo).[10] Al menos tres papas tuvieron hijos que los sucedieron en la Santa Sede.

El caso más sonado de pontífice licencioso fue Alejandro VI (1492-1503), también conocido por Rodrigo Borgia, un hombre astuto y cruel de origen valenciano que consiguió la silla papal por medio de simonía[11] y a quien Pío II reprochara oficialmente su vida libertina.[12] Ambicioso y lascivo, no se detenía ante el asesinato ni el envenenamiento. De su relación con Vannozza de Cattenei tuvo cinco hijos, entre ellos César y Lucrecia, quienes también tienen un lugar en la historia de aquella época de lujo, brutalidad, vicio y libertinaje.[13] Como papa, su amante oficial fue la esposa de Orsino Orsini, Giulia Farnese, conocida en términos blasfemos como "la esposa de Cristo".[14]

El celibato, como ley obligatoria para el clero —por "disposición divina" o por arreglo o "evolución progresiva inspirada por Dios"[15]— fue impuesto como una medida de control disciplinario durante el famoso Concilio de Trento (1545-1563), un periodo profundamente represivo, fundamentalista y de contrarreforma institucional de la Iglesia católica, en su intento por impedir más movimientos secesionistas en

[10] José Antonio Román, "El celibato, sin refrendo bíblico", *La Jornada*, México, 21 de mayo de 2002.

[11] Simonía: compra o venta de cosas espirituales (sacramentos) o temporales inseparablemente unidas a las primeras (como las prebendas y beneficios eclesiásticos). La palabra proviene del ofrecimiento de dinero hecho a san Pedro por Simón el Mago a cambio del don de conferir el Espíritu Santo (Hechos 8:19), Edgar Royston Pike, *Diccionario de religiones*, Fondo de Cultura Económica, México, 1996.

[12] Royston Pike, *op. cit.*

[13] César Borgia (1476-1507), hijo natural del papa Alejandro VI, inspiró a Maquiavelo en *El príncipe*. Lucrecia, también hija natural del pontífice, tuvo un importante papel en las intrigas palaciegas.

[14] Claudio Rendina, *I Papi. Storia e segreti*, New Compton, Roma, 1983.

[15] Pepe Rodríguez, *La vida sexual del clero*, Ediciones B, Barcelona, 2001.

su seno. Pero las primeras normas que afectaron a la sexualidad —y subsidiariamente al matrimonio-celibato de los clérigos— se remontan a la época de Constantino (emperador romano de 306 a 337), cuando la Iglesia comenzaba a organizarse como un poder sociopolítico terrenal, sucesora del imperio romano. El decreto 43 del Concilio de Elvira (año 306), señala que "todo sacerdote que duerma con su esposa la noche antes de dar misa perderá su trabajo".

Hasta el Concilio de Nicea (325) no hubo decreto legal alguno en materia de celibato, que era vivido como una opción personal. En el canon 3 se estipuló que "el Concilio prohíbe, con toda severidad, a los obispos, sacerdotes y diáconos, el tener consigo a una persona del otro sexo, a excepción de madre, hermana o tía, o bien de mujeres de las que no se pueda tener ninguna sospecha". Pero ese Concilio no prohibió que los sacerdotes que ya estaban casados continuasen llevando una vida sexual normal. Tampoco impidió que durante varios siglos buena parte del clero siguiera viviendo con barraganas.

Con la ola represiva de los concilios lateranenses del siglo XII —los cuatro sucesivos concilios de Letrán realizados entre el 1123 y 1215, destinados a estructurar y fortalecer definitivamente el poder temporal de la Iglesia y que sentaran los cimientos de la Inquisición—, habrían de surgir los primeros decretos explícitos sobre celibato, que dejaron perfilada la norma administrativa y de control disciplinario que daría lugar a la actual ley canónica del celibato obligatorio; que un buen número de sacerdotes y religiosos, en realidad, siguieron sin cumplir.

Otro elemento vinculado a lo anterior, es la imposición del celibato como un vehículo para el control sobre los bienes patrimoniales de la Iglesia católica; se trataba de evitar derechos de herencia entre esposas y descendientes. Decía al respecto el Sínodo de Bremen en 1266:

> Los subdiáconos y los clérigos mayores que hayan tomado para cohabitar con ellos una mujer bajo el nombre de esposa y con la que, de hecho, mantienen relaciones maritales, serán despojados para siempre de todos los ministerios eclesiásticos. Los hijos nacidos de estos clérigos concubinos no tienen derecho

alguno a los muebles de sus padres y cuanto dejaren a su muerte se repartirá entre el obispo y el pueblo.

Según el investigador español Pepe Rodríguez, autor de varios libros sobre la Iglesia, era tan habitual que los clérigos tuviesen concubinas, que los obispos "acabaron por instaurar la llamada *renta de putas*", una cantidad de dinero que los sacerdotes tenían que pagar cada vez que transgredían la ley del celibato. Y "tan normal era tener amantes", que muchos obispos exigieron la *renta de putas* a todos los sacerdotes de su diócesis sin excepción. Incluso a quienes defendían su pureza también se les obligaba a pagar, porque el obispo afirmaba que era imposible no mantener relaciones sexuales de algún tipo.[16]

En la Edad Media hubo frecuentes escándalos ligados con el libertinaje del clero católico y de tiempo en tiempo se hicieron proposiciones para que se derogara ese acuerdo. Pero a mediados del siglo XVI, el papa Paulo III —protagonista de una vida disoluta, favorecedor del nepotismo en su propio pontificado y padre de varios hijos naturales— implantó de manera definitiva los edictos disciplinarios de Letrán y prohibió además, de modo explícito, que la Iglesia pudiera ordenar a varones casados.

Instrumento principal de la Contrarreforma, el decimoctavo concilio ecuménico de la Iglesia católica, celebrado en Trento (Tirol austriaco), tan caro al papa Wojtyla y sus ideólogos ultramontanos —en particular el prefecto de la fe, Joseph Ratzinger y los "cuerpos de elite" que han venido actuando como una fuerza de choque de su pontificado: el Opus Dei, la Legión de Cristo, Comunión y Liberación, los Cursillos de Cristiandad, los Focolari, etcétera—, hizo obligatoria la que era una opción personal y unió sacerdocio y celibato en una vocación única. En 1521, en su tratado sobre *Los votos monásticos*, Martín Lutero señaló que el celibato debía ser voluntario y él mismo dio el ejemplo casándose con la exmonja cisterciense Catalina de Bora, con la que tuvo

---

[16] *Ibíd.*

seis hijos.[17] Frente a eso, el Concilio de Trento reafirmó el celibato sacerdotal como un asunto de disciplina, asentándolo entre las doctrinas recogidas en el *Catecismo tridentino*. En el siglo XVII, la potestad sacromágica del sacerdocio derivaría en el concepto de casta del clero actual: sujetos sacros en exclusividad y forzados a vivir segregados del mundo laico.

Esa evolución hizo que el celibato pasase a ser considerado de derecho divino y, por tanto, obligatorio, dando la definitiva vuelta de tuerca al edicto del Concilio III de Letrán, que lo había considerado una simple medida administrativa disciplinaria. Fue, por tanto, una decisión eclesiástica revestida de "divina", que comenzó a ser utilizada por la jerarquía burocrática de la Iglesia como un instrumento de poder disciplinario, normalizador y regulador. Es decir, el celibato como parte de una maquinaria creada por el hombre, que articula la individualización y la masificación del clero para mantenerlo controlado. Lo que conduce necesariamente, como toda coacción, al disimulo y al encubrimiento de sus inevitables transgresiones.

No hay duda que el celibato suena a la mente moderna como un residuo anacrónico de tiempos pasados. Al comenzar los años sesenta del siglo XX, en el marco del Concilio Vaticano II, el obispo estadunidense Fulton Sheen recordó que el celibato había sido impuesto de modo definitivo apenas en el siglo XVI. Durante el pontificado de Juan Pablo II, debido, en gran parte, a la escasez de vocaciones, muchos prelados —especialmente del tercer mundo— solicitaron a las autoridades vaticanas que se volviera a permitir la ordenación sacerdotal de varones casados, mediante la institución del *viri probati* (hombre casado que vive con su esposa como hermanos). Pero el papa polaco rechazó de manera pública y reiterada esa posibilidad y en el Sínodo de Roma (1990) atribuyó tal petición a "una campaña de propaganda sistemá-

---

[17] Martín Lutero (1483-1546), exmonje agustino y reformador alemán considerado como fundador del protestantismo, autor de las famosas 95 tesis de protesta que generaron la gran ruptura del catolicismo, fue excomulgado el 3 de enero de 1521 por el papa León X. Al terminar el siglo XX, en un discurso pronunciado en Alemania, el papa Juan Pablo II rescató la memoria de Lutero en un intento por entender y comprender su época.

ticamente hostil al celibato".[18] No obstante, él mismo, en secreto, había autorizado la ordenación de varones casados en varios países. La revelación fue hecha por el cardenal Aloisio Lorscheider, de Fortaleza, Brasil, quien en ese mismo sínodo aportó datos concretos sobre la ordenación de hombres casados autorizados por el sumo pontífice.

En noviembre de 1994, el presidente de la Conferencia Episcopal de Alemania, monseñor Karl Kehman, expresó ante el custodio de la ortodoxia vaticana, cardenal Ratzinger, el deseo de católicos germanos a favor de una "flexibilización" del celibato, en el sentido no de una abolición sino de aumentar las excepciones. Dos semanas antes, 450 grupos católicos de Alemania habían reunido un millón 600 mil firmas en demanda de la abolición del celibato, del acceso al sacerdocio de las mujeres y la administración del sacramento a los católicos divorciados vueltos a casar.

Pero sería en abril de 2002, cuando estaba en su apogeo la ola de escándalos sexuales que afectaban a la Iglesia, que el episcopado de Brasil —país con el mayor número de fieles católicos del mundo— defendió el fin del celibato obligatorio. Monseñor Ángelo Sándalo Bernardino, obispo de Blumenau, en el sureño estado de Santa Catarina y responsable de la comisión de vocaciones de la Conferencia Nacional de Obispos de Brasil (CNBB), declaró al diario *O'Globo* que "nadie puede ser obligado a ser célibe".[19] Inclusive, el prelado brasileño dijo que la Iglesia, "por lo menos la latinoamericana", debería preguntarse "si es o no conveniente abrir las puertas del sacerdocio a hombres casados que demuestren tener una vida conyugal, profesional y religiosa loable".

El pronunciamiento del episcopado brasileño se produjo luego de que el arzobispo emérito de Sao Paulo, cardenal Paulo Evaristo Arns, defendiera el fin de esa exigencia y la considerara producto de "una normativa de la Iglesia y no del evangelio".[20] "Muchas personas necesitan de la complementación de una mujer. Y es por eso que creo

[18] *Ibíd.*
[19] EFE, "Iglesia católica brasileña defiende el fin del celibato", Río de Janeiro, 30 de abril de 2002.
[20] *Ibíd.*

que el celibato debería ser dejado como una opción y no como una obligación", afirmó Arns, durante mucho tiempo líder del ala progresista de la jerarquía católica brasileña. "Con este papa sabemos que no habrá cambios. Él ya prohibió que el asunto fuese discutido. Necesitamos esperar al próximo papa", dijo el guía espiritual de ese país de 170 millones de habitantes, 70% de ellos católicos.

Según una versión recogida por el investigador Pepe Rodríguez, en el marco de su visita a Estados Unidos en 1987, el papa Juan Pablo II habría dicho durante un encuentro privado con algunos periodistas: "Creo que va a ser inevitable que lleguen los curas casados, pero no quiero que ocurra en mi pontificado".[21] ¿Capricho, empecinamiento, crueldad? ¿Miopía? ¿Hipocresía, puesto que ya había autorizado la ordenación de varones casados? Quién sabe.

Para entonces, le gustara o no al papa, dentro de la Iglesia católica del rito latino existía más de medio millón de curas casados; de ellos, cien mil eran sacerdotes ordenados y secularizados. En la actualidad, con la excepción de los obispos de las iglesias ortodoxas griega y rusa, ninguna otra rama importante de la cristiandad (o del judaísmo) prohíbe a los religiosos que se casen. En ocasiones los jerarcas romanos permitieron excepciones: de acuerdo con las normas de la Iglesia católica de rito oriental, el celibato es opcional.

Según la encíclica del papa Paulo VI, *Sacerdotalis coelibatus* (1967), "el motivo verdadero y profundo del celibato consagrado es la elección de una relación personal más íntima y más completa con el misterio de Cristo y de la Iglesia, por el bien de toda la humanidad". Pero como ya se mencionó, la causa principal de la introducción del celibato en el siglo XIII fue la intención de la Iglesia de conservar sus títulos y propiedad privada y no permitir su división entre los hijos herederos de los clérigos.[22]

---

[21] Pepe Rodríguez, *La vida sexual del clero*, Ediciones B, Barcelona, 2001.

[22] *Breve diccionario de ateísmo*, Editorial de Ciencias Sociales, La Habana, Cuba, 1980, y Jon Meacham, "Motivos para un cambio", *Newsweek*, 8 de mayo de 2002.

Asimismo, se trataría de "un instrumento de control que permite [a la Iglesia] ejercer un poder abusivo y dictatorial sobre sus *trabajadores*, y una estrategia básicamente *economicista* para abaratar los costos de mantenimiento de su plantilla sacro-laboral y, también, para incrementar su patrimonio institucional; por lo que, evidentemente, la única "humanidad" que gana con este estado de cosas es la Santa Sede".[23] Para Pepe Rodríguez, el obligado carácter de célibe del clero, lo convierte "en una gran masa de mano de obra barata y de alto rendimiento, dotada de una movilidad geográfica y de una sumisión y dependencia jerárquica absolutas".[24] Su argumento es simple: un sacerdote soltero es mucho más barato de mantener que otro que tenga mujer e hijos, lo que multiplicaría al menos por tres el presupuesto de gastos de personal de la Iglesia.

Yo sublimo, tú erotizas, él neurotiza

Pero volviendo a las preguntas de *The Pilot*, el periódico católico de la arquidiócesis de Boston, ¿debería el celibato seguir siendo una condición normativa para el sacerdocio diocesano en la Iglesia de Occidente? ¿Si el celibato fuera opcional, habría menos escándalos de pedofilia en la Iglesia?

Las interrogantes tienen que ver con el hecho de que la mayor parte de los sacerdotes diocesanos viven de manera solitaria, sin familia, situación que para muchos clérigos suele ser bastante dura y no pocas veces la incontinencia se transforma en trauma. Eso es así, porque más que externa, la soledad de la vida sacerdotal es interna. Se trata de un fenómeno absolutamente subjetivo que, según repite la versión oficial esgrimida por la clerecía católica, "se alivia a través del diálogo con Dios". Pero la mayoría de las veces, ese vacío interno reclama defensas contra la angustia que lo acompaña y es entonces cuando "aparecen la represión y la sublimación para auxiliar al solitario que sufre,

---

[23] Pepe Rodríguez, *op. cit.*
[24] *Ibíd.*

para defender de la angustia a un Yo que progresivamente puede neurotizarse".[25] La represión lleva fuera de la conciencia todo aquello que resulta doloroso e inaceptable para el sujeto y que provoca la angustia, pero ese rechazo no "liquida" por completo la situación. Por lo tanto, "la vuelta de lo reprimido" puede aumentar de manera progresiva el conflicto y neurotizar al individuo.

Esa "represión de las pulsiones y la necesidad de sublimar la sexualidad mediante vías como la de depositar toda la libido en el servicio a los demás para servir a Dios"[26] —impuestas por el celibato—, va contra la naturaleza y está probado que no se puede acallar. Desde el punto de vista psicológico, *sublimar* supone una forma de desplazamiento en el que la energía se desvía hacia un objeto que tiene valores ideales; se trata de un mecanismo psicológico complejo que, según los profesionales "psis", difícilmente puede abordarse sin tener una personalidad madura y estable. Por eso, en personalidades frágiles, puede convertirse en un trauma si —como es habitual— se vive el compromiso de castidad y el ser célibe como una renuncia dolorosa. Como el precio que hay que pagar por ser sacerdote o religiosa. Como la obligación de luchar contra "el pecado de la carne". O como una imposición canónica que añade frustración y castración al ministerio sacerdotal o a la vida consagrada.

Decía Wilhelm Reich que "la represión sexual sirve a la función de mantener más fácilmente a los seres humanos en un estado de sometimiento".[27] Si bien existen diferentes tipologías de sacerdotes en cuanto a sus vidas afectivo-sexuales, y muchos han logrado mantenerse célibes y castos y viven su vocación de servicio con plena libertad interior —sin dependencia de necesidades inmediatas al sublimar sus pulsiones con madurez y aceptación total, es decir, sin represión—, los hay también que experimentan temor al sexo y viven instalados en

---

[25] María Martínez Vendrell, "La represión abona el terreno para la neurosis", prólogo "Desde la psicología" al libro de Pepe Rodríguez, *La vida sexual del clero.*
[26] *Ibíd.*
[27] Wilhelm Reich, *La función del orgasmo*, Paidós, Barcelona, 1974.

problemas de culpabilidad existencial, sufren depresión o estrés, padecen fobias y parafilias, o han adquirido los hábitos del autoerotismo de una forma neurótica cargada de angustia.

Sin embargo, no son escasos los clérigos que mantienen relaciones sexuales con plena intencionalidad y sin mala conciencia. También los hay que a través de comportamientos compensatorios o dinámicas sustitutivas, afectos a una imagen engreída de sí mismos, cultivaron una personalidad egocéntrica y "estériles para todo y todos"[28] han visto satisfechas sus ansias de poder y control al interior de la Iglesia y en la sociedad merced al despliegue de actitudes autoritarias, demagógicas y, no pocas veces, más o menos fanáticas. Es decir, "encauzaron su desequilibrio psíquico utilizando a la religión como una plataforma para lograr el beneficio propio, como instrumento para controlar a los demás y abusar de ellos mediante manipulaciones y coacciones que, en general, llevan a la práctica con los creyentes más frágiles y les permiten servirse de éstos para fines personales de tipo económico, sexual o de influencia social".[29]

En todos los casos se trata de formas de abuso de poder. Según Elio Masferrer, en muchos casos "el celibato expresa relaciones de poder al interior de la institución eclesial, porque genera cierta exclusividad en los mecanismos de control internos".[30] El sacerdote tiene una posición de poder sobre el resto de la comunidad y eso genera —dice Masferrer— "tendencias libidinales" que derivan en atracción sobre seminaristas y feligreses, y muchas veces ese poder es utilizado de forma arbitraria para realizar abusos. De nuevo, los casos reales del exnuncio apostólico en México, Girolamo Prigione y el del sacerdote Marcial Maciel, fundador de la Legión de Cristo, que serán desarrollados en siguientes capítulos, pueden ser paradigmáticos de esa forma ambigua y cínica de vivir la *santidad*. O el caso del padre Amaro en la ficción cinematográfica.

---

[28] Pepe Rodríguez, *op. cit.*
[29] *Ibíd.*
[30] Paula García, "La libido del clero", *Detrás de la Noticia, El Universal,* México, 6 de abril de 2002.

Del ala de la *mamacita* a la Santa Madre Iglesia

"El celibato hace posible en el hombre-mujer lo mejor y lo peor", reconoce Javier Garrido, sacerdote y escritor español. "Nada más peligroso que disparar el deseo hacia ideales inalcanzables, comprometiendo el fundamento del psiquismo, la afectividad. Si ésta se engaña y encubre motivaciones sospechosas, la sublimación puede transformarse en un mecanismo neurótico de defensa muy difícil de atacar. Rigidez perfeccionista, delirio de grandeza, desviaciones subrepticias de las pulsiones (obsesiones sexuales, fobias), intolerancia ideológica". Aunque pueden darse formas más suaves como "la pasividad y dependencia, incapacidad de entrega afectiva, manipulación de personas, jugar a gratificaciones indirectas (fantasías, flirteos)".[31]

En buena medida, el listado de "riesgos" que presenta el clérigo Garrido en relación con el celibato forzoso tiene que ver con la personalidad previa del futuro sacerdote o religioso. Es decir, con una estructura emocional inmadura y frágil, en muchos casos vinculada con el apego a la figura materna,[32] no pocas veces fuente de *su* vocación; vínculo que puede pasar de manera progresiva, a partir de la relación-educación recibida de una madre *castradora* y presionado por un entorno machista, "de una actitud infantil a un comportamiento adulto netamente psicopatológico".[33]

"Algunas tragedias de sacerdotes tienen sus raíces en esa fijación a la madre", afirma el teólogo y psicólogo Hubertus Mynarek. "En aquellos casos en los que la madre se siente *llamada* (y dado que desgraciadamente no es hombre), proyecta su frustrado afán sobre el hijo y lo sujeta a ella hasta que éste ha interiorizado su deseo y, por decisión *propia* y *libre*, quiere llegar a ser sacerdote."[34] El eufemismo so-

---

[31] Javier Garrido, *Grandeza y miseria del celibato cristiano*, Sal Terrae, Santander, 1987.

[32] En las sociedades católicas, el apego a la figura materna es socialmente impulsado desde la cuna a través del culto a la Virgen María en sus diversas representaciones: Guadalupe, La Purísima, Remedios, etcétera.

[33] Pepe Rodríguez, *op. cit.*

[34] Hubertus Mynarek, *Eros y clero*, Caralt, Barcelona, 1979.

carrón de Mynarek está vinculado con un hecho muy frecuente durante los pasados siglos XIX y XX, que tiene sus orígenes en el feudalismo tardío: los "llamados a la santidad" de las madres y a la "defensa de la Patria" de los padres, hizo que en el seno de muchas familias conservadoras católicas de Hispanoamérica se hiciera *costumbre* que la decisión *propia y libre* de hijos e hijas diera al clan sacerdotes, religiosas y militares; en ambos casos se trataba de carreras que daban lustre, prestigio y poder social, político o militar, religioso a la familia.[35]

En el caso de los aspirantes a clérigos, debido a una férrea educación familiar sexocentrada que reforzaba la idea de la sexualidad como algo morboso, sucio, pecaminoso y culpabilizador, se sumaría después la estructura eclesial represora, propia de los seminarios, internados y conventos, reproductora de una educación religiosa que, tradicionalmente —salvo pequeños círculos que lograron dejar abiertas las puertas y ventanas para que entraran los aires renovadores del Vaticano y aún hoy resisten los embates de la Iglesia de neocristiandad impulsada por Juan Pablo II—, ha excluido, de manera inexplicable, la formación humana y psicológica de la personalidad así como los aspectos biológicos y psíquicos de la sexualidad.

En líneas generales, según los momentos históricos por los que ha atravesado el catolicismo, uno de los resultados de la función formativa de los seminarios —falsamente idealizados como "fábricas" de entes angelicales—, ha sido la generación de seres de mentalidad castrada y con fuertes sentimientos de culpa, en no pocos casos enfermizos (la noción católica del pecado y la mala conciencia es básica para ello). Una formación, pues —agudizada durante el pontificado regresivo de

---

[35] Según Christine E. Gudorf, en los periodos feudal tardío y capitalismo temprano de la Europa cristiana, las familias necesitaban un heredero varón adulto que adquiriera la parcela familiar o el negocio, y se hiciera cargo de sus padres en la ancianidad. Para ello requerían, en promedio, cuatro niños vivos al nacer, la mitad de los cuales serían mujeres. Si la familia era "bendecida" y los cuatro niños sobrevivían hasta la edad adulta, el heredero recibía el patrimonio, el hijo sobrante era enviado a un monasterio o al ejército (y nunca se casaba), y una o ambas hijas eran enviadas a un convento. Gudorf, "Ética sexual femenina", en *Somos Iglesia*, Católicas por el Derecho a Decidir, México, 1996.

Juan Pablo II—, destinada a "producir" personas infantiles y acríticas "en serie". Sacerdotes, religiosos y religiosas obedientes y autorreprimidos, sumisos, autoritario-serviles. Grises. Temerosos. Con miedo a ser descubiertos o sancionados por la autoridad superior jerárquica. Igual que en un ejército.

Esa *vocación* impuesta durante la infancia en el seno de familias católicas signadas por una actitud profundamente hipócrita y punitiva de la vida —muchas veces en medio de una sobreprotección maternal enfermiza—, combinada con una educación religiosa centrada en el culto mariano,[36] rígida, represora, maniquea y con el celibato obligatorio propio de las instituciones eclesiales —donde el individuo, hombre o mujer, seguirá madurando al interior de ambientes también cerrados, castradores y excluyentes respecto al sexo—, ha sido una fuente muy importante de todo tipo de conflictos que producen alienación y disfunciones sexuales graves.

Esa "atmósfera santurrona, amanerada, ungida, o bien, autoritaria e intrigante"[37] que domina en muchos seminarios de la santa *madre* Iglesia, donde el sacerdote recibe su formación religiosa —las más de las veces regida también por el cinismo y la doble moral—, está dirigida a formar un clero que reproduce pautas de idealización infantiles (asociadas a sumisión extrema) y comportamientos autoritario-serviles y dependientes originados en el temor que infunde toda figura autoritaria (el padre, el superior), en especial si, tal como sucede dentro de la Iglesia, ésta viene validada por la presión sociocultural.

Aunque no haya una correlación forzosa entre la entrada al seminario a temprana edad y la inmadurez afectiva, es verdad que el ais-

---

[36] El culto medieval a la Madre Virgen, junto con la necesidad del sacrificio femenino en aras de la conservación de la integridad física y moral de la familia y la comunidad, fue reimpulsado por el concilio de Trento. Según María Alba Pastor, el acento que el movimiento contrarreformista puso en la virginidad y la castidad se difundió a través del marianismo y su concepto de familia modelo. "La función del culto mariano para la represión sexual femenina se vinculó estrechamente a las intenciones tridentinas de regenerar la familia, restablecer las formas rituales y ceremoniales y reimpulsar la sumisión y la obediencia de los fieles a las autoridades monárquica y episcopal", en *Crisis y recomposición social*, Fondo de Cultura Económica, México, 1999.
[37] *Ibíd.*

lamiento físico y emocional en un universo de varones donde la mujer y lo femenino no sólo no intervienen sino que son satanizados —mientras todo lo masculino resulta glorificado—, muchas veces contribuye de manera determinante para que los jóvenes seminaristas acaben por "temer de un modo irracional (a la mujer), por mitificarlas (asimilándolas al mito de la pureza mariana), o por sentirse atraídos hacia ellas de un modo enfermizo debido al halo de misterio con que las conciben desde la distancia física y afectiva".[38] Respecto a la internalización de la imagen del otro sexo, el sacerdote Javier Garrido señala que "es bastante frecuente la dicotomía que vive el varón respecto de la mujer: por un lado la mujer ideal, pura, maternal; por otro, la mujer-objeto erótico. Consecuencia: desintegración de afectividad y genitalidad, con connotaciones obsesivas. Así como es frecuente, en la mujer de formación tradicional, separar la ternura y el deseo sexual".[39]

¿Cómo se podrán superar esta serie de problemas reales dentro de la Iglesia? El cambio, al parecer, sólo podrá venir desde el interior de la institución eclesial, una vez que se aborde con libertad y madurez, sin tapujos, las concepciones y prácticas que la han dominado respecto al sexo. Defensores del celibato, como el propio Garrido, proponen mantenerlo a través de una vía psicológica que lleve a "la espiritualización de lo pulsional-afectivo sin caer en la represión". Pero la crisis profunda que asoló a la Iglesia católica a comienzos del siglo XXI, ligada con los escándalos sexuales del clero, parece demostrar que no es una fórmula sencilla. Son muchos los hombres que han salido "de puntillas" de la clerecía y optaron por sanarse cambiando de vida, pero que tienen memoria de cómo vivieron atormentados por el sexo su generosa adolescencia en los seminarios. Muchos otros, que se sienten ahora seguros y libres, quieren seguir dentro del sacerdocio. No obstante, la pregunta perdura: ¿en cuántos casos el celibato se ha basado en una auténtica sublimación consciente y madura y en cuántos se ha vivido como represión, claudicaciones, neurosis o sustituciones larvadas?

[38] Pepe Rodríguez, *op. cit.*
[39] Javier Garrido, *op. cit.*

Por otra parte, cabe cuestionar si es sana una fe que impida el desarrollo normal de la personalidad de un sujeto y llegue a anular y sustituir todo su mundo afectivo y sexual. Tal vez, como dijo el cardenal brasileño Paulo Evaristo Arns, habrá que esperar al sucesor de Juan Pablo II para que el celibato deje de ser una obligación y se convierta en una opción; aunque el próximo papa no sea mexicano.

EL OSCURO OBJETO DEL DESEO

"La Casita de Papel", sugerente nombre para un bar. El lugar existe en Valverde del Camino, un pequeño pueblo de la provincia andaluza de Huelva, al sudoeste de España. Fue allí, en La Casita de Papel, donde el padre Pepe mostró, por primera vez, su preferencia sexual en una tertulia con otros homosexuales. Se había convencido de que el sacerdocio era compatible con su manera de vivir la sexualidad y por eso se decidió a salir del clóset. "No me gusta mentir. Si alguien me pregunta: '¿Eres maricón?'[1] Respondo sí", confesó sin inhibiciones.[2]

En febrero de 2002, el vicario de la iglesia de Nuestra Señora del Reposo apareció en la portada de la revista *Zero*. Una foto a color lo mostraba de medio cuerpo, barba cuidada, manos cruzadas al frente, una pulsera de tachuelas asomando en su muñeca derecha y un arete incrustado en su oreja izquierda. Arropada por una camisa negra rematada por un alzacuello blanco, su figura clerical destacaba sobre un difuso fondo rojo-morado, a tono con las circunstancias. Un titular con letras blancas atravesaba sus ropas oscuras. Su texto, rezaba: "José Mantero, sacerdote católico: DOY GRACIAS A DIOS POR SER GAY".[3]

Partidario de la teología de la liberación y lector atento de Gustavo Gutiérrez y Jon Sobrino, Mantero defendió, en la entrevista, su pre-

[1] *Maricón* es derivado de *marica*, diminutivo de María; de la Virgen María.

[2] Sanjuana Martínez, "Y el padre Mantero salió del clóset..." *Proceso*, México, 10 de febrero de 2002.

[3] "Doy gracias a Dios por ser gay", entrevista con la revista *Zero*, publicación mensual española dirigida a lectores homosexuales, que vende más de 40,000 ejemplares, febrero de 2002.

ferencia sexual frente a la tradicional posición "homofóbica de Roma". Proclamó su homosexualismo activo. Su orgullo gay. Y negó que en alguna parte de las *Escrituras* esté dicho que ser "invertido" es pecado. Dijo: "Me siento orgulloso, me quiero, me acepto gay, hetero, hilandera de Velázquez o lo que a ustedes les vaya dando en la gana". Ya encarrerado afirmó que la postura oficial vaticana ha "destruido" a una vanguardia moderada y tolerante de la Iglesia, y que muchos sacerdotes, hoy, para que la Santa Sede no les llame la atención, terminan diciendo "que a ningún maricón se le ocurra tocarse el pito con otro, pero que todo el mundo tiene derecho a la vida".

Mantero citó el libro *Cristianismo, tolerancia social y homosexualidad*, del historiador y teólogo estadunidense John Boswell, donde el autor defiende que "no hay lugar para la homofobia" en el pasaje bíblico de Sodoma y Gomorra. La historia ha sido comúnmente interpretada como la destrucción, a través de la ira divina, de dos poblados porque varones practicaban la homosexualidad. Por eso, el cura gay afirma sin tapujos que su condición de sacerdote y su homosexualidad "no están reñidas". Ni siquiera desde el campo de la teología. Son simples "convenciones humanas".

Otro tema, dijo, es "cómo vivo como maricón activo y sacerdote". Narró que los primeros siete de sus diez años de clérigo vivió en la continencia: "Estaba convencido del tema de la castidad, pero me iba al pozo". Su vida se estaba convirtiendo en un "infierno". Por eso rompió con el celibato, al que calificó como "un dogma inadmisible". Una mera cuestión "disciplinaria" que "no pertenece a las fuentes de la fe". En ese punto, le atribuyó mucha culpa al papa Paulo VI: "Un gran mariquita, donde los haya, que al final de una jornada de estudios encaminados no a la abolición del celibato sino, más o menos, a considerarlo como algo opcional, terminó escribiendo la encíclica *Sacerdotalis coelibatus* y se cagó directamente en los pantalones de todos nosotros".[4]

José Mantero dijo a *Zero* que ama a la Iglesia. Que no está resabiado

[4] Armando Tejeda, "Amenaza párroco con difundir lista de obispos y sacerdotes homosexuales", *La Jornada*, México, 3 de febrero de 2002.

ni resentido. Todo lo contrario: "Estoy a gustísimo". Pero criticó la homofobia, un "defecto consuetudinario" de la institución eclesial. En los seminarios, dijo, "estudias metafísica y aprendes a distinguir entre el ser y el modo de ser. El modo de ser de la Iglesia es homofóbico; el ser, no. Por eso pienso que vale la pena luchar desde adentro. Lo que se quiere es negar el hecho homosexual, negar que en nuestras filas hay maricones".

A la revista mexicana *Proceso* le contó: "Descubrí mi sexualidad a los 12 años. Estaba viendo la serie *Los Camioneros* con unos amigos. Ellos decían que les gustaba la rubia, pero a mí me gustaba el camionero. Me senté durante dos minutos en el umbral de la casa. Lo pensé y me dije: '¡Ya está: eres maricón!'".[5] A los 16 le llegó la vocación por el sacerdocio y dos años después entró al seminario. Para ordenarse sacerdote aceptó el celibato obligatorio. Pero no pudo con sus pulsiones, se enamoró y mandó su castidad al diablo. Vivió su preferencia sexual como un proceso, y cuando éste maduró, proclamó su orgullo gay. "No somos monstruos, no somos bichos extraños, sino personas perfectamente normales, queridas y amadas por Dios. Por eso digo: doy gracias a Dios por ser gay."

Y se armó Troya...

La heterodoxia, el desenfado y las palabras alegres del presbítero andaluz de 39 años rechinaron en los oídos de las buenas conciencias cristianas y azuzaron los fantasmas de la moral sexual del clero reaccionario. Media España se escandalizó. La respuesta del Vaticano, tan lento en otros casos, no se hizo esperar. Como "correctivo" por no cumplir el voto de castidad que había asumido de manera voluntaria, la Congregación para el Clero le aplicó ipso facto una suspensión *a divinis*. Es decir, la prohibición temporal para ejercer el sacerdocio.[6]

Empezaba febrero de 2002 y el caso del sacerdote teólogo de

---

[5] Sanjuana Martínez, *op. cit.*
[6] Armando Tejeda, *op. cit.*

Huelva daba la vuelta al mundo y disputaba los titulares de la prensa mundial a los escándalos de los curas predadores de Estados Unidos. La polémica creció. En su ciberpágina, la Iglesia española abrió una sección en la que el obispo y el arzobispo de Mantero dieron respuesta a "recientes preguntas polémicas". El portavoz y secretario general de la Conferencia Episcopal Española, monseñor Juan José Asenjo, señaló que "la Iglesia acoge a los homosexuales, pero no admite el ejercicio de la homosexualidad, considerado un desorden moral y un pecado". José Mantero —el padre Pepe, como sigue llamando la feligresía de Nuestra Señora del Reposo, en Valverde del Camino, a su expastor—, respondió que en el seno de la Iglesia católica "existe la homofobia en estado puro y duro", y exhibió la irónica paradoja de una institución atestada de homosexuales. Y cuando José Gea Escolano, obispo de Mondoñedo-Ferrol afirmó que "un homosexual no es normal" y llamó "enfermo" a Mantero al comparar a los gays con las personas discapacitadas —"tienen un fallo en su naturaleza"—, este último simplemente reviró: "Es el troglodismo eclesial".

En las primeras dos semanas que siguieron a la entrevista con el padre Pepe, la revista *Zero* recibió 1,500 mensajes electrónicos y unas 200 cartas de apoyo. Muchos de los envíos estaban firmados por militantes de colectivos gays, pero también algunos sacerdotes, cristianos de base y gente sencilla —"que no tiene dobleces ni parcelas de poder a salvaguardar", diría Mantero— vieron de manera positiva su "salida del armario". Para huir del acoso de los medios de información, Mantero se mudó de Valverde a Madrid, donde cambiaba cada día de hotel buscando un refugio tranquilo ante la campaña desatada en su contra por los sectores más conservadores del catolicismo español.

El affaire Mantero parecía salirse de cauce e inquietó a las autoridades eclesiales. La jerarquía de la Iglesia católica en España consideró que el párroco de Andalucía había hecho pública su condición de cura gay de manera "escandalosa". Vamos, había "alardeado" de su homosexualidad. En una carta publicada en el cibersitio de la diócesis, su obispo, monseñor Ignacio Noguer, dijo que "al abandonar de manera abrupta sus deberes parroquiales y expresar pública y de manera propagandística su rompimiento con el compromiso de castidad, él se ha puesto fuera de la disciplina de la Iglesia. Eso me obliga, no sin lamentarlo de manera profunda, a retirar formalmente las licencias ministeriales del señor José Mantero".[7]

¡Santo castigo! La añeja política de "muerto el perro se acabó la rabia". El clérigo había cometido la mayor de las faltas: generar grave escándalo, el "pecado" que más temen la Iglesia católica y el Estado Vaticano; que se ventilen ante la opinión pública los "secretos" de la corporación. Pero la confesión de Mantero había provocado reacciones en cadena. Una, en particular, fue muy significativa. Un activista en pro de la defensa de los homosexuales, Carlos Alberto Biendicho, exmiembro del Opus Dei y militante del muy conservador y neofranquista Partido Popular —el del expresidente del gobierno español José María Aznar— advirtió que si se reprendía a Mantero daría a conocer los nombres de tres obispos —en funciones dentro del episcopado— que mantuvieron relaciones sexuales con él durante su permanencia en la orden fundada por José María Escrivá de Balaguer y Albás,[8] convertido en santo por el papa Wojtyla.

Desde otra trinchera, el novelista Álvaro Pombo (Santander, 1939), cristiano confeso, homosexual militante y laureado autor de *El cielo raso* y otras obras, reivindicó la praxis del padre Pepe y repitió, con él, "no somos raros ni estamos enfermos, debemos conseguir una integración [al mundo de hoy] porque somos un *lenguaje* y en la medida en que eso funcione podrá ser, como dice José Mantero, un don de Dios; algo que me parece un gran eslogan".[9] Sólo que Pombo no se engañaba. En su reivindicación de lo posible no creía que el sacerdocio y la homosexualidad sean fáciles de llevar. "No, es una institución [la Iglesia] con dogmas muy fuertes. Honradamente, no son cosas compatibles".

---

[7] Reuters, "Cura gay pide debate sobre el celibato", *Milenio*, México, 4 de marzo de 2002.
[8] Armando Tejeda, *op. cit.*
[9] Jesús Ruiz Mantilla, "Los homosexuales somos un lenguaje", *El País*, Madrid, 16 de marzo de 2002.

147

Fuera lo que fuere, lo cierto es que al viejo dicho de "que sea lo que Dios quiera", José Mantero se había atrevido a gritar su verdad con valentía, aun a costa de no salvaguardar su espalda sacerdotal. El cura gay había logrado salir del interior del gueto de la mayor cofradía internacional. El precio podía ser su reducción al estado laical. Es decir, la suspensión definitiva como sacerdote de la Iglesia católica. Pero más allá del caso del padre Pepe, ¿quién cerraría ahora los clósets?

Homosexualidad: ¿antisemitismo en la Iglesia?

El magisterio de la Iglesia católica sobre la homosexualidad está expresado en varios documentos posconciliares[10] que el teólogo español José Vico Peinado ha resumido en cuatro puntos:

1. El magisterio distingue entre la orientación homosexual, en cuanto condición, y la actividad homosexual: mientras la condición homosexual en sí misma no aparece descalificada, lo que sí se descalifican expresamente son los actos homosexuales, aunque se insiste en la prudencia en su valoración.
2. En el *Catecismo de la Iglesia católica* aparecen con claridad los argumentos que justifican esa descalificación de la actividad homosexual: su carácter no natural; la falta de complementariedad afectivo-sexual; y la falta de apertura a la transmisión de la vida.
3. Las tomas de postura del magisterio insisten en la necesidad de mantener actitudes de comprensión y de no discriminación hacia las personas homosexuales.
4. Respecto a los derechos sociales de las parejas homosexuales, el magisterio reconoce ciertos derechos a esas parejas, pero se opone abiertamente a su equiparación con el matri-

[10] Declaración *Persona humana: algunas cuestiones de ética sexual*, Congregación para la Doctrina de la Fe, 1975; *Carta a los obispos de la Iglesia católica sobre el cuidado pastoral de las personas homosexuales*, Congregación para la Doctrina de la Fe, 1986; *Catecismo de la Iglesia católica*, Asociación de Editores de Catecismo, Madrid, 1992.

monio heterosexual, lo mismo que rechaza que se les conceda la posibilidad de adoptar o tener acceso a las nuevas técnicas de reproducción asistida, basándose en el bien del niño.[11]

Con base en la enseñanza de que la orientación homosexual no es pecaminosa, pero que los actos homosexuales sí —y tras exhibir su orgullo gay y "alardear" de su práctica homosexual, es decir, por romper otra norma cara a la jerarquía: la discreción cínica—, el cura Mantero había sido castigado de inmediato por el episcopado español. ¿Pero cuántos padres Mantero siguieron reprimiendo su disposición bisexual y manteniendo absoluta reserva sobre su condición y acción homosexual en el seno de la santa *madre* Iglesia, para escapar a la pena de infamia (pérdida del honor) que impone como sanción el Código de Derecho Canónico a los reos de homosexualidad? ¿Cuántos continúan "cargando como una cruz", sobre sus espaldas angustiadas y repletas de neurosis, la pesada presión culpígena de la moral social-cristiana?

Dado que se exige castidad tanto a los clérigos de orientación homosexual como a los de preferencia heterosexual, desde la década de 1970 la Iglesia católica recibió con los brazos abiertos a muchos gays en el sacerdocio. Sin embargo, para algunos analistas como Kenneth L. Woodward, "la Iglesia corre mayores riesgos de que los homosexuales ignoren sus votos y que no consigan la madurez psicosexual necesaria para el clero".[12] Una posición discutible. Pero tal vez guiado por esa percepción, el portavoz del Vaticano, Joaquín Navarro Valls había sugerido que los sacerdotes de inclinación homosexual debían ser "excluidos" del ministerio por completo. Su idea podía resumirse como "si se deja de ordenar homosexuales, cesarán los abusos sexuales"; algo tan simplista como afirmar "dejemos de ordenar negros para que no haya delitos en las rectorías".

[11] José Vico Peinado, *op. cit.*
[12] Kenneth L. Woodward, "¿Revolución? No tan rápido", *Newsweek* en español, México, 8 de mayo de 2002.

149

La posición del vocero de la Santa Sede dejaba esbozada la posibilidad de una cacería de brujas contra curas gay. En respuesta, el cardenal Theodore McCarrick, de Washington, señaló que no había consenso en la cúpula católica estadunidense en torno a la opinión de Navarro Valls, que parecía respaldar un clero totalmente heterosexual. "El celibato debe vivirse de manera perfecta, cualquiera que sea la orientación (sexual) de uno", dijo McCarrick.[13] El cardenal Francis E. George, de Chicago, ideologizó el asunto: "A la izquierda no le gusta el celibato, a la derecha no le gusta la homosexualidad. Todo el mundo tiene sus propios intereses".[14] ¡Vaya curioso parámetro de espectro (sexo)político!

La cuestión es compleja. Como también lo es el hecho acerca de por qué la Iglesia sigue siendo tan atractiva para la misma gente que está tratando de excluir. Según el sacerdote estadunidense Donald Cozzens, estudioso del tema, la Iglesia católica "es homofóbica y homoerótica" a la vez: existe en ella un dominio exclusivo de varones donde gente que ya se siente marginalizada puede encontrar aceptación. "Algunos creen que al entrar en una orden religiosa o seminario que requiere el celibato, pueden poner el problema sexual en el archivo muerto".[15] Otros especialistas señalan que, históricamente, la Iglesia católica ha proporcionado un "ambiente monástico" donde gays y lesbianas han podido florecer como seres humanos.

Los cardenales habían discutido en Roma si parte del problema está en la cantidad desproporcionada de homosexuales que hay en la Iglesia. Pero lo cierto es que no existen estadísticas fidedignas sobre el punto o por alguna razón el Vaticano y la Iglesia católica de Estados Unidos no las divulgan. Según Jon Meacham, "el cálculo más conser-

[13] Reuters, "Expertos abren debate sobre homosexualidad y sacerdocio", *La Jornada*, México, 25 de abril de 2002.

[14] Laurie Goodstein, "Señales confusas del encuentro en el Vaticano", *The New York Times*, reproducido por *El Universal*, México, 25 de abril de 2002.

[15] Marina Jiménez, "Iglesia católica en el clóset por sacerdotes gay en su interior: un número desproporcionadamente alto de sacerdotes en Norteamérica son homosexuales, dicen expertos", *The Globe and Mail*, Toronto, primero de septiembre de 2003.

vador es que entre 35 y 50% de los sacerdotes católicos (de Estados Unidos) son homosexuales".[16] Pero George Weigel dijo que estudios más recientes y confiables colocan la cifra en alrededor de 15 a 18%.[17] A su vez, el cura Cozzens ubica la cifra en 40%, pero prevé que en el siglo XXI el sacerdocio será percibido como una "profesión predominantemente gay".[18] Cualquiera que sea la cifra, parece real que la Iglesia atrae un alto número de solicitantes al sacerdocio de preferencia homosexual o bisexual.[19]

En el cónclave romano, el presidente del episcopado de Estados Unidos, monseñor Wilton Gregory se había referido a "la lucha constante" para asegurar que los seminarios y noviciados católicos "no estén dominados por homosexuales". Según el prelado, los candidatos al sacerdocio deben ser "saludables" de todas las formas posibles —psicológica, emocional, espiritual e intelectualmente— con vistas a llevar una vida célibe y casta. No obstante, para Mark D. Jordan, profesor católico de religión en la Universidad Emory, y homosexual confeso, "hipocresía es una palabra débil para lo que está haciendo la jerarquía. Si no hubiera homosexuales en el sacerdocio, pronto dejaríamos de tener una Iglesia que funcione".[20]

Una de las soluciones que encontraron durante su reunión los príncipes de la Iglesia, fue que el Vaticano enviara "visitas apostólicas" para inspeccionar los seminarios y las congregaciones religiosas de Estados Unidos. Los visitadores deberán poner "atención especial a los requisitos de admisión y a la necesidad de que enseñen la doctrina moral católica en su totalidad". Pero quince años antes la Santa Sede había hecho algo parecido: se reforzaron los criterios de admisión e imple-

[16] Jon Meacham, "Motivos para un cambio", *Newsweek* en español, México, 8 de mayo de 2002.

[17] Reuters, cable citado.

[18] Marina Jiménez, *op. cit.*

[19] Según Martin Rovers, exsacerdote y profesor en la Universidad de St. Paul en Ottawa, "más del 25 por ciento de los 203 seminaristas y sacerdotes encuestados en 1996 en Canadá, eran gay o bisexuales".

[20] Jon Meacham, *op. cit.*

mentaron exhaustivos exámenes psicológicos a los candidatos al sacerdocio. A juzgar por la realidad, la medida no funcionó. Por eso, repetir la "receta" fue visto en algunos círculos eclesiales como una señal de que posiblemente la jerarquía quería eliminar a los sacerdotes y seminaristas de orientación homosexual.

Psicólogos que han estudiado a transgresores sexuales advirtieron que el escándalo había causando que dos problemas diferentes —homosexualidad y abuso de menores— se hubieran entremezclado de una forma errónea e imprudente. A juicio de los especialistas, los hombres con orientación homosexual son igualmente propensos que los heterosexuales a cometer actos de pedofilia y efebofilia. Los expertos no concuerdan si es que los sacerdotes envueltos en abusos sexuales son atraídos por adolescentes, o sólo inician relaciones con ellos porque se encuentran más disponibles.

"En la abrumadora mayoría de los casos de abuso sexual, hombres adultos tienen sexo con adolescentes y hombres jóvenes, y eso, en lenguaje ordinario, se llama una relación homosexual", afirmó el sacerdote Richard John Neuhaus, editor del diario conservador *First Things*. Pero Fred Berlin, profesor asociado de psiquiatría en la Universidad Johns Hopkins, matizó un poco el asunto: "Algo de eso tiene que ver con hombres homosexuales cayendo en tentación con hombres adolescentes. Al mismo tiempo, deberíamos dejar claro que los niños corren el mismo riesgo con homosexuales y heterosexuales".[21] Según Berlin, en términos de ver las cosas con mayor exactitud, "existen en la misma proporción o tal vez mayor número de heterosexuales cayendo en tentación con mujeres adolescentes".

Como institución, la Iglesia católica (el Estado Vaticano) forma parte de la humanidad. Y como reflejo de la misma en ella hay muchos integrantes de orientación homosexual. Weigel ha dicho que es difícil para los curas con inclinaciones homosexuales "leves", combatir "la intensa cultura gay de la sociedad" actual. Según el autor de *Testigo de la Esperanza*,

---

[21] Laurie Goodstein, "Homosexualidad, uno de los temas en el Vaticano", *Herald Tribune*, reproducido por *Milenio*, México, 23 de abril de 2002.

en la historia de la Iglesia ha habido muchos clérigos castos con tendencias homosexuales leves. "Pero en una cultura en la que la homosexualidad se ha convertido en una *causa*, y donde hay presiones para que un hombre con tendencias homosexuales leves declare que ser gay es una parte central de sí mismo, esto coloca una enorme presión sobre ellos".[22]

La trama cultural tiene otras facetas. Al parecer, las tradiciones culturales de la Iglesia católica pueden resultar llamativas para muchos jóvenes, que vislumbran en su seno oportunidades para liturgia, ritual y teatro. Según Donald Cozzens, algunos gays son atraídos por los rituales de la misa: "el incienso, vestimentas bordadas y música bella. Es como la ópera. ¿Por qué no le iba a gustar a los gay?". Internamente, aquellos que se enfocan en la teatralidad de la misa son tildados de "reinas de la liturgia".[23] Asimismo, existen testimonios sobre una floreciente subcultura gay en algunos seminarios, como el de un exsacerdote de nombre Scott, que pidió que su apellido no fuera mencionado, quien siendo estudiante en el seminario de Saint Peter en London, Ontario, en el decenio de los noventa, encontró que al menos veinte de sus sesenta compañeros de clase eran gay. Según Scott, "participaban de un insidioso humor gay, al estilo de *Will & Grace*". Y aunque es esperado que los seminaristas sean célibes, dijo que algunos tenían relaciones amorosas con otros estudiantes.[24]

En la otra cara de la trama, especialistas liberales que trabajaron con sacerdotes que abusaron de menores, señalaron como *causa* de la crisis ocasionada por la pedofilia la falta de honestidad sobre sexualidad en la Iglesia católica y la rigidez del celibato sacerdotal. El problema surge, dijeron, cuando un hombre joven y sexualmente inexperto es recluido en una institución donde el sexo es tabú (aunque, valga aclarar, viva centrada y obsesionada con el sexo por la vía de su negación). El sacerdote es incubado en un seminario, donde todos son hombres, para después ser puesto en una solitaria ocupación en la que una buena

---

[22] Reuters, cable citado.
[23] Marina Jiménez, *op. cit.*
[24] *Ibíd.*

parte de su contacto humano es con hombres jóvenes (situación análoga a la de las religiosas, en clave femenina).

Al parecer, hay de causas a causas. De allí que para Eugene Kennedy, profesor emérito de psicología de la Universidad de Loyola, en Chicago y autor de *La herida abierta. La Iglesia y la sexualidad humana*, "culpar a los homosexuales se está convirtiendo en el antisemitismo de la Iglesia".[25]

Alegres y divertidos

Existe una relación directamente inversa entre la realidad y la retórica de la Iglesia católica, y en religión las palabras importan. Aunque los obispos ordenan sacerdotes, quizá a sabiendas de que son de preferencia homosexual o "raritos", el criterio prevaleciente —como enseña el magisterio y dejaron en claro los cardenales en Roma— es que la orientación de esas personas es "poco natural". Cargadas de un simbolismo legitimador, las invocaciones a lo "natural" y lo "antinatural" como eje de la ideología heterosexista impulsada por el dogma católico, siempre han desatado polémicas. Por eso, conviene asomarse, así sea de manera somera, a la historia de la sexualidad y en particular del fenómeno homosexual, sus factores psicológicos, innatistas-biologicistas y socioculturales.

Aunque el término *homosexualidad* apareció en el siglo XIX y se cree que fue introducido por un médico húngaro o inglés, como contrapuesto al término *heterosexualidad*, Octavio Paz gustaba recordar que el círculo de Platón era una sociedad de predominio homosexual.[26] Según Michael Foucault, la sexualidad "es una producción moderna". El filósofo francés ubica el surgimiento del término sexualidad en el siglo XVIII, a partir de la Revolución francesa y su modelo patriarcal, heterosexual y capitalista, "cuando la necesidad de controlar a los individuos —y sus cuerpos— hizo del sexo algo moralmente problemá-

[25] Laurie Goodstein, *op. cit.*
[26] Octavio Paz, *La llama doble, amor y erotismo*, Seix Barral, México, 1993.

tico".[27] Después, las investigaciones del médico alemán Karl Heinrich Ulrichs —realizadas entre 1864 y 1879— fueron publicadas en un libro acerca de la "etiología de la homosexualidad", entidad a la que caracterizó como "anomalía congénita"; tesis que formuló, paradójicamente, para defender a los homosexuales perseguidos y discriminados. Ese argumento fue utilizado por el neurólogo germano Magnus Hirschfeld, pionero de la sexología, luchador por los derechos de los homosexuales en la Alemania prenazi y fundador del Comité Científico Humanitario —destruido por la antorcha nazi en 1933— para defender a los gays de la discriminación, la violencia y el odio homofóbico.[28]

Las tesis innatistas[29] fueron recogidas en Francia por Jean-Martin Charcot, director de La Salpetriere y el psiquiatra Paul Moreau. También por el criminólogo italiano Lombroso, para quien "la homosexualidad representa una regresión a estados primitivos del hombre". A su vez, la tesis de Hirschfeld acerca de la supuesta incidencia de lo hormonal en la etiología de la homosexualidad fue retomada por el estadunidense John Money, quien afirmó que si bien las hormonas predisponen la homosexualidad, "es el proceso de socialización el que determina la sexualidad humana".[30] Según Money, existen "senderos neuronales" en el hipotálamo[31] que explicarían la orientación sexual futura, pero

---

[27] Irene Selser, "Las sutiles fronteras de la sexualidad", *Milenio*, México, 12 de noviembre de 2000.

[28] "La homofobia —el miedo, el rechazo y el odio a los homosexuales— es una proyección en los homosexuales de nuestros temores a nuestra capacidad reprimida para la atracción sexual hacia el mismo género. Como hemos sido socializados para odiar y tener miedo de nuestra capacidad para la atracción sexual hacia el mismo género, a fin de negar que existe esa atracción respondemos con hostilidad a quienes representan esta capacidad reprimida en nosotros mismos. El secreto que el homófobo quiere ocultarse a sí mismo es que también puede sentirse sexualmente atraído hacia una persona del mismo género", R. Radford Ruether, "Homofobia, heterosexismo y práctica pastoral", en J.B. Nelson-S.P. Longfelleow, *La sexualidad y lo sagrado*, DDB, Bilbao, 1996.

[29] "Innatismo, sistema según el cual existen unas ideas, hábitos mentales o principios poseídos por todos los hombres, no por adquisición, sino de manera natural y espontánea", *Diccionario enciclopédico color, compact Oceano*, Barcelona, 1997.

[30] John Money, *Men and Women*, Johns Hopkins University Press, Washington, 1972.

[31] Hipotálamo, área cerebral que regula las emociones.

"esos senderos determinarán homosexualidad, transexualismo o heterosexualidad, al asociarse al proceso de socialización del individuo". Otros intentos por homologar la homosexualidad con "patología congénita-neurológico-hormonal" (E. Wilson, G. Hutchinson) no pudieron ser verificados. Tanto el factor hormonal, como el cerebral y los factores biológicos en ciertas homosexualidades siguen siendo objeto de investigaciones científicas, pero hasta ahora no han tenido éxito.[32]

Debido a su origen médico, a lo largo del tiempo la homosexualidad se ha ido cargando de connotaciones peyorativas. Por eso, muchos prefieren hablar de homotropía[33] y homofilia[34] o utilizar el término gay (de origen provenzal, que significa alegre, jovial, amigo de los placeres, de vida festiva y disipada), con cierto carácter reivindicativo y que según el británico Jeffrey Weeks alude a una forma de vida "políticamente subversiva".[35] No obstante, para hablar del problema en general, teólogos como Vico Peinado prefieren utilizar homosexual, porque es el único término que engloba de manera adecuada la realidad: "la manera de ser de una persona que en su vivencia de la sexualidad se siente pulsionado y puede expresarla con personas del mismo sexo".[36]

[32] Una investigación realizada por científicos del Instituto Nacional de Salud de Estados Unidos, publicada en 1993 por la revista *Science*, asegura haber localizado, por primera vez, un segmento del cromosoma x que parece contener uno o más genes que dan paso a la homosexualidad. En un estudio de 40 parejas de hermanos varones homosexuales, se encontró que 33 de ellas tenían un conjunto de cinco marcadores genéticos idénticos en la punta de la rama larga del cromosoma x, en una región bien determinada conocida como Xq28. "Hasta el momento no tenemos una pista de dónde se encuentra exactamente el o los genes y podría tomarnos mucho tiempo en encontrarlos", señaló el genetista molecular Dean Hamer.

[33] La homotropía (u homogenitalidad) es una forma de vivir la sexualidad con predominio del ejercicio genital, y cuyo punto central está en la excitación corporal, sexual y genital.

[34] Homofilia es una forma de vivir la sexualidad homotrópica en la que predomina lo personal. En ella se intenta vivir en reciprocidad una verdadera relación de amor con otro individuo del mismo sexo en toda su integridad. El primado de la relación está en el amor, que se expresa a través de gestos sexuales. En ese sentido, se trata de un "amor erótico" homosexual y homotrópico. Fernández Martos-M.Vidal, "Aclaraciones fundamentales. Nombre, definición, tipos y normalidad", en *Homosexualidad: ciencia y conciencia*, Sal Terrae, Santander, 1981.

[35] Jeffrey Weeks, *Sexuality and Its Discontents: Meanings, Myths and Modern Sexualities*, London-Boston, 1985.

[36] José Vico Peinado, *op. cit.*

¿Naturales *versus* raritos?

Los seres humanos de orientación homosexual, existen. Siempre han existido, en todas las épocas. Están ahí, autoasumidos y verbalizando su homosexualidad a la luz pública o encerrados en los armarios, casados y con hijos, o con vidas secretas, soñando y erotizándose en silencio. Existen por mucho que se quiera ocultar su presencia, se reaccione en su contra, se les discrimine más o menos sutilmente o se les aplique lo que Marcuse llamaba "una tolerancia represiva". Están a nuestro lado y conviven con nosotros a pesar de que susciten en la moral cristiana y las "buenas costumbres" toda una serie de fantasmas individuales y colectivos.

Nadie puede ocultar el hecho de que en la Iglesia católica también existen sacerdotes gays y religiosas lesbianas.[37] Ése es un dato de la realidad. Pero al calor de los escándalos de los curas predadores, algunos cardenales de Estados Unidos habían comenzado a preguntarse si lo que estaba ocurriendo se debía a que había *demasiados* homosexuales en la institución eclesial. Para empezar, ¿debería permitírseles entrar a la institución?

Si en la sociedad la homosexualidad ha sido considerada —hasta hace relativamente poco— como un vicio "antinatural", una "anomalía" (o "desviación" de la atracción afectivo-sexual), una "enfermedad mental" y un "delito", a lo largo de la tradición la Iglesia católica la ha considerado como un "pecado", de modo que hay quienes la responsabilizan del odio irracional y las actitudes homófobas vigentes en la cultura occidental, aunque otros hacen un juicio más matizado, aun sin ser del todo exculpatorio.

Si bien la forma de vivir el cristianismo en Occidente varía de una sociedad a otra en función de cuán libre y democrática o "mocha", conservadora y represiva sea ésta, en general, el "discurso ideológico"

---

[37] El eros lesbiano alude al amor entre mujeres bajo el aspecto amor-deseo y deriva de la poeta griega Safo (siglo VII a.C.), originaria de la isla de Lesbos. Según los expertos, el término lesbianismo está demasiado connotado ideológicamente.

del Vaticano —como lo define Marta Lamas— considera que la sexualidad tiene como *designio divino* la multiplicación de la especie. Es decir, el aspecto procreativo como actividad de parejas heterosexuales (complementariedad reproductiva biológica), donde lo genital, en particular el coito inseminador (sin anticonceptivos), tiene preminencia sobre cualquier otro arreglo íntimo. Esa fórmula —que condena la búsqueda del placer (el placer es considerado *malo*; sólo las mujeres malas gozan el acto sexual), parte de un "orden natural" (etnocentrista) e incluye además una relación heterosexual sancionada por la religión y dirigida a fundar una familia. Todo lo que se aparta de ese "orden natural" es estigmatizado. Por lo tanto, según el "dogma" conservador católico, "la sexualidad no heterosexual, no de pareja, sin fines reproductivos y fuera del matrimonio es definida como perversa, anormal, enferma o, moralmente inferior".[38] El rechazo de grupos religiosos fundamentalistas a las exigencias de integración paritaria de las parejas de lesbianas y homosexuales varones se nutre, de manera esencial, de miedo a la alteración del "orden divino".

Para Lamas, "las prácticas sexuales son, al fin de cuentas, cierto uso de los orificios y de los órganos corporales".[39] Pero esas actividades humanas se clasifican en aceptables o inaceptables dependiendo de la *cultura* dominante de que se trate. "Quienes ejercen el poder simbólico —desde los chamanes[40] hasta los sacerdotes— han dictaminado qué prácticas son *buenas* o *malas*, *naturales* o *antinaturales*, *decentes* o *indecentes*".[41] A partir de las costumbres y normas que establece la cultura (o poder) dominante, las sociedades califican, reglamentan, ignoran o prohíben determinadas prácticas sexuales, y las "universalizan". Así se han establecido las fronteras entre lo normal y lo anormal, y se han juzgado las uniones homosexuales como un "peligro" para la superviven-

---

[38] Marta Lamas, "Diversidad sexual y género", ponencia ante la Asamblea Legislativa del Distrito Federal, México, 4 de mayo de 1998.

[39] *Ibíd.*

[40] El chamanismo es definido como una práctica mágico-religiosa de índole animista, propia de Siberia y Asia Central, *Diccionario enciclopédico color, compact Oceano, op. cit.*

[41] Marta Lamas, *op. cit.*

cia de la especie, una aberración de la naturaleza, una grave transgresión del contrato social, un vicio repugnante y hasta una enfermedad.

Al respecto, el científico social Stephen Austin Hasam define la "reproducción" de la especie humana como "la actividad económica de producir humanos". En ese sentido, las uniones homosexuales son un "peligro" porque son "contraproductivas" y, a su vez, lo contraeconómico es "contranatura". Para la Iglesia católica sólo el coito inseminador (sin contraceptivos), es "natural".[42] Dice:

> El sexo no inseminador no produce humanos, por lo tanto, es contraproductivo, contraeconómico. Por ende, "antinatural". El colmo es cuando la contraproductividad con dolo se ve recompensada con el premio del placer erótico. No es casual que los genitales sean llamados "aparato reproductivo", y a las hembras humanas, cuando paren, se dice en inglés que están en "labour", "trabajo de parto". Asimismo antinaturales son, siguiendo esa lógica, las mulas, los humanos estériles, los anticonceptivos, la masturbación, la felación y otros juegos y placeres sexuales, y por supuesto el aborto y la homosexualidad.
>
> Esas concepciones de la Iglesia católica tienen sus raíces protoantiguas en cultos de sacrificio a la fertilidad. Sus ovejas son un rebaño que deberá producir, cumplir con su función económica; tienen que generar crecimiento económico, sacrificarse, fabricar más ovejas ("¡creced y multiplicaos!"). Las ovejas que no se (re)producen atentan contra el primado económico y de poder de la corporación y los terrenales intereses de sus pastores, y amenazan con causar una contracción económica; reducir el número de cabezas del hato de ovejas, de la grey (*grex* en latín significa hato de ganado). En consecuencia lógica, para la Iglesia católica la ley natural de Dios es el primado económico al que deben subordinarse las pulsiones y toda vida social. Así, la naturaleza (Dios) es producción económica y la producción económica es la naturaleza (Dios).

En el fondo, esa lógica reaparece con el neoliberalismo, pues

---

[42] Entrevista con el autor, en México, D.F., primero de septiembre de 2003.

159

con él recobran fuerza las profundas raíces religiosas de las que éste surgió. En este sentido, el no acatamiento a las leyes del neoliberalismo es ir contra la "ley natural" universal, contra la "ley divina"; por tanto, constituye una "amenaza para la pervivencia de la especie" y "va contra Dios". O se está con Dios (producir) o se está contra Dios (no producir). De allí que quien "no produce" deba ser excluido, combatido, eliminado, exterminado en nombre de la ley natural (Dios), para salvar a la especie y asegurar su pervivencia"; esto no es sino un acto de justicia infinita, de ley natural.

Como parte de estas disquisiciones sobre "lo normal" y "lo anormal", y sobre todo a raíz de la pandemia del sida, en Estados Unidos los gays pasaron a ser considerados oficialmente como un "electorado desechable".[43] No obstante, como dice Marta Lamas, "el deseo humano se desparrama de mil formas y se vierte fuera de los cauces previstos para la reproducción, sin más límite que el que la cultura logra imponerle".[44] "Parece como si el diseño anatómico de los genitales humanos revelase un plan divino imperturbable para su único uso correcto", agrega Luis Rojas Marcos.[45]

Esa posición, bastante parecida a la que se adoptó en el congreso de homosexuales celebrado en Estados Unidos en 1973, ha dado paso a una postura teológica revisionista de la doctrina católica sobre la homosexualidad. En ese congreso se afirmó que los homosexuales eran víctimas de una injusticia, a causa de un error grave y plurimilenario de la sociedad y las iglesias. Según D. Capone, "el error consistiría en haber aceptado, como ley de la naturaleza y, consiguientemente, de Dios, la heterosexualidad cual única forma lícita de la sexualidad en la relación íntima interpersonal".[46] De acuerdo con ese autor, no se trataría de

[43] Simon Watney, *La vigilancia del deseo*, citado por Leo Bersani en *¿El recto es una tumba?*, Cuadernos del Litoral, Córdoba, Argentina, 1999.

[44] Marta Lamas, *op. cit.*

[45] Luis Rojas Marcos, "Nacemos así", *El País*, Madrid.

[46] D. Capone, "Reflexión sobre los puntos relativos a la homosexualidad", en *Algunas cuestiones de ética sexual*, BAC, Madrid, 1976.

una ley de la naturaleza o de Dios, sino de un simple modelo cultural, sacralizado posteriormente como *tabú*.

Tabú que habría fijado también el uso de ciertas partes del cuerpo humano para determinados actos, en determinadas situaciones, para determinados fines; mientras que, originalmente, todas las partes del cuerpo humano debían servir para realizar toda la persona en sus necesidades, especialmente en el amor. Para eso el hombre fue dotado de libertad; a diferencia de los animales, que siguen ciegamente el instinto, el hombre usa libremente sus miembros, como requiere su autorrealización personal.[47]

A partir de consideraciones similares, J. J. McNeill ha sostenido que el magisterio de la Iglesia sobre la homosexualidad es otro ejemplo de "injusticia social instituida, fundamentada por igual en una discutible interpretación de la Biblia, prejuicios y ciega adhesión a las tradiciones, que han sido falsamente aceptadas como ley natural y ley de Dios".[48] McNeill arroja una sospecha hermenéutica sobre los datos bíblicos y las posturas tradicionales de la Iglesia católica que, dice, deben ser revisados a la luz de los nuevos datos aportados por la exégesis bíblica y las ciencias sociales. En parte, la posición asumida por el cura español Mantero.

Desde la dimensión antropológica, el teólogo Vico Peinado afirma que los seres humanos son en su origen bisexuales y polimorfos. "En un principio todos tenemos la capacidad de sentir atracción y de expresarnos sexualmente con personas de ambos sexos. Nacemos en la ambigüedad. Es *lo dado*. Pero a partir de ahí, se podrá construir, al menos en parte, *lo que se quiere* ser. Ésa es la dimensión ética. Lo que se debe hacer, siempre que se pueda hacer con decisión y en libertad".[49] Según él, la resolución de la ambigüedad no está determinada,

---

[47] Ibíd.
[48] J. J. McNeill, *La Iglesia ante la homosexualidad*, Grijalbo, Barcelona, 1979.
[49] José Vico Peinado, obra citada.

161

aunque sí condicionada, por la educación o las pautas culturales y sociales de comportamiento. "Si estos factores determinaran la resolución de la ambigüedad, no se daría esa capacidad de aceptación o de oposición, que alguno propone como elemento significativo en este proceso, y no sería posible que en culturas heterosexistas y homófobas se dieran comportamientos homosexuales."[50]

Para el sacerdote claretiano y profesor de teología moral, desde el punto de vista ético, la homosexualidad no es equiparable a la heterosexualidad, "es un camino peor", representa "una manera de desarrollarse que no resuelve sino que se instala en la distorsión". Vico trae a colación un dato de la psicología diferencial: el de la complementariedad y reciprocidad de los géneros, aunque considera discutibles algunas conclusiones que saca Rosemary Radford Ruether. Según Radford, "la complementariedad define a varones y mujeres como tipos de personalidad rígidamente opuestos. Los varones deben cultivar las características *masculinas* de la autonomía, la fuerza y la racionalidad; las mujeres las características *femeninas* de la pasividad, la crianza y la existencia auxiliar".[51] Sólo el sexo heterosexual se dirige a "la otra mitad" de ese dualismo y une los dos sexos en un "todo". Por consiguiente, el sexo homosexual es "incompleto", está dirigido hacia la "mitad" de uno mismo y no hacia la "mitad" de otro.

Para Radford, esa condena de la homosexualidad como "realidad incompleta y narcisista" es un reforzamiento básico del heterosexismo. Sostiene que la doctrina de que sólo el sexo heterosexual es "total" está basada en un desarrollo humano *truncado*, tanto de los varones como de las mujeres, en los que ambos deben permanecer como una "mitad" que necesita la otra "mitad" a fin de ser un "todo". A su juicio, ese desarrollo truncado de la personalidad refleja papeles sociales patriarcales:

---

[50] Ibíd.
[51] Rosemary Radford Ruether, *Homofobia, heterosexismo y práctica pastoral*, DDB, Bilbao, 1996.

Los estereotipos masculino y femenino son asimétricos y reflejan las divisiones dominación-sumisión, privado-público, del orden social patriarcal. Afirmo, contra esos estereotipos sociales patriarcales, que todas las personas, masculinas y femeninas, poseen la totalidad psicológica que supera la dicotomía masculino-femenino. Una vez que se reconoce esto, cae el argumento de la heterosexualidad, basado en los géneros como contrarios complementarios. Todas las relaciones sexuales, todas las relaciones amorosas, tendrían que ser amor a otra persona que, de un modo complejo, es al mismo tiempo semejante y diferente de uno mismo.[52]

Según Radford, esas relaciones tendrían que ayudar a ambos a crecer hacia su totalidad. En contraste, la complementariedad crea una "interdependencia patológica" basada en el hecho de que ambas personas permanecen en un estado de "deficiencia" en la relación mutua. La mujer no puede hacer su propia vida. El varón no puede lavar su ropa sucia ni hacer la comida. Cada uno "necesita" que el otro complete lo que le falta. Se establece la relación a fin de reforzar esa deficiencia en ambos.

Al criticar esa postura, Vico Peinado admite que las personas "poseen una totalidad psicológica" y que "las relaciones tendrían que ayudar a ambos a crecer hacia su totalidad" personal, incluidas las relaciones dentro del mismo género. Tampoco discute que, "a veces", se ha hecho "un uso culturalmente sexista de la complementariedad y reciprocidad de los géneros". Sin embargo, piensa que todo eso no es óbice para mantener —como hacen la mayoría de los psicólogos— la afirmación de que "el varón es biológica y psicológicamente distinto, complementario y recíproco de la mujer", y que la socialización relacional entre los dos géneros "es *de por sí* más enriquecedora", si se llega a la complementariedad recíproca, permaneciendo cada uno en la autonomía madura de su propia totalidad personal, que la que se pue-

---

[52] Radford Ruether, *op. cit.*

163

de dar dentro del mismo género, "entre otras cosas por el hecho de ser más diferentes en su propia semejanza".[53]

En el nombre del falo

Durante el siglo XX, el psicoanálisis fue tal vez la disciplina que más estudió el origen de la homosexualidad, en tanto uno de los aspectos de la vida interior del ser humano, de su constitución como sujeto sexuado. En rigor, la teoría freudiana acaparó la civilización occidental el siglo pasado, aunque hoy asistimos a lo que André Green describe como "el resurgimiento de un puritanismo" en el psicoanálisis o "el renacimiento de un espiritualismo al que se creía haber puesto fin".

Para Sigmund Freud la homosexualidad es algo adquirido, aunque nunca negó posibles factores de orden constitucional. Uno de los datos más revolucionarios en la concepción freudiana sobre la homosexualidad viene dado por la afirmación de su carácter *universal*; es decir, por la afirmación de que la sexualidad de todo sujeto humano entraña como una dimensión esencial lo homosexual. "La disposición a la homosexualidad no constituye, por tanto, ninguna excepción, sino que forma parte también de la constitución denominada normal."[54] De ahí se deriva el hecho de que todo individuo tenga que afrontar un cierto grado de homosexualidad biológica y psíquica que determinará, en parte, su futura orientación sexual, así como su grado de estabilidad psicológica.

En el desarrollo psicológico de la identidad sexual, el punto de partida es de una cierta *ambigüedad* en la persona por los "representantes hormonales y psicológicos del otro sexo que no somos". De tal forma que, si bien es verdad que "casi todos los seres humanos nacemos y evolucionamos [...] marcados hacia uno de los sexos, eso no invalida el que algunos, biológica y psicológicamente, estén más indeterminados y que por lo tanto se jueguen en ellos" —con mayor crudeza e incluso

---

[53] José Vico Peinado, *op. cit.*
[54] *Ibíd.*

tragedia—, "la gran aventura de dar forma concreta a la masa plástica de lo sexual",[55] y eso implique que, por múltiples causas, no se dé una resolución armónica del proceso de ambigüedad.

Ser homosexual es una manera de ser de la persona en su propia orientación sexual. "La homosexualidad cuestiona en la conciencia de las personas la identidad de su ser hombre o mujer",[56] lo que ha llevado a discusiones sobre el sujeto normal (utilizado como sinónimo de heterosexualidad) y el homosexual, la relación entre lo "natural" y la homosexualidad (léase aquí "antinatural"), entre lo dado y lo elegido, lo congénito o adquirido. Freud, quien tuvo dificultad para pensar sobre la homosexualidad desvinculada de la perversión, introdujo el narcisismo, el Edipo y el objeto de la pulsión y la castración en el centro mismo de la problemática homosexual masculina, latente o manifiesta. Ya en 1903, el padre del psicoanálisis consideró —a contracorriente— que si bien "la homosexualidad no es una ventaja, tampoco es una enfermedad" y dijo que ésta "no debería ser perseguida como un crimen ni considerada como una desgracia. Ningún homosexual necesita ser tratado psicoanalíticamente, a no ser que también y de una manera incidental, sea un neurótico".[57]

El neurólogo vienés, quien a lo largo de su obra abordó el tema de la homosexualidad de manera fragmentaria, sostuvo que entre las motivaciones principales de la orientación homosexual figura, en primer lugar, "la adherencia a la madre" que conduce hasta la "identificación con ella" y, a partir de ahí, "una elección narcisista de objeto" por la que el sujeto busca en el otro su propia imagen, al mismo tiempo que elude "la angustia de castración". En segundo lugar aparece "el Edipo invertido" por el que el padre (o la madre en la niña) se convierte en el objeto primario del deseo. Por último, según Freud, existe otro tipo de motivación enlazado con la problemática de la agresividad, "bien

---

[55] José María Fernández Martos, *Psicología y homosexualidad*, citado por José Vico Peinado.
[56] María Antonieta Torres Arias, "El malentendido de la homosexualidad", *Debate Feminista*, núm. 5, México, 1992.
[57] Irene Selser, *op. cit.*

165

eludiendo la rivalidad de un tercero o bien por transformación de los impulsos hostiles en cariñosos hacia una persona del mismo sexo".[58] En cuanto a la mujer, aparecen como elementos específicos "el complejo de masculinidad" y la consiguiente "envidia del pene".[59]

Según esta posición, "concierne al Edipo la organización sexual del sujeto y, en ese sentido, es un complejo relativo a la evolución libidinal cuyos avatares deciden el destino de las fijaciones y las regresiones. En otras palabras, la pareja falo-castración organiza la sexualidad y por ende, organiza el objeto de la pulsión".[60] A partir de ese análisis, muchos terapeutas orientaron sus investigaciones hacia la constitución *familiar* de la persona homosexual. Por eso, muchos psicólogos y psiquiatras —sobre todo de la corriente psicoanalítica—, sostienen que la orientación homosexual puede tener su origen, en muchos casos, durante la fase de la primera infancia o bien durante las fases posteriores de la evolución de la personalidad, como consecuencia de una *detención del desarrollo* de la pulsión sexual, provocado, a veces, por el tipo de la relación padres-hijo o hija.

De acuerdo con la experiencia vivida por terapeutas de orientación metodológica muy dispar, los gays que acuden a sus consultas presentan como característica común (tanto si es la causa o una de las causas de su opción sexual) una vivencia de la figura paterna como distante, poco implicada y con frecuencia débil u hostil; el padre dislocado de su lugar como modelo de identificación y una fijación particularmente fuerte y erótica a la madre, favorecida por la hiperternura o seducción de ésta sobre el niño, sustentada además por la ausencia del

---

[58] C. Domínguez Morano, *El debate psicológico sobre la homosexualidad*, citado por José Vico Peinado

[59] En las últimas décadas, grupos feministas han objetado la misoginia y el patriarcalismo que encuentran en los puntos de vista freudianos. Parte de los ataques surgen de su desdén por la afirmación de que las niñas sufren de "envidia al pene", que se lamentan al descubrir la inferioridad genital ante los niños y ansían tener un pene, primero deseando sexualmente a su padre y luego deseando hijos, en especial niños, que traen consigo el tan deseado miembro.

[60] María Antonieta Torres Arias, *op. cit.*

padre.[61] Según Jacques Lacan, "en el homosexual masculino, lo que perturba su desarrollo es que la madre introduce una inversión de la legalidad, en tanto que dicta la ley al padre: la madre está en posición de tener el falo, y el padre no lo tiene. El análisis de los homosexuales pone siempre de manifiesto —concluye Lacan—, la identificación imaginaria con el falo".[62]

Sin embargo, las posiciones no están unificadas. Para unos terapeutas, el resultado de esa detención en el desarrollo de la pulsión sexual hará de la homosexualidad una "patología perversa"; siguen hablando de la homosexualidad como una "anomalía" y una "desviación" (de la atracción sexual-afectiva) adquirida por el propio individuo.[63] O como un fenómeno "constitutivo", instalado además "en la forma de expresión exclusiva".[64]

Otros, en cambio, a partir de una clarificación del significado que Freud dio al término "perversión" en relación con la homosexualidad, reivindican la calidad indiferenciada de la libido —"la libido es poliforme y perversa" reza la clásica expresión freudiana—, y argumentan que "ni la heterosexualidad es natural ni la homosexualidad es antinatural; ambas son resultado de, por un lado, los procesos de estructuración psíquica que de manera inconsciente posicionan el deseo de los seres humanos y, por otro, de las normas culturales que permiten o prohíben ese tipo de prácticas".[65]

Acerca de la insistencia de que la homosexualidad es en sí misma una perversión, María Antonieta Torres Arias dice:

Pero sorprende aún más que sean algunos psicoanalistas los que

---

[61] En el caso de las lesbianas existe menos literatura clínica, pero según la experiencia compartida por profesionales puede concluirse que también presentan como característica la de haber experimentado a la madre como distante y hostil, junto con un padre también frecuentemente distante y hostil, o bien hostil hacia las expresiones de feminidad por parte de la niña.

[62] María Antonieta Torres Arias, *op. cit.*

[63] La *Encyclopedia of Bioethics* subraya que se trata de "una condición adquirida que es a la vez psicológica y patológica".

[64] M. Vidal, *Ética de la sexualidad*, Tecnos, Madrid, 1991.

[65] Marta Lamas, *op. cit.*

167

sostienen este discurso, cuando la experiencia clínica ha demostrado que existen perversos heterosexuales y homosexuales, y heterosexuales fóbicos, histéricos, obsesivos, es decir neuróticos. Insisto en que la patología no está en la homosexualidad —a menos que aceptemos que la patología está también en la heterosexualidad— sino en cómo ésta se manifiesta en las diferentes estructuras neuróticas.[66]

Quienes postulan esta última interpretación, aun con matices, plantean que en la medida "en que un o una homosexual puede gozar de una vida armoniosa, creativa y satisfactoria, en la medida en que, como cualquier heterosexual, pueda trabajar y amar, llevar a cabo un proyecto de vida y relacionarse amorosamente con los otros desde la libertad y la diferencia, el psicoanálisis no verá en la homosexualidad un conflicto psíquico a resolver".[67] Así, la orientación homosexual quedaría como una fijación o estancamiento en un periodo de desarrollo evolutivo y no como un conflicto neurótico o una enfermedad.

Amor: ¿divino tesoro?

Por otra parte, no se ha probado que los homosexuales constituyan un grupo humano particular, es decir, un "tercer sexo" divorciado de la personalidad y la orientación sexual del resto. Como hemos visto, de acuerdo con Freud, no sólo la bisexualidad es constitutiva del ser humano sino que las fantasías (homosexuales, bisexuales) nunca faltan en la sexualidad llamada "normal". Pero no hay duda que sobre gustos se rompen géneros. Según Luis Rojas Marcos, el complejo y variopinto erotismo humano, con sus ingredientes físicos, psicológicos, sociales y culturales, "se resiste al reduccionismo de psicoanalistas, neurólogos y domadores de conejillos de indias".[68] A su juicio, la orienta-

---

[66] María Antonieta Torres Arias, *op. cit.*

[67] Marta Lamas, *op. cit.*

[68] Luis Rojas Marcos, "Nacemos así", ya citado. El autor alude a investigaciones en ratas de laboratorio, que sugieren que la preferencia sexual se debe a la influencia de las hormonas —andrógenos y estrógenos— sobre el cerebro del feto durante la gestación.

ción homosexual "es una variación de la norma labrada tanto psicológica como biológicamente en la naturaleza humana desde que nacemos y, por tanto, está fuera de nuestro control. No es una enfermedad, no se contagia, no es la consecuencia del menosprecio de normas culturales, no constituye la secuela de una niñez sórdida. Ni implica debilidades de carácter, ni deformación moral, ni desequilibrio mental. Tampoco está reñida con las virtudes humanas más admirables". Simplemente, "nacemos así".[69]

La "salida del clóset" de los homosexuales (el *coming out* o autorrevelación gay) se produjo en los años setenta del siglo XX, luego de la gran revolución cultural de Occidente del decenio anterior, que incluyó el mayo francés, los hippies, las movilizaciones antibélicas en favor de Vietnam, los Beatles, el auge revolucionario guevarista en América Latina y el proceso de descolonización de África. El parteaguas de la autorrevelación gay suele ubicarse el 28 de junio de 1969, cuando la policía neoyorquina hizo una redada en el bar de homosexuales Stonewall Inn y desató una serie de revueltas. Desde entonces se conmemora a finales de junio la semana del "Orgullo Gay".

Fue en ese contexto que la psiquiatra estadunidense Evelyn Hooker atacó frontalmente la teoría de la "anormalidad constitutiva" de la homosexualidad, y tras una minuciosa investigación probó la imposibilidad de predecir la orientación sexual de los individuos a través del estudio de la personalidad.[70] Otra psiquiatra, Judd Marmor, demostró que tanto la orientación hetero como la homosexual son "conductas aprendidas que no representan fijación, regresión ni trastorno alguno en sí mismas".[71] En 1973, luego de varios años de investigaciones y negociaciones, el psiquiatra estadunidense Martin Hoffman echó abajo las tesis acerca de la psicopatologización de la orientación sexual y logró que en la Convención de Honolulu se excluyera el "diagnóstico" de la homosexualidad.

---

[69] *Ibíd.*
[70] Sergio Javier Korman, "Cuestiones médicas y psicológicas. Homosexualidad", *Página 12*, Buenos Aires, Argentina.
[71] *Ibíd.*

A partir de las investigaciones de Hooker, Marmor y Hoffman ganó terreno la tesis de que no toda homosexualidad es algo perverso y patológico, aun cuando pueda haberlos en ella, como, por otra parte puedan encontrarse en la heterosexualidad. Según Vico Peinado, "la *detención en el desarrollo* no hipoteca, en todos los casos, el futuro de la persona, ni hace *perversa* su orientación sexual, como si se tratara de una *alteración sociopática de la personalidad*, de una desviación o de una enfermedad mental".[72] Esa posición fue adoptada por la Asociación Estadunidense de Psiquiatría que, desde 1973, dejó de incluir la homosexualidad en la "lista negra" de los trastornos mentales.

El 28 de agosto de 1981, dicha asociación afirmó en un comunicado que "la orientación homosexual no está vinculada a enfermedad o trastorno psíquico alguno". En su punto 5, la declaración dice: "Las teorías acerca de los desbalances hormonales como etiología de la homosexualidad, no se sustentan en verificación científica alguna". En el 6 señala que "la evidencia biológica demuestra que la orientación homosexual y heterosexual son igualmente naturales desde una perspectiva científica", y en el punto 10 concluye que "no existe evidencia que demuestre que la homosexualidad sea un síntoma, ni mucho menos, un síntoma social negativo. Existe más bien, evidencia de lo contrario en la historia, en la antropología y en la sociología".

El primero de octubre de 1981, apenas un mes después, la Asamblea del Consejo de Europa (Parlamento Europeo), envió una recomendación a la Organización Mundial de la Salud (OMS) que recogía esa posición. La resolución decía que:

> [...] reafirmando su vocación de lucha contra toda forma de discriminación [...] convencida de que las teorías que consideran la homosexualidad, tanto femenina como masculina, como una forma de trastorno no tienen fundamentos científicos [al haber sido] refutadas por investigaciones recientes [esta Asamblea] resuelve recomendar a la OMS suprimir la homosexualidad,

[72] José Vico Peinado, *op. cit.*

170

en cualquiera de sus manifestaciones, de la clasificación de enfermedad o de trastorno de la personalidad.

La recomendación dio sus frutos, ya que la OMS III, vigente en la actualidad (*International Classification of Diseases*), en su apartado F66 —"Desórdenes psicológico-conductuales asociados al desarrollo y orientación sexual"— dice: "La orientación sexual por sí misma no se considera trastorno alguno". La conclusión fue inequívoca: no hay base científica para considerar a la homosexualidad como una enfermedad mental. Podrá haber enfermos mentales que sean homosexuales —como, por otra parte, puede haberlos heterosexuales—, pero no lo serán precisamente por ser homosexuales.

En junio de 1992, seis meses después de que la Organización Mundial de la Salud se expidiera en forma categórica eliminando a la homosexualidad de su Código Internacional de Enfermedades, el papa Juan Pablo II envió una circular a los obispos para dejar en claro su franca oposición a la postura adoptada por la máxima entidad mundial en materia de salud. El documento pontificio describió a la homosexualidad como un "desorden objetivo" y afirmó que "la orientación sexual no constituye una cualidad parangonable a la raza, al origen étnico u otro, en materia de no discriminación".

La posición del papa desentonó con las políticas de varios países europeos e incluso con la postura de varios episcopados católicos del mundo. Según consignó *The New York Times*, la circular cayó entre los fieles estadunidenses como un gesto extemporáneo, porque salvo excepciones, los obispos locales habían tenido una posición más abierta en relación con los gays. Un año antes, en una carta dirigida a los creyentes, la Conferencia Episcopal de Estados Unidos había precisado que si bien consideraba a la homosexualidad como un "error" al tratarse de "una orientación no elegida libremente", ésta "no constituía pecado" y, en tal sentido, lanzaba un "llamado para que los cristianos y ciudadanos de buena voluntad se enfrenten a sus temores en relación con la homosexualidad y eviten las burlas y las discriminaciones contra los gays".

Cuando en febrero de 1994 el Parlamento Europeo emitió una recomendación solicitando a las autoridades de los países miembros que equipararan los derechos de gays y lesbianas con los de los heterosexuales —reconociendo a las parejas homosexuales el derecho a casarse, a adoptar hijos, a la asistencia social y a la herencia—, Juan Pablo II pidió a los gobernantes que rechazaran la resolución.

Poco tiempo después del exhorto papal, el parlamento inglés sancionó una ley que reducía la edad de consentimiento para las relaciones homosexuales de 21 a 18 años, equiparándolas con la edad permitida para los heterosexuales. En marzo de 1995, el cardenal Basil Hume, máxima autoridad de la Iglesia católica de Gran Bretaña, afirmó en un documento tan osado como ambiguo, que aunque no aprobaba la unión física entre gays, consideraba que "el amor entre dos personas, sean del mismo sexo o no, es un tesoro que debe ser valorado y respetado". Los analistas atribuyeron la inusual tolerancia del purpurado británico a la peculiar posición de la Iglesia católica local, minoritaria frente a la Iglesia anglicana, que un año antes había aprobado la ordenación de mujeres sacerdotes, y a la metodista, que debatía la posibilidad de ordenar en sus filas sacerdotes gays.

En materia sexual, pues, al papa le seguían saliendo los tiros por la culata.

El cardenal Law y la justicia divina

Al explicar las razones históricas que desembocaron en el amplio movimiento puritano de la Reforma protestante en el siglo XVI, el erudito Jacques Barzun escribió que el libertinaje y la corrupción en la Iglesia católica eran indescriptibles:

> Monjes glotones en ricas abadías, obispos de 12 años de edad, sacerdotes con concubinas, y demás. Pero el envilecimiento moral ocultaba una quiebra más profunda; se había perdido el sentido de los papeles [...] El sistema estaba corrompido. Cuando la gente acepta la futilidad y el absurdo como algo normal, la cultura es decadente.[1]

De alguna manera, la aguda crisis de credibilidad desatada por el escándalo de los curas predadores en Estados Unidos —un puñado de clérigos "pecadores" que durante muchos años habían logrado eludir sus responsabilidades criminales ante los tribunales civiles gracias a la complicidad y autocomplacencia de sus superiores locales y la jerarquía vaticana—, exhibía la futilidad y decadencia del catolicismo en los albores del siglo XXI. La nueva oleada de denuncias públicas, en buena parte promovida por la amplificación que le dieron los medios masivos de información al suceso, había generado un clima de histeria colectiva y arrojaba una pesada sombra de sospecha sobre la institución romana.

[1] Jorge Zepeda Patterson, "Obispos incómodos", *El Universal*, México, 14 de junio de 2002.

Muchos buenos espíritus estaban turbados, y en no pocos casos había emergido la ira de las víctimas que clamaban justicia. Sin duda, hubo acusaciones infundadas y denuncias tardías con sabor a montaje; muchos intentos de aprovechamiento para sacar beneficios económicos de la confusión y el nerviosismo auspiciado por el alud de denuncias. Sin descartar algunas maniobras de intereses no muy claros que, encaramadas en el impacto mediático, trataron de jalar agua para su molino llenando de fango a la Iglesia católica. Pero hay que partir de un dato básico: los abusos sexuales existieron y siguen existiendo. Durante muchos años, monaguillos, seminaristas, novicias y feligreses de uno y otro sexo han sido carne de abusadores y pedófilos escudados en sus sotanas. Muchos niños y adolescentes violados y sodomizados en los confesionarios debieron sobrellevar de manera traumática sus vidas, y las de algunos de ellos se transformaron en un verdadero infierno, se convirtieron en pedófilos u homicidas, o terminaron en el suicidio. "Son historias que claman venganza al cielo", había reconocido el cardenal arzobispo de Chicago, Francis George.[2]

La red de protección oficial de los curas abusadores y pederastas también existió, y para que ella funcionara hubo responsabilidad directa de los obispos en sus diócesis, con el conocimiento de las autoridades vaticanas y su jefe máximo, el papa. Ese silencio cómplice tuvo como objetivo principal "salvar la imagen" de la institución religiosa y de una jerarquía eclesiástica en estado de descomposición social, en muchos casos cínicamente corrompida y desgastada por los privilegios y el poder. Una Iglesia católica permanentemente confundida y enredada en sus delitos de abuso de "poder sagrado", que exhibía la crisis del modelo tridentino[3] y neoconservador nacido después y en contra

---

[2] VID, "Pederastia: el cardenal George lanza en su diócesis un programa contra los abusos sexuales", Chicago, 6 de mayo de 2002.

[3] Según el teólogo Pablo Richard, el modelo tridentino de Iglesia supone "el papa en Roma, el obispo en su diócesis, el párroco en su parroquia. El laico, sobre todo la mujer, no existe. La Iglesia tridentina es una Iglesia romana, clerical, fundada sobre un catolicismo popular del culto a las reliquias, las imágenes y los santos".

del Concilio Vaticano II, y restaurado por Juan Pablo II durante su largo pontificado.

La desmemoria de monseñor

Cuando a finales de abril de 2002, el cardenal Bernard Law regresó a Boston de su encuentro con el papa Wojtyla en la Santa Sede, la divulgación del explosivo diario personal de Paul Shanley, uno de los clérigos declaradamente pederasta de su diócesis —que estaba retirado y era buscado por la policía—, desnudó aún más la trama. Entonces la situación del alto jerarca católico se complicó. Crecieron los rumores de que sería trasladado cuanto antes a Roma. Según las versiones, las autoridades vaticanas querían evitar a toda costa que Law pudiera ser obligado a declarar ante un tribunal en la acción legal promovida contra la arquidiócesis de Boston por el caso Shanley.

Las páginas del diario de Shanley arrojaban más gasolina al fuego del escándalo: "Una de las primeras cosas que hago en cada nueva ciudad, es inscribirme en el hospital local para el tratamiento de mi enfermedad venérea",[4] confesaba el clérigo. Los papeles en poder de la corte (un total de 800 páginas) venían a comprobar que Law había apoyado al cura Shanley pese a saber que estaba acusado de pedofilia. Se supo que mientras la arquidiócesis estaba bajo la dirección del desaparecido monseñor Humberto Medeiros —y Law se desempeñaba como auxiliar—, el reverendo Shanley había admitido ante sus superiores que había violado y sodomizado a varios niños. Pero monseñor Law recomendó que fuera trasladado a otras parroquias.

Los documentos, divulgados por una orden de la corte, mostraban que mucho antes Shanley había defendido de manera pública el sexo entre niños y adultos. En 1979, durante el congreso de la Asociación Norteamericana de Amor Hombre-Niño (*North American Man-Boy Love Association*), Shanley se había pronunciado a favor de la pedofilia. Según el informe, el cura predador había amenazado con revelar a la

---

[4] ANSA, "Más pruebas contra Bernard Law", *El Universal*, México, 27 de abril de 2002.

prensa sus escandalosas actividades en el seminario de Boston, si la arquidiócesis hubiera interferido en su actividad sacerdotal.

Cuando el 2 de mayo siguiente la policía arrestó a Shanley en su residencia de San Diego, y el expárroco aceptó ser trasladado a Massachusetts, nuevos datos salieron a la luz pública. Un portavoz de la fiscalía de distrito del condado de Middlesex, en la ciudad de Cambridge, señaló que, presuntamente, entre 1983 y 1990 Shanley había violado en forma reiterada a un niño —dentro de un confesionario, en la rectoría y en un baño— en la parroquia de Saint Jean, localidad de Newton, en los suburbios de Boston, cuando el menor tenía entre 6 y 13 años.[5]

Una hora después de que Shanley suscribió documentos que rescindían sus derechos de apelar contra su traslado —un acto que por sí mismo no constituía admisión de culpa—, la gobernadora interina de Massachusetts, Jane Swift, firmó una ley que concedía 30 días de plazo a clérigos, dirigentes de congregaciones católicas y trabajadores parroquiales juveniles para entregar a las autoridades judiciales evidencias sobre presuntos casos de abuso sexual infantil.[6]

El abogado Roderick MacLeish, representante legal de varias de las víctimas en una demanda civil contra Shanley, tenía previsto tomar la declaración del cardenal Law en una próxima audiencia, para que explicara por qué la arquidiócesis de Boston había apoyado durante tanto tiempo al cura predador. "Está claro en los documentos que Paul Shanley fue cultivado, protegido y financiado por la arquidiócesis mucho después de que conocieron su desviada actitud de hombre amante de los niños, así como su comportamiento depravado. La pregunta es, ¿por qué?", cuestionó MacLeish durante una entrevista con la cadena de televisión ABC.[7]

---

[5] Reuters, "Detienen a cura acusado de violar a un niño en Boston", *La Jornada*, México, 3 de mayo de 2002.

[6] AFP y Reuters, "Se abre la posibilidad de juzgar a sacerdotes pederastas en Estados Unidos", *La Jornada*, México, y "Emplazan a clérigos para dar información sobre pederastia", *Milenio*, México, 4 de mayo de 2002.

[7] *Ibíd.*

MacLeish citó una carta que Law le envió en 1997 al cardenal O'Connor, de Nueva York (ya fallecido), donde el arzobispo de Boston sugería el nombre de Shanley para ser promovido a una posición de mayor jerarquía dentro de la Iglesia católica local. "¿Por qué los dos hombres más influyentes del catolicismo estadunidense se enviaban en aquel momento correspondencia sobre alguien implicado en una conducta lasciva?", se preguntó el litigante. Shanley, quien enfrentaba tres cargos por abuso sexual, cada uno de los cuales conllevaban una sentencia a cadena perpetua, se declaró inocente durante una audiencia en Cambridge. El juez del caso estableció una fianza de 750,000 dólares.[8]

Mientras tanto, ante el rumor de que el cardenal Bernard Law podía recibir instrucciones vaticanas para trasladarse de inmediato a Roma, la juez Constance Sweeney, del tribunal superior de Suffolk, Massachusetts, emitió una orden judicial para que el arzobispo de Boston testificara bajo juramento en el caso por abuso sexual infantil que se le seguía al sacerdote John Geogham.[9]

Sweeney giró la orden el primer día hábil después de que la arquidiócesis de Boston se desistió de un multimillonario acuerdo extrajudicial con los 86 querellantes de una demanda colectiva contra Geogham. Según el *Boston Globe*, el acuerdo amistoso había sido pactado en marzo anterior por un monto de entre 20 y 30 millones de dólares.[10] La juez criticó a los administradores de la arquidiócesis por retirarse del arreglo y expresó "preocupación" por el hecho de que Law fuera llamado a Roma por el papa Juan Pablo II y recibiera un puesto diplomático en el Vaticano. "La decisión en torno a su declaración jurada no es sólo suya, es del papa en Roma. Si el papa le dice que vaya, él va", dijo Sweeney.

El 8 de mayo, el máximo jerarca de la Iglesia católica estadunidense asistió a la primera de una serie de testificaciones a puertas ce-

[8] Reuters, "Shanley se declara inocente de violación", *La Jornada*, México, 8 de mayo de 2002.

[9] Reuters, "Apremian a cardenal de Boston a testificar bajo juramento en un caso de pederastia sacerdotal", *La Jornada*, México, 7 de mayo de 2002.

[10] AFP y Reuters, "Critican a Bernard Law por rechazar pacto millonario", *La Jornada*, México, 4 de mayo de 2002.

rradas ante el tribunal superior del condado de Suffolk. Según expertos legales, por su rango, la comparecencia bajo juramento del cardenal Law constituyó un vuelco significativo en ese tipo de casos. A manera de descargo, Law declaró que siempre que tuvo que decidir si un cura acusado de agresiones sexuales contra niños era apto para continuar sirviendo a la arquidiócesis, había recurrido a los "diagnósticos" de los médicos especialistas. Monseñor Law calificó a la pederastia como una "patología psicológica",[11] y dijo que "no siendo médico ni psiquiatra, mi modus operandi era remitirme a quienes consideraba que tenían el conocimiento necesario para juzgar esas patologías".

Bajo presión, luego de diez horas de interrogatorios en tres sucesivas audiencias —y en presencia de algunas de las presuntas víctimas del cura John—, Law aseguró, una y otra vez, muy enojado a veces, que nunca había actuado con negligencia. Dijo que no recordaba haber sido informado de que el reverendo Geogham había agredido a niños y negó que alguna vez haya discutido el caso con subalternos. (Geogham se encontraba en prisión desde enero anterior purgando una sentencia de más de nueve años de cárcel por conducta inapropiada hacia un niño de 10 años. Trasladado por sus superiores de parroquia en parroquia durante 30 años, Geogham enfrentaba acusaciones de otras 130 personas.)

Las preguntas de los abogados se concentraron en una carta en la que el Instituto Living, un centro psiquiátrico de Harford, Connecticut, había indicado en el decenio de los ochenta que Geogham estaba apto para regresar al ministerio, pero con "reservas". "Lo que la carta señaló era: 'No podemos garantizar que esto no volverá a ocurrir, todavía hay una probabilidad baja —pero una probabilidad al fin— de que esto ocurra otra vez'. El cardenal Law se niega a reconocer que había una probabilidad de que pudiera hacer eso otra vez", dijo Mark Keane, una de las presuntas víctimas de Geogham.[12]

---

[11] AFP, "El cardenal Law dijo no recordar las denuncias", *La Jornada*, México, 10 de mayo de 2002.

[12] "No actué con negligencia, afirma el cardenal Law", *Milenio*, México, 14 de mayo de 2002.

Law terminó admitiendo ante la corte que había "encubierto, protegido e incluso promovido" a sacerdotes pederastas. De acuerdo con la transcripción de su testimonio y el videotape que difundieron canales de televisión de Boston, Law dijo que lamentaba las decisiones que tomó al respecto, pero aclaró que pudo comprender hasta muy tarde cómo actuar en los casos de abusos sexuales cometidos por miembros del clero. "Quisiera en Dios que fuera posible volver atrás el tiempo, pero no se puede pedir para el pasado conocimientos y perspectivas del presente", declaró el prelado.[13] Aunque reconoció su responsabilidad en las decisiones, reiteró que sus asistentes no lo "alertaron" de los problemas causados por los curas pedófilos y que siempre procuró evitar "escándalos para la Iglesia". Una vez más aparecía como constante la dupla imagen-escándalo, sin importar la violencia y el salvajismo implícito en las acciones de los curas predadores.

Como parte de su confesión, Law aceptó haber reasignado al reverendo Eugene O'Sullivan de Massachusetts a una parroquia de New Jersey, en parte "para prevenir el daño que la difusión del escándalo podía causar". O'Sullivan se declaró culpable de violar a un niño en 1984. Asimismo, monseñor Law admitió haber promovido al sacerdote Daniel Graham al puesto de vicario, a pesar de que sabía que éste había molestado sexualmente a un menor. El cura Leonard Chambers, acusado de "pecados graves", también contó con la protección del cardenal, al igual que Paul Shanley, quien fue transferido a una parroquia de Newton, en los suburbios de Boston.

De acuerdo con un extracto de la declaración de Bernard Law, interrogado sobre si un niño de 6 años puede ser responsable de su propio abuso, dijo: "Si me pregunta si un niño de 6 años pudo haber contribuido por negligencia en un caso como éste, diría que la respuesta es claramente no".[14]

---

[13] *USA Today-The New York Times*, "Admiten proteger pederastas", reproducido por *El Universal*, México, 15 de agosto de 2002.
[14] *Ibíd.*

Tratamientos blandengues

Más allá de la desmemoria y los reconocimientos tardíos de monseñor Law —quien durante la audiencia fue acusado de "mentiroso" por algunos feligreses furiosos—,[15] el hecho de que la Iglesia católica rechazara poner orden ella misma había permitido intervenir a la justicia del país anfitrión. "No creo que pueda haber marcha atrás ni que la gente piense que es un *caso único* y volveremos a la *normalidad*", dijo Samuel Issacharoff, profesor de derecho de la Universidad de Columbia. "Mientras en el pasado las autoridades civiles y penales consideraban poder remitirse a la Iglesia para tratar este tipo de asuntos, ahora entramos en una era de responsabilidad y somos más sensibles a la naturaleza de esos problemas", declaró a *The Boston Globe* el director de la Facultad de Derecho de la Universidad Católica, Douglas Kmiec.[16] En rigor, se trataba del segundo cardenal que era obligado a declarar ante un tribunal; en 1996, el cardenal Roger Mahoney, de Los Angeles, California, declaró en un caso que había ocurrido en sus días como obispo en otra diócesis.[17]

El escándalo de los abusos sexuales cobró mayor dramatismo cuando la policía de Washington informó que el clérigo Alfred Bietighofer, de 64 años, había aparecido muerto en una habitación del hospital psiquiátrico de Saint Luke, Maryland, donde se le practicaría una evaluación. El sacerdote había sido separado de su cargo en una parroquia de Connecticut dos semanas antes, tras ser acusado por cuatro hombres de haber abusado de ellos cuando eran menores, veinte años antes. El hospital de Saint Luke es uno de los lugares donde son tratados sacerdotes católicos con problemas psicológicos, de depresión y alcoholismo. Una enfermera del centro encontró al cura Bietighofer

[15] "Acusan al arzobispo Bernard Law de mentiroso", *El Universal*, México, 11 de mayo de 2002.

[16] AFP, cable citado.

[17] *El Universal*, México, 11 de mayo de 2002.

"colgando de la puerta de su cuarto", decía el parte policial.[18] Era el segundo suicidio desde el estallido del caso de los clérigos predadores en enero de 2002. El primero se había registrado en abril, cuando un sacerdote de 48 años se disparó en Cleveland, tras ser acusado de violar a una niña en 1980.

Especialistas citados por *The Washington Post* pusieron en duda la eficiencia de los centros de rehabilitación psicológica para curas pederastas habilitados por la Iglesia católica de Estados Unidos. Los críticos cuestionaron si esos institutos no habían sido demasiado "blandos" en sus diagnósticos y recomendaciones sobre el futuro de sacerdotes abusadores; pusieron en duda si los profesionales habían actuado con "independencia" para aconsejar honestamente a los obispos, y sugirieron incluso una posible contribución de los especialistas en la generación del "clima de secreto que ha rodeado el trato eclesial hacia los pedófilos".[19]

Según el reverendo Stephen Rosetti, director del Saint Luke Institute —que suele ser utilizado por la diócesis de Washington para la atención de curas con problemas—, después de cada tratamiento se informa a los obispos el "riesgo" que representa el sacerdote en cuestión. Por lo general, las recomendaciones incluyen sugerencias para que se continúe "la supervisión y terapia", así como estipulaciones de "no contacto con niños sin supervisión". Pero a pesar de los señalamientos de Rosetti —afirmó el *Post*—, "en al menos un caso de alto perfil no se les hizo caso".[20] El cura John Geogham, acusado de molestar a 130 niños, fue paciente del hospital Saint Luke en 1989 y 1995, y fue señalado como "un pedófilo homosexual", con gran riesgo de cometer más abusos. No obstante, fue reasignado a trabajos parroquiales.

Una encuesta publicada a comienzos de junio de 2002 reveló que obispos de 111 de las 178 diócesis más importantes de Estados Uni-

[18] "Se ahorcó en Estados Unidos el clérigo Alfred Bietighofer, acusado de abusar sexualmente de menores", *La Jornada*, México, 18 de mayo de 2002.

[19] José Carreño Figueras, "Dudan de la rehabilitación de sacerdotes pederastas", *El Universal*, México, 12 de mayo de 2002.

[20] *Ibíd.*

dos habían permitido que sacerdotes acusados de abuso sexual continuaran en sus ministerios a pesar de las denuncias.[21] La investigación publicada por *The Dallas Morning News* señalaba que cuando menos obispos de 40 estados de la Unión Americana habían ignorado las advertencias sobre conductas sospechosas y autorizaron a los clérigos seguir al frente de sus parroquias. Las autorizaciones tuvieron lugar aun después de que los sacerdotes fueron diagnosticados de padecer desórdenes sexuales o encontrados culpables de ese delito, e incluso tras haber admitido su mala conducta. Entre los 111 obispos figuraban los ocho cardenales que dirigen arquidiócesis en Estados Unidos.[22]

Según *The Washington Post*, el cardenal Edward Egan, de Nueva York, había confesado ante una corte en 1997 —cuando era obispo de Bridgeport, Connecticut—, que alentó al sacerdote Laurence Brett a seguir trabajando a pesar de que sabía que era pedófilo.[23] Brett había sido acusado por Frank Martinelli de haberlo agredido sexualmente tres veces cuando era adolescente en 1962 y 1963. El proceso concluyó en un acuerdo financiero cuyo monto no fue divulgado al público.

Obispos predadores, filántropos transparentes

La víspera de la cumbre del episcopado estadunidense en Dallas, Texas, donde se debatiría qué políticas adoptar para frenar los casos de abusos sexuales en el seno de la Iglesia católica local, un sondeo del *Washington Post* reveló que 218 sacerdotes habían sido destituidos y otros 34 que habían cometido faltas seguían en sus trabajos.[24] El sondeo consignó que al menos 850 sacerdotes estadunidenses habían sido

---

[21] "Obispos de 111 diócesis encubrieron a pedófilos", *Milenio*, México, 13 de junio de 2002.

[22] La investigación del rotativo se basó en una revisión de bases de datos nacionales, reportes publicados, archivos de las cortes judiciales y de la Iglesia católica, obtenidos a través de los litigios. Asimismo, el periódico entrevistó a decenas de abogados, agentes de policía y autoridades.

[23] AFP, "Confesión de Egan", Washington, 12 de mayo de 2002.

[24] Alan Cooperman y Lena H. Sun, "Estados Unidos: destituye la Iglesia a 218 curas pederastas", *El Universal*, México, 12 de junio de 2002, tomado del servicio de *The Washington Post*.

acusados de abuso sexual a infantes desde principios de los años sesenta y que más de 350 de ellos fueron retirados del ministerio en años anteriores.[25]

Las cifras, mucho más altas de las que se habían dado a conocer, sugerían la dimensión del escándalo que estremecía a la Iglesia católica. Pero también ponían en evidencia la escasez de estadísticas confiables. David Clohessy, director de la Red de Supervivencia de Víctimas de Sacerdotes —un grupo de apoyo con 11 años de labores y cuatro mil miembros—, especuló con la posibilidad de que la falta de información podría ser "una estrategia deliberada" para proteger a la institución religiosa.[26] "Es ridículo que no se puedan obtener datos básicos como el número de sacerdotes destituidos o las demandas civiles presentadas en su contra", dijo Clohessy. "Creo que cualquier persona prudente concluiría que la Iglesia tiene más información de la que comparte. Pero también creo que la Iglesia es lo suficientemente inteligente para no recolectar datos que podrían ser descubiertos" por los abogados de los demandantes. Según la información del *Post*, muchos obispos tenían temor de que una mayor "transparencia" generaría más "publicidad negativa" para la institución eclesial.

El 13 de junio de 2002, cuando casi tres centenares de prelados católicos estadunidenses comenzaban una reunión extraordinaria de dos días en un céntrico hotel de Dallas, con la finalidad de analizar el tipo de medidas a adoptar sobre los casos de pedofilia en la Iglesia, la prensa informó que un cuarto obispo había dimitido tras reconocer que a lo largo de los años tuvo relaciones sexuales con mujeres. Se trataba del obispo auxiliar de la arquidiócesis de Nueva York, monseñor James McCarthy, de 59 años.[27]

---

[25] El sondeo del *Post* fue realizado mediante una consulta con las 178 principales diócesis católicas de Estados Unidos. De ésas, 96 respondieron y 82 no, pese a repetidas llamadas telefónicas y correos electrónicos enviados por el diario. De las que respondieron, sólo unas pocas brindaron información respecto de acuerdos monetarios.

[26] *Ibíd.*

[27] "Obispos de Estados Unidos solapan a curas pederastas", *El Universal*, México, 13 de junio de 2002.

Dos días antes, el papa Juan Pablo II había aceptado la renuncia de James Kendrick Williams, arzobispo de Lexington, Kentucky. Un exmonaguillo acusó al prelado de haber abusado de él, 21 años antes. Previamente habían renunciado los obispos de Palm Beach (Florida) y Milwaukee (Wisconsin). De acuerdo con una información divulgada por *The New York Times*, el arzobispo de Milwaukee, Rembert G. Weakland, fue acusado de abuso sexual por un hombre que recibió 450,000 dólares de indemnización a cambio de silencio mediante un acuerdo amistoso.[28] En el caso de Palm Beach, monseñor Anthony O'Connell dimitió luego de que su diócesis tuvo que pagar 923 mil dólares para llegar a acuerdos extrajudiciales en varios casos de pedofilia donde él estuvo involucrado directamente.[29] Según una versión periodística, O'Connell admitió haber tenido relaciones sexuales con estudiantes cuando era rector del seminario de Missouri.[30] Otros casos más lejanos, pero que elevarían la suma a seis jerarcas, son los del arzobispo de Atlanta, Eugene Marino y el de Santa Fe, Robert Sánchez, quienes también tuvieron que dejar sus puestos por incidentes sexuales.[31]

Los casos de Milwaukee y Palm Beach habían abierto otra caja de Pandora. La Iglesia católica de Estados Unidos había pasado los últimos seis meses defendiéndose de acusaciones que la señalaban por haber encubierto casos de abusos sexuales por parte de sacerdotes. Pero ahora debían enfrentar una nueva oleada de escrutinio, esta vez sobre el manejo de sus finanzas. En particular, debido a los cuantiosos y confidenciales acuerdos monetarios que algunas diócesis habían tenido que pactar con víctimas de los abusos. Los acusadores fueron grandes donantes privados de la Iglesia romana, que manifestaron el mismo tipo de demandas que las víctimas: que la institución eclesial, manejada casi en secreto durante años, necesitaba ser más "abierta" en su proceso de toma de decisiones y más "responsable" en las consecuencias

---

[28] Sam Dillon y Leslie Wayne, "Pederastas causan crisis financiera a la Iglesia", *The New York Times*, publicado en México por *El Universal*, 14 de junio de 2002.

[29] *Ibíd.*

[30] Jorge Zepeda Patterson, *op. cit.*

[31] *Ibíd.*

de esas decisiones. Ante todo, demandaron mayor responsabilidad financiera y rendición de cuentas.

El fin de semana previo a la cumbre episcopal de Dallas, durante una reunión periódica de los miembros de 47 fundaciones que donan 200 millones de dólares al año a la Iglesia católica en Estados Unidos, varias voces manifestaron preocupación por el destino de esos recursos. El encuentro tuvo lugar en Los Angeles, y según reseñó *The New York Times*, acaudalados filántropos, sus abogados y administradores instaron a la Iglesia católica a "emitir un informe auditado sobre cuánto dinero ha destinado a acuerdos por abusos sexuales en las últimas dos décadas".[32]

Erica P. John, una de las ricas herederas de la compañía cervecera Miller y presidente de una fundación familiar que contribuye hasta con cinco millones de dólares anuales para causas católicas en Milwaukee, dijo: "La Iglesia debe abrir sus libros. La Iglesia no debe ser una sociedad secreta. Somos hijos de Dios y queremos transparencia". De manera tal vez no muy consciente, al establecer implícitamente el vínculo "sociedad secreta-negocios familiares", la multimillonaria y piadosa Erica P. John estaba remitiendo a la idea de Iglesia como "familia" en su acepción mafiosa, y a prácticas que operan al margen del derecho positivo y la responsabilidad del individuo. A su vez, el abogado Pat Schiltz, director de la Escuela de Leyes de la Universidad Saint Thomas, en Minnesota, quien había representado a la Iglesia católica en muchas demandas por abuso sexual, manifestó: "Me asombra la poca información que algunas diócesis tienen de sus finanzas. Se manejan como negocios familiares". Otro asistente a la reunión angelina, James Post, profesor de administración de la Universidad de Boston —epicentro de los escándalos de abuso sexual—, señaló que los obispos "han traicionado nuestra confianza de una manera tan catastrófica que no dejaremos de pugnar por una mayor divulgación pública de las operaciones financieras de la Iglesia".

---

[32] Sam Dillon y Leslie Wayne, *op. cit.*

Algunos expertos señalaron que si alguna vez la Iglesia abriera sus libros por completo la gente quedaría consternada. De hecho, en Estados Unidos, la Iglesia católica no existe como institución desde el punto de vista financiero. Los obispos de las 194 arquidiócesis y diócesis del país operan los recursos con independencia y no tienen la obligación de hacer públicas sus cuentas o cumplir las reglas generales de contabilidad. No obstante, un grupo de filántropos que participó en la reunión de Los Angeles envió una carta al presidente del episcopado, Wilton Gregory, en la que advertían que "la crisis tendrá repercusiones profundamente negativas en materia de donaciones, debido a la ausencia de informes financieros claros y transparentes".

Bajar a los infiernos

Había sucedido hacía más de tres decenios. Un día, el reverendo Joseph Heitzer invitó al pequeño Craig a salir de pesca durante el fin de semana y sus padres creyeron que era una "superidea". Pero no resultó tan buena para el niño. "Recuerdo el motel, esa noche con el padre, pero no mucho más. No me acuerdo cómo regresé a casa." Al brindar su testimonio ante los obispos reunidos en Dallas, y como un mecanismo para contener la emoción, el corpulento Craig Martin utilizó el genérico "John Doe" al referirse al protagonista de los traumáticos hechos que vivió en carne propia y que lo marcó para toda su vida. Después, entre lágrimas, el exmonaguillo violado alcanzó a decir: "La Iglesia debe encontrar la manera de pedirnos perdón".[33]

Luego se sentó al lado de monseñor John Kinney, y con la cabeza baja escuchó el testimonio de Paula González, una mujer de Alaska, de 37 años, casada y con dos hijos. Paula contó que había "descendido a los infiernos" cuando, joven adolescente, la violó el "padre José", un amigo de la familia al que su madre había acogido en su casa "como a un hijo". "Me agredió con repetidas penetraciones, mientras me aca-

---

[33] EFE, "Experiencias traumáticas", cable publicado por *Reforma*, México, y "Exmonaguillo exige disculpas", *El Universal*, México, 14 de junio de 2002.

riciaba. Luego me dijo: 'No digas nada a nadie'." A los 19 años, cuando estaba embarazada, el cura José visitó a su familia. "Tuve una crisis nerviosa y le conté todo a mi marido. Seguí siendo católica fiel [pero] el crimen dejó una cicatriz muy profunda en mi alma", le espetó a los obispos. Explicó que la violación había arruinado su adolescencia y su autoestima, provocándole una depresión crónica con tendencias suicidas. "Les pido acordarse de mí y de todas las víctimas cuando tomen decisiones durante esta conferencia", concluyó.[34]

Otra víctima, el sacerdote Michael Bland, prefirió no entrar en detalles sobre su dolorosa experiencia. Dijo que cuando era un joven seminarista fue ultrajado por "un padre de la Iglesia". "Era un adulto. Era cura. Yo era menor. Abusó de mí. Me hizo algo que no me habían hecho nunca antes, tenía miedo de contárselo a alguien."[35] Mark Serrano, otro de los afectados, mostró una foto suya a los 12 años y relató cómo fue abusado por un sacerdote. Luego exhortó a los obispos a que adoptaran una política de "despedir o apartar del sacerdocio" incluso a los altos prelados que no fueron capaces de proteger a las víctimas.[36] Los cuatro dejaron en claro que el daño moral es el que más duele, y que dos o tres décadas después de que sucedieron los hechos no se habían recuperado de los trastornos emocionales generados por aquellas experiencias. En otros casos, los efectos traumáticos terminaron en suicidio, en la cárcel o en la calle.

Las evidencias narradas provocaron que muchos obispos se removieran inquietos en sus asientos. "Fue una reunión desgarradora", declaró Theodore McCarrick, el cardenal de Washington. "Nos conmovió profundamente ver cuánta gente había sufrido por culpa de unos pocos sacerdotes enfermos y muy confundidos, sacerdotes criminales. Espero ser más sabio y valiente cuando el comité presente su informe."[37] El cardenal McCarrick se refería al documento elaborado por una comisión de obispos ad hoc sobre abusos sexuales. El borrador, que de-

[34] *Ibíd.*
[35] *El Universal*, México, 14 de junio de 2002.
[36] AP, "Escuchan curas a víctimas", *Reforma*, México, 13 de junio de 2002.
[37] *Ibíd.*

bía ser aprobado el último día del encuentro, proponía *tolerancia cero* para los casos de pedofilia que se produjeran desde el momento de la aprobación del documento. Asimismo, planteaba que los responsables de los abusos debían pasar al estado laico aun en contra de su voluntad. Para aquellos que cometieron abusos antes de esa fecha, en caso de tratarse de un sacerdote pederasta conocido o con más de un acto sexual a cuestas, también se proponía la laicización.[38]

"Somos nosotros los que necesitamos confesarnos", reconoció a manera de mea culpa el presidente de la Conferencia Episcopal, monseñor Wilton Gregory, en el discurso inusual y franco con el que dio inicio la "histórica" reunión de Dallas. "No fuimos suficientemente lejos para proteger a todos los niños", reaccionó ante las críticas de que los obispos habían tolerado y tapado los casos de pederastia en la Iglesia católica. "Somos nosotros los que decidimos no denunciar las acciones criminales de sacerdotes a las autoridades, porque la ley no lo requería", dijo en una tácita admisión de culpabilidad. "Somos nosotros los que nos preocupamos más por las posibilidades de un escándalo que por implementar la clase de apertura que ayuda a evitar los abusos".[39] Varias veces pidió "profundas disculpas" a nombre de todos los obispos, y en cuatro ocasiones, en referencia a las víctimas de los abusos, a sus familias, a los diáconos y laicos así como a los sacerdotes que no cometieron abusos y cuya reputación y capacidad de liderazgo se vieron perjudicadas, dijo: "Les pedimos perdón".

La carta de la discordia

Sin embargo, una vez conocidas las conclusiones del encuentro los expertos y las víctimas de los curas predadores coincidieron en que las sanciones decididas por los obispos habían sido demasiado "tibias". No sin cierta ironía, algunos medios de prensa estadunidenses

---

[38] "Examinan obispos de Estados Unidos tolerancia cero", *El Universal*, México, 14 de junio de 2002.

[39] "Con un pedimos perdón inicia reunión de obispos en Estados Unidos", *Milenio*, México, y "Piden perdón obispos de Estados Unidos", *Reforma*, México, 14 de junio de 2002.

la bautizaron como una política de "tolerancia casi cero".[40] Y tenían razón, pese a que los obispos tuvieran la mirada puesta en el Vaticano, que con toda probabilidad hubiera protestado ante normas disciplinarias más severas.[41]

Después de tanta expectativa generada en torno a que se iba a acabar con la impunidad de los clérigos pederastas, ésta no se concretó. Una vez más los obispos adoptaron una actitud piadosa frente a los excesos y crímenes de sus subalternos, a los que consideran "hermanos" o "hijos", según la circunstancia. Al final terminaron por incluir en la pena a los infractores de "una sola vez", pero en cambio decidieron ser magnánimos en materia de castigos: resolvieron no expulsar a todos aquellos sacerdotes que en el pasado habían abusado de menores. La única sanción que acordaron fue prohibir ejercer el sacerdocio a los abusadores y alejarlos de los niños pero manteniéndolos dentro de la Iglesia católica.[42] Quienes hubieran cometido alguna ofensa no serían necesariamente devueltos al estado laico; es decir, no se los despojaría de su estatus sacerdotal. Ergo, para ellos seguiría operando la red de protección de la corporación.

Durante el cónclave, el texto original sufrió importantes modificaciones. Al final, el nuevo artículo 5 ya no prevé la exclusión "inmediata" sino la exclusión "permanente" del ministerio, pero indica que los curas abusadores no serán necesariamente destituidos y tendrán la posibilidad de recibir una simple "dispensa de las obligaciones de las órdenes santas". No perderían, pues, sus prestaciones terrenales. O dicho de otro modo, en adelante los sacerdotes con un largo historial de abusos ya no podrán celebrar misa (salvo en privado) y se les negará el derecho a trabajar en una parroquia, escuela u hospital y a vestir el

---

[40] David Usborne, "Indigna que pederastas conserven título de sacerdote en las nuevas normas disciplinarias", *The Independent*, reproducido por *La Jornada*, México, 16 de junio de 2002.

[41] Ya se había manifestado desde Roma la sospecha de que el escándalo en Estados Unidos fue exagerado y sacado de proporción por los medios de información masiva.

[42] "Obispos de Estados Unidos establecen tibia sanción para curas pederastas", *La Jornada*, México, 15 de junio de 2002.

hábito sacerdotal, pero conservarán el derecho de llevar el alzacuello romano y administrar, en algunos casos, los últimos sacramentos. Además, podrán recibir la opción de "una vida con un régimen de plegaria y penitencia en un ambiente controlado"; por ejemplo, un monasterio. Es decir, dentro de la corporación.

Al conocerse los resultados del encuentro, Michael Emerton, vocero del grupo Voz de los Fieles, con sede en Wellesley, Massachusetts, expresó: "No es suficiente, porque de cada dólar que yo pongo en la canasta de limosnas, una parte irá para alimentar y vestir a esos individuos que siguen todavía en algún lugar de los confines de la Iglesia".[43] Y agregó: "En la sociedad tenemos un lugar maravilloso para las personas a quienes se les demuestre su culpabilidad. Se llama cárcel". A su vez, David Clohessy, director de la SNAP, dijo: "Para un sacerdote un monasterio representa un cambio de localidad. No representa una barrera o un obstáculo. Nuestra meta es mantener a los niños seguros. La manera de hacerlo es enjuiciando y encarcelando a los pedófilos".[44] Sin embargo, Thomas Reese, editor de la revista católica *America*, consideró que "es mejor" mantener a un sacerdote pedófilo en una instalación religiosa, que "ponerlos en la calle. Si los pones en una instalación especial, al menos puedes vigilarlos".[45]

El texto final de la *Carta para la protección de los niños y los jóvenes* había sido aprobado por 239 votos a favor y 13 en contra (sólo 252 de los 288 obispos presentes emitieron su voto).[46] Allí quedó contenida la "nueva política nacional" de la Conferencia de Obispos Católicos de Estados Unidos. Pero el documento original que hablaba de *cero tolerancia* había sido diluido. La carta no consagró la "línea dura total". Una vez más, los prelados se retractaron y prefirieron ser tolerantes y condescendientes con los curas abusivos: ya no habría expulsión automá-

---

[43] *Ibíd.*

[44] Sacha Pfefiffer, "Decepcionante, la nueva política de obispos", *The Boston Globe*, reproducido por *El Universal*, México, 15 de junio de 2002.

[45] *Ibíd.*

[46] AFP, "Minimizan obispos de Estados Unidos el malestar de católicos por la falta de firmeza contra curas pederastas", *La Jornada*, México, 17 de junio de 2002.

tica para los sacerdotes responsables de actos criminales que los propios obispos habían definido como "un cáncer de la Iglesia". Los derechos de los "pastores" (integrantes de la nomenclatura) seguían estando por encima del bienestar de las "ovejas" (niños). Una vez más se colocaba a la "familia sacerdotal" por sobre todas las cosas, con el agregado de que la lealtad a la familia es premiada con la protección-impunidad.

La medida fue recibida con escepticismo y decepción entre los grupos de víctimas que habían venido impulsando una política de *cero tolerancia*. "Estamos desalentados", dijo Paul Bajer, miembro de un grupo reformista católico. "Los sacerdotes primero, las víctimas después", comentó Sacha Pfefiffer en *The Boston Globe*.[47] A lo que podría agregarse: la corporación primero, luego todo lo demás. Una de las mayores sorpresas fue la decisión de que alguien que haya cometido abuso sexual podrá seguir llamándose "padre", aun si ya no tiene derecho a llevar el hábito. "Mientras un perpetrador de abuso pueda seguir autonombrándose *padre*, potencialmente tiene la capacidad de atraer a sus víctimas", señaló Sheila Daley, de la agrupación católica liberal Llamando a la Acción.[48]

"Ésta no es la carta para la protección de los niños, es la carta para la preservación de los sacerdotes", declaró Mark Serrano, quien apenas un par de días antes había hecho sonrojar de vergüenza a más de un dignatario católico con su testimonio. "Basados en la votación, un depredador sexual puede seguir llevando el título de *padre* y ésa es precisamente una de las herramientas de los pedófilos", afirmó Serrano.[49] A su juicio, la medida de enviar a los curas culpables de abuso al equivalente eclesiástico de una casa de reinserción social —donde llevarán una vida de "oración y penitencia" alejados de los fieles—, "es como decirle a un asesino callejero que comete sus crímenes en la ciudad, 'te vamos a mandar al campo'. Siempre podrán encontrar niños a los que convertirán en sus presas".[50] A su vez, David Clohessy comentó:

---

[47] *Ibíd.*

[48] David Usborne, *op. cit.*

[49] Notimex, "El nuevo reglamento protege a curas pederastas en Estados Unidos", *Milenio*, México, 16 de junio de 2002, y artículo de Sacha Pfefiffer, véase nota 44.

[50] David Usborne, *op. cit.*

"Si cometes un error, te trasladamos al llamado ministerio restringido". Según las víctimas, la Iglesia seguía siendo todavía un lugar seguro para los abusadores.

Un periódico de la ciudad de México sintetizó el resultado de la reunión de obispos en Dallas con un par de sugerentes titulares: "Desoye Iglesia de Estados Unidos al papa; toleran a clérigos abusadores", decía en su primera plana. Y en sus páginas interiores, destacaba: "Perdonan a curas pederastas".[51] Seguía el enredo derivado de una supuesta toma de posición del pontífice a favor de la *cero tolerancia*; posición nunca refrendada en los hechos por Roma.

Ante las críticas, el presidente de la Conferencia Episcopal, Wilton Gregory, minimizó el malestar de los católicos estadunidenses. Los sacerdotes pederastas "perdieron su licencia para practicar" el ministerio, dijo en el programa dominical *Meet the Press* de la cadena de televisión NBC.[52] "Son como abogados sin licencia, han sido marginados." Cualquiera que haya abusado de un menor "abandonará la parroquia, se sacará los hábitos, no podrá celebrar la eucaristía y será llevado fuera del contexto en el que pudiera atentar contra otro niño", argumentó el también obispo de Belleville.

En el nuevo estatuto, los jerarcas católicos estadunidenses acordaron una definición de abuso sexual infantil: se trata de "cualquier interacción entre un adulto y un niño para la gratificación sexual del adulto". La definición se aplicaría "se haya o no usado la fuerza o haya existido o no contacto sexual explícito y aun cuando la interacción haya sido iniciada por el menor".[53] No obstante, los prelados decidieron que cada diócesis deberá ajustarse a las leyes civiles locales que difieran en su definición de abuso sexual. El texto prevé que cualquier acusación de abuso a un menor por parte de un miembro del clero deberá ser automáticamente reportada a las autoridades civiles. Sin embargo,

---

[51] *El Universal*, México, 15 de junio de 2002.
[52] AFP, cable citado.
[53] Notimex, cable citado.

las viejas demandas no tendrán que ser necesariamente informadas en caso de que las víctimas ya no sean menores de edad.

La carta no dice nada sobre las sanciones a presuntos obispos infractores. El término "eclesiástico", que abarcaba a sacerdotes, diáconos y obispos, fue remplazado por "padres y diáconos"; supuestamente, porque los obispos dependen sólo de la autoridad papal y no serían objeto de sanciones disciplinarias por parte de sus colegas. Tampoco dice nada sobre la responsabilidad de los prelados que durante años solaparon las actividades delictivas de sus subordinados. Ese punto provocó descontento entre los miembros de las agrupaciones católicas que habían reclamado sanciones disciplinarias contra el cardenal de Boston, Bernard Law, encubridor confeso y otros obispos.

Una encuesta levantada dos días después del cónclave arrojó que 75% de los católicos estadunidenses creía que los obispos no habían estado a la altura de las circunstancias y 80% dijo querer la expulsión de los responsables de abusos contra menores.[54] Los especialistas calcularon que sólo unos 1,500 sobre un total de 140,000 sacerdotes (casi uno de cada 100) cometieron agresiones sexuales contra menores durante los últimos 40 años. Pero el problema no era el número de sacerdotes, debido a que como dijo Bill Keller, un periodista del *The New York Times* distinguido con el premio Pulitzer, "no hay pruebas de que existan más abusadores entre los curas que entre los maestros, doctores o periodistas". El problema, dijo Keller, "es la falta de confianza de los católicos en la Iglesia", responsabilidad que atribuyó al papa Karol Wojtyla. Keller acusó al pontífice de origen polaco por haber rechazado el escándalo de pedofilia "como lo habría hecho un partido comunista de Europa oriental".[55]

Según otra encuesta realizada por *The New York Times* entre las 194 diócesis del país,[56] a dos meses de aprobadas las nuevas medidas

---

[54] ANSA, "Víctima de abuso será indemnizada", *El Universal*, México, 16 de junio de 2002.

[55] ANSA, "NYT: responsable el papa de crisis católica", *El Universal*, México, 5 de mayo de 2002.

[56] De acuerdo con la información, sólo 119 de las 194 diócesis contestaron la llamada, y 18 de éstas se negaron a responder algunas de las preguntas.

disciplinarias 31 obispos aseguraron que habían removido o suspendido a 114 sacerdotes, lo que tenía a decenas de parroquias en el caos.[57] Sin embargo, a pesar del voto abrumador con el que se habían aprobado las nuevas sanciones, la mayoría de los obispos no habían cumplido la promesa. En 55 diócesis ni siquiera se había designado a un coordinador para ofrecer ayuda pastoral a las víctimas de abuso sexual, como se había establecido en la *Carta para la protección de los niños y los jóvenes*.

Algunos prelados aseguraron que necesitaban más tiempo para "modernizar" las comisiones parroquiales encargadas de revisar las denuncias de abusos sexuales caso por caso. Otros dijeron que estaban esperando hasta ver si las autoridades del Vaticano aceptaban las nuevas políticas convertidas en "norma nacional" en Estados Unidos; algo que se conoce como *recognitio*. "Estamos esperando instrucciones de Roma", dijo el reverendo Kevin Slattery, portavoz de la diócesis de Jackson, Missouri, donde varios sacerdotes habían sido suspendidos antes de la reunión de Dallas, pero a quienes no se les había retirado del servicio en forma permanente.[58] Según el *Times* de Nueva York, en algunas diócesis como Chicago y Detroit podrían seguir años de controversia.

Sea como fuera, la bomba cíclica parecía haber sido desactivada. La polémica sobre el celibato y la homosexualidad en la Iglesia católica habían pasado a un segundo plano. O al menos daba esa impresión. Una jerarquía intolerante ante el disenso había vuelto a cerrar filas de manera corporativa. La ortodoxia había derrotado al reformismo, aunque no quedaba claro cuánto tiempo más la Iglesia romana podría seguir aguantando una lluvia de hipocresía tan corrosiva.

En rigor, el ciclo de nuevos escándalos sexuales que había cimbrado a la Iglesia católica desde comienzos del 2002, pareció quedar conjurado el 28 de julio de ese año, en Toronto, Canadá, durante la clausura de la XVII Jornada Mundial de la Juventud, presidida por el papa Juan Pablo II. Ese día, en el parque Downsview, ante 800 mil fieles, en

---

[57] Laurie Goodstein y Sam Dillon, "El crimen de obispos deja vacías parroquias", *The New York Times*, reproducido por *El Universal*, México, 19 de agosto de 2002.
[58] *Ibíd.*

194

inglés y a sólo unos kilómetros de Boston, el papa polaco expresó que "el daño hecho a los jóvenes por algunos sacerdotes y religiosos nos llenan de una profunda tristeza y vergüenza".[59] No dijo más que eso. No habló de víctimas ni crímenes, tampoco de justicia, aunque pidió a los jóvenes no caer en el desánimo "por los pecados y debilidades de algunos de sus miembros". La alusión era inevitable no sólo por la dimensión que había alcanzado el escándalo de los curas predadores, sino también porque justo el día anterior a la misa en el parque Downsview de Toronto, *Le Journal de Montréal* había divulgado la noticia de que dos sacerdotes católicos de New Jersey, William Giblin, de 70 años, y Eugene Heyndricks, de 60, habían sido aprehendidos en Montreal en el marco de una operación policial encubierta, acusados de colaborar en una organización de prostitución homosexual que incluía la participación de menores.[60] Un asunto de delincuencia organizada, estrictamente criminal. Uno de los curas había sido director de una secundaria católica para varones.

A quien le volvió el alma al cuerpo fue al cardenal Bernard Law. Presente en la misa papal, el todavía poderoso arzobispo de Boston —parapetado por 550 jóvenes de su diócesis— saludó emocionado las palabras de Juan Pablo II. El pontífice lo había invitado a compartir la tarima en las ceremonias multitudinarias que presidió en Canadá. No obstante, Law prefirió un perfil bajo. Pero después de escuchar el mensaje encriptado de Wojtyla sobre "la tristeza y la vergüenza", el purpurado sacó pecho y dijo a los periodistas que literalmente lo habían atormentado desde comienzos de año: "Amé esa homilía de principio a fin".[61] "Fue maravillosa. Estoy ansioso de que se imprima para poder meditar sobre ella. Pienso que hizo un trabajo monumental de información. Y creo que lo hizo de una manera muy bella."

[59] Jorge Gutiérrez Chávez, "El día que el papa sintió vergüenza", *El Universal*, México, y "Avergüenzan a la Iglesia los casos de curas pederastas", *La Jornada*, México, 29 de julio de 2002.

[60] Carmen Aristegui F., "Vergüenza", columna *Círculo Rojo*, *El Universal*, México, 31 de julio de 2002.

[61] Ciro Gómez Leyva, "Amé esa homilía de principio a fin", *Milenio*, México, 31 de julio de 2002.

Bernard Law resurgía de entre las cenizas y recuperaba la iniciativa. Afirmó que "la fe en Dios y en la Iglesia católica" no había sido afectada por el escándalo de los abusos sexuales. Que sabía que el mal era el mal y que, moralmente, es un gran mal abusar de un ser humano, en cualquier forma. Pero dijo sentirse contento porque los jóvenes entendían qué era lo que había pasado, porque "sabían en dónde estaba ese mal y no tenían duda ni de que Dios estuviera con ellos, ni, mucho menos, de la santidad de la Iglesia".[62]

Sin embargo, muchos fieles católicos de Boston no opinaban igual. Según *The Boston Globe*, uno de los detonadores de la crisis con sus explosivas investigaciones periodísticas, algunas de las víctimas de abuso sexual esperaban palabras más críticas de Juan Pablo II. "Hay complicidad. El papa, que se presenta a sí mismo como un peregrino del amor y la esperanza, se compadece más de los religiosos que de las víctimas", declaró uno de los afectados. Los expertos interpretaron la leve autocrítica del pontífice como un mensaje cifrado dirigido a la jerarquía católica de Estados Unidos. Con el nuevo mea culpa papal, la cuestión de los abusos sexual y psicológico de infantes parecía quedar zanjada de manera definitiva. En todo caso, parecía que se cerraba el último y peor capítulo de la oscura historia disparada por el caso del cura Geogham a inicios de ese año. Pero tristeza y vergüenza no eran suficientes. Justicia era la palabra clave. Por eso, el tema de fondo seguiría abierto y podría reaparecer en cualquier momento.

Durante el periodo que duró el escándalo, la gran prensa estadunidense —a veces con saña— difundió la imagen de los obispos como una elite corrompida. Algunas revistas habían exhibido fotos y cálculos de valor de las mansiones en las que viven algunos príncipes de la Iglesia católica en la nación más poderosa de la tierra; dieron cuenta de sus colecciones de autos e hicieron inventario de las joyas que poseen. De alguna manera, los elementos que Jacques Barzun ubicó como desencadenantes de la Reforma protestante del siglo XVI: *monjes glotones en ricas abadías, libertinaje, sacerdotes con concubinas o barraganas, envile-*

---

[62] *Ibíd.*

cimiento moral y un sistema eclesiástico corrupto, parecían estar presentes en esa destacada vitrina del catolicismo estadunidense de comienzos del siglo XXI.

Tal vez el hecho que hizo más visible la "mascarada" de Dallas, como la definieron algunas voces críticas, fue que las autoridades eclesiales habían permitido que pederastas confesos siguieran siendo sacerdotes. Una vez más, los victimarios sobre las víctimas. Los curas por encima de los niños. La Iglesia católica y la lealtad intracorporativa por encima de todo, *über alles!*, como siempre ha sido. "Todo dentro de la Iglesia, nada fuera de la Iglesia." La ausencia de la noción de lo público que remite al viejo dicho de "la ropa sucia se lava en casa".

En algunos ambientes intraeclesiales quedó la sensación de que la Iglesia católica había perdido una valiosa oportunidad para hacerse una profunda autocrítica. Una reforma a fondo y transparente que permitiera a esa estructura nociva de cristiandad tridentina, clericalista, soberbia y autoritaria, un posible recentramiento frente al encubrimiento corporativo y la impunidad. No fue así. El papa y los obispos de Estados Unidos habían logrado desactivar la crisis pero no pudieron ocultar la crisis y decadencia de la institución romana. Una vez más quedó exhibida la cruda realidad de un discurso oficial simbólico y formal (las dos caras de una misma moneda: las representaciones de pureza y salvación en un mundo contaminado por el mal, el pecado y la permisibilidad) que fustiga lo que a sabiendas es una práctica secular constante (en materia sexual) de muchos de sus miembros. Al aplicar la "razón de Estado"[63] al caso de los delitos sexuales para proteger, acallar y minimizar las denuncias sobre los hechos pasados (como antes se aplicó a hechos criminales como los que rodearon la muerte del papa Juan Pablo I y más recientemente al homicidio pasional entre el jefe de la guardia suiza del Vaticano y el guardia que era su amante), se exhibió la hipocresía institucional de la jerarquía y su práctica corporativa, y quedó postergado el necesario aggiornamento

---

[63] Bernardo Barranco V., "Necesario aggiornamento sexual en la Iglesia", *La Jornada*, México, 27 de abril de 2002.

de una Iglesia católica que, según algunas voces internas, permanece "secuestrada" por quienes buscan perpetuar y consolidar un modelo de cristiandad tridentino, neoconservador y autoritario.

¿Dimisión o sacrificio?

Los sonados sucesos que estallaron en enero de 2002 en la Iglesia católica estadunidense habían provocado serias fracturas entre los obispos y los fieles y entre los prelados y sus sacerdotes. Monseñor Wilton Gregory definió la situación como una "tragedia". Pero la batalla interna no cesaba.

Entre las medidas ideadas por los obispos para tratar de frenar la crisis y restablecer la credibilidad de la institución (sin tocar su esencia), se decidió poner a un reconocido elemento policial al frente de la nueva Oficina para la Protección Infantil y Juvenil, creada por el episcopado tras los escándalos sexuales. Nada menos que a la número tres de la Oficina Federal de Investigaciones (FBI), Kathleen McChesney, una mujer con fama de ser imparcial y justa en sus investigaciones.[64]

McChesney, una católica de 51 años, venía desempeñándose como asistente ejecutiva del director de la División para el Cumplimiento de la Ley y era la mujer que había llegado más lejos en el escalafón de la policía federal de Estados Unidos. Antes de renunciar al cargo para dedicarse a vigilar la controvertida política de la Iglesia católica para combatir a curas pederastas, la funcionaria era responsable de coordinar a más de 18 mil agentes del FBI. Su puesto había sido creado por el director de la institución policial, Robert Mueller, tras los atentados del 11 de septiembre de 2001 en Washington y Nueva York, ante las numerosas críticas por la desconexión entre las diferentes oficinas que investigaban a presuntos terroristas dentro de Estados Unidos.

Cuando el secretario general de la Conferencia Episcopal, William Fay anunció su postulación, dijo que McChesney había sido se-

---

[64] "Pide la Iglesia al FBI combatir a pederastas", *Reforma*, México, 8 de noviembre de 2002.

leccionada entre un grupo de medio centenar de candidatos.[65] Con más de 30 años de experiencia en materia policial, 24 de ellos en el FBI, la nueva *zarina* antipedofilia tendría ahora que asistir a las diócesis y parroquias en la elaboración y aplicación de programas de "ambientes seguros" y escribir un reporte anual público sobre el acatamiento de las medidas acordadas por los obispos. Según Anne Burke, vicepresidenta de la Junta Supervisora Nacional de la nueva oficina, la elección de la agente McChesney se debió a que "ha sido entrenada para ser imparcial como investigadora y presentar pruebas acumuladas. Un factor decisivo".[66]

Estaba previsto que Kathleen McChesney se hiciera cargo de la Oficina para la Protección Infantil y Juvenil en diciembre de 2002. De todos modos, el documento aprobado por los obispos en su cónclave de Dallas estaba siendo objeto de una minuciosa revisión en el Vaticano. Según los conservadores expertos de Roma, las políticas disciplinarias adoptadas por los prelados estadunidenses daban lugar a "ambigüedades" y no salvaguardaban los derechos humanos de los sacerdotes acusados de pedofilia. Por eso, a finales de octubre, los obispos de Estados Unidos habían recibido la orden de "suavizar" las normas sobre disuasión y castigo para acomodarlas a las indicaciones de la estructura vaticana. Los obispos habrían de discutir el plan revisado en una reunión extraordinaria; algunos se quejaron de que sólo dispusieron de 11 días para estudiar el nuevo texto, en lugar de semanas o meses, como suele ser la norma. El nuevo plan quedó aprobado el 13 de noviembre por 246 votos contra siete y seis abstenciones. Según el cardenal de Chicago, Francis George, las revisiones buscaron "equilibrar la compasión con las víctimas con la justicia para los sacerdotes".[67] Un delicado y sinuoso equilibrio que exonera al delincuente y elude compadecer a las víctimas por la vía de los hechos, como ilustran, por

---

[65] "Iglesia católica de Estados Unidos pone a mujer clave del FBI para combatir pedofilia", *La Tercera*, Santiago de Chile, 9 de noviembre de 2002.

[66] *Ibíd.*

[67] "Estados Unidos: protegen a curas", *El Universal*, México, 14 de noviembre de 2002.

ejemplo, los juicios contemporáneos seguidos por el juez español Baltasar Garzón contra el exdictador chileno Augusto Pinochet y el extorturador argentino Ricardo Miguel Cavallo. Todavía justificó George: "A veces nos piden que escojamos entre el acusador y el acusado. No podemos elegir entre uno y otro. Tenemos que optar por los dos. Tenemos que amar a ambos".

El giro era evidente. Una vez más Roma *la eterna* imponía sus condiciones. Defendía sus intereses. Al menos así los interpretaron algunas víctimas de abusos. El nuevo código de sanciones era menos draconiano que las promesas expresadas por los prelados desde comienzos de año. El Vaticano había rechazado la propuesta original por excluir el perdón y la redención de los culpables. Para Barbara Blaine, presidenta de un grupo de víctimas de abuso sexual de sacerdotes, la decisión era "devastadora". Dijo: "Básicamente le da a los obispos más poder y les permite retractarse de las promesas que ya habían hecho".[68] Adiós a la *tolerancia cero*. Se seguía protegiendo a los perpetradores con poder sagrado para dominar, en perjuicio de los abusados. La brecha entre la jerarquía y los fieles se ensanchaba.

Por vía paralela se venía gestando una verdadera *rebelión en la granja*. De nuevo el epicentro estaba en la arquidiócesis de Boston, donde 58 sacerdotes habían dado un paso sin precedentes en el seno de la Iglesia católica: pedir la renuncia del cardenal Bernard Law. La solicitud había sido precedida por la divulgación en una página de Internet de archivos privados de la arquidiócesis que contenían al menos 600 nombres de curas estadunidenses acusados de abuso sexual a menores en los seis años anteriores. Los documentos, dados a conocer por abogados de las víctimas, eran sólo una parte de un listado que incluía los casos de más de dos mil clérigos presuntos abusadores.

Boston se convirtió de nuevo en la caldera del diablo. El diario *The Boston Globe* se hizo eco de los archivos y contribuyó a echar más leña al fuego. Se supo entonces que durante años la arquidiócesis local había manejado en "secreto" acusaciones "aberrantes". Por ejemplo,

[68] *Ibíd.*

que "un cura había aterrorizado y golpeado a su empleada doméstica; otro había canjeado cocaína por sexo; un tercero había seducido a varias jovencitas afirmando que era "la encarnación viviente de Jesucristo" y esos actos las ayudaría en su carrera religiosa, y otro más había engendrado dos hijos y no llamó para pedir ayuda de inmediato cuando la madre sufrió una sobredosis de drogas.[69] Las escandalosas revelaciones atenuaron la noticia sobre la liberación del exsacerdote Paul Shanley tras siete meses de prisión. Shanley había pagado una fianza de 300 mil dólares y esperaría en su casa el juicio que se le seguía como presunto culpable en diez cargos de violación de menores y seis por abusos sexuales.

Mientras tanto, la misiva suscrita por 58 subordinados del cardenal y entregada en la propia residencia de Law habría de precipitar los acontecimientos. "Esto es lo más cercano a una revuelta pública de sacerdotes", dijo Stephen Pope, presidente del Departamento de Teología del Boston College.[70] Sacudida por las nuevas revelaciones y el pedido de los clérigos rebeldes, la ira contenida de los creyentes llevó al grupo reformista de laicos católicos Voz de los Fieles, integrado por veinticinco mil feligreses, a un cambio radical de postura. Tras haberse resistido por meses a solicitar la dimisión del purpurado, el consejo ejecutivo de la organización votó de manera abrumadora a favor de solicitar su cese.

Fue suficiente. Sometido a una intensa presión pública, la situación se había tornado insostenible para el cardenal Law. El prelado voló secretamente a Roma y ante su impotencia para contener la furia acumulada durante ocho meses en la arquidiócesis presentó su renuncia al papa Juan Pablo II. Invocó el artículo 401 del Código de Derecho Canónico, que otorga a un obispo la facultad de dimitir de un cargo diocesano al no considerarse "apto" para el mismo por "motivos gra-

[69] "Divulgan abusos de curas de Boston", *Reforma*, México, 5 de diciembre de 2002, y "Puede Iglesia suplir a Law", *Reforma*, 10 de diciembre de 2002.

[70] Reuters, "Piden formalmente la renuncia del cardenal Bernard Law 58 sacerdotes", *La Jornada*, México, 11 de diciembre de 2002.

ves".[71] En un gesto excepcional Karol Wojtyla le aceptó la renuncia. Fue un episodio insólito en la historia reciente de la Iglesia católica, porque entraña el cese de un cardenal, un cargo de confianza del pontífice y el escalón más alto en la jerarquía católica después del propio papa.[72]

Con sobriedad de términos y escasez de comentarios, como suele ser su estilo en tiempos de crisis interna, la Santa Sede informó que Law sería remplazado de manera provisional por el obispo auxiliar de Boston, Richard Gerard Lennon. Monseñor Lennon, de 55 años, fungiría como administrador apostólico hasta que se designara al nuevo responsable de la arquidiócesis que congrega a dos millones de fieles. El cardenal acompañó su renuncia con un comunicado en el que pidió "perdón" a todos los afectados por sus "faltas" y "errores".

Una brillante carrera eclesiástica había concluido en desgracia. Durante 40 años, el nombre de Bernard Law había estado asociado a la defensa de los derechos civiles y a las luchas en contra de la discriminación racial en el Mississippi profundo del Ku Klux Klan y a favor de los inmigrantes ilegales. Lo que había combinado con una posición ortodoxa conservadora en temas como el aborto, el sacerdocio de las mujeres y el celibato. Su agenda de amistades incluía, sorprendentemente, a la familia Bush y al presidente cubano Fidel Castro, de quien Law fue interlocutor en Estados Unidos, oponiéndose incluso al largo bloqueo comercial de Washington contra la isla.

Inclusive, en una acción que pasó casi inadvertida en medio del escándalo sexual que sacudía a su arquidiócesis, el 15 de julio de 2002 Law había dirigido una carta pública al presidente George W. Bush, en la cual, bajo la forma de una epístola, explicaba sus "razones" acerca de por qué Estados Unidos era "tan odiado" en algunas partes del mundo. Se trataba de un viejo texto publicado en *The National Catholic Reporter* en 1988, actualizado por Law tras los atentados en Washing-

---

[71] Lola Galán, "El papa acepta la renuncia del arzobispo de Boston por los casos de curas pederastas", *El País*, Madrid, 14 de diciembre de 2002.
[72] Un hecho similar había ocurrido en 1995, cuando el papa aceptó la dimisión del cardenal arzobispo de Viena, acusado de abusos sexuales.

ton y Nueva York del 11 de septiembre de 2001 y las posteriores acciones de represalia del Pentágono contra Afganistán y las que se preparaban contra Irak. En la misiva, "como teniente coronel" (asimilado al ejército) y asiduo conferencista sobre asuntos de seguridad nacional, el cardenal Law le pedía a Bush:

> Diga la verdad al pueblo sobre el terrorismo, señor presidente [...] Somos odiados porque nuestro gobierno hace cosas odiosas [...] porque hemos sustituido líderes electos por los pueblos, por dictaduras militares y marionetas deseosas de vender a su propio pueblo a las corporaciones multinacionales [...] porque los marines y la CIA depusieron a Mossadegh en Irán y lo sustituimos por el sha Reza Pahlevi y armamos, entrenamos y pagamos a su odiada guardia nacional, la Savak [...] y lo mismo hicimos en Chile, en Vietnam, en Nicaragua [...] En vez de entrenar terroristas y escuadrones de la muerte, deberíamos cerrar la Escuela de las Américas. En vez de sustentar revueltas, desestabilizaciones, asesinatos y el terror por todo el mundo, deberíamos abolir a la CIA [...] Resumiendo, deberíamos ser buenos en vez de malos. Así, ¿quién nos odiaría? Ésa es la verdad, señor presidente. Y eso es lo que el pueblo de Estados Unidos debe conocer.[73]

La carta provocó mucha molestia en la Casa Blanca y los círculos de poder en Washington, en momentos que recrudecía la campaña de propaganda de guerra que intentaba obtener un consenso de la opinión pública necesario para desatar una intervención armada contra Irak. Law había tocado un punto demasiado sensible. Y según el exlegionario José Barba, "ésa fue la verdadera razón de la destitución, que no renuncia, del cardenal Law". Según él, el papa había "sacrificado" al cardenal de Boston para "calmar" al Departamento de Estado estadunidense. Cabe recordar que, en la historia, el sacrificio ha sido uti-

---

[73] Bernard Law, "Carta al presidente George W. Bush", diario electrónico en portugués *La Otra Banda*, 15 de julio de 2002.

lizado para restaurar la armonía y reforzar la cohesión social entre los miembros de una comunidad. El sacrificio "protege" a la comunidad de su propia violencia, la "purifica" y la compele a atacar a víctimas que le sean exteriores.

Fuere como fuere, lo cierto es que ahora, públicamente, la imagen tan positiva del cardenal Law había quedado enterrada entre los esqueletos, por tanto tiempo guardados, de los abusos sexuales de sus subordinados. Law no perdió su condición de príncipe de la Iglesia, lo que significa que puede ser nombrado para otro puesto en la institución católica y conserva además, hasta que cumpla 80 años en 2011, su derecho a votar en el cónclave sucesorio para la designación de otro papa.

Con el control de daños interno, la Santa Sede y las jerarquías de la Iglesia católica en Roma y Estados Unidos parecían cerrar una de las páginas más oscuras de su historia reciente. El cardenal Law había pasado de ser un pastor de rebaño carismático a lobo malo. Fue sacrificado por Roma porque se había convertido en la principal amenaza para la institución eclesial. Pero su salida debido a la presión de los feligreses y la opinión pública —y eventualmente de la Casa Blanca— no terminaba con los problemas de la arquidiócesis de Boston. Las arcas de la iglesia local estaban vacías y una hilera de demandas judiciales pendientes —unas 450 personas se habían querellado y reclamaban una suma mínima de 100 millones de dólares en indemnizaciones, que podía ascender hasta los 400 millones— la colocaban al borde de la bancarrota. Además, desde que el escándalo de los clérigos predadores había estallado en enero, las donaciones a las obras de beneficencia habían caído al suelo. Los fieles no estaban dispuestos a confiar su dinero a quien veían como protector de criminales; menos todavía, si la mayor parte de esos recursos se iban a destinar a pagar demandas para que los acusados quedaran en libertad.

Agobiada por los pagos de restituciones previas (estimadas en 40 millones de dólares) y los obligados recortes presupuestarios, la arquidiócesis había tenido que apretarse el cinturón en septiembre. Incluso se había tomado la decisión de hipotecar la residencia del cardenal arzobispo para obtener un préstamo de 38 millones de dólares.[74] La renuncia de Law liberaba a Roma de la arista más desagradable del escándalo, ya que el purpurado, ahora sin responsabilidades diocesanas, podía comparecer a título personal ante el Gran Jurado de Massachusetts que investigaba la posible responsabilidad penal subsidiaria de los superiores jerárquicas de los clérigos acusados. Pero era obvio que el escándalo no desaparecería con el relevo. De eso se encargarían los abogados de las víctimas.

Por otra parte, y a eso era a lo que más le había temido el Vaticano, la renuncia de Law sentaba un precedente. Su caída enviaba una señal a los demás obispos en el sentido de que la presión de la opinión pública puede tener sus consecuencias, incluso en alguien tan encumbrado como Bernard Law.

[74] Javier Garza, "Cimbra un cardenal a la Iglesia católica", *Reforma*, México, 14 de diciembre de 2002.

SOR ALMA Y DON GIROLAMO:
PODER Y SEXO EN LA NUNCIATURA

Como Charles Parnell Cassidy, el personaje de Morris West en *¡Dios salve su alma!*, Girolamo Prigione Potzzi es el ejemplar perfecto del político. Como Cassidy, el piamontés es de los individuos duros, longevos, resistentes a la infección originada en la enfermedad o las nuevas ideas. Las influencias regionales apenas lo modifican. Según West, su protagonista irlandés pudo haber sido cualquier cosa, desde policía montado hasta cardenal, salvo que era demasiado inteligente para una cosa y poco casto para la otra. Prigione igual. Perdió el capelo cardenalicio por un problema de costumbres.

Ambos tienen otra cosa en común: su ambición por el dinero y el poder. Primero como delegado apostólico y luego como nuncio, Prigione amasó una fortuna en México y no hay duda que llegó a tener un poder político y religioso impresionante. Salvo contadas excepciones, se metió al bolsillo a los obispos del episcopado mexicano y durante el sexenio de Carlos Salinas de Gortari tuvo derecho de picaporte en la residencia oficial de Los Pinos. Pero dentro de la Iglesia católica perdió el cardenalato por un problema de castidad. De *moribus*, como se dice en latín. Un asunto moral, de conducta personal: su larga relación sentimental con la religiosa Alma Zamora, una especie de sor Pascualina[1] que le atendió en la nunciatura desde 1983 hasta mayo de 1997, cuan-

---

[1] La monja alemana Pascualina Lehnert se desempeñó como ama de llaves y secretaria del papa Pío XII y, según indican varios historiadores de la Iglesia católica, sus recomendaciones fueron ley para el pontífice.

do el italiano concluyó su misión como embajador de la Santa Sede en México.[2]

Alma, una mujer imperativa y prepotente —tanto o más que el exnuncio Prigione al decir de sus propias compañeras religiosas—, faltó a sus votos, enfermó de poder y terminó dividiendo a su congregación católica, las Misioneras Hijas de la Purísima Virgen María. Pero eso no fue todo: por años, la hermana Alma sostuvo una "relación contranatura" con don Girolamo.[3] Por eso, en México hay quien afirma que Prigione, el "nuncio de hierro", es un caso psiquiátrico. Y Roma lo sabe. Existe allá un expediente que durante años se fue alimentando de cartas y contestaciones entre las sucesivas superioras generales de la congregación religiosa y las autoridades vaticanas. No sólo con correspondencia sobre los vínculos afectivos entre el exnuncio y la hermana Alma y cómo el concubinato repercutió en el instituto misionero; existe también acusaciones por acoso sexual de monseñor a otras monjas que prestaban servicio en la delegación apostólica, y al menos una de ellas necesitó apoyo psiquiátrico.

Según el testimonio de la religiosa María Cristina Durán Herrera,[4] quien en 1995 se desempeñaba como superiora general de las Hijas de la Purísima Virgen María, con casa generalicia en Aguascalientes, monseñor Prigione usaba y abusaba de su alta investidura eclesiástica y de su autoridad como representante de Juan Pablo II en México, para inducir a la desobediencia a las religiosas que trabajaban en la delegación apostólica —todas "mujeres sencillas" y con una fe "distinta" a la del delegado papal— y hostigarlas sexualmente.

[2] Monseñor Girolamo Prigione llegó a México, en febrero de 1978, como delegado apostólico del Vaticano ante la Iglesia católica local. Tras las reformas salinistas en materia religiosa, la delegación apostólica se convirtió en nunciatura y Prigione pasó de delegado apostólico a nuncio.

[3] La expresión "contranatura" fue utilizada por la superiora de la congregación Misioneras Hijas de la Purísima Virgen María, Cristina Durán, durante una de las entrevistas que sostuvo con el sacerdote Antonio Roqueñí, cuando éste la asesoró en el caso como miembro del Tribunal Eclesiástico de la arquidiócesis de México.

[4] Entrevista del autor a la religiosa Cristina Durán, superiora de la congregación Misioneras Hijas de la Purísima Virgen María, celebrada en la ciudad de México el 21 de septiembre de 1995.

El argumento utilizado por Prigione era que las cinco religiosas que desempeñaban tareas domésticas y secretariales en la delegación tenían "autonomía", dado que vivían allí y estaban a su servicio. Es decir, según él, las monjas no dependían de su instituto religioso y las madres superioras de la orden. "Les decía que él era el superior. Y que al servirlo a él estaban sirviendo al papa y servir al sumo pontífice era servir a Cristo", dice Durán.[5] Ergo, salvo a él, las monjitas no tenían que rendir cuentas a nadie.

Muy pronto, tal situación generó conflicto entre Prigione y la superiora María Cristina Valencia, quien en 1984 quiso cancelar un convenio que normaba el trabajo de las religiosas en la delegación apostólica y que se había venido renovando periódicamente desde 1979. El ambiente en la delegación apostólica "no era propicio para que las religiosas realizaran sus votos. Empezando por el señor Prigione. Así, algunas de las hermanas faltaron a sus votos de pobreza, obediencia y castidad".[6] Aunque según Prigione, "las hermanas eran las resbalosas". No él.

El llamado de Dios y su época

Girolamo Prigione Potzzi nació en 1921 en Castellazzo Bormida, un pequeño poblado cerca de Alejandría, la ciudad fortaleza ubicada en el corazón del triángulo industrial formado por Milán, Turín y Génova, en el norte de Italia. Fue el primero de los tres hijos de una pareja de campesinos y creció en medio de grandes sacudimientos político-sociales que marcarían su vida. Al año siguiente, el 6 de febrero de 1922, era elegido papa el cardenal arzobispo de Milán, Achille Ratti, quien tomó el nombre de Pío XI. Seis meses después llegaba al poder, en Italia, un viejo conocido de Ratti, el líder del movimiento fascista, Benito Mussolini, cuya guarida había estado en Milán.

En el primer cuarto del siglo XX, la cuenca del Po —la región

---

[5] *Ibíd.*
[6] *Ibíd.*

donde creció Prigione, recreada como escenario en *Novecento* de Bertolucci— estaba signada por un catolicismo ultraconservador militante. No hay muchos datos biográficos sobre la infancia de Prigione, pero él ha declarado que vivió una "niñez ordinaria" y adquirió temprana notoriedad por la "testarudez de su carácter".[7] Siempre "se salía con la suya". Cuando a los 12 años Girolamo decidió "entregarse a Dios" e ingresó al seminario en Alejandría, su decisión "desató la ira paterna y casi provocó que su madre, al defenderlo, fuera corrida del hogar".[8] En líneas generales, un patrón bastante común: padre autoritario y machista en un medio rural católico conservador donde florecía el fascismo, madre imbuida de un catolicismo popular y protectora, hijo seminarista.

Cuando Prigione entró al seminario, el papa Ratti, enemigo acérrimo del comunismo y antisoviético empedernido, ya había legitimado las acciones de Mussolini, Hitler, Franco, Salazar, Dollfuss, Pilsudski y otros dictadores fascistas de Europa, con la sola condición de que accedieran aliarse con la Iglesia.[9] Pío XI estimaba que sólo un poder "fuerte" podía combatir con eficacia al bolchevismo rojo. Desde su punto de vista, Mussolini personificaba ese ideal de hombre de Estado. Su simpatía por el Duce fue explícita: el dictador fascista estaba destinado por la "divina providencia" a gobernar Italia, afirmó el papa. Hubo entre ambos una relación de mutua conveniencia. En 1929, tras firmarse los Acuerdos de Letrán entre Mussolini y el representante del papa, cardenal Gasparri, se creaba el Estado de la Ciudad del Vaticano.[10]

De acuerdo con algunos historiadores, la ideología fascista —pensamiento único, culto a la jerarquía a cuya cabeza está el gran líder cuasisagrado, corporativismo monopólico, desdén por la democracia, anticomunismo zoológico, chovinismo, prédica de la colaboración entre las clases, defensa de los intereses del gran capital— parecía ser mera

---

[7] Oscar Alarcón García, "Monseñor Prigione de carne y hueso", *Contenido*, México, junio de 1992.

[8] *Ibíd.*

[9] I. Grigulévich, *El papado. Siglo XX*, Progreso, Moscú, 1982.

[10] Un Estado de 44 hectáreas, con derechos de extraterritorialidad a la residencia pontificia de Castel Gandolfo, en la provincia de Roma.

copia de la doctrina sociopolítica tradicional de la Iglesia católica, cuyas bases habían sido expuestas por León XIII en la encíclica *Rerum novarum*[11] a raíz del auge de las luchas obreras socialistas a finales del siglo XIX. Y en verdad había muchos puntos de contacto. En 1931, como parte de su "cruzada" contra la Unión Soviética, y después de anatemizar, una vez más, al socialismo, el comunismo y la lucha de clases en su encíclica social *Quadragesimo anno*,[12] el papa Ratti recomendó establecer un "sistema corporativo" de colaboración de clases de los trabajadores con los capitalistas y los terratenientes.

La empatía de Ratti con los totalitarismos de la época quedaría plasmada en una serie de hechos históricos verificables. Entre ellos, el concordato suscrito el 20 de julio de 1933 entre la Santa Sede y Hitler, primer documento internacional sellado por el Führer nazi y que le dio legitimidad; el visto bueno para la "colaboración" de los católicos y los dirigentes del Partido del Centro alemán con el Tercer Reich, en momentos en que el nazismo recluía a los demócratas alemanes en los campos de concentración, organizaba las persecuciones antisemitas y contra otras minorías como los gitanos y estimulaba una psicosis revanchista; la aprobación a la invasión y anexión de Etiopía (Abisinia) por la Italia fascista del Duce en 1936, y el apoyo a la sublevación falangista del general Francisco Franco en España, que luego de tres años de guerra civil culminaría con el derrocamiento de la segunda República en 1939.

Prigione tenía 18 años y estudiaba filosofía y teología en el seminario de Alejandría. En las aulas de la Iglesia preconciliar, a los jóvenes aprendices de sacerdote se les enseñaba que "el comunismo es intrínsecamente perverso" y que el nazi-fascismo era "el mal menor". En 1939, moría Pío XI en el umbral de la segunda guerra mundial. Su sucesor fue el secretario de Estado, Eugenio Pacelli, quien surgió de un cónclave relámpago de tan sólo 20 horas con el nombre de Pío XII, mostrando así que seguiría la línea del papa Ratti. La designación de Pacelli,

[11] I. Grigulévich, *op. cit.*
[12] La encíclica *Quadragesimo anno* fue publicada con motivo del 40 aniversario de la *Rerum novarum*, del papa León XIII.

quien se había desempeñado durante doce años como nuncio en Alemania, agradó al Führer. También al Duce. La admiración de Pacelli por la sublevación falangista en España —el año de su asunción Pío XII aplaudió con entusiasmo la victoria del Franco ("caudillo de España por la gracia de Dios") y guardó silencio ante la represión masiva de republicanos por los verdugos falangistas, incluidos muchos sacerdotes y laicos católicos vascos— y su intransigencia ante el socialismo y el comunismo, infundieron la esperanza de Hitler de un total entendimiento con el Vaticano. No hubo entendimiento porque un proyecto totalitario, por definición, no acepta compartir el poder con nadie. Pero la historia registra el silencio y la pasividad del papa ante el avance del nazifascismo en Europa; el "mal menor".

Los hechos: cuando Hitler se anexó la región de Klaipeda, territorio lituano, el papa fingió no darse cuenta. Cuando Mussolini ocupó Albania, Pacelli no estimó necesario pronunciarse. Cuando en 1939 las tropas alemanas agredieron Polonia, un Estado católico burgués, el pontífice guardó un mutismo absoluto. Después Hitler se apoderó de Yugoslavia y los croatas ultras establecieron un Estado católico. Entonces los *ustasi* —católico-fascistas croatas que se jactaban de su fanatismo— encabezados por el sacerdote Ante Pavelié exterminaron masivamente cristiano-ortodoxos serbios.[13] Pío XII lo supo... y guardó silencio. Hitler creó el Estado pelele de Eslovaquia presidido por el prelado católico Tiso y también volvió a callar. Después Hitler, Mussolini y sus alia-

---

[13] En su obra *Las creencias de Adolfo Hitler*, el historiador católico austriaco Friedrich Heer alude al papel de sacerdotes franciscanos católicos al frente de la Ustacha. Señala que durante una entrevista en Zagreb con el escritor italiano Malaparte, "Pavelié mostró una cesta a su lado y dijo: 'Un regalo de mis fieles *ustachas*. Cuarenta libras de ojos humanos'. Sacerdotes fanatizados, conducidos por franciscanos croatas, salieron al exterminio de los serbios. 'Ya no es pecado matar a un niño de siete años, si infringe la legislación de los *Ustachas*. A pesar de que yo llevo el vestido de sacerdote, muchas veces tengo que usar la metralleta' [...] Franciscanos como el Hermano Diablo [...] dirigieron campos de la muerte donde perecieron 120,000 serbios. El franciscano becario Brzica degüella la noche del 29 de agosto de 1942 a 1,360 hombres con un cuchillo especial". Pavelié murió en el exilio franquista de Madrid, en 1954, y recibió en el lecho mortuorio la bendición del papa. Citado por Franz Hinkelammert en *Las armas ideológicas de la muerte*, Sígueme, Salamanca, 1978, p. 267.

dos desencadenaron la guerra contra la Unión Soviética, y Europa ocupada se convirtió en un gran campo de concentración. Hubo diez millones de muertos y Pío XII continuó callado.

Es evidente que en 1945, cuando Prigione se ordenó sacerdote en medio de los bombardeos de la segunda guerra mundial —tenía entonces 24 años y la catedral de Alejandría, ciudad bajo ocupación alemana, amenazaba derrumbarse tras haber sido alcanzada la víspera por el fuego aliado—, su formación como seminarista había quedado permeada por esos acontecimientos. Pero en particular, por la "ideología dominante" al interior de la Iglesia católica de la época: dos papas obsesionados por su anticomunismo cerril, habían aplaudido y guardado un prudente "silencio" —profascista en esencia—, durante el irresistible ascenso y posterior desarrollo de los totalitarismos de derecha en Europa. Eso determinaría los pasos futuros de Roma y su posición frente al mundo. Ergo, también la posición de quienes servían a la estructura de poder vaticana.

En el caso de Girolamo Prigione, la ruta de su "conversión" estaría en adelante marcada por la contradicción "Roma o Moscú",[14] que se desprendía del anticomunismo militante de Pío XII, su modelo de perfección a imitar y servir. "Dos campos opuestos se perfilan en el terreno religioso y moral. Es una hora de pruebas", dijo el papa el 7 de septiembre de 1947, al dirigirse a militantes de Acción Católica reunidos en la Plaza de San Pedro en Roma. En su mensaje de navidad, ese año, Pío XII fijó la postura de la Iglesia católica. Dijo que se oponía a la división del mundo en fascistas y antifascistas, y contrapuso su propia fórmula: "Por o contra Cristo", entendiéndose que "por" abarcaba a todo el bloque Occidental hegemonizado por Estados Unidos y que "contra" significaba la Unión Soviética y el bloque soviético.

Un año fungió Prigione como párroco en una pequeña iglesia de Alejandría, bajo la ocupación de soldados alemanes. En 1946, finalizada la segunda guerra mundial, estudió derecho canónico en la Pon-

---

[14] "Roma o Moscú" fue la consigna lanzada por los democristianos italianos en las elecciones de 1948.

tificia Universidad Letranense de Roma y se matriculó en la Academia Eclesiástica, donde cursó la carrera diplomática para la Santa Sede. Sin duda, fue un buen estudiante: en 1951 fue nombrado secretario de la nunciatura apostólica en Italia.

Los seis años que duró en el cargo le sirvieron para conocer los resortes secretos del poder vaticano. Luego, al despuntar la guerra fría —el largo enfrentamiento político, ideológico y militar entre el Este y el Oeste, sintetizado por la contradicción capitalismo-comunismo[15]— el joven diplomático piamontés desfilaría por las delegaciones apostólicas en Londres (1957-1960), Washington (1961-1963) y Viena (1964-1968); tres sedes diplomáticas de importancia capital en el nuevo mapa geopolítico que emergía de la segunda gran guerra. Con un elemento adicional: Estados Unidos irrumpía como la potencia hegemónica del mundo capitalista y en el marco de la "reconstrucción" de Europa devastada, utilizaba el Plan Marshall como una herramienta para la conformación de su bloque de posguerra. Por vía paralela, recrudecía la ofensiva propagandística contra el bloque soviético.

Pío XII participó con entusiasmo en la guerra fría de factura estadunidense —de allí que fuera apodado el "papa Atlántico"—, proclamando una nueva "cruzada" contra el "comunismo materialista ateo e intrínsecamente perverso". En el marco de la alianza entre Washington y el Vaticano, los servicios de espionaje de Estados Unidos se sintieron en la Santa Sede como en casa. Existe abundante documentación que prueba que los funcionarios de la secretaría de Estado vaticano recibieron instrucciones de Pío XII de colaborar con los espías estadunidenses. Los nexos de funcionarios de la Santa Sede con la Agencia Central de Inteligencia (CIA) y varias embajadas de Estados Unidos en Europa han quedado registrados en las memorias diplomáticas. Por ejemplo, la famosa "operación Gedda", que alude al contubernio entre Roma y Washington para impedir el avance de la izquierda en Italia.

Luigi Gedda fue el máximo dirigente de los llamados "comités

[15] Autores como el estadunidense Noam Chomsky han insistido en que la URSS y su bloque no fueron ni socialistas ni comunistas.

cívicos", cuya creación fue una de las más vastas acciones anticomunistas creadas por la CIA de consuno con el Vaticano durante la campaña electoral italiana de 1948. Esos comités animados por Gedda, presidente de la Acción Católica italiana, pasaron a ser la fuerza de choque de la reacción. Gedda había sido recomendado directamente por Pío XII para el puesto de líder de los "comités cívicos". El cardenal Fiorenzo Angelini fungía como jefe espiritual de la organización, mientras desde Radio Vaticano el jesuita Riccardo Lombardi pronunciaba sus prédicas anticomunistas y fue llamado por eso "el micrófono de Dios". El 7 de diciembre de 1949, Gedda viajó a Washington y el Departamento de Estado estadunidense entregó 500 mil dólares al Vaticano para la propaganda anticomunista. Las elecciones las ganó el democristiano Luigi Einaudi.

Prigione y la Hermandad Rudolfina

Avanzaba la guerra fría. Prigione había sido destinado por los responsables de la política exterior del Vaticano a la nunciatura en Austria. Dado que Pío XII, quien gobernó la Iglesia como un autócrata, ejercía directamente la diplomacia de la Santa Sede, la designación de Prigione como secretario en la representación del Vaticano en Viena puede ser interpretada como un espaldarazo del pontífice a la carrera del joven diplomático.

Debido a la importancia geopolítica y al papel que le tocó desempeñar en la coyuntura histórica posbélica, la nunciatura en Viena tenía cinco veces más personal que la representación de la Santa Sede en París. En el marco de la confrontación ideológica Este-Oeste, y luego de su bautizo diplomático en las delegaciones apostólicas en Londres y Washington —capitales de dos países de mayoría protestante, pero con gran importancia política en la configuración del mundo de posguerra—, Austria era una plataforma privilegiada.

A su cargo de secretario de la nunciatura, Girolamo Prigione sumó el de representante permanente del Vaticano ante la Agencia Internacional de Energía Atómica y delegado a la Convención de Viena sobre Relaciones Consulares. Despuntaba como un político de fuste para la diplomacia romana. Viena se había convertido en la capital mundial del espionaje. La ciudad de los valses era el puente entre el Este comunista y el Oeste capitalista y allí confluían, también, los servicios de inteligencia de todas las potencias de la época. A la vez, la representación servía de gozne entre la Santa Sede y las llamadas *iglesias del silencio*, según la terminología propagandística acuñada por Pío XII para referirse a la presencia de la Iglesia católica en los países socialistas; es decir, detrás de lo que Winston Churchill había bautizado como la *cortina de hierro*.

Allí tuvo oportunidad Prigione de conocer al cardenal Wyszynski, de Polonia, y al entonces arzobispo de Cracovia, Karol Wojtyla, quienes a menudo viajaban por tren a Roma, a entrevistarse con el papa Paulo VI, y hacían escala en Viena. En 1968, Paulo VI nombró a Prigione arzobispo titular de Lauriaco, Austria; un cargo honorífico en una diócesis inexistente. El dato no tendría ninguna importancia, a no ser por un elemento que ha permanecido oculto en la prolífica biografía de quien después sería delegado apostólico y nuncio en México: su ingreso, en Austria, al *Cartel Verband*, una hermandad católica similar a la francmasonería y reducto del fascismo clerical.[16]

La *Verbindung* (rama o asociación *paraguas*) a la que ingresó Prigione, recibe el nombre de *Rudolfina* en honor al archiduque y príncipe coronado Rodolfo de Habsburgo. Por costumbre, el nuncio del Vaticano en Austria es miembro de honor de la elitista *Verbindung Rudolfina*. De allí la extrañeza del secretario del cardenal austriaco Köning, quien en 1995 declaró al periodista Wolfgang Purtscheller que no entendía las razones por las que Prigione había ingresado a esa asociación aristocrática antisemita y anticomunista. Por lo que los méritos de Prigione parecen ser otros.[17]

A su vez, el exembajador de Austria en México, Kurt Hengl —quien solía decir que era "muy buen amigo" de Prigione—, declaró

---

[16] Entrevista del autor al escritor y periodista austriaco Wolfgang Purtscheller.
[17] *Ibíd.*

a Purtscheller que él y el exnuncio formaban parte del rito del Santo Sepulcro de Jerusalén.[18] Ese rito, similar al de otras asociaciones tradicionalistas nostálgicas —como la Orden de Malta y los Caballeros de Colón—, fue fundado en 1933, en los días en que Franz von Papen era vicecanciller de Hitler en la Alemania nazi. El mismo año en que el vicecanciller del Tercer Reich y el cardenal secretario de Estado, Eugenio Pacelli (luego Pío XII), firmaron el concordato que dio legitimidad al Estado nacionalsocialista.

En 1968 el papa Paulo VI nombró a Prigione nuncio apostólico en Guatemala, concurrente en El Salvador, cuando los dos países centroamericanos estaban gobernados por dictaduras militares. Su mano dura se hizo sentir de inmediato en la persecución de un grupo de sacerdotes en El Salvador, entre quienes estaban Ignacio Ellacuría, Ricardo Urioste, Rutilio Sánchez, César Jerez, Jon Sobrino, Ignacio Martín Baró, Rafael Moreno y Juan Hernández Pico. Por instrucciones de Prigione, el arzobispo Freddy Delgado, presidente de la Conferencia Episcopal de El Salvador, expulsó al clérigo francés Bernardo Boulang, encargado de la Acción Católica Agraria. Boulang fue acusado de actividades marxistas subversivas y de incitar a la revolución armada.

Los siguientes destinos de Prigione fueron Ghana (1973) y Nigeria (1976). Luego México, en mayo de 1978, donde lo primero que hizo fue deshacerse de monseñor Tricárico, el sacerdote que a la salida del delegado apostólico Mario Pío Gaspari, un año antes, y tras la muerte de su sucesor designado, Sotero Sanz Villalba, exnuncio en Chile, había quedado como encargado de los asuntos de la misión diplomática. Era la víspera de la llegada del papa para la inauguración de la III Conferencia de Obispos latinoamericanos en Puebla, y Prigione no quería compartir la "gloria" con nadie.

Prigione ha declarado que cuando llegó a México revivió la sensación experimentada la mañana en que tomó los hábitos, de que la catedral se le caería encima: "México era un país predominantemente católico, pero regido por la Constitución más anticlerical del mundo

---

[18] *Ibíd.*

217

[...] no sólo tendría que luchar contra las leyes, las ideologías y los prejuicios, sino también contra la historia".[19] La tarea, diría uno de sus exégetas, habría desanimado a cualquiera menos testarudo. Pero él tenía confianza porque "Dios guía a su Iglesia" y porque además, según Prigione, los sucesos históricos en los que ésta se ve envuelta no son sino "manifestaciones de la voluntad divina". Un ejemplo del propio Prigione desnuda su pensamiento y exhibe sus convicciones:

> En 1939, el papa Pío XI decidió romper relaciones con el gobierno italiano como protesta ante una alianza entre Hitler y Mussolini, pero momentos antes de que se diera a conocer, fue sorprendido por la muerte. Esto demuestra claramente que Dios no quería la ruptura entre Mussolini y el Vaticano. El sucesor, Pío XII, lo comprendió e inició una línea diplomática más conciliadora.[20]

Los entretelones y posteriores resultados de la visita del papa Juan Pablo II a México, para la inauguración de la Conferencia de Puebla (enero de 1979) fueron la puerta grande a través de la cual Prigione inició sus relaciones con el gobierno mexicano y las elites empresarial y política del país. Pero la llave maestra fueron "las mujeres de José López Portillo", afirma Antonio Roqueñí, en alusión a Refugio Pacheco viuda de López Portillo, Margarita y Alicia López Portillo y Pacheco, madre y hermanas del expresidente de México.[21]

"Doña Refugio fue el factotum para lograr la autorización a la visita papal", dice Roqueñí. Pero Alicia, quien se desempeñaba como secretaria privada de López Portillo, fue la que introdujo un elemento clave para el desarrollo de los acontecimientos que marcarían toda una época en las relaciones Iglesia-Estado en México: era la que tenía los nexos con el sacerdote Marcial Maciel, fundador de la Legión de Cris-

[19] Oscar Alarcón García, "Monseñor Prigione de carne y hueso", *Contenido*, México, junio de 1992.
[20] *Ibíd.*
[21] Entrevista con el autor, 22 de julio de 1995.

to, la orden portadora del estandarte católico durante la administración lopezportillista.

"A través del vínculo Alicia López Portillo-Marcial Maciel, monseñor Prigione tuvo acceso directo al presidente de la República, quien, si bien guardó las formas republicanas, permitió que su familia colara todo." Al comienzo, afirma risueño Roqueñí, Prigione "anduvo de cura párroco chocolatero con las mujeres del presidente". Y está visto que obtuvo buenos dividendos.

A su vez, Marcial Maciel le ofreció toda su red de relaciones con banqueros, empresarios y la clase política de México. El otro eslabón con el poder económico fue el abad de la Basílica de Guadalupe, Guillermo Schulemburg, con quien Prigione estableció inicialmente un pacto. A propósito del trío Prigione, Maciel y Schulemburg, cabe anotar que monseñor Pedro López Gallo, un mexicano de origen jalapeño a quien enviaron de vicario judicial a Vancouver, Canadá, les apodó "los tres alegres compadres".

Otro nexo que desarrolló el italiano fue con el sacerdote estadunidense de origen ruso Nicolás Pedro Kurgoz, adscrito a la provincia de los dominicos en México. Anticomunista militante y persona muy cercana al entonces embajador de Estados Unidos en México, John Gavin, Kurgoz fue señalado por la revista mexicana *Impacto* como miembro de la Agencia Central de Inteligencia (CIA).[22] Según la publicación, Kurgoz llevó a Prigione a hacerse chequeos del corazón a Houston, Texas, y alguna vez le habría arreglado una entrevista con "algunos de sus colegas de la CIA" en la ciudad de San Francisco, California.[23] La versión era compartida por clérigos dominicos que, además, como en el libro del Apocalipsis, veían a Kurgoz como una especie de Satán, ya que "acusaba a sus hermanos ante nuestro dios, Prigione; tenía la misión de informar sobre el clero progresista de la orden".[24]

[22] Véase la serie de tres artículos de la revista *Impacto*, México, números 2140, 2141 y 2142 de marzo de 1991.

[23] Juan Bustillos, "Sólo para iniciados", *Impacto*, México, 21 de marzo de 1991.

[24] Entrevista concedida al autor, en el convento La Candelaria, por un sacerdote que por temor a represalias pidió el anonimato, México, primero de septiembre de 1995.

Fuentes de los dominicos revelaron también que, bajo el monitoreo de Prigione, Kurgoz cumplió varias misiones secretas relacionadas con la campaña del Vaticano en contra del gobierno sandinista de Nicaragua y la llamada "iglesia de los pobres" salvadoreña. Además, se convirtió en una especie de mecenas de la delegación apostólica. "Kurgoz manejaba mucho dinero; pudo ser una especie de Marcinkus de la Iglesia católica en México.[25] Canalizaba mucho dinero a Roma y tenía un comportamiento mafioso."

El vínculo Kurgoz-Prigione terminó de manera abrupta a raíz de un pleito por 170 mil dólares, que el sacerdote dominico depositó en Nueva York en una cuenta a nombre del delegado apostólico en México; supuestamente, el dinero provenía de donaciones de fieles católicos estadunidenses para los damnificados de los terremotos de 1985 en México. La prematura muerte de Kurgoz en 1991, poco después de los "destapes" de la revista *Impacto*, salvaron a Prigione de un escándalo mayúsculo.

"Para Prigione fue una muerte providencial", comentó un sacerdote de la orden. Sin embargo, los antecedentes vieneses de Prigione, sus vínculos con el espía Kurgoz y las posteriores entrevistas con dos de los hermanos Arellano Félix, capos del cartel de Tijuana, en el marco del asesinato del cardenal Juan Jesús Posadas Ocampo, en Guadalajara, alimentan la hipótesis de que el exnuncio en México fue parte de una red secreta que canalizaba "fondos negros" a la Santa Sede y que había estado vinculada con el cardenal Marcinkus, "el banquero de Dios", sindicado como uno de los sospechosos de la misteriosa muerte o asesinato de Albino Luciani, "el papa de la sonrisa".

---

[25] Nacido en Chicago, la ciudad que dominó Al Capone, el obispo Paul Marcinkus fue director ejecutivo del Banco del Vaticano. Apodado "el banquero de Dios", Marcinkus estuvo vinculado con una red mafiosa que incluyó, entre otros, a Licio Gelli y Umberto Ortolani, dirigentes de la logia masónica P2; al banquero siciliano Michele Sindona; al presidente del Banco Ambrosiano, Roberto Calvi; y al cardenal John Cody, el todopoderoso arzobispo de Chicago, la diócesis más rica del mundo. Todos, junto con el cardenal Jean Villot, secretario de Estado del Vaticano, se vieron envueltos en la trama que culminó con la muerte o asesinato del papa Juan Pablo I (Albino Luciani), a sólo 33 días de su elección. Véase David Yallop, *En el nombre de Dios*, Diana, México, 1984.

Asimismo, en círculos progresistas de la Iglesia católica en México, es idea generalizada que Prigione fue enviado al país como una pieza clave del llamado Club de Roma, encabezado por el cardenal Angelo Sodano (paisano y contemporáneo de Prigione) e integrado entre otros por Pío Laghi, exnuncio en Buenos Aires y Washington y el colombiano Alfonso López Trujillo. Definido por sus críticos como un "grupo ultraconservador, de tipo paranoico", con vínculos con el Opus Dei y la Legión de Cristo, el Club de Roma encarna un proyecto de Iglesia de neocristiandad, preconciliar, en la línea de la restauración del siglo XIX frente a las revoluciones en Europa.

Prigione habría sido enviado a México con la consigna de "desmontar" todo lo que oliera a Vaticano II y Medellín. Dos de sus primeros objetivos fueron destruir la labor de monseñor Sergio Méndez Arceo en la diócesis de Cuernavaca y desarticular la red de obispos de la Región Pacífico Sur. Luego encabezó la ofensiva en contra de la Confederación de Institutos de Religiosos de México (CIRM) y terminó nombrando y controlando prácticamente a todos los obispos que integran el episcopado mexicano.

No se puede pasar por alto, en ese periodo, la convergencia ideológica establecida entre el pontificado de Juan Pablo II y la administración de Ronald Reagan, quien a partir de los documentos secretos de Santa Fe (1980) y los lineamientos del Instituto de Democracia y Religión, esgrimiría una agresiva doctrina ético-religiosa-moral, avalada por el neoconservadurismo y la nueva derecha estadunidenses. Entre los elementos afines de las remozadas matrices conservadoras de Roma y Washington, figuraron el hostigamiento sistemático a la teología de la liberación, la "iglesia de los pobres", Cuba y la revolución sandinista, junto con una plataforma de lucha contra el aborto, el feminismo y la homosexualidad.

Las hermanas resbalosas y el piamontés

Un perfil psicológico de Girolamo Prigione, elaborado por monseñor Tricárico y transmitido a Roqueñí, dibuja la siguiente semblanza

221

del italiano: verticalista; instrumentalizador; autoritario; prepotente; ambicioso; paciente; puntual; con una gran capacidad de trabajo, como una máquina. Disciplinado; eficaz. Sin espiritualidad; no místico; anti-evangélico. Soberbio; no piadoso; no caritativo. Neoconservador. Impulsor de un modelo de Iglesia de restauración, de neocristiandad; antiVaticano II. Policía del papa. Y con problemas de costumbres...

Fue precisamente en los prolegómenos de la visita del papa Juan Pablo II a México, en 1979, cuando las religiosas Misioneras Hijas de la Purísima Virgen María se "engancharon" con monseñor Prigione. Sor Alma fue la artífice de la singular relación, signada por el abuso de poder y conflictos sexuales:

> Mi instituto empezó a dar servicio en la delegación apostólica en 1979, a instancias de una hermana nuestra, Alma Zamora. Ella era la que tenía amistad con el señor Prigione. Alma insistió mucho y el señor Prigione también. Pero pronto se vio que el ambiente no era muy propicio para que la vida religiosa se desarrollara allí. En 1984, la madre general intentó dejar el servicio. Adujo que el carisma de la congregación no era servir nunciaturas. Pero el señor Prigione insistió que no nos saliéramos y que la hermana Alma se quedara. El señor es muy insistente; una persona incisiva, y logró que la madre general no sacara a las hermanas de allí.[26]

Según María Cristina Durán Herrera, una de las exsuperioras que desfilaron por la jefatura del instituto religioso durante el periodo diplomático de monseñor Prigione en México, la situación se tornó muy difícil. Alma Zamora se volvió prepotente y comenzó a maltratar a sus compañeras religiosas sin que Prigione interviniera. Incluso, dice Durán, ejercía mucho poder sobre él:

> El problema mayor es que el señor nuncio se deja dominar por esta hermana nuestra. No encuentro la raíz del poder tan gran-

[26] Entrevista del autor a María Cristina Durán Herrera, ya citada.

de que la hermana Alma ejerce sobre él. Ante la menor insinuación de algo que a ella no le parezca, lo amenaza: "Voy a Televisa y digo todo lo que sé si su excelencia no hace esto y esto y esto". La hermana ha propiciado el ambiente de desobediencia; pero no se la ha podido cambiar porque Prigione lo impide. Todas las demás hermanas han sido cambiadas, menos ella. Porque él no lo permite; dice que no.

Con sus regalos, paseos y viajes al exterior, a los que invitaba a "sus" monjitas, Prigione abonó el camino para el paulatino abandono del voto de pobreza de las religiosas que servían en la delegación apostólica. Es más, él las alentaba; les decía que podían disponer de todo sin tener que rendir cuentas a nadie. Les aseguraba que eran "autónomas". Que él era su superior. Cuenta Cristina Durán:

Tres hermanas se quejaron de que el señor quiso sobrepasarse; sintieron cierto hostigamiento sexual. Una está un poco traumada. Vemos que allí faltó pobreza, porque él no las ayuda. Faltó obediencia, porque el señor les dice que dependen sólo de él y no de nosotras. Y faltó castidad. Ésos son los tres problemas fuertes. Sentimos que el ambiente de la nunciatura no es propicio para la realización de sus votos.

Ante tal situación, el XVI capítulo general de la orden celebrado en abril de 1995 solicitó que se retirara a las religiosas de esa misión apostólica. En julio siguiente, la superiora general Cristina Durán le envió una carta a Prigione donde le hacía saber que el servicio expiraba en seis meses. Monseñor Prigione se molestó. Amenazó con enviarles un visitador apostólico y, en concreto, a ella, le dijo que sería destituida. "Todas las amenazas fueron verbales", señala Durán. "No me amenazó directamente a mí; me las ha mandado decir. Dice que va a ser un gran escándalo para mi congregación. Argumenta que 'las hermanas son las resbalosas', no él." La entrevista continúa:

–¿Así lo dijo él?
–Pues así yo lo oí. Formé parte del equipo de gobierno de la

223

congregación en el sexenio pasado. Cuando la madre general le dijo que nos íbamos a salir de la delegación apostólica, el señor Prigione contestó que no. Que las "resbalosas" éramos nosotras. No discuto que a veces cometamos errores. Pero mis hermanas son gente sencilla. Tienen otro tipo de fe... él es una alta autoridad eclesiástica y ellas, en esa casa, sienten que sirven al papa.

—¿Es Prigione quien les dice que no lo sirven a él sino al papa?

—Durante el sexenio pasado, en una oportunidad que visité la delegación apostólica le dije al señor que la religiosa que estaba en la cocina tenía mucha carga de trabajo y recibía malos tratos de la hermana Alma. Prigione me respondió que hablaría con ella. Pero agregó: "Haga de cuenta que el trabajo que está haciendo esa hermana me lo hace a mí. Y si me lo hace a mí se lo está haciendo al papa y si se lo hace al pontífice se lo hace a Cristo". Le contesté: "Pues sí, señor, pero nosotras también sabemos en nuestro instituto que cuando se sirve a un pobre estamos sirviendo a Cristo directo, sin intermediario". El nuncio se molestó mucho y me dijo que yo era de la teología de la liberación. Después me mandó decir que era enemigo personal mío. "Esa Cristina es de la teología de la liberación", comentó al emisario. Su idea es que él es el representante del papa y el papa es el representante de Cristo y quienes le sirven a él no tienen que dar cuenta a nadie.

—¿Cuál es el misterio que está detrás de la hermana Alma?

—Eso no se lo puedo asegurar. Siento que es un problema de dominación. De dominio de la hermana Alma sobre el señor Prigione. Ella siente que puede mandar al señor. Mucha gente sabe eso. Pero del otro problema, no.

El "otro problema", al que no quiso mencionar por su nombre Cristina Durán, es el sexual. El concubinato de la hermana Alma con el nuncio Prigione. No obstante, admite que dos exsecretarios de la exdelegación apostólica, los monseñores Parolini y Ralo, "saben muchas cosas". Asegura que en una oportunidad monseñor Ralo le dijo a la superiora general, Celia Campoy, que tenía que hacer algo, que la cosa no podía continuar así. Entonces, cuenta, la madre Celia se asustó. Se sintió cargada de conciencia. Fue cuando fuimos a hablar con Prigione y nos dijo que nosotras éramos las "resbalosas". Ahora, en realidad no sé si esos señores sepan bien la relación de Alma con el nuncio [...] En una ocasión, monseñor Parolini pidió hablar conmigo. No tenía ni dos minutos de haberme sentado frente a su escritorio, cuando llegó el señor nuncio y lo sacó. Estaba muy enojado. Nunca más volví a ver a Parolini. Él y Ralo, de lo que más se quejaban era de que sentían que quien manda en la nunciatura no es Prigione. La que manda es Alma.

Sobre el comportamiento de la religiosa Alma Zamora hacia sus compañeras de congregación, en particular sus malos tratos, Durán señala que el nuncio Prigione la disculpaba diciendo que era "huérfana" y "está enfermita".

—¿Y sí está enferma?

—Creo que está psicológicamente enferma. La tentación del poder es muy fuerte. Ella se siente muy poderosa. Tiene amistades políticas y económicas muy poderosas. Por eso, en la nunciatura ella dispone; todo se hace como ella dice. La hermana Alma es la que lleva la agenda del señor Prigione. Ella sabe quién viene y quién va. Ella es quien debe haber pasado a los Arellano Félix.[27] Si el señor Prigione tiene inmunidad diplomática, ¿por qué no interrogan a la hermana Alma?

—¿Informó ella a la congregación sobre la presencia del narcotraficante en la nunciatura?

—No. Existe una cláusula en el contrato que señala que todo lo que sucede en la nunciatura debe quedar en secreto. Pero seguro supo qué sucedió allí. Sus contactos con todo lo que es el poder son muy grandes. Mire, en una ocasión que operaron a la hermana Alma en un hospital del Pedregal, recibió unos arreglos florales como de tres me-

---

[27] El 2 de diciembre de 1993, el nuncio apostólico Girolamo Prigione recibió en su residencia al presunto narcotraficante Ramón Arellano Félix, indiciado como uno de los capos del cartel de Tijuana, una de las organizaciones criminales a la que las autoridades señalan como responsable del asesinato del cardenal Juan Jesús Posadas Ocampo, ocurrido en Guadalajara el 24 de mayo de 1993.

tros. La tarjeta decía Carlos Salinas de Gortari. Era el presidente de México. La hermana entra a [la residencia presidencial de] Los Pinos como a su casa. No sabemos a qué va, pero tiene derecho de picaporte. Sus padrinos son los Vázquez Raña, los empresarios muebleros [dueños además de medios de información y del hospital donde operaron a Alma Zamora].

El señor necesita "ayuda moral y espiritual"

Luego de que en 1984 la superiora de las Hijas de la Purísima, María Cristina Valencia, hiciera un primer intento para cancelar el contrato mediante el cual religiosas de su congregación prestaban servicios en la delegación apostólica, aduciendo que "el ambiente no era propicio" para que realizaran sus votos, el affaire de la hermana Alma con monseñor Prigione pasó a ser un secreto a voces en los más altos círculos gubernamentales y de poder eclesial.

Al interior de la congregación, integrada entonces por 529 religiosas y novicias, muy pocas sabían qué era lo que atormentaba a sus superioras. El asunto era que Alma Zamora había perdido su vocación y abandonado los votos de castidad y se había convertido en brazo derecho del delegado apostólico, incurriendo en desobediencia con la complicidad de Prigione, al negarse a regresar a la congregación para cumplir otras tareas.

Fracasada la propuesta de cancelación del convenio ante la férrea oposición de Prigione, a fin de superar el conflicto por los carriles orgánicos y, dado que la delegación apostólica está ubicada en la arquidiócesis de México, la superiora general María Cristina Valencia pidió asesoría al Tribunal Eclesiástico de la curia metropolitana. La respuesta fue que ese tribunal no tenía competencia sobre la sede diplomática papal. Por lo que recibió la sugerencia de canalizar el problema a Roma. Directamente a la Santa Sede.

La primera carta enviada por Valencia al Vaticano data de mayo de 1985. Allí la religiosa afirmaba que el entonces delegado apostólico en México, Girolamo Prigione necesitaba "ayuda moral y espiritual".

226

El destinatario de la misiva era el propio papa Wojtyla. Pero la religiosa nunca recibió contestación de Roma. Ni siquiera el acuse de recibo.

En octubre de 1987, presionada por Prigione, la congregación renovó el convenio con la delegación apostólica. El 13 de septiembre de 1989, la nueva superiora de la orden, Celia Campoy, dirigió una carta a Prigione acusándolo de incumplimiento de contrato. También le expuso el asunto de la hermana Alma Zamora. Pero Prigione se desentendió del asunto. Ante el cariz que tomaban los hechos, el 12 de junio de 1990 Campoy envió una misiva en términos muy respetuosos al entonces secretario de Estado vaticano, cardenal Agostino Casaroli. Más larga y puntual que la que habían enviado anteriormente al papa, la carta "estaba escrita con delicadeza de monja", recuerda el sacerdote Antonio Roqueñí, a quien se le pidió asesoría jurídica. Allí se hacía más explícito el trato personal entre Prigione y la hermana Alma. Se indicaba, por ejemplo, que en la convivencia cotidiana dentro de la sede apostólica, la religiosa se dirigía al representante del papa con "exabruptos" y que la conducta entre ambos incluía "tocamientos", una palabra típica de la confesión espiritual sustituta del mexicanísimo *cachondeo*.

El cardenal Casaroli respondió la carta el 13 de noviembre de 1990. En forma escueta ofreció una "solución" a la congregación misionera. Sin embargo, la "solución Casaroli" nunca prosperó. Pero al menos sí quedó una cosa clara: desde entonces el papa Wojtyla estuvo al tanto del concubinato non sancto entre su representante en México y la hermana Alma. También se enteró del asunto el cardenal primado de México, monseñor Ernesto Corripio Ahumada, a raíz de que las superioras de la congregación habían recurrido al Tribunal Eclesiástico de la arquidiócesis metropolitana en busca de asesoría y fue informado del hecho por los sacerdotes Enrique González Torres[28] y Antonio Roqueñí, miembros del tribunal.

De acuerdo con lo que les narró a ambos la religiosa Cristina Durán, la relación sentimental entre Prigione y Alma no era la "apropiada"

---

[28] Enrique González Torres es sacerdote jesuita y en la actualidad es el rector de la Universidad Iberoamericana.

entre un hombre y una mujer. Era un vínculo "contranatura", donde el papel dominante, de "macho golpeador" —relata Roqueñí— era ejercido por la religiosa Alma Zamora, en tanto Prigione se comportaba de manera "pasiva", "sumisa", "dócil", según los arquetipos míticos de la feminidad. Era, más bien, una relación entre "homosexuales lesbianas".[29]

Cuando Roqueñí le preguntó a la religiosa Durán si estaba dispuesta a testimoniar ante una comisión del Vaticano, sor Cristina respondió: "Por supuesto que sí". Sin embargo, dado que el caso involucraba a la delegación apostólica, no era de la competencia de la curia metropolitana y se turnó a la Santa Sede. El propio Roqueñí entregó la denuncia al secretario de la misión del Vaticano en México, monseñor Parolini. "Actuamos como mensajeros", aclara Antonio Roqueñí.

No sería la última vez. En noviembre de 1993, una vez que Prigione había logrado el restablecimiento de las relaciones diplomáticas entre México y la Santa Sede, se montó la exposición Los Tesoros del Vaticano en el antiguo Colegio de San Idelfonso. A tales efectos viajó a México, desde Roma, una comitiva de altos dignatarios de la Iglesia católica. En la delegación llegó un monseñor argentino que se desempañaba entonces como asesor para los asuntos generales del secretario de Estado, Angelo Sodano. Su nombre: Leonardo Sandri. Había sido discípulo del cardenal español Eduardo Martínez Somalo, presidente de la Pontificia Congregación para los Institutos de Vida Consagrada. Monseñor Martínez era, además, carmalengo; es decir, papa regente en caso de que la sede quedara vacante por la muerte del pontífice.

Roqueñí y González Torres valoraron que monseñor Sandri era una vía posible para involucrar al "número tres" del Vaticano y garantizar que por ese conducto la información sobre el caso Prigione llegara a oídos del papa Wojtyla. González Torres buscó a Sandri por teléfono en la nunciatura, donde éste se alojaba. Le dijo que tenía un asunto "muy delicado" que comentarle y que le urgía conversar con él afuera de la sede diplomática. Sandri aceptó. Un automóvil pasó por él y lo trasladó a una oficina de la Compañía de Jesús ubicada sobre

[29] Entrevista del autor a Antonio Roqueñí, celebrada en México, el 10 de mayo de 2002.

avenida Revolución, en la ciudad de México. Allí le esperaban los dos sacerdotes de la mitra, la religiosa Cristina Durán y otra monja miembro del consejo de las Misioneras Hijas de la Purísima Virgen María.

Cristina Durán le expuso a Sandri el problema en líneas generales y cuando comenzó a relatarle el tema de la relación sexual entre Girolamo Prigione y Alma Zamora, los sacerdotes Roqueñí y González Torres salieron del recinto para que las monjas pudieran explayarse. "Sandri terminó la reunión horrorizado de lo que había oído. Agradeció que lo hubiéramos sacado de la nunciatura y ofreció guardar total discreción. Garantizó que comentaría el caso con el secretario de Estado, Angelo Sodano", afirma Roqueñí.

Los dos clérigos mexicanos entendieron que habían cumplido su misión; el asunto ya estaba en manos de la Santa Sede. Pero la satisfacción les duró poco. Prigione tenía poderosas influencias en Roma, y como suele ocurrir en esos casos, la jerarquía católica vaticana decidió cortar por el lado más delgado: por la vía de la represión a las víctimas de la conducta licenciosa de Prigione. Se ordenó una visita apostólica a la sede de la congregación de religiosas en Aguascalientes. Las acusadoras tendrían que explicar ahora su "conducta espiritual" a un equipo de inspectores encabezado por el arzobispo de Mérida, Emilio Berlié Belauzarán, prelado que debía su meteórica carrera en el episcopado mexicano, precisamente, a Prigione. Era uno de los incondicionales del llamado Club de Roma, el círculo aúlico y compacto de clérigos promovidos por Prigione y base de su poder en México.[30]

Los movimientos de Prigione se dieron después de que el sacerdote Antonio Roqueñí enviara una carta y un sumario a la Santa Sede con los antecedentes del "caso Prigione". Los documentos, remitidos el 15 de diciembre de 1993, llevaban como destinatario la secretaría de Estado y las congregaciones para los obispos y los institutos consagrados. El 30 de abril de 1994, en una nueva misiva, Roqueñí reclamaba a Roma no haber respondido a su anterior envío.

---

[30] Carlos Fazio, "El desmonte de San Cristóbal", *Masiosare*, suplemento dominical de *La Jornada*, México, 16 de enero de 2000.

Pero ocurrió otro hecho que aceleró el trámite del nuncio ante sus protectores en Roma. En 1994, la congregación Hijas de la Purísima Virgen María llevó a cabo una dinámica grupal denominada "ejercicio de discernimiento", impartida por el seminarista jesuita Juan Ricardo Herrera Valenciano. Allí emergieron las inquietudes de algunas religiosas, en particular, las "relaciones inmorales" del nuncio con la monja Alma Zamora. A raíz de los ejercicios el instituto religioso decidió dar por terminado todo vínculo con la nunciatura. El comité de dirección de la orden argumentó "razones de conciencia". Pero Prigione respondió con intimidaciones: amenazó que iba detener la causa de beatificación de la fundadora de la congregación y hasta con disolver la misma congregación.

Fue entonces cuando recibió la ayuda de sus amigos de la curia vaticana. Desde Roma se ordenó la inspección apostólica encabezada por monseñor Berlié, hombre de todas las confianzas del nuncio, apoyado por un equipo integrado por los sacerdotes David Hernández; un jesuita de Torreón y Francisco Javier Jaime, de Tijuana. La inspección se asemejó a un interrogatorio policiaco. Tres monjas tuvieron que ser hospitalizadas por crisis nerviosas. Otra más fue reprendida de manera severa por monseñor Berlié al encontrarle una... ¡revista *Proceso*![31]

El dictamen enviado a Roma por Emilio Berlié y uno de sus acompañantes llevaba la recomendación de que la congregación religiosa fuera disuelta. El dictamen del otro inspector, el jesuita, fue favorable a las monjas y de condena a la conducta del nuncio. Al final, la superiora general fue confirmada en su cargo pese a la petición de algunas subordinadas que habían sido inducidas para que solicitaran su remoción (aunque duraría poco tiempo en el mismo), pero el gobierno de la congregación quedó bajo la tutela directa del obispo de Aguascalientes, Rafael Muñoz, no obstante tratarse de un instituto de derecho pontificio. Además, Prigione se salió con la suya: obtuvo del prefecto de la Congregación para Institutos Religiosos y la Vida Consagrada, Eduardo Martínez Somalo, una orden según la cual las mon-

---

[31] *Proceso* es un semanario de información y análisis y circula a nivel nacional desde 1976.

jas debían seguir al servicio de la nunciatura durante el periodo en que él cumpliera funciones en México. La indicación tenía carácter oficial.

"Fue aberrante. No fue una inspección imparcial. La Santa Sede no podía enviar a quienes estaban involucrados en el caso. La jerarquía faltó al derecho canónico y a la reglamentación interna para vigilar el comportamiento de los nuncios", se quejó Roqueñí. A su vez, el equipo dirigente de las Hijas de la Purísima lamentó el "efecto tan divisionista" provocado por la "inspección inquisitorial", que afectó las obras de apostolado de la congregación, sobre todo en los colegios que administraba.[32] La superiora Cristina Durán, quien incluso había sido presionada por 35 obispos mexicanos que a petición de Prigione firmaron una carta donde le solicitaban que no abandonaran el servicio en la nunciatura, dijo que se encontraba "totalmente atada". Al poco tiempo la sustituía Dalmara Valenzuela.

Prigione no se detuvo. También cobró venganza en contra del seminarista jesuita Juan Ricardo Herrera Valenciano, próximo a ordenarse sacerdote en Guadalajara. Pocos días antes de la ordenación, el Piguamo —como llamaban a Herrera— recibió la noticia de que ésta se suspendía bajo el cargo de "enseñar herejías". El provincial de la Compañía de Jesús en México, Mario López Barro, y el exrector del Colegio Máximo de Cristo Rey, Álvaro Quiroz, intercedieron ante el cardenal Juan Sandoval Íñiguez para que no detuviera la ordenación. "Cardenal, ¿cómo es posible que no le dé crédito a la superiora general de una congregación religiosa y le crea usted más a una religiosa (Alma Zamora) que tiene con el nuncio relaciones que van más allá de la amistad."[33] No hubo ninguna respuesta.

[32] Uno de los más sonados fue el caso del Colegio Montessori, A.C., ubicado en la ciudad de Toluca, Estado de México, de donde fueron despedidas de manera injustificada cinco religiosas pertenecientes a la congregación de las Misioneras Hijas de la Purísima Virgen María que desempeñaban tareas de dirección. El caso provocó la protesta de madres de familia ante autoridades eclesiásticas, así como una carta dirigida por el sacerdote jesuita David Fernández, director del Centro de Derechos Humanos "Miguel Agustín Pro" al obispo de Toluca, monseñor Francisco Robles.

[33] Ricardo Alemán, "Las debilidades del nuncio", *Bucareli Ocho*, suplemento de *El Universal*, México, 24 de agosto de 1997.

La ordenación de Herrera quedó suspendida por más de dos años y finalmente pudo ingresar al sacerdocio pocos días después de que Prigione dejara la nunciatura en México. La ordenación tuvo lugar en Boston en una ceremonia discreta.

Después de la salida del nuncio, Alma Zamora nunca volvió a su congregación. Dejó los hábitos y encontró trabajo en el Hospital Ángeles del Pedregal, propiedad de sus padrinos, los hermanos Vázquez Raña. Fue incluso candidata a diputada federal por un distrito del Estado de México, por el Partido Revolucionario Institucional (PRI), en los comicios del año 2000. Pero corrió la misma suerte que su candidato presidencial, Francisco Labastida Ochoa: perdió.

La congregación religiosa quedó fracturada y la exsuperiora Cristina Durán fue trasladada a Perú, donde la ubicó en 2003 el autor. Se excusó de hablar; había sufrido mucho. Mientras tanto, en Roma, el expediente de Prigione quedó suspendido en el limbo. Los cuatro cardenales de la curia vaticana que habían recibido el último condensado con las quejas: el secretario de Estado Angelo Sodano; el prefecto de la Fe, Joseph Ratzinger; Bernardin Gantin, de la Sagrada Congregación para los Obispos; y el español Martínez Somalo, encargado de los Institutos de la Vida Consagrada, nunca respondieron. Ni siquiera por delicadeza.

La Santa Sede es lenta pero eficaz. Los dicasterios siempre contestan; por eso llamó la atención ese olvido múltiple. La única explicación es que sus amigos en la curia romana estaban protegiendo a Girolamo Prigione. Como dijo el investigador Jorge Erdely, autor de libro *Pastores que abusan*, "le habían concedido derecho de pernada".[34] Pero no tuvieron poder suficiente para ascenderlo al cardenalato. Cuando en 1994 el sacerdote Antonio Roqueñí en persona entregó las quejas de las religiosas en la Santa Sede, conversó con algunos funcionarios de los dicasterios y todos se sorprendieron de que Prigione siguiera en México. A varios les propuso: "Por qué no lo hacen cardenal". Aplicaba

[34] Jorge Erdely es también director del Instituto Cristiano de México. Entrevista concedida a Rodrigo Vera, "El ya basta de las monjas", *Proceso*, México, 17 de agosto de 2003.

la vieja fórmula de la Iglesia católica "asciende para que te quiten". Pero la respuesta que recibió fue contundente: "No se puede. Un individuo de esa categoría no puede ser miembro del Colegio Cardenalicio". Don Girolamo perdió el capelo cardenalicio por un problema de *moribus*. Por un asunto de moral, de conducta personal. Por su concubinato de casi tres lustros con la "hermana" Alma Zamora.

La Iglesia mexicana
en el confesionario

El 26 de agosto de 1998, Thomas Kane, un estadunidense maduro y regordete, de cabello y barba blanca, elegantemente vestido, fue presentado a las autoridades de Educación Pública del estado de Jalisco, México, como un respetable doctor egresado de la Universidad de Harvard. A partir de ese día, míster Kane se haría cargo del Worldwide Teachers Institute of Guadalajara, una academia de enseñanza de inglés que también brindaría asesoría a ejecutivos y personas con alto nivel socioeconómico en el manejo del idioma de Walt Whitman, incluidos niños mayores de 11 años.

Sin grandes lujos y con colegiaturas accesibles, el proyecto funcionó. Durante más de tres años el respetable míster Kane mantuvo un perfil bajo. Pero un buen día desapareció. Precisamente, cuando comenzaba enero de 2002 y en Estados Unidos estallaba un nuevo ciclo de denuncias contra curas predadores. El diario *The Boston Globe* seguía la pista de algunos sacerdotes pedófilos que habían pertenecido a la diócesis del cardenal Bernard Law, y alertó que uno de ellos podría estar refugiado en México. Una de esas pesquisas condujo a Guadalajara, la capital tapatía. Más concretamente, al Worldwide Teachers Institute. El de míster Kane.

En febrero siguiente, el periódico *El Informador* de Guadalajara, descubrió que el señor Kane era realmente un sacerdote de la Iglesia católica y había llegado de manera subrepticia a esa ciudad después de haber sido acusado en Boston por actos de pedofilia.[1] Por razones obvias, el "doctor" de Harvard había ocultado su condición de clérigo. Ya entonces comenzaban a develarse algunos aspectos desconocidos sobre el enigmático personaje. Según un informe sobre su vida secreta publicado por *The Boston Globe*, el padre Kane había sido expulsado de la diócesis de Worcester, en Boston, en 1995, luego de pagar 42,500 dólares en un "arreglo amistoso" por una demanda en la que se le acusaba de abuso sexual contra un niño llamado Mark Barry.[2]

Según la demanda, Barry fue abusado por Kane cuando el sacerdote era director de la Casa de Afirmación de Whitinsville, Massachussetts, un centro de rehabilitación para clérigos pederastas o que padecen adicciones y otros desórdenes. El juicio de Barry contra Kane se inició en 1993 y el acuerdo extrajudicial se alcanzó el 6 de octubre de 1995. A partir de ese momento nadie supo más del ciudadano Kane; se perdió el rastro del cura abusador. Hasta que una reconstrucción periodística permitió saber que había elegido Guadalajara como lugar de exilio y al Worldwide Teachers Institute como pantalla; a la sazón, una institución de enseñanza a la que acudían menores.

Cuando los periodistas llegaron a la academia en busca de información, las autoridades del centro arguyeron que la ausencia de Thomas Kane se debía a un aparente deterioro en su salud. "Padecía bronconeumonía" y tenía problemas del "corazón", indicaron.[3] Testigos oculares y alumnos del instituto todavía lo vieron entrar y salir de la vieja casona ubicada en Francisco I. Madero 611, en una orilla del centro de Guadalajara, a comienzos de 2002. Después desapareció. Míster Kane se había esfumado. Comenzaría entonces un baile de enredos que desnudaría una maraña de secretos y complicidades. Las autoridades migratorias mexicanas negaron saber que Kane tuviera un pasado de

---

[1] Felipe Cobián, Julio César López y Rodrigo Vera, "Pederastia sacerdotal: nombres, lugares, situaciones...", *Proceso*, México, 21 de abril de 2002.

[2] Carlos Benavides e Isela Quezada, "Thomas Kane, su historia en México", *El Universal*, México, 16 de abril de 2002.

[3] Isela Carolina Quezada, "Daba asesorías aquí cura indiciado", *El Universal*, México, 26 de febrero de 2002.

sacerdote, con antecedentes de pedofilia; es más, se llegó a admitir que había estado en México sin papeles legales, indocumentado. Los responsables de Educación Pública del estado, que habían extendido el permiso para que Kane abriera la academia, se lavaron las manos. La administración del Worldwide Institute optó por el mutismo. Y el cardenal arzobispo de Guadalajara, Juan Sandoval Íñiguez declaró no conocer al padre Kane ni tener noticia de que estuviera en la ciudad. En todo caso, aclaró que siendo un cura extranjero y de otra diócesis, no estaba bajo su jurisdicción.[4]

Una investigación del diario *El Universal* develó una extraña "conexión Boston-Guadalajara". Según el acta constitutiva de la empresa Worldwide Teachers Institute of Guadalajara, S.A. de C.V. y actas de asambleas de accionistas de la sociedad, el centro de enseñanza es propiedad del iraní Babak Bagheral y el tailandés Tienchai Sriklinsuwan.[5] Sin embargo, las indagaciones periodísticas encontraron dos pistas recurrentes: la ciudad de Boston, de donde provenía el sacerdote Thomas Kane y la Iglesia católica de Estados Unidos.

Los trámites para la constitución de la sociedad se hicieron ante el notario público número 31 de la ciudad de Guadalajara, a través del entonces administrador y socio minoritario del instituto, Antonio Guzmán Muñoz. Guzmán exhibió un poder de los dos propietarios extranjeros, certificado por un notario público de Boston. Cuando los reporteros intentaron localizar a Guzmán en el domicilio que declaró ante el notario —en Madero 807, a unas cuantas casas de la sede de la academia—, descubrieron que ahí había vivido, hasta su desaparición, el padre Thomas Kane. La finca era habitada por "el padre Teodoro", de quien una fuente consultada dijo que se encontraba en esos momentos en Los Angeles, Estados Unidos, donde iba a ser sometido a una operación. El informante, un joven lavador de autos llamado Bryan García, confirmó que había vivido seis años en la casa del padre Teodoro. A él y otros niños de la calle el padre Teodoro los trataba bien. Ha-

---

[4] *Ibíd.*
[5] *Ibíd.*

cían el aseo y el cura los ayudaba con dinero o les conseguía trabajos eventuales. Bryan dijo que en la casa de Teodoro había conocido al sacerdote Kane. Lo creía "muerto". El joven reveló otro dato interesante: Antonio Guzmán, el antiguo apoderado del instituto, vivía ahora en Nueva York y era sobrino del padre Teodoro.[6]

De la mano de Thomas Kane, el caso de los curas predadores había regresado a México. Según la revista *Proceso*, "quedó la sospecha de posibles abusos sexuales de Kane en Jalisco".[7] Pero nadie lo confirmó. No obstante, para el cardenal Sandoval Íñiguez, "esos ventarrones violentos los manda o los permite Dios, para sacudir el árbol; para que caigan las hojas secas y se purifique su Iglesia".[8]

Una morada del perdón para *curas fallados*

El escándalo de los sacerdotes pedófilos en Estados Unidos y Europa había despertado la curiosidad de los medios masivos de información sobre las manifestaciones de ese fenómeno criminal en México. Las historias sobre las debilidades humanas de los *curas fallados*, de violaciones de menores en sacristías y orfelinatos, o de jovencitas embarazadas por sus padres espirituales mediante estupro y otros inconfesables abusos de poder y confianza, se disputaron las principales páginas de periódicos y revistas y los espacios noticiosos de la radio y la televisión.

El tema se puso de moda y en algunos casos alcanzó niveles sensacionalistas. Pero no era nuevo en México. Una a una reaparecieron antiguas denuncias como la prodigiosa aventura de los Legionarios de Cristo y los presuntos desfogues sexuales de su fundador, el padre Marcial Maciel —protegido por el papa Juan Pablo II y la curia cardenalicia vaticana—, que reabrieron viejas heridas que lastimaban al poder político, económico y religioso de México. O se publicaron otras

---

[6] *Ibíd.*
[7] Felipe Cobián *et al.*, *op. cit.*
[8] *Ibíd.*

desconocidas para el gran público, como el caso del sacerdote Nicolás Aguilar, párroco de San Nicolás Tetinzintla, en Tehuacán, Puebla, abusador serial en agravio de por lo menos 60 menores de uno y otro sexo que estudiaban catecismo y cuyas edades fluctuaban entre los 11 y los 13 años.[9] También se publicaron muchos análisis sobre religión y un presunto fuero eclesiástico que había sido abolido en México un siglo y medio antes, así como diversos ensayos sobre la ceguera y la impunidad de delincuentes con sotana dentro del cristianismo vernáculo.

Sin alcanzar el nivel de los escándalos en Estados Unidos, la Iglesia católica mexicana estaba, una vez más, en el confesionario. La cresta de la ola coincidió con la reunión anual de la Conferencia del Episcopado Mexicano (CEM), y algunos miembros piadosos de la jerarquía, con una total ausencia de la noción del interés público pero con total lealtad al interés corporativo, esgrimieron el socorrido dicho de que "la ropa sucia se lava en casa". Es decir, todo dentro de la Iglesia, nada fuera de la Iglesia. Fiel al modelo de cristiandad tridentino, clericalista y autoritario, se presentó a la Iglesia católica como una gran "familia" y a los obispos como "padres" que no podían entregar a la justicia a sus "hijos" criminales. En general, las historias tenían un mismo patrón: clérigos católicos acusados de haber abusado sexualmente de niños habían sido ayudados por miembros de la jerarquía a evadir la justicia civil.

En su inmensa mayoría —incluso algunos sacerdotes con antecedentes probados de pedofilia— fueron transferidos de parroquia en parroquia y seguían oficiando misa. Algunos, como los casos de los sacerdotes Marvin Archuleta y Eduardo Lucatero Álvarez, fueron transferidos de un país a otro. Fray Marvin, por ejemplo, llegó a una parroquia de Villa Coapa, en el Distrito Federal, en octubre de 2000, procedente

---

[9] Denunciado penalmente, el padre Aguilar fue encontrado responsable de "abuso sexual y manoseos" de algunos menores a quienes se les realizaron análisis psicológicos y proctológicos, según la averiguación previa 3497-997-DRZS. El Departamento de Investigaciones sobre Abusos Religiosos, que atendió el caso, dijo que la diócesis de Tehuacán defendió al cura con el argumento de que "tenía problemas de salud", y la única sanción que se le aplicó fue cambiarlo de parroquia, *Proceso*, México, 21 de abril de 2002.

de la arquidiócesis de Santa Fe, Nuevo México, después de que el estadunidense Eddie Baros le promoviera juicio, acusándolo de que cuando tenía 15 años y era un muchacho con problemas de aprendizaje, Archuleta lo violó durante un tratamiento psicológico. Archuleta, quien seguía oficiando y confesando, aunque había perdido cualquier facultad de autoridad, declaró que "no lo penetré, eso no es cierto". Pero tras recibir terapia fue enviado a México, para evitar que creciera el escándalo que el caso provocó entre los feligreses de Santa Cruz, Nuevo México.[10] A su vez, el sacerdote Eduardo Lucatero, exdirector del Instituto Cumbres de la ciudad de México (perteneciente a la orden de los Legionarios de Cristo), fue acusado de complicidad en el juicio en el cual el cura Villafuerte Casas Alatriste se declaró culpable de al menos 30 violaciones de estudiantes, algunos de 7 años. Sentenciado a ocho meses de prisión, Lucatero, quien entonces ya era secretario de la Universidad Anáhuac, propiedad de la Legión de Cristo, no pasó ni un día completo en la cárcel y en 2002 celebraba misa en la parroquia de Nuestra Señora de la Misericordia, en la arquidiócesis de Río de Janeiro, Brasil.[11]

En casi todos los casos, la coartada oficial siguió un guión homogéneo: como seres humanos, los ministros de la Iglesia —autodenominados guías y modelo de vida cristiana— también eran débiles y frágiles. Estaban expuestos a "fallar". Algunos, un porcentaje pequeño, habían "pecado".[12] Para los *curas fallados*, la Iglesia católica en México tenía una santa solución: *la ayuda espiritual y psicológica*. Después de un breve periodo de rehabilitación en un par de refugios ad hoc

---

[10] De acuerdo con la información, fray Marvin Archuleta ingresó a México sin que la Secretaría de Gobernación conociera esos antecedentes, aunque en Internet circulaba una fotografía del sacerdote, que fue capellán de los Caballeros de Colón en Maryland, donde se le apreciaba celebrando misa acompañado del obispo Francisco María Aguilera, auxiliar emérito de la arquidiócesis de México. "Abusos inconfesables", *Cambio*, México, 21 de abril de 2002.

[11] *Ibíd.*

[12] Carlos Benavides e Isela Quezada, "Perdón para sacerdotes 'débiles': Sandoval", *El Universal*, México, 17 de abril de 2002.

para sacerdotes con "conductas inapropiadas" —la Casa Alberione en Tlaquepaque, Jalisco, y Ojo de Agua en el Estado de México[13]—, regresaban a su trabajo. Es decir, después de doce, veinte semanas o un año en una "morada del perdón",[14] los violadores quedaban *sanados*. Ése fue el caso, por ejemplo, de Leopoldo Romero, párroco de Tamazula, Ciudad Guzmán, quien fue encontrado una medianoche del año 2001 por un rondín de la policía adentro de un auto, acariciando a un menor de 12 años que estaba en paños menores. El cura fue juzgado por violación, pero su defensa logró que se cambiara el cargo por el de corrupción de menores. El padre Romero quedó libre bajo fianza y su diócesis lo internó en el Instituto Alberione de Guadalajara.[15]

Otra de esas historias había ocurrido en 1996 en una parroquia de Tlaquepaque, Jalisco. Las familias de tres niños denunciaron que sus hijos habían sido ultrajados sexualmente por el cura católico Heladio Ávila, vicario del templo La Transfiguración del Señor. En sus declaraciones ministeriales, el acusado admitió que abusó sexualmente de los niños cuando iban a visitarlo a su casa, cerca de la parroquia. En su defensa, la arquidiócesis de Guadalajara adujo que el padre Heladio estaba mal de sus facultades; el socorrido recurso de declarar "enfermo" a un violador, o inimputable, es decir, una persona que no tiene capacidad de un querer o un entender. No obstante, Ávila fue sentenciado a ocho años de prisión. Entonces las tres familias acusadoras se inconformaron ante el Supremo Tribunal de Justicia de Jalisco, por considerar exigua la sanción. Esa instancia modificó la pena a 15 años, cuatro meses de cárcel, y el clérigo fue suspendido de sus funciones eclesiásticas. Pero Heladio Ávila sólo purgó tres años en el Centro de Readaptación Social de Puente Grande, y tras pasar casi otro en terapia en la

---

[13] Creada en 1990 por el entonces obispo de Guadalajara, cardenal Juan Jesús Posadas Ocampo, la Casa Alberione acogió en sus primeros 12 años de existencia a 550 sacerdotes que padecían depresión, adicciones o se habían visto envueltos en casos de abuso sexual. Carlos Benavides e Isela Quezada, "La morada del perdón", *El Universal*, México, 15 de abril de 2002.

[14] Denominación utilizada para referirse a la Casa Alberione.

[15] Felipe Cobián *et al.*, *op. cit.*

casa Alberione fue rehabilitado por la jerarquía católica local. Es decir, pudo volver a oficiar misa y confesar. Cuando un reportero lo entrevistó después de una misa y le preguntó si había estado mal de sus facultades mentales cuando abusó de los menores, el cura Heladio dijo: "No, no es cierto. Fui consciente. Sé que mi conducta no fue buena. Mi conducta hace daño".[16]

En todo esto hubo una constante: la jerarquía católica mexicana siempre olvidó hablar de las víctimas de los abusos. Tal vez debido al hecho natural de que las ovejas siempre son ovejas. A su vez, y de acuerdo con los testimonios y relatos reproducidos en los medios masivos, el saldo generalizado era la impunidad de los predadores; con las consabidas dosis de encubrimiento y complicidad de sus obispos. A algunos, pocos, se les había castigado con la cárcel, el exilio o la suspensión de su ministerio sacerdotal. Eran las "hojas secas" a las que con una sacra elipsis se había referido el cardenal Sandoval; las hojas que estaban cayendo para que la Iglesia católica se "purificara".

La ropa sucia se lava en casa

Con la presencia de 93 obispos y el nuncio apostólico Giuseppe Bertello, la LXXIII Asamblea de la Conferencia del Episcopado Mexicano (CEM) inició sus trabajos el 8 de abril de 2002, en su sede de Lago de Guadalupe, en Cuautitlán Izcalli, Estado de México. La asamblea había sido diseñada como rampa de lanzamiento de una nueva ofensiva del episcopado en contra el Congreso de la Unión, en demanda de nuevos ordenamientos jurídicos "que garanticen el derecho a la libertad religiosa de todos los mexicanos".[17]

Se trataba de un nuevo embate en pro de la reversión del Es-

---

[16] *Cambio*, México, 21 de abril de 2002.

[17] Mensaje de los obispos *La libertad religiosa en el México democrático*, LXXIII asamblea plenaria de la Conferencia del Episcopado Mexicano, Lago de Guadalupe, Cuautitlán Izcalli, 8 de abril de 2002.

tado secular moderno al calor de los nuevos aires foxistas.[18] En rigor, para los obispos, libertad religiosa implicaría el reconocimiento de los derechos políticos de los sacerdotes (lo que permitiría tener uno que otro clérigo diputado); la aceptación de una pastoral castrense de cuño católico por parte de las fuerzas armadas; el acceso de las asociaciones religiosas (las distintas iglesias) a los medios electrónicos de información, en particular radio y televisión[19] y, principalmente, que se permita la enseñanza religiosa en la escuela básica pública, es decir, el derecho de los padres de familia a decidir si desean o no que sus hijos reciban instrucción religiosa en los colegios del Estado, vieja demanda de la jerarquía católica en México.[20] Según el investigador Roberto Blancarte, los obispos consideran que todos ésos son "derechos naturales de las personas" (no de los individuos, que es un concepto que remite a la concepción liberal de la sociedad y del Estado) y por lo tanto que son "derechos humanos que deben ser reconocidos" (no "otorgados") por el Estado mexicano.[21]

La ocasión para volver a la carga con viejas demandas era propicia: el décimo aniversario de la reforma constitucional en materia religiosa y de la elaboración de la Ley de Asociaciones Religiosas y Culto Público, aprobadas por el congreso en enero y julio de 1992, a partir de una iniciativa del presidente Carlos Salinas de Gortari, negociada con el entonces delegado apostólico en México, Girolamo Prigione. Los tiempos parecían estar maduros para una nueva ofensiva de la Santa Sede y sus agentes locales, los obispos, contra el Poder Legislativo, con el beneplácito del jefe del Ejecutivo, Vicente Fox. Pero el hombre propone y Dios dis-

---

[18] En virtud de que en México la Santa Sede posee algo cercano a un cuasimonopolio religioso, la "libertad religiosa" tiene como objetivo ampliar dominios a espacios nuevos. El Estado secular es un invento que persigue una libertad religiosa plural y privada, donde ninguna confesión deberá emplear al Estado para ampliar su poder a expensas de otra confesión, lo que en el pasado llevó a múltiples guerras.

[19] La Iglesia católica cuenta en México, así sea de manera ilegal, con el canal de cable Claravisión.

[20] Véase Roberto Blancarte, "El Trafalgar del Episcopado católico", *Milenio*, México, 22 de abril de 2002.

[21] *Ibíd.*

pone. La bola de nieve iniciada con el escándalo de los curas pederastas en Estados Unidos malogró el plan, arrastró a los obispos y éstos
quedaron atrapados. Los medios nacionales impusieron su propia agenda, y luego de cinco días de "hostilidades", el presidente de la CEM, monseñor Luis Morales Reyes, terminó levantando bandera blanca.

Durante los dos primeros días de la asamblea, en las habituales
conferencias de prensa informativas, los obispos mostraron hermetis-
mo y con lealtad corporativa negaron la existencia de casos de pedofilia
en el seno de la Iglesia católica local. Después trataron de minimizar el
problema: argumentaron que la situación mexicana "no tiene el dramatismo y la gravedad" que se ha presentado en Estados Unidos y Europa.[22] No obstante, el vicepresidente de la CEM, José Guadalupe Martín
Rábago, obispo de León, terminó admitiendo casos de abusos sexual
en el clero mexicano. "No somos ángeles", dijo.[23] Sin embargo, explicó que los casos se mantenían en reserva, "porque no se pueden hacer
públicas las cifras". En buen romance, porque la Santa Sede es una institución privada, no pública.

Surgiría entonces el tan manido tema de la "fragilidad" sacerdotal, ligado a la condición de seres humanos de los "guías espirituales".
Y monseñor Sergio Obeso, arzobispo de Jalapa y expresidente de la
CEM, pronunciaría una frase que daría la vuelta al mundo. Interrogado
sobre la posibilidad de que la Iglesia mexicana tratara esos temas de
manera pública, expresó: "La ropa sucia se lava en casa".[24] Afloraba una
vez más la vieja noción del rebaño tutelado por sus pastores, al margen
y por encima del interés público y del derecho positivo. En ese mismo
sentido, monseñor Renato Ascencio, obispo de Ciudad Juárez, afirmó
que la instancia idónea para juzgar a los curas pederastas eran los tri-

---

[22] Palabras del vicepresidente de la Conferencia del Episcopado Mexicano, monseñor José
Guadalupe Martín Rábago, durante la LXXIII asamblea plenaria. Sergio Javier Jiménez, "Admite
Iglesia del país casos de abuso", *El Universal*, México, 11 de abril de 2002.

[23] *Ibíd.*

[24] Sergio Javier Jiménez, "Alarman a la CEM los casos de abuso: Obeso", *El Universal*, México,
12 de abril de 2002.

bunales eclesiales y de acuerdo con las leyes del derecho canónico.[25] "No nos corresponde estar entregando a nuestros hijos a la autoridad civil; nos toca juzgarlos según nuestras leyes."[26] Ergo, de las "leyes familiares" de la Iglesia, en manos de un patriarca: el papa. Explicó que así como un padre no entrega a la justicia civil a un hijo que ha cometido un delito, los obispos no tienen la obligación de entregar a las autoridades a los sacerdotes infractores. Y se armó la polémica. Las aseveraciones de los prelados fueron interpretadas por algunos especialistas como la reivindicación —por parte de los obispos—, de un "fuero especial" eclesiástico para "encubrir delincuentes". Ésa fue, por ejemplo, la opinión del abogado constitucionalista Clemente Valdés, quien criticó que "algunos clérigos pretendan estar por encima de las leyes del país", que no autorizan —dijo—, a los obispos, a efectuar un "juicio interno" a los sacerdotes pedófilos.[27] "Ellos están en la obligación de denunciarlos ante la autoridad civil, porque de lo contrario incurren en el delito de encubrimiento", subrayó el experto.

Que nos agarren confesados

Cuando al otro día los obispos se presentaron ante los medios en la clausura de la asamblea de la CEM, estaban agobiados y pidieron clemencia a los periodistas. "No encubrimos ni cobijamos delitos", aseguró el presidente del episcopado, Luis Morales.[28] El arzobispo de San Luis Potosí dijo que el clero "no tiene ni aspira al fuero eclesiástico" y si un ministro de culto comete abuso sexual contra un menor deberá ser perseguido por las leyes civiles, pero reiteró que no corresponde a los jerarcas católicos denunciar a los sacerdotes pederastas. Su posición se apegaba una vez más a la noción corporativa de la mul-

[25] *Ibíd.*
[26] Jesús Aranda, "Los clérigos no gozan de fuero para encubrir delincuentes: especialista", *La Jornada*, México, 13 de abril de 2002.
[27] *Ibíd.*
[28] José Antonio Román, "No nos corresponde denunciar a pederastas: Morales", *La Jornada*, México, 13 de abril de 2002.

tinacional católica. Para la Iglesia no existe el individuo, ergo, tampoco la responsabilidad individual. Después, Morales trató de cortar por lo sano: señaló que no hablaría más sobre ese tema porque "es sumamente doloroso" y "afecta a mi familia sacerdotal". La familia como sujeto, en cuyo seno se diluyen las personas. Pero pecó de poco espíritu autocrítico al afirmar que "alguien" —que no identificó— se había "ensañado" en mantener (en los medios de información) ese tema "que no rehuimos, pero que no quisiéramos volver a abordarlo [porque] nos lastima como familia". Una familia, explicó, "constituida por 400 mil sacerdotes y 4 mil 500 obispos en todo el mundo".

Después, el prelado recurrió a su derecho al silencio: "Si la palabra tiene derecho, el silencio también. Si la información tiene derecho, la reserva también. ¿Cuando se lastima a una familia, una vez que ya se trató una o dos veces ese tema, para qué seguirla lastimando?"[29] En realidad, el derecho al silencio era un viejo recurso de monseñor Luis Morales. En 1992, siendo obispo de Torreón, Coahuila, su diócesis fue sacudida por el escándalo del sacerdote Javier Díaz Rivera, miembro de una prominente familia local, quien fue acusado de "atentados al pudor" contra menores internos en la Residencia Juvenil, un centro de reclusión que dirigía su amigo y compañero de casa, Jorge Quintana.[30]

Ambos clérigos fueron incriminados por los testimonios de dos niños —asentados en un acta notarial— y casetes con relatos de varios menores abusados sexualmente. Tras aducir "debilidades humanas", el obispo Morales intentó frenar la investigación y mantuvo al párroco en su diócesis hasta que intervino el embajador de la Santa Sede, Girolamo Prigione y Javier Díaz se fue dos años a Nueva York. Pero regresó a la ciudad, y para escándalo de muchos cristianos de Torreón —incluidos algunos sacerdotes—, Díaz fue reinstalado como párroco del templo de Santa Cecilia, en el popular barrio Las Julietas. Un dia-

[29] *Ibíd.*
[30] Antonio Jáquez, "Torreón 92: el obispo Luis Morales y el derecho al silencio", *Proceso*, México, 21 de abril de 2002.

rio local lo ubicó y definió como "el cura de las esquinas", dedicado, dijo, a recoger jóvenes y niños de la calle.[31] El párroco impulsó además la creación de una escuela de música que cuenta con quinientos alumnos, entre ellos 300 niños.

Evidentemente, el asunto no había quedado zanjado. La tregua solicitada por el presidente de la CEM no fue aceptada por los medios y la polémica continuaría alimentada con algunos sugerentes aportes de los prelados. Por ejemplo, según el cardenal de Monterrey, Adolfo Suárez, el asunto de los curas predadores no era un problema "significativo"; se trataba, simplemente, de una "onda" de los jóvenes actuales. Además, había sido tratado en los medios de información de manera "amarillista", con el objetivo de "atacar a la Iglesia católica".[32]

Monseñor Suárez se encontraba en Chiapas, su tierra natal, para participar en varios actos que la diócesis de San Cristóbal le había organizado con motivo de sus 50 años de ordenación sacerdotal. En una breve entrevista con periodistas aseveró que "por encima de todo", los obispos "somos padres de nuestra comunidad, especialmente de los sacerdotes, y debemos dar la cara por ellos". Es decir, dar la cara por encima de los abusos o de la mentira. La frase de monseñor exhibía muy bien la cosmovisión del cuerpo episcopal: "la ropa sucia se lava en casa" y "dar la cara por". Una cosmovisión según la cual los integrantes de la "familia" (o de la tribu, del clan o la mafia) no son individuos responsables (no existen como tales), y sólo quien está a la cabeza del grupo, el "padre" o "patriarca" o "padrino" debe dar la cara y hablar por todos los miembros de la familia. Los demás miembros de la familia no tienen la palabra, es decir, en riguroso sentido etimológico son infantes. Lo que nos conduce a México como una sociedad infantilizada.

Siguió entonces un diálogo que no tiene desperdicio:

–Pero entonces ¿dónde queda la víctima, monseñor?

–¿Cuál víctima?

[31] Reportaje de *El Siglo de Torreón*, citado por Antonio Jáquez, de *Proceso*.
[32] Pedro Juárez y Elio Henríquez, "Lesbianismo y pederastia son males de la época, y un clérigo puede tener fallas: Suárez Rivera", *La Jornada*, México, 14 de abril de 2002.

247

–La víctima de los abusos.

–Bueno, por eso es que están respondiendo sus obispos, pagando lo que es, lo que está previsto en la ley. Me refiero, a los pocos que hay.

–¿No le parece entonces un problema significativo?

–No me parece. Debemos ser cuidadosos los obispos de hoy, porque ésa es una onda que hay ahora en los jóvenes; si hiciéramos estadísticas entre jóvenes de todos lados, no sólo de Estados Unidos, México y Europa, nos encontraríamos que es un problema muy... y si hiciéramos también, mutatis mutandis, una [estadística] de muchachas, encontraríamos también mucha gente lesbiana que es, en la transposición, prácticamente lo mismo. Es decir, es un problema que tanto nosotros los obispos, como los educadores, los párrocos y toda la educación debería tener muy en cuenta: es un mal de nuestra época; tal vez siempre ha existido, pero no en esta proporción.[33]

Violando de manera consciente las reglas más elementales de la propia lógica aristotélicotomista, el cardenal Suárez reproducía la tradicional visión homofóbica de la Iglesia católica y proyectaba la responsabilidad por los abusos afuera, a la "época en que vivimos". En esa peculiar interpretación del mundo —donde el "mal" en materia sexual está encarnado por homosexuales y lesbianas ("una moda")—, las víctimas eran culpables de haber sido abusadas por sus guías y pastores espirituales. O de otro modo, ¡los violados al paredón, por homosexuales! En cuanto a los clérigos, simplemente sucede que a veces se echan una canita al aire y "fallan". Cuando eso ocurre, se debe proceder —según monseñor— a un "pago" de acuerdo a la ley (con sigilo, en lo oscurito), para lavar el "pecado" (no un crimen), procurando no dañar la imagen de la gran "familia" sacerdotal... y de la santa madre de la familia, la Iglesia católica.

"Si en el equipo de Jesucristo, de 12 apóstoles, hubo un Judas, un sacerdote es un ser humano y puede tener fallas",[34] remató el pa-

---

[33] *Ibíd.*

[34] *Ibíd.*

dre Suárez en la defensa de sus hijos, los sacerdotes pedófilos, mortales pecadores. En todo caso, para los *curas fallados*, la Iglesia católica tiene una pócima infalible: los mecanismos sacramentales de sanación de la conciencia. ¡Contrición y voluntad de no reiterar los comportamientos juzgados!

Apuntes sobre la sagrada familia

En definitiva, cabe consignar que el reducto familiar, en este caso la "sagrada familia" de los "padres" obispos y sus "hijos" sacerdotes está moldeada y se rige, igual que la familia autoritaria tradicional de nuestro sistema social,[35] según los dictados de Trento, el modelo contrainsurgente totalitario de la contrarreforma católica. Es decir, mediante una serie de relaciones jerarquizadas que fundamentan básicamente esa sociedad y que los estratos dominantes tratan de preservar contra viento y marea.

En la sociedad occidental, la autoridad paterna y la autoridad marital contribuyen de un modo decisivo a la jerarquización social. La obediencia acrítica que se exige al ser humano para mantener el gobierno de los hombres y de las cosas pertenece, por principio, a unos seres determinados, y se modela férreamente en el seno familiar. Por imperio de razones tan oscuras como la indiscutible subordinación de la esposa y las reglas morales atribuidas a un concreto "mandato divino", tanto los hijos como la mujer se ven disminuidos por una serie de servidumbres que, además, de manera cínica, son revestidas de obligada y noble contribución a la célula familiar, alentada sobre todo, se añade, con el sacrificio del varón.

"Cuanto hacen mujer e hijos no es más que complementario de las acciones del cabeza de familia, verdadero definidor del núcleo social básico y juez y árbitro de cualquier situación que surja en el interior

---

[35] Véase Max Horkheimer, "La familia y el autoritarismo", en Erich Fromm, Talcott Parsons, *et al.*, *La familia*, Península, Barcelona, 1970, pp. 177-194.

de tal núcleo."[36] Aunque esa concepción se ha venido erosionando de manera paulatina en el último cuarto de siglo, sobre todo en los ambientes urbanos de las grandes ciudades, es dable constatar, en pleno siglo XXI y después de diversas "liberaciones" (entre ellas la sexual y la feminista), que la sociedad burguesa mantiene sin evolucionar apenas aquellos lazos rígidos entre la mujer y el hombre y entre el varón y sus hijos que han configurado, casi desde la noche de los tiempos, una sociedad cavernaria en que la guarda moral, la situación material y económica, la educación de la prole, el control de la vida familiar y la representación externa de la misma recaen sobre las espaldas del macho de la tribu, único ser capacitado y con autoridad para decidir en todo momento qué conviene y qué no, lo necesario y lo innecesario al régimen familiar.

Esa concepción de familia se deriva de normas morales y religiosas impuestas a nuestras sociedades, en gran medida, por la Iglesia católica y obispos como los mexicanos Sergio Obeso, Luis Morales y Javier Lozano Barragán —¡los hay todavía más mochos!—, que según ellos jamás pueden ser puestas a discusión por ser propias de la naturaleza humana y estar excluidas de toda dialéctica.

Como es obvio, la declaración de que la naturaleza humana impone unos comportamientos inmutables en las llamadas "cuestiones esenciales", ha de apoyarse en fuerzas que resulten por su parte indiscutibles. De ahí la constante intervención de Dios —y del papa y el custodio de la fe— en la vida y la sociedad conservadora contemporánea, con resultados tales como la admisión de algo parecido a una "autoridad delegada" de origen divino en la cabeza de la familia y la defensa de la indisolubilidad del vínculo matrimonial.

¿Es usted pederasta?

En medio de las tribulaciones sexuales de los obispos y sus asuntos de familia, un pequeño texto periodístico vino a echar más sal y pi-

---

[36] Antonio Álvarez Solís, *Qué es el búnker*, La Gaya Ciencia, Barcelona, 1976.

mienta al revoltijo. Se trató de un artículo de opinión, a la sazón escrito por una mujer, Gabriela Rodríguez, que tituló "El paraíso de los pederastas" y fue publicado por *La Jornada*[37] el mismo día en que se reproducían las declaraciones de monseñor Sergio Obeso acerca de que "la ropa sucia se lava en casa".

Anticipatorio del nuevo vendaval que azotaría al sector eclesial en pocos días más, el valiente artículo, que trascendería los muros del recinto del episcopado en Lago de Guadalupe, comenzaba:

¿Es usted pederasta? ¿Tiene deseos incontenibles de penetrar a niños y adolescentes menores de edad? ¿Goza de abusar del cuerpo de los inocentes en contra de su voluntad? ¿Sabe usar la fuerza física y emocional para imponerse? Si su respuesta es afirmativa, lo que más le conviene es hacerse sacerdote católico.

La Iglesia católica, sus seminarios, conventos, universidades y escuelas confesionales son auténticos paraísos para abusadores sexuales.

La institución le ofrece: prestigio internacional, encubrimiento, pago de silencio a familiares, protección legal, y un amplio mercado de víctimas: estudiantes de diversas edades y ambos sexos (en primarias, secundarias, universidades). Tendrá acceso a niños y niñas provenientes de familias muy católicas, con padres que los han educado para callar y negar los actos sexuales, formados en la importancia de la abstinencia sexual hasta el matrimonio, y con disposición para ofrecer servicios sexuales a seminaristas y sacerdotes, auténticos soldados cristianos que se afanan en vivir como espíritus puros y conscientes de la importancia de nunca recurrir al condón ni a los métodos anticonceptivos ni al aborto, actos que tanto ofenden a Dios.

La contundencia del texto, su estilo directo, irónico y mordaz, utilizado además por una mujer y dirigido en contra de una institución

[37] Gabriela Rodríguez, "El paraíso de los pederastas", *La Jornada*, México, 12 de abril de 2002.

signada por un orden patriarcal y sexofóbico autoritario a ultranza, habría de calar hondo en el cuerpo obispal reunido en la sede de Cuautitlán Izcalli. Pero faltaba, todavía, ponerle nombre y apellido al asunto. Y Gabriela Rodríguez lo haría sin temor:

> Entre todos los paraísos, las escuelas de los Legionarios de Cristo ofrecen los servicios de mejor calidad. Fundadas por uno de los más grandes líderes de los pederastas mexicanos, Marcial Maciel, tiene amplia trayectoria comprobada de abuso sexual a estudiantes y seminaristas [...] Gracias a sus influencias con los empresarios y políticos, este jerarca ha sido ascendido a una altísima posición muy cercana a Juan Pablo II en Roma, después de silenciar las denuncias expuestas en *La Jornada* y en Canal 40, única televisora que dio espacio a tales acusaciones en 1997. La clase política actual ha sabido silenciar magistralmente los actos de abuso sexual; ligada a empresarios y panistas cristianos, que han puesto en manos de Marcial Maciel la educación de sus hijos en la Universidad Anáhuac, y en escuelas y universidades que los Legionarios de Cristo están comprando en todo el país.

Sexo y confesión

Forzados por la revelación de los casos de pedofilia en las filas de la Iglesia católica de Estados Unidos y Europa, los jerarcas mexicanos habían tenido que salir a dar la cara, mientras los presuntos violadores o abusadores eludían su responsabilidad. Pero el fenómeno del clero pedófilo —es decir, el abuso de menores valido del "poder sagrado" de su sotana y de la confianza que el feligrés deposita en ellos como *padres*—, era antiguo. Tanto, que la actual regulación en el derecho canónico está tomada de una constitución del papa Benedicto XIV, de 1741, aunque el enfoque de ese documento pontificio, dedicado al sacramento de la penitencia, se limita al abuso relacionado con la confesión.[38]

---

[38] Miguel Ángel Granados Chapa, "Delito y pecado", *Reforma*, México, 16 de abril de 2002.

Reza el canon 1387:

El sacerdote que durante la confesión, o con ocasión y pretexto de la misma, solicita al penitente a un pecado contra el sexto mandamiento del Decálogo, debe ser castigado, según la gravedad del delito, con suspensión, prohibición o privaciones y, en los casos más graves, debe ser expulsado del estado clerical.

Como explicó Miguel Ángel Granados Chapa, la oposición de los jacobinos a la confesión auricular no carecía de fundamento, porque "daba lugar a atentados (sexuales) contra fieles, en especial mujeres y niños, que eran *solicitados* por ministros abusivos". El agravio casi nunca era denunciado y, en caso contrario, la estrechez de la legislación canónica "permitía que las autoridades eclesiásticas actuaran con lenidad, ni siquiera aplicando con rigor los mandamientos de su legalidad interna".[39]

Un análisis de documentos del Tribunal del Santo Oficio de los siglos XVIII y XIX, para el caso de México, revela que la seducción en el confesionario —o el llamado delito de "la solicitación"— era bastante frecuente, y que los sacerdotes de la época utilizaban el "lenguaje del doble sentido" —tan característico del mexicano— para "esconder y disfrazar sus intenciones".[40] Según el antropólogo Jorge González, los clérigos eran "verdaderos conocedores de la psicología humana" y a partir de su trato cotidiano con las mujeres, "sabían o intuían" que podían alcanzar sus propósitos "por medio de regalos, caricias o con argumentos persuasivos". Las mujeres, en general jóvenes inexpertas, analfabetas y pobres, accedían a los requerimientos de sus confesores porque los curas les ofrecían dinero, ropa y, en ocasiones, habitación. La confesión era considerada por la Inquisición como un "medio de

---

[39] *Ibíd.*
[40] Leticia Sánchez, "Descubren curas acosadores", *Reforma*, México, 31 de agosto de 2002, y Ericka Montaño, "René González revisa la vida sexual de los clérigos fuera de bambalinas", *La Jornada*, México, 22 de septiembre de 2002.

control" sobre la feligresía, y los sacerdotes *solicitantes* la usaban "para obtener favores sexuales".[41]

Como quedó comprobado con la ola de denuncias sobre pedofilia en el clero, que acaparó la atención pública mundial a comienzos del siglo XXI, la absurda sanción impuesta por obispos que no tenían más remedio que castigar a curas infractores, consistía en asignarlos a una nueva parroquia, con lo que contribuyeron a diseminar el mal. Pero el debate no se centraba ahora sólo en la seducción de los confesionarios, sino en aquellos clérigos que habían utilizado el poder y la autoridad que les confiere su ministerio religioso para atentar contra la salud física y mental de menores indefensos. El derecho canónico —en el que se sustentaba la frase "la ropa sucia se lava en casa"—, había demostrado no ser suficiente para evitar la aguda crisis de fe y de dinero que había desatado el pederasta serial John Geogham en Boston. El escándalo había desbordado los linderos de la geografía estadunidense y tenía efectos en México.

El sacerdocio no es paraíso de pederastas

Pero algo pasó el fin de semana posterior a la asamblea del episcopado mexicano, que modificó, en parte, el eje de la discusión. En sendas intervenciones, los dos más importantes miembros de la jerarquía católica del país —por su peso político y manifiesta beligerancia en la estructura interna del episcopado y en las relaciones con el Estado—, los cardenales Norberto Rivera, arzobispo primado de México, y Juan Sandoval, de Guadalajara, ambos papabiles, coincidieron en señalar que los curas que han cometido crímenes de pedofilia debían ser denunciados y castigados.

---

[41] Jorge González Marmolejo analizó durante diez años documentos del Archivo General de la Nación, que pertenecieron al Arzobispado de México en los siglos XVIII y XIX. Revisó aproximadamente 12,000 documentos y encontró que 800 mujeres de esas épocas rompieron el silencio para denunciar a sus confesores. Con base en esos datos publicó el libro *Sexo y confesión*, Plaza y Valdés, México, 2002.

En un mensaje improvisado al término de su homilía dominical, el cardenal Rivera sostuvo, de manera sorpresiva, que "nadie debe tener fuero o privilegios o estar por encima de la ley para destrozar vidas inocentes. Cuando suceden estos abusos criminales, dentro o fuera de la Iglesia, por supuesto que deben ser denunciados a las autoridades correspondientes y se debe hacer justicia".[42] Y aunque después relativizó el asunto del clero pederasta presentándolo como "casos aislados", y argumentó que igual sucede "o sucederá" con otros sectores de la sociedad como los maestros, los jueces, los políticos, los militares, los judíos [*sic*], los periodistas o los médicos —donde por las faltas de algunos "se condena a toda la institución o gremio"—, pareció oponerse a la política del avestruz que algunos de sus hermanos en el episcopado habían proclamado ante tan escabroso tema.

El arzobispo primado de México había decidido que era preferible examinar el asunto en público, y tal vez como una medida compensatoria dijo que era injustificable "un ataque de tal magnitud" en contra de la Iglesia católica y sus sacerdotes, ya que "se ha generalizado y han provocado así, como dice el mismo papa, un escándalo grave que llega a crear un clima denso de sospechas sobre todos los demás sacerdotes beneméritos que ejercen su ministerio con honestidad y coherencia y a veces con caridad heroica".[43] El escándalo, pues, en definitiva, era *culpa* de los medios masivos de información. "En honor a la justicia y a la verdad" —razonó el prelado—, cuando ocurren esos casos (¿de gran escándalo o de abuso?) "se debe señalar a los responsables de los crímenes y no alimentar el odio y el morbo con generalizaciones y amarillismo que ofenden a otras personas inocentes". Y descubrió detrás de las "acusaciones" la existencia de "un proyecto definido para debilitar a las instituciones". Según el cardenal Rivera, esa semana le había tocado el "turno" a la Iglesia católica mexicana. Afloraba de nuevo la lógica corporativa.

[42] Sergio Javier Jiménez, "Pide Rivera denunciar abusos", *El Universal*, México, 15 de abril de 2002.
[43] *Ibíd.*

255

Como algunos de sus hermanos en la fe, monseñor también recurría a la teoría del complot. Aunque no obstante sus peros, la definición de que el abuso sexual es un delito conforme a las leyes del Estado y no sólo la ley canónica —y por lo tanto quienes incurren en él deben ser sometidos a la jurisdicción de los tribunales del fuero común—, parecía marcar un distanciamiento entre el cardenal Rivera y los defensores de que "la ropa sucia se lava en casa".[44]

Por su parte, en un escrito dirigido a su feligresía, el cardenal arzobispo de Guadalajara, Juan Sandoval Íñiguez atribuyó a "sacerdotes pedófilos" el hecho de que se estuviera arrojando "abundante lodo" y "escupiendo el rostro" de su Iglesia santa y pecadora.[45] En su texto, el cardenal aseveró que "el abuso de menores es un crimen sumamente grave, [que] empaña la belleza divina que se refleja en el rostro de los niños, [y] mata su inocencia desde temprana edad". Lo definió además como "un abuso incalificable", que se aprovecha de "la debilidad y la ingenuidad de los menores". Y agregó:

> Es un abuso que debe ser denunciado y castigado severamente por las leyes humanas, que alcanzan también a los sacerdotes como ciudadanos que son, pero también es un pecado grave que será castigado terriblemente por Cristo, juez universal, quien dijo: "Cuidado con escandalizar a uno de estos pequeños; al que lo haga, más le valiera que le ataran una piedra de molino al cuello y lo arrojaran al mar" (Marcos 9:42).
>
> Cuando el abuso contra los menores es cometido por un sacerdote, reviste una gravedad todavía mayor, ya que el sacerdote, por oficio, es ministro de santificación, es predicador de la mo-

---

[44] El 16 de abril de 2002, un día después de los pronunciamientos del cardenal Rivera en la catedral metropolitana de la ciudad de México, el arzobispo de Jalapa, Sergio Obeso, recriminó que se hubiera sacado de contexto su declaración de que "la ropa sucia se lava en casa", para dar lugar, dijo, "a la lógica que se llama falacia de acento", que quiere decir que se magnifica un detalle haciendo a un lado el meollo del asunto. Gaudencio García, "El clero no tiene ni busca fuero alguno", *El Universal*, México, 16 de abril de 2002.

[45] Juan Sandoval Íñiguez, "Iglesia y fragilidad humana", *El Universal*, México, 26 de abril de 2002.

ral evangélica, guardián de las buenas costumbres y ejemplo del Pueblo de Dios con su vida. Repugna una conducta contraria a esto en los ministros de Dios.

Acto seguido, el cardenal tomó partido por el bando de los obispos que atribuye los actos "repugnantes" del clero pedófilo a su "tendencia homosexual". Dijo que pese a que se "vigila cuidadosamente" la selección de candidatos al sacerdocio, "la simulación y el ocultamiento" de los aspirantes o "la negligencia de los formadores" pueden dar por resultado que se admita a clérigos "no dignos". Al respecto, y en una tácita alusión al demoledor artículo de Gabriela Rodríguez, pretendió ser convincente Juan Sandoval:

El estado sacerdotal no es un "paraíso" para los pedófilos. Se sanciona y se castiga esta falla, y de aquí en adelante habrá más severidad, ya que la Santa Sede ha dispuesto que todo caso de pedofilia cometido por los ministros de la Iglesia sea reportado inmediatamente a la Congregación para la Doctrina de la Fe, que actualmente preside el cardenal Joseph Ratzinger. Si alguna vez algún obispo ha sido negligente, esto se remediará de ahora en adelante.

Después, como si fuera parte de una línea de acción concertada entre ambos purpurados, arremetería contra los grandes medios de comunicación social, los abogados que "lucran" con las denuncias y contra la sociedad en general:

No deja de ser interesante notar cómo la sociedad actual, que organiza complaciente marchas de homosexuales y lesbianas por las calles de las grandes ciudades del mundo, que hace jugosos negocios con la prostitución y pornografía infantil, que es tan permisiva y relajada en costumbres, y que se deleita con programas inmorales de televisión y cine, es tan dura e implacable, se escandaliza y rasga las vestiduras ante las faltas de algunos sacerdotes [...]

¡Creo en la Iglesia Santa! Estos ventarrones violentos que soplan, los permite Dios para "sacudir el árbol", para que caigan las hojas secas y se purifique su Iglesia, la cual, con la fuerza del Espíritu Santo, podrá superar el misterio del mal que prevalece en el mundo y siembra insidias en todos los hijos de Dios, incluidos los ministros.

La enmienda correctiva impulsada por los cardenales de México y Guadalajara, que en apariencia buscaba acabar con la tradicional secrecía ocultista de la jerarquía, encontró eco en otros obispos, sintonizados ahora en una frecuencia parecida. Así, por ejemplo, el presidente de la Comisión de Laicos del Episcopado, Carlos Talavera, obispo de Coatzacoalcos, dijo que la existencia de sacerdotes y religiosos pederastas era "consecuencia" de muchos problemas que "afectan a la sociedad mexicana", entre los que mencionó a la pornografía, la promiscuidad, la violencia intrafamiliar, la violación de los derechos humanos y la falta de formación moral.

En su carta *Abuso sexual de sacerdotes a menores. Puntos para una reflexión*,[46] monseñor Talavera señaló: "No podemos rasgarnos las vestiduras ante este hecho, sin indignarnos por el aborto, la eutanasia, la pena de muerte, la pobreza".[47] Según el prelado, los clérigos que cometen ese tipo de "fallas" deben ser "corregidos" —no sólo marginados y excluidos— y "castigados" cuando la situación lo exija. Añadió que "no debemos olvidar que la Iglesia no es la asamblea de los puros, los santos, los perfectos, sino la asamblea de los pecadores que han encontrado a Cristo y han decidido seguirlo".

El obispo de San Cristóbal de las Casas, Felipe Arizmendi, prefirió centrar el tema en un punto concreto: la "obsesión" de los responsables de los medios de información, que se habían "cebado" con la

---

[46] Monseñor Carlos Talavera, carta pastoral *Abuso sexual de sacerdotes a menores. Puntos para una reflexión*, página de Internet del episcopado mexicano, abril de 2002.

[47] José Antonio Román y otros, "Instan prelados a corregir a transgresores; la Iglesia, ente el reto de recuperar su pureza, dicen", *La Jornada*, México, 20 de abril de 2002.

Iglesia católica, para restarle autoridad moral.[48] Dijo: "Hay quienes explotan con un empeño morboso las debilidades reales, ficticias o sobredimensionadas de sacerdotes [...] que no se portan como buenos pastores".[49] Esa opinión fue compartida por la diócesis de Querétaro, que en un documento denominado *Abusos sexuales y casos de pederastia* responsabilizó a los medios de generar "un clima de sospecha y linchamiento en contra de la Iglesia católica".[50] El obispado queretano también descubrió "un oscuro complot", que inscribió en el marco de una próxima visita a México del papa Juan Pablo II.

Sin embargo, más contemporizador, el secretario general del episcopado, Abelardo Alvarado, encontró "muy positivo" el hecho "inédito" de que se ventilara en la prensa el caso de los curas pederastas. Monseñor Alvarado explicó las razones "humanitarias" que daban sustento al proceder de los obispos:

> Hasta ahora, el criterio que se seguía en la Iglesia era que esos casos se debían mantener en una reserva casi absoluta, porque se quería proteger, en primer lugar, a las víctimas, su fama y su buen nombre; en segundo, se trataba de mantener el prestigio de la institución eclesiástica, e incluso el del sacerdote. Creo que todos estamos de acuerdo en que aun los delincuentes tienen derecho a que su fama se proteja, se cuide; los delincuentes tienen que ser respetados en sus derechos humanos.[51]

Según el prelado, la percepción que se había tenido en la Iglesia católica sobre la pederastia en el clero, era que se trataba de "casos aislados", que se podían corregir. Pero ahora entendían que "se trata

---

[48] María Teresa del Riego, "Obsesión de los medios", www.reforma.com, y "Considera obispo Arizmendi que los clérigos son atacados", *Reforma*, México, 22 de abril de 2002.

[49] Gabriela Coutiño, "Sacerdotes, felices en su celibato: Arizmendi", *Milenio*, México, 22 de abril de 2002.

[50] Alejandro González Anaya, "Pide diócesis no crear clima de sospecha", *La Jornada*, México, 18 de abril de 2002.

[51] José Antonio Román, "Positivo hacer públicas las denuncias contra curas pederastas, dice Alvarado Alcántara", *La Jornada*, México, 17 de abril de 2002.

259

de una patología psicológica emocional" para la que, "desgraciadamente, parece que no hay solución".[52]

El obispo de Aguascalientes, Ramón Godínez, definió a los curas predadores como "degenerados que no han crecido en su madurez"; que "se han desviado". Godínez explicó en qué consistían las sanciones a los sacerdotes degenerados: "Una semana de ejercicios espirituales, donde se incluya una terapia psicológica, sin dejar de considerar una fuerte sanción que pueda llegar hasta el retiro del ministerio".[53] Al respecto, Pilar Sánchez, integrante de la agrupación Católicas por el Derecho a Decidir —organismo civil dedicado a asesorar a las víctimas de ese delito—, dijo que no se puede asegurar que haya sacerdotes "curados", dado que los desórdenes sexuales "requieren de un tratamiento permanente y no sólo de dos o tres meses".[54]

Por su parte, el grupo Democracia y Sexualidad opinó que dada la magnitud del problema "resulta insuficiente 'vigilar' y realizar 'pruebas psicológicas' a los sacerdotes pederastas". A juicio de esa organización, la Iglesia católica del siglo XXI debe ser promotora de una nueva educación sexual.

Salvo excepciones, como los señalamientos hechos en su carta pública por el cardenal de Guadalajara, Sandoval Íñiguez, la mayoría de los prelados habían omitido referirse a los niños violados y a las secuelas de los abusos en las víctimas. Como si los niños ultrajados y traumatizados por los sacerdotes no existieran; o como si la integridad física, emocional y moral de los pequeños fuera una cosa *menor*. Tal situación parecía confirmar la aseveración de Raymundo Meza Aceves, director jurídico del Departamento de Investigaciones sobre Abusos Religiosos (DIAR), cuando declaró que "los niños son los que menos le importan a la Iglesia católica".[55] Con un agregado en extremo lamentable: la

[52] *Ibíd.*

[53] Sergio Javier Jiménez, "Ocultó Iglesia casos de pederastia: CEM", *El Universal*, México, 17 de abril de 2002.

[54] Liliana Alcántara, "Cárcel para sacerdotes que cometan abusos, pide obispo", *El Universal*, México, 19 de abril de 2002.

[55] Liliana Castillo Rivero, "Abusos religiosos", *Impacto*, México, 21 de abril de 2002.

Iglesia de Juan Pablo II, considerada como "campeona" en la defensa de los derechos humanos en el mundo, en el caso de los victimarios con sotana "sacrifica los derechos humanos de las víctimas en aras de mantener los intereses de la institución".[56] Es decir, antepone los intereses de la Iglesia católica a costa de sacrificar el derecho de la gente.

Simplemente, los obispos se habían limitado a repetir una antigua coartada: "Dios escribe derecho en renglones torcidos".[57] Dijeron que la crisis iba a servir para la "purificación" de la Iglesia católica, ya que "Dios sabe sacar bienes de los males". Pero habían hecho muchos malabares para tratar de explicar un tópico que —como cuerpo colegiado— hubieran preferido quedara velado a la opinión pública: el de los abusos sexuales. Intentaron todo para minimizar el asunto. Habían recurrido al silencio y a las evasivas. Esgrimieron incluso la teoría del "complot liberal" contra la Iglesia católica. Dijeron que intereses ocultos querían "destruir" a la institución eclesial, e identificaron a los medios masivos de información como parte de la conjura. Achacaron a la prensa una intención expresa de "alimentar el odio y el morbo" de la opinión pública, con sus notas e imágenes sensacionalistas. Al final, unos pocos prelados habían aceptado calificar a la pedofilia como un crimen que debe ser sancionado por la justicia civil.

Es verdad, sí, que los medios de información le habían cambiado la agenda a los obispos. La planeada ofensiva contra el parlamento para exigir la confesionalización de la escuela pública, de las fuerzas armadas y de los medios electrónicos de información, había sido abortada por los requerimientos noticiosos de la coyuntura. Sin duda era más taquillero ventilar los casos de victimarios con sotana. Y los prelados quedaron exhibidos. De manera natural, la alta burocracia clerical y de la Santa Sede había antepuesto los principios del corporativismo, que sólo concibe las críticas como mensajes que buscan destruir al catolicismo y obedecen a teorías conspirativas de la historia. Se ampara-

<hr>

[56] Liliana Castillo Rivero, *op. cit.*
[57] "Positivo hacer públicas las denuncias contra curas pederastas dice Alvarado Alcántara", *La Jornada*, México, 17 de abril de 2002.

ron en el secreto pontificio. La sociedad mexicana estaba cambiando, pero la concepción eclesial de los obispos permanecía estancada. El cambio era evidente. Una sociedad civil más abierta y plural no permitía ya fueros eclesiásticos especiales ni leyes no escritas. Por el contrario, exigía rendición de cuentas. Transparencia.

A su vez, de la pulseada entre los obispos y los medios masivos de información pareció emerger un dato nuevo: los antiguos mecanismos corporativistas y de control autoritario de la jerarquía católica mexicana sobre los dueños de las empresas periodísticas, tan eficientes antaño, se habían erosionado. Era otro el contexto. Algo en el ambiente parecía indicar que, en adelante, los principios de autoridad deberían sustentarse sobre bases distintas a las tradicionales. Un hecho que alcanzaría ribetes nacionales e internacionales pareció confirmar esa hipótesis: pese a la bandera blanca levantada por la jerarquía católica para que ya no se hablara más de los abusos sexuales del clero, el lunes siguiente a la asamblea de la CEM, el programa *Círculo Rojo*, difundido por uno de los canales de la transnacional mexicana Televisa, volvería a abrir la antigua llaga producida por los ataques físicos y psicológicos del clérigo Marcial Maciel, fundador de la Legión de Cristo, a un grupo de seminaristas. México no era una isla. La Iglesia católica mexicana, tampoco.

EL SILENCIO DE LOS INOCENTES

Fue el segundo o tercer jueves de marzo de 1955. De la mano de la primavera comenzaba a florecer un almendro en los jardines del Collegio Massimo de la Legión de Cristo, ubicado en la vía Aurelia Nuova 677, a cinco kilómetros de San Pedro en la capital italiana. El padre Marcial Maciel Degollado, un sacerdote nacido en Cotija, Michoacán, en 1920, mandó llamar a José de Jesús Barba a la enfermería. Su lugar predilecto para el "pasaje al acto". Eran las 11 de la mañana; no obstante, la penumbra invadía el lugar. Maciel yacía sobre una cama e invitó al adolescente a sentarse en el borde. Allí, en presencia de una tercera persona, cómplice muda, *Mon Pére* —Mi Padre, como se hacía llamar el fundador y superior general vitalicio de los Legionarios— le contó en voz baja, en un tono un poco confidencial, la historia de una extraña enfermedad que interfería sus vías seminales y urinarias y le ocasionaba un intenso dolor, provocado —supuestamente— por una involuntaria retención de esperma. Le explicó, también, que tenía un permiso directo del papa Pío XII para que unas religiosas enfermeras le dieran masajes en sus partes viriles.[1]

[1] La reconstrucción del primer abuso sexual sufrido por José Barba de parte del sacerdote Marcial Maciel, superior de los Legionarios de Cristo, fue elaborada a partir de una declaración de la víctima que consta de 27 folios, que fue formulada ante el notario público Carlos Fernández Flores, en el Distrito Federal, el 23 de enero de 1997. Asimismo, se basa en distintas entrevistas concedidas por el profesor Barba a diversos medios impresos, de la radio y la televisión, nacionales y extranjeros, incluidas las que sostuvo con el autor, entre 1997 y 2002.

A medida que avanzaba la ingeniosa historia del reverendo padre, el nerviosismo se había ido apoderando del joven. De pronto, Maciel le preguntó si quería aliviarle el dolor que ya comenzaba a sentir. A José de Jesús le llamó la atención que Félix Alarcón Hoyos —la persona que estaba de pie en la oscuridad— no se fuera, y que en su presencia el superior le pidiera eso. Como el resto de los novicios, José Barba consideraba al general de la orden un "santo varón". Por eso, desconcertado, dudó. Pero no había terminado de balbucear que sí, cuando Maciel ya le había tomado su mano derecha y la llevaba directamente hacia sus genitales. Narra José de Jesús Barba:

> Me di cuenta que no tenía el pantalón de pijama y que por la abertura de su calzoncillo asomaba, erecto, su pene. Colocó mi mano nerviosa sobre su pene y el escroto, y la presionó hacia abajo con un movimiento circular. Yo sentía una gran confusión; lo toqué con la palma de la mano, evitando el tacto con los dedos. Él notó mi resistencia y con una expresión de enojo, desechando mi mano, dijo molesto: "¡No sabes hacerlo!". Félix Alarcón seguía de pie, sin decir nada; miraba hacia la cancha de basquetbol por entre las rendijas de las persianas venecianas de madera.
> Estuvimos conversando unos instantes en la oscuridad. Después, Maciel se acercó y me dijo que quería explicarme dónde le daban los dolores. Incorporándose en la cama acercó su mano derecha hacia la parte superior de mis piernas y empezó a desabrocharme la bragueta del pantalón. Me puse más nervioso. Me encogí y traté de rechazar con firmeza lo que quería hacerme. Le rogué que me dejara con lágrimas de confusión, miedo y rabia. Él insistió y no pude vencerlo. Yo era un muchacho de poca edad y él tenía 34 o 35 años. Maciel extrajo mi miembro viril y empezó a masturbarme con vigor, hasta causarme la erección. Pese a mi resistencia, Félix Alarcón en ningún momento intentó ayudarme, ni siquiera de palabra. El padre Maciel no atendía mi llanto, actuaba como un obseso. Una vez que tuve el derrame seminal —el primero en mi vida—, me soltó.
> Recuerdo que experimenté una descarga de adrenalina; sen-

tí temor, placer y dolor. El padre Maciel me violentó de tal forma, que mi pene sangró; como si el "frenillo" se hubiera desgarrado. Me ardió varios días con la orina, pero no podía pedir a nadie que me curara. Cuando sentí eso me levanté y desobedecí sus insistentes llamados: "¡Uh! No aguantas", "Regresa acá", oí que me decía. Caminé lentamente hacia mi habitación porque sentía entre mis piernas la pegajosidad tibia del semen derramado. No tenía a nadie; mis padres estaban lejos, en México. Me senté en la cama y lloré. No entendía qué había sucedido. Sentí lástima de mí mismo. Pero reparé que el superior general de la Legión me había dado la orden de que regresara a la enfermería. Y por extraño que parezca, regresé.

El padre Maciel no se sorprendió al verme volver. Cogió un peine y se aliñó sin espejo el cabello. Después frotó sus manos con agua de colonia. Era la una y media de la tarde. Salimos de la enfermería; afuera había un buen sol. Caminamos hacia la piscina. "No le vayas a decir nada de mi enfermedad al padre Lagoa ni al padre Arumí. Los españoles no entienden de esas cosas",[2] me advirtió por el camino, después de que había manipulado por primera vez la sacralidad de mi cuerpo adolescente. Fue como si al cerrar la puerta de la enfermería —recinto mayor del daño individualizado, pero general y continuado— aquello nunca hubiera existido. Llegamos a donde comeríamos. De bata blanca, de pie, bendijo con gran naturalidad los alimentos y se sentó a charlar con el resto, de buen humor. Como siempre, la atención de todos estaba centrada en él. Mucho después lo comprendí: al margen de Nietzsche, en un nuevo retorno, Dionisos quería ocultar su irrefrenada lascivia tras la perfecta normatividad apolínea de la espiritualidad colectiva [...][3]

[2] Antonio Lagoa y Rafael Arumí eran los únicos sacerdotes residentes en el Colegio Máximo de la Legión en Roma.

[3] Párrafo tomado de José Barba, "Las razones de mi silencio", Puebla, 11 de septiembre de 2002.

265

No sería esa la única ocasión que Marcial Maciel desfogara su incontinencia sexual manipulando al joven Barba. La segunda vez ocurrió el sábado santo de 1955. José de Jesús subía a su habitación con su bata blanca y los tenis en la mano. Junto a la escalera de servicio se encontró al padre Maciel, de sotana negra. El superior de la Legión lo tomó del brazo y le pidió que lo acompañara a la enfermería. "Dijo que no se sentía bien." Allí se despojó del vestido talar y en la semioscuridad se acostó en la cama. Después, siguiendo una de sus tácticas preferidas, hizo que el adolescente se sentara a su lado. Más de cuatro décadas después, Barba, un sesentón, padre de tres hijos y docente de jóvenes, todavía recuerda el "silencio sacro" de aquel atardecer. Relata:

> Estaba a su lado sin decir una palabra. Me tomó con sus manos en la nuca, forzó mi cabeza hasta su cara y empezó a besarme en la boca. Cerré mis labios, pero él paseó su lengua por ellos y ayudándose de una mano logró abrir mi boca y la penetró con su lengua. No sabía qué hacer [...] sólo tuve a Dios y a mi confusión por testigos. Esa vez pasé varias horas en la enfermería. Dos hermanos entraron a inyectarle morfina. Era casi la media noche cuando el padre Maciel me dijo: "Ya se oye el canto gregoriano en la capilla. Sube a ponerte el uniforme y súmate a la comunidad". No hizo falta que me recomendara silencio; había quedado sobrentendido. Él no asistió a la vigilia pascual. Al día siguiente, domingo de resurrección, celebró con gran unción aparente la misa mayor; en la elevación de la hostia consagrada —tensamente sostenida—, me pareció que se detuvo más tiempo del habitual.

Después de aquel episodio, además de una gastritis acibarada, migrañas y una colitis nerviosa crónica que le duraron algunos años, el adolescente perdió su calma habitual. Recuerda que con frecuencia se ruborizaba por motivos insignificantes. Temía ser observado y que pensaran mal de él. Vivió con la obsesión constante de que su cuerpo olía mal, a pesar de que se bañaba con regularidad. En ocasiones caía en una abulia total; no lograba concentrarse en la lectura. Lo invadió un sentimiento de ansiedad y soledad, y experimentó escrúpulos de castidad enfermizos. Y lo más notable y prolongado: después de cada baño, luego de secarse, una comezón insoportable se apoderaba de todo su cuerpo. Años después, el doctor Connant, del Holyoke Medical Center de la Universidad de Harvard, opinó que el mal de José Barba era psicosomático y le recomendó un tratamiento de terapia psicológica con James Gill, psicólogo y sacerdote jesuita.

Seguirían muchos años de terapia, de lecturas y reflexiones. Barba dejó el seminario de la Legión de Cristo en Roma en 1962. Obtuvo una maestría en Lenguas Romances de la Universidad de Tufts y un doctorado en estudios latinoamericanos en Harvard. En los años ochenta se estableció como académico del Instituto Tecnológico Autónomo de México (ITAM), en la capital mexicana. Su carrera profesional floreció, pero los traumas ocasionados por el padre Maciel no desaparecían de su mente.

Cuando a comienzos de los años noventa comenzaron a ventilarse en los medios casos de pedofilia en la Iglesia católica de Estados Unidos, Barba encontró una oportunidad para liberar su mente y romper el silencio. Se comunicó con otros exlegionarios y comenzaron a diseñar una doble estrategia legal y de información pública. En 1997 *The Hartford Courant* inició la serie de revelaciones sobre las actividades pedófilas del sacerdote Marcial Maciel, pero no hallaría mucho eco en México. Al promediar el año 2002, a quienes dudaron de su confesión y la de sus compañeros, les dijo que "deberían entender que a hombres mayores de 60 años, en nada les ayuda sobrecargarse de dificultades innecesarias". Menos a esa edad en la que, como escribió al final de su vida Kazantzakis, "uno debe pensar, más bien, en ir recogiendo los lápices".

El caso de la esperma milagrosa

José de Jesús Barba no sería la primera ni única víctima de los masajes "terapéuticos" y las "aberraciones" de *eme eme*, como algunos exlegionarios siguieron llamando a Maciel, por sus iniciales. Antes que él, José Antonio Pérez Olvera, seminarista en Roma entre 1947 y 1950, también había experimentado un episodio desagradable que cambió su vida.[4]

Por salud mental, sin resentimiento ni deseos de venganza —y para no seguir siendo "cómplice silencioso"—, Pérez Olvera decidió contar su caso al escritor y periodista de investigación estadunidense Jason Berry. Corría diciembre de 1994. Pocos días antes, el fundador de los Legionarios de Cristo, Marcial Maciel, había celebrado el cincuentenario de su ordenación sacerdotal en el Palacio de los Deportes de la ciudad de México. En un derroche del culto a la personalidad, en el mismo acto se ordenaron de sacerdotes 55 Legionarios. El papa Juan Pablo II acababa de designar al padre Maciel como su consejero personal en asuntos de la familia. Este abogado en edad madura pregunta a Berry: "¿Podrá haber mayor aberración que un hombre que contraviene la ley natural con su homosexualidad práctica y drogadicción, nunca dominadas, pueda aconsejar algo acerca del matrimonio cristiano?".[5]

Con base en ese testimonio y en entrevista con el autor, revive la historia que lo marcó para siempre:

> Fui una de muchas víctimas de la desenfrenada sexualidad y degeneración del padre Maciel. A los 11 años, impresionado por un mural donde se destacaba la obra del padre Maciel, llegué a casa emocionado y le dije a mi madre que quería ser misionero. Poco tiempo después estaba en el seminario y al año me enviaron a España.

> El padre Maciel vivía rodeado de una aureola de santidad, que se encargaban de magnificar él y nuestros superiores. [En el seminario] se respiraba un clima de castidad y pureza, y veíamos al demonio detrás de cada matorral. "La Iglesia les pide que sean perfectos. Aléjense del pecado mortal", nos repetía a menudo.

---

[4] Al igual que en el caso de José Barba, la reconstrucción de lo sucedido al abogado José Antonio Pérez Olvera se basa en testimonios públicos brindados por él a distintos medios de información y entrevistas con el autor.

[5] José Antonio Pérez Olvera, carta testimonio dirigida a Jason Berry el 18 de diciembre de 1994.

Desde un inicio, *Mon Pére* comenzó a sembrar en nosotros el fruto de sus traumas y su delirio de grandeza. En todo veía pecado. Sobreviví a sus chantajes y fui a dar el noviciado a Roma. Allí la presión fue mayor; era como una fábrica de zombies. Todos teníamos que vestirnos igual, reirnos igual, pensar igual, saludar igual. Todo igual. Nadie podía tener criterio propio, pensamiento propio, sentimientos propios. Estábamos sometidos a una sistemática e implacable destrucción de la personalidad. Todos éramos pecadores y candidatos al infierno. Sólo había un santo: el padre Maciel.

No obstante, José Antonio Pérez Olvera estaba convencido de que Marcial Maciel era el fundador de la orden religiosa "del final de los tiempos modernos". El cura originario de Cotija les había hecho creer que el Sagrado Corazón se le había "aparecido" para solicitarle que fundara la orden que estaba predestinada para "salvar al mundo del demonio, del marxismo y del pecado del hombre moderno". Para el joven adolescente, Maciel era un santo. "Estábamos convencidos de que hacía milagros y que con sólo ver a los ojos sabía si estábamos alejados de Dios y en pecado mortal". Era como si cada día "se desayunara con el Sagrado Corazón y Él le decía qué tenía que hacer". La doctrina y el magisterio de la Iglesia católica pasaban a un segundo plano.

Al año comenzó mi tragedia. Era verano en Roma. Tenía 17 años y estaba próximo a celebrar mis votos de castidad, pobreza y obediencia. La obsesión del pecado contra la castidad no me dejaba dormir. Un día, en plena misa, el hermano Alfredo Martínez me tocó el hombro y con una voz apenas audible me dijo que el padre Maciel me quería ver. Ambos nos trasladamos a la enfermería. El lugar estaba subdividido en dos pequeños cuartos; tenía por mobiliario una cama dura, un par de mesitas con medicamentos y un lavabo. Sobre el camastro, acostado, se encontraba el reverendo padre. Maciel le ordenó a Alfredo Martínez que saliera y cerrara la puerta con llave por fuera.

Según el padre Maciel, mi hermano Fernando —quien ya había dejado el seminario y se encontraba en la ciudad de México cursando estudios superiores—, era muy inquieto. Me dijo que estaba muy preocupado por su salud porque se masturbaba mucho. Que era "urgente" ayudarle para sacarlo del pecado, acudiendo incluso al auxilio de la medicina.[6] Maciel hablaba acostado. Yo estaba a su lado de pie. Me comentó que en Madrid había un famoso endocrinólogo, Gregorio Marañón, notable hombre de letras y médico muy respetable. Aseguró que "él, sólo él" podría ayudar a mi hermano. Lo único que necesitaba el doctor Marañón para decidir un tratamiento y recetar la medicina apropiada a la desenfrenada sexualidad de Fernando, era una muestra de semen. Pero dijo que no tenía la suficiente confianza para solicitarle la muestra requerida. Él pensaba que siendo su hermano, y por tener las mismas características genéticas, mi semen podría ayudarle adecuadamente; lo arrancaría de su vicio, lo libraría de las garras del pecado. Y casi me convertiría en un héroe anónimo.

Me preguntó si estaba dispuesto a sacrificarme por Fernando. Le dije que no. Que mi hermano me importaba mucho, pero que no tenía la intención de cometer pecado para ayudarlo; que estaba prohibido por la Iglesia católica y la moral cristiana. Que lo más que podía hacer era estar pendiente y cuando tuviera una emisión nocturna, recoger el semen de la sábana y ponerlo en un frasquito. El padre Maciel me contestó que era una magnífica idea, pero tenía un inconveniente: que al derramarse el semen en la tela, no pudiera recoger la cantidad suficiente para que el doctor la analizara. Y que además perdiera sus características de frescura.

A esas alturas me encontraba excitado sexualmente y rojo de vergüenza. Pero él no cejaba en su empeño de convencerme. Me dijo que no tenía nada qué temer; repetía una y otra vez que la finalidad era buena. Cedí por fin. Ni tardo ni perezoso, el reverendo padre Maciel me bajó el pantalón, el calzoncillo y empezó a manipularme el miembro como si fuera un experto en

---

[6] En su testimonio, Pérez Olvera dice que cuando le contó esa historia a su hermano, muchos años después, le respondió que era "una soberana mentira".

esos menesteres. ¡Y vaya que sí lo era! Nunca pude olvidar la ansiedad y su cara de fruición y satisfacción. En el colmo de su manipulación, cuando comencé a eyacular sacó un frasco para que lo llenara con mi semen. Me dijo, inclusive, que le pegara un papel con la supuesta dirección del doctor Marañón en Madrid.

Todo había terminado y no sabía dónde meterme de vergüenza. No obstante, a pesar de mi humillación, sentía satisfacción porque iba a poder ayudar a mi hermano. Además, de manera sumisa, me había puesto a merced de la voluntad de un santo. Con sus manos, el padre Maciel estaba santificando y dándole trascendencia y valor divino a un acto al que los simples mortales consideraban pecado. Una vez consumada su "obra maestra", *Mon Pére* me preguntó si iría a comulgar. Contesté que no sabía. Me explicó que dado que había hecho una "obra buena", podía ir a comulgar. No sólo eso. Me hizo prometer que ese "acto heroico" no lo comentaría a nadie. ¡Ni siquiera en la confesión! Después me dijo que podía hacer mis votos.

— Con la cobertura de una supuesta dispensa del papa Eugenio Pacelli, Pío XII, a quien Maciel hacía desempeñar el papel de *primo inter pares*, y utilizando como señuelo la increíble fábula de que podía convertir sus propios "padecimientos" físicos en oportunidad para la "virtud" de los novicios —al renunciar a desahogar su pulsión sexual con una mujer y optar por sesiones de masturbación, tocamientos, penetración anal y sexo oral con adolescentes varones[7]—, el general Maciel, el "formador de jóvenes" administraba a placer una zona de ilegalidad tolerada (creada por él), y con eje en una estrategia de seducción y exaltación (de su figura como superior de la orden), promovía o castigaba a sus acólitos de acuerdo con la sanación de sus "terribles dolores".

---

[7] Testimonio del sacerdote español Félix Alarcón, quien al igual que los otros denunciantes también perdió su inocencia en la enfermería: "Aceptábamos su aparente sufrimiento urológico, su inconsciencia aparente o real y todo lo que vivisteis lo viví yo: tocamientos, masturbaciones, sexo oral...". Carta manuscrita, fechada el 4 de agosto de 1997.

271

Según el testimonio de otros exlegionarios, ingresar al "círculo íntimo" o al "harén de concubinos"[8] de Marcial Maciel era el comienzo de un "supuesto privilegio". Una sesión con prácticas onanistas y homosexuales en la enfermería —lugar del ritual iniciático donde el superior de la orden maquillaba su pedofilia y la *sacralizaba*, en el acto de violar la "pureza" y virginidad de los novicios—, era un indicio de la inclusión, al menos provisional, "en ese círculo de escogidos entre los escogidos".[9] A partir de una relación erótica traumática basada en el poder *inmaculado* del general Legionario sobre sus subordinados (padre Maciel: santo), pero que incluía la *omertá* (como pacto de silencio) o la mentira de los seducidos —que a veces actuaban como testigos involuntarios o cómplices celestinos—, los *agraciados* quedaban atrapados en un juego perverso (víctima-victimario, superior-inferior) que enfrentaba la culpa, inocencia e ingenuidad traicionada de los menores al poder del discurso autorizado del *jefe* (máxima autoridad-figura mítica) de la Legión. A los *elegidos* se les exentaba de cumplir a cabalidad con los rígidos códigos de obediencia de la orden, como parte de una inextricable red de complicidades autoasumida, que se combinaba hábilmente con un adoctrinamiento despersonalizador de tipo totalitario,[10] que reforzaba la idealización de la congregación y del personaje seductor y la salvaguarda de la institución.[11]

Sin embargo, Pérez Olvera ya había tomado la decisión de no hacer los votos y aquel episodio terminó por truncar de manera definitiva su vocación sacerdotal. El abuso sexual de que fue víctima —"que

[8] Expresiones utilizadas por el exseminarista Alejandro Espinosa, autor del libro *El Legionario*, Grijalbo, México, 2003.

[9] Declaración de Alejandro Espinosa Alcalá, recogida por Salvador Guerrero Chiprés en su reportaje sobre los abusos del padre Maciel. "De Pío XII a Juan Pablo II, apoyo de Roma al líder de los Legionarios", parte II, *La Jornada*, México, 15 de abril de 2002.

[10] Dice en uno de sus testimonios José Barba: "...ése fue un error que cometimos siendo muy jóvenes [mentir para proteger a la Legión y a la figura mítica del padre Marcial Maciel], amordazados psicológicamente en un ambiente de control totalitario, que ahora queremos reparar en honor de la verdad, de la Iglesia católica y de la sociedad".

[11] Véase Fernando M. González, "La representación de la inocencia y su cruce con la perversión", Instituto de Investigaciones Sociales de la UNAM, México, abril de 2002.

conllevó una virtual *absolutio complicis* al ordenarme que ese acto no lo comentara con nadie, ni siquiera en confesión"—, y su "sistemática actitud de hacernos sentir culpables y permanentemente pecadores: sólo él era santo", hicieron que perdiera su ideal de convertirse en un *soldado de Dios*. Todo se le vino abajo. Dice que se convirtió en un "Hamlet irredento": vivía entre la angustia del "deber ser" que le enseñaba la Iglesia católica y lo que el padre Maciel —con su pervertida moralidad— les imponía como "el ser". La doctrina y la moral católica decían una cosa, pero el superior hacía otra y había que obedecerle. "Acostumbrados al paternalismo a ultranza de las familias mexicanas, no podíamos contradecir a nuestro padre espiritual".

Al terminar el curso, el grupo se fue de vacaciones a Salamanca, España. Allí, Pérez Olvera conoció a monseñor Ángel Morta Figuls, un español que poco tiempo después sería designado obispo de la diócesis de Madrid-Alcalá. "Don Ángel dirigió los ejercicios espirituales." José Antonio venía rumiando la idea de dejar la orden y decidió hablar con él. Armó una cita y le dijo que no se sentía a gusto en la Legión. Pero no le contó nada del abuso sexual. El clérigo le preguntó por qué si se quería salir no lo había hecho. El adolescente le respondió que el padre Maciel decía que él tenía vocación y si se salía se condenaría. "Le dije que prefería volverme loco dentro del seminario y no salirme y condenarme." El experto le expresó que según la doctrina de la Iglesia nadie estaba autorizado para juzgar si tenía o no vocación. Y le solicitó que le permitiera hablar con el padre Marcial Maciel. Tres días después don Ángel lo mandó llamar y le comunicó: "Bajo mi responsabilidad, salte del seminario. Y no sólo no te vas a condenar sino que afuera vas a encontrar más gracia de Dios, para salvarte, que aquí adentro".

El joven no lo podía creer y se echó a llorar. No había pasado un par de días y lo llamó Maciel. Le dijo que se había salido con su "capricho"; que era "un traidor a Dios", que había defraudado a sus padres, a su familia. Le preguntó cuánto tiempo había permanecido en la Legión de Cristo. Eran 17 años. El cura Maciel hizo cuentas y le dijo que había gastado 250 mil dólares en su formación. "Así valuaba el santo varón el llamado de Dios: en inversiones materiales."

273

"Tarde o temprano la verdad se sabrá"

El primer documento conocido enviado al papa Juan Pablo II, donde se acusa al padre Maciel de abuso sexual y psicológico, es una carta escrita en 1976 por el sacerdote Juan José Vaca. El cura Vaca fue reclutado por Maciel en Zitácuaro, Michoacán, en 1947, cuando tenía 10 años de edad.[12] Estuvo primero en la sede de la orden en Tlalpan, al sur de la ciudad de México y dos años después ingresó al seminario que la Legión de Cristo tenía en Ontaneda, provincia de Santander, al norte de España. Una noche de diciembre de 1949, cuando todavía no cumplía un año de estar en la orden, el superior general, Marcial Maciel, lo violó; lo sometió a una penetración anal. Allí comenzó su "desgracia". "La tortura moral" de su vida. Durante 13 años —en su adolescencia y entrada a la edad adulta— Juan José fue víctima de "los abusos aberrantes y sacrílegos" de *Mon Pére*. "Yo era su mujercita", confesó Vaca a los exlegionarios José Antonio Pérez Olvera y José Barba, al revelarles su relación psicosexual con el fundador de la orden religiosa.[13] Vivió conflictuado por la ambivalencia de conducta que exhibía el hombre a quien al interior de la congregación se veneraba como a un "santo". "Era para nosotros la figura del padre. Del papá, de la mamá. Un hombre extraordinario, con dotes fuera de lo común. Pero también cometía abusos sexuales."[14] No podía comprender esa dicotomía entre lo que Maciel predicaba, su conducta personal íntima y la obediencia incondicional —"a toda costa, hasta la muerte"— que exigía.

Angustiado y acosado por su propia conciencia, en diciembre de 1962, Vaca le envió una carta a Marcial Maciel donde "en nombre de Dios" le pedía una explicación por sus contradicciones morales. La respuesta del superior fue enviarlo castigado al seminario de Ontane-

---

[12] Jason Berry y Gerald Renner, "Caso de abuso sexual bloqueado en el Vaticano", *National Catholic Reporter*, 7 de diciembre de 2001.

[13] Versión brindada al autor por José Antonio Pérez Olvera.

[14] "Pederastia", video del programa *Círculo Rojo* de Televisa, presentado por los conductores Carmen Aristégui y Javier Solórzano, México, 15 de abril de 2002.

da y retrasar su ordenación sacerdotal seis años.[15] Allí fue vicerrector, y pronto se dio cuenta de que su superior, el rector Bonilla, también abusaba de los seminaristas. Denunció ante el propio Maciel la situación, y el sacerdote violador fue trasladado al pequeño poblado de Chetumal, en el Caribe mexicano. Pero después Vaca se mostró "obediente para encubrir y tapar"[16] esas situaciones y el superior general lo promovió: durante cinco años se desempeñó como responsable de los Legionarios de Cristo en Estados Unidos (1971-1976). Tras unirse al clero diocesano de Rockville Centre, en Long Island, Vaca afirma que entregó una segunda misiva a Maciel, en mano, en la ciudad de México. La carta está fechada el 20 de octubre de 1976, en la St. Christopher's Rectory, en 11 Gale Avenue, Baldwin, New York.[17]

Por esos días el cura Vaca vivía abatido y consumido por la culpa de su relación con Maciel. Quería abandonar el sacerdocio. En 1978 le mostró la explosiva carta al obispo de Rockville, John R. McGann, a fin de explicarle los motivos por los que había abandonado la Legión de Cristo. La curia diocesana envió la carta de Vaca al papa Juan Pablo II, a través de la valija diplomática de la nunciatura apostólica en Washington.[18] Las autoridades eclesiales de Rockville Centre incluyeron una carta de otro exlegionario, Félix Alarcón, donde decía que también había sido abusado sexualmente por Maciel cuando era seminarista.[19] La diócesis de Rockville obtuvo del Vaticano un acuse de recibo de las cartas. Sin embargo, Vaca y Alarcón afirman que las autoridades de la curia romana jamás intentaron ponerse en contacto con ellos.

---

[15] Juan José Vaca se ordenó sacerdote en 1969.

[16] "Pederastia", video del programa *Círculo Rojo*, ya citado.

[17] Carta de Juan José Vaca al padre Marcial Maciel, fechada el 20 de octubre de 1976, en Nueva York.

[18] Jason Barry y Gerald Renner, *op. cit.*

[19] Félix Alarcón Hoyos, oriundo de Madrid, España, fue designado por Marcial Maciel para establecer la primera sede de la Legión de Cristo en Estados Unidos. En 1966 dejó la orden y quedó inscrito como sacerdote al Rockville Centre. Años más tarde, monseñor McGann lo envió a la diócesis de Venice, Florida, donde se hizo cargo de los fieles hispanos de Naples. Alarcón se retiró honorablemente de sus obligaciones pastorales en el año 2000 y en la actualidad vive en Madrid.

La carta de Vaca conoció parcialmente la luz pública en 1997, tras las revelaciones sobre la Legión de Cristo recogidas en el reportaje de Gerald Renner y Jason Berry en el periódico estadunidense *The Hartford Courant*. Son doce páginas repletas de datos, nombres, lugares y situaciones donde el exsacerdote mexicano revive su traumático pasaje por esa institución religiosa. Vaca recibió la dispensa papal de sus votos sacerdotales en 1989, se casó por lo civil y obtuvo posteriormente la bendición de la Iglesia católica para su matrimonio. Tiene un hijo. Es profesor de psicología y sociología en Holbrook, Nueva York.

Algunos párrafos de su carta a Marcial Maciel, en 1976, dicen:

Aunque ahora poco o ningún daño pueda ya causarme, después del increíble y gravísimo mal que usted nos causó a tantos, no son mis deseos, padre, sino usted mismo, con su carta, quien me ha obligado a redactarle la presente.

Lo hago delante de Dios y poniendo la esperanza en Él, de que, al fin y para siempre, usted, padre, corrija las contradicciones aberrantes de su vida y no exponga por más tiempo su propia persona, la Institución de Dios que es la Legión, la reputación de nuestro sacerdocio católico y de la Iglesia entera, al escándalo gravísimo que se seguiría si salen a la luz y al conocimiento de las autoridades competentes, los abusos sexuales (considerados degeneraciones y crímenes por la ley y anomalía patológica por la medicina), que usted cometió contra tantos de nosotros por largos años.

[...] Padre, la desgracia y tortura moral de mi vida comenzó en aquella noche de diciembre de 1949. Con la excusa de sus dolores, usted me ordena quedarme en su cama. Yo aún no cumplía los 13 años; usted sabe que Dios me había conservado hasta entonces intacto, puro, sin haber manchado jamás gravemente la inocencia de mi infancia [...] aquella noche, en medio de mi terrible confusión y angustia (usted) desgarró por vez primera mi virginidad varonil. Yo había llegado a la Legión en mi niñez, sin haber experimentado acto sexual alguno, sin tan siquiera tener idea de que existían actos como la masturbación y demás degeneraciones contra natura. Usted inicia esa noche los abusos aberrantes y sacrílegos que se prolongarían doloro-samente por trece años. Trece años de angustias y confusiones terribles para mí.

Cuántas innumerables veces me despertó a altas horas de la noche y me tenía con usted, abusando de mi inocencia. No-ches de positivo miedo; tantísimas noches de sueño perdido, que más de una vez pusieron en peligro mi salud psíquica. ¿Lo re-cuerda, padre?

En octubre de 1950, me lleva a Roma —el único adolescen-te entre el pequeño grupo de filósofos y teólogos—, con las se-gundas intenciones de continuar abusando sexualmente de mí [...] entonces me di cuenta que no era yo solo; otros muchos de mis compañeros eran también víctimas de su lujuria. ¡Qué ho-rrendo!

En septiembre de 1956 sale a la luz el escándalo de su adic-ción.[20] Usted teme que se descubran también sus actividades ho-mosexuales y manipula hábilmente, nombrándonos asistentes de las comunidades del colegio de Roma a los que más lo que-ríamos y mayor fidelidad le habíamos guardado. Usted era con-siderado por nosotros un padre, santo y extraordinario, por quien lo habíamos dado todo; nos tenía completamente subyugados; podía hacer de nuestras voluntades, de nuestras mentes, de nuestras conciencias, lo que usted quisiera. Deja a Jorge Bernal como asistente de teólogos,[21] a Alfonso Samaniego, de filóso-fos, a Cristóforo Fernández y a mí, asistentes de novicios; nos instruye para que no revelemos absolutamente nada negativo de la vida íntima de usted a los visitadores apostólicos.

[...] En febrero de 1958 usted es rehabilitado por la Santa Sede. No obstante, continúa nuestra angustia por sus renova-dos abusos sexuales contra nosotros. El número de jóvenes re-

---

[20] Se refiere a la adicción del padre Maciel a la morfina, en su denominación comercial de Dolantin.

[21] Monseñor Jorge Bernal Vargas, obispo de la prelatura de Chetumal, en el estado de Quin-tana Roo, México, fue el primer sacerdote legionario en alcanzar esa categoría. Exlegionarios definen a la misión en Quintana Roo como una "Siberia mexicana" porque, aducen, allí se en-vía a los "sacerdotes castigados".

ligiosos dañados por usted va siendo mayor. Cuántos días enteros y noche tras noche encerrados en aquella enfermería del colegio de Roma [...] en su habitación enfrente del coro de la capilla, con la puerta atrancada con la cama, con los ojos de las cerraduras y con las hendiduras de las persianas cuidadosamente cegadas. Cuántas veces nos obligó a dos religiosos a intercambiar mutuamente las aberraciones que usted nos hacía.

[...] Cuando comenzaban mis confusiones y tremendas angustias de conciencia, usted me tranquilizaba, en un principio asegurándome que no se daba cuenta de lo que en esas circunstancias hacía; (decía) que no se acordaba absolutamente de nada. Y a continuación, me dio en más de una ocasión la absolución. Usted mismo (abusando del sacramento, *absolutio complicis*).[22] Y cuando mi conciencia no quedaba en paz, me llevaba a algún confesor de incógnito, instruyéndome sobre la forma de exponer el asunto al confesor para no delatarle a usted.

En su dramático relato, el exsacerdote legionario Juan José Vaca alude también a los trastornos morales y psicológicos que afectaron su personalidad durante muchos años, como secuela de los abusos sexuales sufridos de parte de Marcial Maciel. Bajo testimonio personal protocolizado ante notario, incluye además una lista con los nombres y apellidos de otros veinte sacerdotes y laicos de la Legión de Cristo que fueron víctimas en su niñez y adolescencia por el superior de la orden. "Son sólo los que a mí me consta —dice—, pero son muchos más los que usted ha dañado." Denuncia, además, que las actividades non sanctas del padre Maciel dieron lugar a "una cadena de actividades homosexuales y escándalos" que involucraron a otros superiores de la orden, entre quienes menciona al cura Bonilla, exrector del seminario de Ontaneda (Santander) y al sacerdote catalán Rafael Arumí Blancafort.

En otra parte de su carta testimonial, Juan José Vaca pide a Maciel que deje salir a su hermana Teresa del movimiento de apostolado

---

[22] Delito considerado grave y registrado en el canon 977, referente a la absolución de un cómplice en el pecado contra el sexto mandamiento.

Regnum Christi, fundado en 1949 por el superior de los Legionarios. Vaca denuncia los "procedimientos de secretismo, absolutismo y sistemas de mentalización" a que son sometidos los miembros de ese movimiento seglar —integrado también por sacerdotes y religiosos, considerado como "la verdadera fuerza" de los Legionarios de Cristo.[23] Según Vaca, los métodos que sigue Regnum Christi son propios de "las sociedades secretas".

Pero hay algo al final de esa carta, escrita en 1976, que resultó premonitorio. Tras volver a exhortarle a Maciel que reconozca los graves daños causados "a tantas almas", le dice: "Son muchas las fuentes de donde, tarde o temprano, se sabrá la verdad".

El *lado oscuro* de Marcial Maciel

A finales de los años cuarenta, luego de estar instalado en Comillas, Santander, con un puñado de seminaristas mexicanos bajo el manto protector del generalísimo Francisco Franco, el cura Maciel había iniciado en la *madre patria* un trabajo silencioso, casi clandestino —pero selectivo y eficiente—, de búsqueda de vocaciones. Necesitaba acólitos que estuvieran dispuestos a seguirlo para cumplir la misión que, supuestamente, le había sido "encomendada de manera directa por Dios y confirmada por el papa Pío XII": crear una orden religiosa que fuera *sicut castrorum acies ordinata* (un ejército en orden de batalla).[24] Según la mitología que envuelve a la congregación, el "ejército" de Maciel —que evocaba a las poderosas legiones romanas que batallaron hasta en los confines de Europa para dominar a otros pueblos y anexionarlos al sacro imperio—, debía contribuir al objetivo supremo de instaurar "el reino de Cristo en la tierra". La versión fue difundida por el propio Maciel luego de entrevistarse con el papa Pío XII, en Roma, en mayo de 1948. Fue entonces, se asegura entre los seguidores de la

---

[23] Alfonso Torres Robles, autor de *La prodigiosa aventura de los Legionarios de Cristo*, considera a Regnum Christi como "un ejército de hombres y mujeres" que tenía, a comienzos del siglo XXI, 50,000 miembros "provenientes de más de 40 países", según asegura Maciel.

[24] *Ibíd.*

Legión, cuando el pontífice pronunció una frase que habría de ser ampliamente explotada para "evangelizar", y exprimir, económicamente hablando, a familias pudientes de México y Europa: "¡Líderes, padre Maciel; tenemos que formar y ganar para Cristo a los líderes de América Latina y del mundo!".[25]

Marcial Maciel descubrió que en la Universidad de Comillas y otros centros educativos de la España falangista —donde se practicaban un nacionalcatolicismo y un espíritu de "cruzada" derivados del mito fundacional del Estado imperial construido por los Reyes Católicos, que identificaba a España y el ser español con el catolicismo y era sustento de la Hispanidad allende fronteras—, había numerosos estudiantes interesados en viajar a América Latina. El cura mexicano empezó a invitar a unirse a las filas de la Legión a los más entusiastas. Entre la primera veintena de reclutas ibéricos había un madrileño de 16 años, Félix Alarcón Hoyos, quien pocos años después sería el testigo pasivo en el acto de la primera violación sexual del padre Maciel al novicio José Barba.

Su testimonio —contenido en una carta manuscrita dirigida al propio Barba, fechada el 4 de agosto de 1997—, es importante porque Alarcón ocupó puestos de responsabilidad en la Legión de Cristo. "Casi niños que éramos, veíamos en él [Maciel] a un hombre joven, santo, con una misión impresionante, y sentíamos admiración, cariño y un respeto muy grande."[26] Según él, "no se dio cuenta" de los abusos a que eran sometidos sus compañeros [...] un día fui llamado a la enfermería y ahí perdí completamente mi inocencia".[27]

Todo lo que se ha descrito en el periódico *The Hartford Courant*, me ocurrió a mí. Pensaba que me había ocurrido sólo a mí [...] Salí de los Legionarios en 1966, sin siquiera plantearme que algún día pudiera romper mi silencio. Tenía que seguir mi camino, como los que se habían ido seguirían el suyo. Éramos herma-

[25] Alfonso Torres Robles, *op. cit.*
[26] Carta manuscrita enviada por Félix Alarcón Hoyos a José Barba, el 4 de agosto de 1997.
[27] *Ibíd.*

280

nos. Nos unía un sufrimiento común, pero iríamos a caer todos a la fosa del silencio. Sí, es verdad que nos despersonalizaron.

[...] Llegué [a la Legión] queriendo ser sacerdote fiel y entregado, pero muy pronto el padre Maciel me forzaría a una dinámica opuesta a todo lo que creía [caí en] una total confusión psicológica y espiritual [...] Creo, sinceramente, que lo tuve peor que nadie [...] No sabía que el abuso era extensivo a muchos de vosotros [...] El padre [Maciel] me llamó a la enfermería. Creo que fue en Roma, y ahí empezó todo. Aceptábamos su aparente sufrimiento urológico, su inconsciencia aparente o real. Todo lo que vivisteis lo viví yo: tocamientos, masturbaciones, sexo oral... Creo que para entonces, en los años de mi noviciado, el padre ya tenía una adicción claramente probada a la Dolantina. Me sé la fórmula de ese narcótico como el Padre Nuestro.

[...] Sexo y droga serían la perenne interacción de aquellos años. El drama era buscar la Dolantina [...] Hospitales, médicos, incluso buscábamos en la guía telefónica. Llegué a hacer un viaje de Roma a Madrid en un Constellation de TWA para conseguir Dolantina. [Él] era santo y bueno y elegido y tenía ese lado oscuro que empezaba a ser impenetrable y contradictorio [...] En una ocasión llamaron a mi madre de un hotel de Madrid [creo que era el Memphis, de la Gran Vía]. ¿Conocen ustedes al señor Maciel? Pues vengan a recogerle, porque aquí no le podemos tener [...] Él tuvo muchas atenciones con ella, entre las que cuento pagarle su viaje a Roma para mi ordenación.

[...] El sufrimiento acumulado [...] llevaría a algunos a pedirle que cambiara. Yo lo hice varias veces, siempre por carta [pero] él no toleraba que le cuestionásemos [y] nos fue apartando de forma cruel [...] Mi más grande pesar, con sus raíces en la disciplina de hierro, fue la tortura espiritual y psicológica de no poder hablar de esto con nadie [...] el cuarto voto [...] La terrible distorsión espiritual que nos presentaron como si fuera un plan de Dios, siendo tan opuesta a eso, el lavado de cerebro y la poderosa maldición de cualquiera que se atreviera a pensar por sí mismo [...] Hubiera preferido para mí el silencio, pero es claro ahora que mi único camino es la solidaridad con vuestro sufrimiento [...]

Otro exlegionario, el profesor Saúl Barrales Arellano aseguró ante notario público, el 31 de enero de 1997, haber sido víctima de las acciones "nefastas" y "diabólicas" del cura Maciel, a quien describió como "un sacerdote con piel de oveja" que causó "daño psíquico" a muchos jóvenes. Respecto a la adicción a las drogas del fundador de la Legión de Cristo, Barrales quien se desempeñó como "servicial asistente personal" de Maciel durante más de diez años[28] y era conocido entre sus compañeros de orden como *hermano caridad*, por su natural humildad y buen humor,[29] testimonió que él mismo tomó un puñado de ampolletas de líquido rojo (Dolantina) que Maciel se inyectaba y las estrelló contra el suelo delante de su superior para manifestarle su desacuerdo con esa práctica. No sería el único testigo de las adicciones de Maciel. Sin muchas vueltas, Alejandro Espinosa describe al jefe legionario como un "pederasta drogadicto".[30] En algunos pasajes de su libro dice que "esas actividades le redituaron [a Maciel] lujos y dispendios de monarca, borracheras de morfina, orgasmos de espumosas champañas, coñacs, y hartazgos de culitos infantiles, no sólo de su propio paraíso, sino del norte de África".[31] También recuerda el episodio —citado en varios testimonios de exlegionarios— cuando el cardenal Valerio Valeri, superior de la Sagrada Congregación de Religiosos en Roma, visitó la clínica Salvator Mundi, "donde Marcial yacía en su charco de babas, embrutecido por la morfina".[32]

Ontaneda fue el lugar

Había llegado allí casi niño; su mente en gracia, indefensa contra todo tipo de adoctrinamiento. Reclutado en Chavinda, un paraje

---

[28] Salvador Guerrero Chiprés, "Desde los años cincuenta el Vaticano supo que *Mon Pére* consumía morfina", *La Jornada*, México, 26 de abril de 2002.
[29] *Ibíd.*
[30] En su libro *El Legionario*, Alejandro Espinosa afirma que fue el cura Lucio Rodrigo, de Comillas, quien en 1948 descubrió "sus hábitos de consumo de droga y pedofilia".
[31] *Ibíd.*
[32] *Ibíd.*

michoacano signado por el fanatismo religioso de la época, Alejandro Espinosa fue seleccionado por Marcial Maciel para su "servicio secreto privado". Había entrado a la sede de la Legión en Tlalpan en 1950, con 12 años. Después Maciel se lo llevó a Santander, al otro lado del Atlántico y allí lo fue modelando poco a poco. Cuando se dio cuenta, Alejandro ya formaba parte del "harén de efebos" del fundador de la orden religiosa. Llegó a ser uno de sus concubinos más preciados; por eso conoce al detalle la vida íntima de Marcial Maciel. Sus secretos de alcoba.[33]

En la España devastada por la carnicería franquista —y que con mano de hierro controlaba el "Caudillo por la gracia de Dios"—, Ontaneda fue el lugar. Allí, un día, Alejandro Espinosa fue llamado a la habitación en tinieblas del fundador.

—¿Quién eres? —escuchó la voz del superior general. El joven no entendió la pregunta porque Marcial Maciel lo había mandado buscar.

—Alejandro, Mon Pére.

El jefe legionario le dio su mano a besar. Luego le tomó la cara y lo besó en las mejillas y los labios.

—¡Siéntate a mi lado! —le ordenó Maciel.

Alejandro se sentó sobre el lado izquierdo de la cama y Maciel apoyó su espalda contra la del joven.

—¡Hoy no hueles a vaca! —le dijo, provocando la risa festiva de los cuatro asiduos evangelistas, que allí estaban: Miguel Díaz, Félix Alarcón, Armando Arias y Juan José Vaca.

El padre Maciel hizo salir al resto y Alejandro se quedó de guardia. Al tercer día ya se había familiarizado con el sistema para tratar los cólicos del varón de Cotija: masaje al bajo vientre y piernas, vigoroso, hasta que pasara el dolor. ¡Una santa puñeta medicinal! Un día que Ma-

---

[33] La recreación del caso sobre el presunto abuso sexual de Marcial Maciel al exseminarista Alejandro Espinosa fue elaborada con base en el libro testimonial *El Legionario*, del propio Espinosa, Grijalbo, 2002, y entrevistas de prensa concedidas por el autor cuando la obra fue puesta en librerías.

ciel tuvo un ataque inusitado, mientras Alejandro masajeaba al superior éste le tomó sus manos, las metió debajo de las sábanas y las guió en espirales hasta caer sobre el "riel ardiente". Al entrar en la masturbación impúdica Alejandro sintió escalofrío. La confusión le arrebató todo juicio pero en la inercia siguió sus instrucciones. Maciel llegó al orgasmo y Alejandro sintió que el esperma caliente y pegajoso de su superior resbalaba por su puño. Experimentó un fuerte mareo y ganas de vomitar, mientras Maciel lamentaba su cruz:

–¡Soy tan incomprendido, hijo![34]

Muchas veces Espinosa vivió en carne propia los coqueteos de Maciel, de quien ha dicho que tenía "un carisma sexual extraordinario".[35] Participó o presenció días de "juerga y relajo" en la enfermería, orgías, felaciones, ataques por "retrovade" y masturbaciones a cuatro manos —"onanismo recíproco, dando y recibiendo, ¡la celebración mayor!"— entre los miembros del grupito dilecto. Fue valet de cabecera de Maciel. Supo de suicidios y desapariciones de compañeros y de otros seminaristas que fueron a parar a hospitales psiquiátricos y quedaron presa de "la locura perpetua". Dice que al final se sentía "sucio". Asqueado. Autodegradado. Hasta que un día simplemente no pudo más. Enredado en sus propias perplejidades y ante el acoso sexual incesante de Maciel, después de muchas noches de insomnio y de rumiar sus "traumas" Alejandro Espinosa abandonó la Legión en 1963. Tenía 26 años.

Aturdido con su nueva vida en el mundo exterior pensó escribir una novela. Pero Maciel se enteró, lo mandó llamar y le ofreció dinero para destruirla. Finalmente, lo amenazó: "Tengo amigos en la política que podrían matarte", le dijo. "Y para qué, todavía te quiero." Entonces Alejandro se puso a vender biblias y dio clases de moral y etimologías. Pero los recuerdos lo seguían acosando. Trabajó en la Cervecería Mode-

[34] Alejandro Espinosa, *op. cit.*
[35] Entrevista radiofónica de Marta Anaya a Alejandro Espinosa. Programa vespertino del noticiero *Detrás de la Noticia*, 3 de marzo de 2003.

lo en la ciudad de México. Se metió a estudiar leyes en la Universidad Nacional Autónoma de México. Con el tiempo creyó haber logrado sepultar para siempre sus desagradables vivencias legionarias. Pero el mal le duraría toda la vida y reaparecería de tanto en tanto en sueños, en clase, en copas de coñac... "Era como un cáncer del alma."

A mediados de los noventa, cuando el fantasma de Marcial Maciel volvió a aflorar en un grupo de excompañeros de la Legión todos casi sesentones, él también se volvió a enganchar en el tema. Y decidió desempolvar su viejo proyecto: escribir una novela sobre sus años en la orden; "su" historia personal a modo de catarsis. José Barba lo alentó. Dice Espinosa que fue un ejercicio doloroso. "Muy doloroso." De tres años de duración. Se le removieron muchas cosas que creía enterradas para siempre. Despertaba en plena noche y tomaba nota de las impresiones soñadas. Llegó a recordar frases exactas de Maciel. Las cotejaba con viejos apuntes y después las confrontaba con el comentario de sus antiguos camaradas del seminario.

El resultado fue un libro explosivo: *El Legionario,* parcialmente censurado en las plazas comerciales de México cuando se puso a la venta. Se trata de un documento desgarrador, testimonial, autobiográfico. De lenguaje descarnado. Con descripciones por momentos escatológicas. A veces procaz, obsceno. Pero vivo y personal. Además, fue un texto que le salió de adentro. Porque nadie se lo contó; él lo vivió. Alejandro Espinosa afirma allí, sin ambages, que su relación de niño y adolescente con Maciel llegó a satisfacer plenamente su existencia. Amaba a su superior. Es decir, fue una relación de dos. No sólo de víctima y victimario. Hubo "amor" entre ambos. Pero además, Maciel, el jefe máximo, usaba y abusaba de su poder y alimentaba con sutileza el ego de su deslumbrado efebo. Lo manipulaba con arte. Lo hacía sentir como "pluma al viento". Quería que él, don Alejo, fuera su biógrafo. Más aún, su evangelista. Y es bien sabido afirma Espinosa que "la vanidad sopla fantasías". Asegura que Maciel "exigía un amor de esclavo, sádico". No obstante, una gratitud simoníaca llevó a Alejandro a sentir "un amor desmedido" por él. En su caso, un amor que perduraría aunque le solicitara "faenas de prostitución"; por nauseabundas y humillantes que

285

éstas fueran. Él creía, además, que el suyo era un "amor exclusivo". "Te quiero más que a mi madre", le dijo un día Maciel.

Como muchos de sus compañeros del círculo privilegiado, Espinosa vivió la paradoja entre su alto grado de ascetismo religioso: flagelaciones dos veces por semana; cilicio[36] tres veces por semana; martirio diario; sometimiento de la voluntad a la obediencia, y humildad, por un lado, y el desenfreno carnal por el otro. Como en una danza macabra: rituales de iniciación, lacerante disciplina militar, autoflagelación —con los garfios del cilicio mordiendo la pierna para "domar a la bestia"—, culto a la muerte[37] y sexualidad. Una sexualidad desbordada, entre varones, muchas veces con testigos celestinos.

En el laberinto de su confusión, Marcial Maciel le hacía creer que Dios estaba con ellos. "¡Puro travestismo espiritual!", pudo gritar años después Espinosa. Pero así crecieron él y sus compañeros de generación: en un ambiente de puñetas, semen, pimienta y clavo. Supervisados por una jerarquía corrompida y cómplice que, a veces, participaba del festín. El resultado fue "una comunidad desviada del evangelio". Donde "las caras irreconciliables del bien y el mal" se daban la mano. Con un agregado: en una "comunión prevaricante", Maciel los hacía comulgar "después de habérselos follado". El propio superior general regenteaba la absolución del cómplice. Santo y demonio, arcángel y diablo, asesino y bienhechor, Maciel —en su papel de "icono usurpando a Dios"— administraba a placer su capacidad de "hipnosis colectiva" y ejercía una autoridad sin límite, con "derecho de pernada sobre los angelitos". Sus esclavitos.

Perdón y justicia

Otro de los reclutados por el cura Maciel en la España totalitaria del Caudillo, fue un muchachito de 13 años, originario de Torrelavega, Santander, llamado Juan Manuel Fernández Amenábar. El joven ingresó a la Escuela Apostólica de la orden —que entonces se llamaba Mi-

---

[36] Faja de cerdas o púas que por mortificación se lleva en la cintura, bajo la ropa.
[37] Marcial Maciel les hacía creer a los seminaristas que dormía en un ataúd.

sioneros del Sagrado Corazón— en 1949. Siete años después empezó a profesar como religioso. Fue "colector de fondos financieros en México" y ecónomo asistente del Colegio Máximo de Roma, funciones clave para acceder a los secretos mejor guardados del fundador y guía espiritual de la orden. En particular, lo que ocurría al interior de la enfermería en la sede romana, sobre la vía Aurelia Nuova. Según un testimonio que dejó al morir, en febrero de 1995, él mismo fue manipulado sexual y psicológicamente por su superior Maciel en tres ocasiones. Pero como todos los jóvenes novicios, Juan Manuel había sido instruido para cumplir sin chistar los cuatro preceptos básicos de la Legión de Cristo: "obediencia ciega, alegre y expedita", pobreza, castidad y un cuarto voto privado que impide a los subordinados criticar a sus jefes y obliga a denunciar a quien lo haga.

Fiel a las reglas de juego, el clérigo santanderino supo callar lo que vio y vivió —o no pudo decirlo entonces, dados los estándares disciplinarios medievales y las prácticas de control casi militar de la orden, así como las tácticas de despersonalización utilizadas por el padre Maciel—, y pronto fue recompensado. En 1962 fue incorporado al "círculo íntimo" de Maciel, el de los concubinos; el mismo año en que otros exlegionarios intentaban informar al Vaticano lo que ocurría en la enfermería del Centro de Estudios Superiores. Años después Fernández Amenábar fue promovido a México, donde se desempeñó como rector de la Universidad Anáhuac (1982-1984) y fundó el Colegio Irlandés de La Herradura, dos de los buques insignia de la Legión en la capital mexicana. Según su excompañero legionario Alejandro Espinosa, Fernández Amenábar ocultó mucho tiempo su conflicto con Maciel porque el general de la orden lo rodeó de cargos y honores para "acallar su conciencia", en "un trato de simonía[38] directa".[39] Exestudiantes lo describen como un maestro amado y bondadoso.

---

[38] Simonía: compra o venta de cosas espirituales (sacramentos) o temporales inseparablemente unidas de las primeras (prebendas y beneficios eclesiásticos). La palabra proviene del ofrecimiento de dinero hecho a san Pedro por Simón el Mago a cambio del don de conferir el Espíritu Santo (Hechos 8:19).

[39] Alejandro Espinosa, *op. cit.*

Pero en 1984 entró en una crisis de fe y se desilusionó. Renunció a la rectoría de la Universidad Anáhuac, dejó la Legión y se retiró del sacerdocio. Se instaló en San Diego, California, se casó, se separó y regresó a la ciudad de México. En mayo de 1991, luego de haber sufrido una segunda embolia, Fernández, quien entonces tenía 55 años, fue trasladado de urgencia al Sanatorio Español de la capital mexicana. La médico de guardia que lo atendió, Guadalupe Gabriela Quintero, dejó asentado en un informe que el paciente lucía "sucio y quejumbroso" y sólo podía repetir una frase: "Sí, hombre..."[40] Quedó impactada: "Me di cuenta que tenía una gran soledad y un gran descuido".[41] Siete meses después, al entrar a la unidad hospitalaria, la doctora Quintero se encontró con dos hombres que la saludaron. A uno de ellos no lo reconoció: era Juan Manuel Fernández Amenábar. Vestía un elegante traje café y se veía más joven; por primera vez reparó en sus ojos azules y su dentadura perfecta. Los tres se fueron a tomar un café. Durante la plática, Quintero comprobó que su expaciente se auxiliaba de mímica, dibujos, números y algunas letras. Se enteró que no había recibido rehabilitación física ni terapia de lenguaje. Entonces le propuso un plan que Fernández Amenábar aceptó entusiasmado. Durante tres años consecutivos lo visitó todos los días. Fueron muchas horas de terapia física y de lenguaje, de caminatas y catarsis. Con base en la confianza, el exclérigo le fue abriendo su vida a la doctora. Le mostró correspondencia personal y la renuncia a sus votos sacerdotales. En pleno uso de sus facultades mentales, mediante palabras y expresiones que logró oralizar durante el último año de su vida, a través de mímica y lenguaje escrito, Fernández logró dictarle un testimonio.

Pero la doctora Quintero no fue la única confidente del sacerdote español retirado. Sus amigos, en el hospital, habían alentado a Fernández para que hablara con un consejero espiritual. Finalmente, en

---

[40] Carta-testimonio de la doctora Guadalupe Gabriela Quintero Calleja al periodista Gerald Renner, suscrita el 2 de febrero de 1997 y certificada por el notario público Carlos Fernández Flores, del Distrito Federal.

[41] *Ibíd.*

1994, accedió. Así se metió en la trama el sacerdote Alberto Athié Gallo, un hombre corpulento y de barba blanca, con una bien ganada fama de mediador.[42] Presidente ejecutivo de la Comisión Episcopal de Pastoral Social de la Conferencia del Episcopado Mexicano (CEM) y vicepresidente de Caritas Mexicana, Athié se desempeñaría después como secretario de la Comisión Episcopal para la Reconciliación y la Paz en Chiapas, en el contencioso armado entre el gobierno mexicano y la guerrilla zapatista.

Athié y Fernández Amenábar sostuvieron un único y dificultoso diálogo en un restaurante cercano al hospital Español de la ciudad de México semanas antes del fallecimiento del exlegionario. No fue en el lecho de muerte ni momentos antes de morir. Recuerda Athié que el exrector de la Anáhuac se podía mover por sí mismo con dificultad. Comió bien pero poco. Cuando Fernández comenzó a hablar, Athié se desconcertó. Le contó que cuando era seminarista había sido abusado sexualmente por Marcial Maciel y que el fundador de la Legión de Cristo era adicto a drogas analgésicas. Él mismo, cuando era joven —le confió—, había peregrinado por farmacias y hospitales en busca de morfina para calmar a Maciel.

Al escucharlo Athié no le creyó. En un primer momento le pareció una persona desequilibrada psicológicamente. Que estaba proyectando una problemática personal típica de alguien que vive un conflicto grave con un superior. Athié no tenía antecedentes del asunto; asegura que no sabía nada de las peripecias del sacerdote Maciel y sus Legionarios. Además, él estaba ahí como confesor, no como juez o investigador. Su función era atender de manera espiritual a un hombre enfermo. Por eso escuchó a Fernández Amenábar y lo invitó a perdonar. Pero le dijo que estaba en su derecho de pedir justicia.

---

[42] La reconstrucción de la participación del sacerdote Alberto Athié Gallo en el caso del padre Fernández Amenábar, fue hecha con base en diversos materiales periodísticos, entre ellos, el artículo de Salvador Guerrero Chiprés, "Testimonio de Fernández Amenábar sobre adicción y abusos de Maciel", *La Jornada*, México, 13 de mayo de 1997; Marcela Turati, "El caso que bloqueó el Vaticano", *Reforma*, México, 8 de abril de 2002; Jason Berry y Gerald Renner, "Caso de abuso sexual bloqueado en el Vaticano", y entrevistas y correspondencia electrónica con el autor.

Fue una larga conversación; de cerca de cuatro horas. El santanderino tenía problemas de comunicación a través del lenguaje verbal, pero podía "comunicarse racionalmente" con la cabeza y una mano. Se rehusaba a perdonar a Maciel. Reconoció que tenía un profundo resentimiento. Pero al final accedió. Cuando se dio cuenta que iba a morir —y que para hacerlo en paz necesitaba perdonar a Maciel—, le dijo llorando: "Si llegaras a celebrar misa de cuerpo presente, dile por favor a las personas que van a estar ahí que yo he perdonado, pero que pido justicia". Dice Athié: "Después de nuestra larga conversación, de confesarle y darle la absolución, después de un largo rato que estuvo llorando, de esos llantos que arrastran años y tormentas enterradas y finalmente encuentran una salida hacia la serenidad y la paz, nos despedimos. Y nos abrazamos".

En sus últimos meses de vida, Fernández Amenábar hizo un extenso recuento de su experiencia al lado de Marcial Maciel. Varios exlegionarios amigos fueron testigos de sus relatos. Antes de que muriera, el mismísimo Maciel lo visitó en el hospital y le ofreció llevarlo a España para que se sometiera a un tratamiento médico. Pero él rechazó la oferta, señaló la doctora Quintero. Después que Maciel se retiró, Fernández la miró y le advirtió: "Ten cuidado. Es un zorro".[43]

El atormentado exclérigo español murió el 5 de febrero de 1995. Su cuerpo fue velado en la empresa Gayosso de la calle Sullivan. El acaudalado Michel Domit, miembro de Regnum Christi, exalumno del Instituto Cumbres y egresado de la Universidad Anáhuac, sufragó los gastos funerarios. Allí estuvo Athié para celebrar la misa de cuerpo presente y pronunció las palabras que Fernández Amenábar le había solicitado: "Perdonó, pero demandó justicia". Sólo un puñado de las 25 personas que estaban en la capilla comprendieron el significado de aquellas palabras. Athié insistió en el binomio "misericordia-justicia". La primera palabra como reflejo del perdón y la "liberación última" de Fernández Amenábar ante el abuso sexual de Maciel; la segunda,

---

[43] Jason Berry y Gerald Renner, *op. cit.*

como una expectativa que responsabilizaba a quienes le sobrevivían.[44] Cuando terminó la misa, uno de los dolientes se acercó a Athié y se presentó. Era José Barba. Le reveló su propia experiencia y la de sus compañeros con Marcial Maciel. "Debido al clima de temor, yo no sabía quiénes eran los otros", dijo Athié.

En 1997, *The Harford Courant* de Connecticut y *La Jornada* de México comenzaron a divulgar testimonios de los exlegionarios. Pero hubo dos de tipo médico, firmados por profesionales mujeres y certificados ante notario público. Uno, fechado el 16 de enero de ese año, era la declaración notarial de María Francisca Toffano, quien se identificó con un título profesional para ejercer Psicología Clínica expedido por la Universidad Anáhuac. La doctora Toffano se había especializado en padecimientos neurológicos y atendió a Fernández Amenábar, como amigo, entre 1975 y 1995. En su testimonio dejó asentado que pese a que sufriera de afasia parcial y disminución de la motricidad en el brazo y pierna derechos, conservó sus facultades mentales a plenitud hasta el momento de su muerte.[45] No fue una declaración banal. Marcial Maciel había comenzado a mover sus piezas. La Legión difundió una carta suscrita por Raúl de Anda, quien se presentaba a sí mismo como médico de Fernández Amenábar. Allí decía que el paciente español no tenía capacidad física para haber brindado la declaración que se la atribuía, porque a raíz de una embolia había quedado inhabilitado para hablar y escribir. Pero la doctora Quintero dijo que De Anda no era médico sino un psicoterapeuta al servicio de la Legión de Cristo y que nunca había atendido a Fernández.

El otro testimonio estaba suscrito, precisamente, por Guadalupe Gabriela Quintero, la persona que más cerca había estado del exlegionario durante sus tres últimos años de vida. Simplemente, quería que se conociera la verdad y se hiciera justicia. En algunos pasajes de la historia que le dictó Fernández Amenábar, su declaración dice:

---

[44] Salvador Guerrero Chiprés, *op. cit.*
[45] Declaración testimonial de la psicóloga María Francisca Toffano del Río ante Carlos Fernández Flores, notario núm. 176 del Distrito Federal, emitida el 16 de enero de 1997.

291

[...] llegó a Cóbreces, España, al Colegio Mayor Máximo en 1949 a la edad de 13 años a cursar su bachillerato, conociendo tal escuela y a su director mediante el padre Faustino Pardo, en Torrelavega, Santander, lugar de origen de Juan Manuel. El director era Marcial Maciel, fundador de la orden los Legionarios de Cristo bajo el pontificado del papa Pío XII [...] En 1954 fue al Colegio Máximo de Roma, constituyendo la sexta generación de novicios de la orden, donde se ordena sacerdote. Esos años fueron de estudio pero también de contacto con Marcial Maciel, quien en tres ocasiones manipuló sexualmente a Juan Manuel. Las primeras dos ocasiones a los 16 años y la tercera a los 17. Obligó a Juan Manuel a manipular los genitales de Marcial Maciel bajo la declaración de que tenía permiso del papa Pío XII.

También obligaba a los compañeros de Juan Manuel a conseguir (para uso personal de Marcial Maciel) heroína y otras drogas como el Darvón y Dolantin. Esos fármacos los conseguían en el Hospital Notre Dame de Av. Chapultepec y el Hospital Inglés de la ciudad de México, de médicos particulares y en bodegas que se localizan en el área del metro Isabel La Católica [...] Como consecuencia de tales hechos, a Juan Manuel lo aquejaba una depresión que lo llevó a renunciar a sus votos de sacerdocio en 1984, no obteniendo la dispensa papal sino hasta abril de 1990, cuando ya estaba con las complicaciones del accidente vásculo-cerebral y no podía hablar, ya que de habérsela dado antes, y no teniendo que profesar el voto de secreto a que se someten todos los sacerdotes, quizá él hubiera hecho su demanda a Marcial Maciel. En diciembre de 1994 se confesó con el padre Alberto Athié y desde entonces comulgó [...][46]

En conversaciones sostenidas con otros exlegionarios, Fernández Amenábar dejó constancia de la dificultad que tuvo —antes de poder hablar abiertamente, décadas después— para superar "la distancia entre la hierática imagen pública de Maciel y sus terrenales apetitos privados". Y dijo haber escuchado muchas veces a Maciel expresar la

---

[46] Carta-testimonio, cfr. nota 40.

socializada máxima "vocación perdida es condenación segura".[47] También identificó a un discreto sanatorio donde el superior de la orden se abastecía de fármacos, ubicado en avenida Ermita Iztapalapa y Río Churubusco, colonia Sinatel, en el Distrito Federal.

Según el testimonio de José Barba, en julio de 1992, Fernández Amenábar le pidió que lo llevara a visitar a un sobrino suyo. Le fue dando instrucciones gestuales y de palabra sobre la ruta vial. Al pasar frente a un edificio de concreto, de cinco pisos, en la citada dirección, hizo una seña. Barba estacionó la camioneta y su acompañante, lentamente, escribió sobre el tablero del vehículo un número de cuatro dígitos: "1984". Acto seguido simbolizó con su mano derecha el uso de una jeringa en su antebrazo izquierdo y le guiño un ojo. Barba le preguntó: "¿Quieres decir que el padre Maciel venía aquí a conseguir sus drogas todavía en 1984?". La respuesta fue "sí", con la cabeza y de palabra.

[47] Salvador Guerrero Chiprés, *op. cit.*

EL CASO MACIEL:
UNA EXCEPCIÓN A LA *VERITATIS SPLENDOR*

Al promediar el decenio de los noventa, después de que el papa Juan Pablo II bendijera públicamente al clérigo Marcial Maciel como "padre espiritual y guía eficaz" de la juventud y lo designara delegado especial al Sínodo de Obispos de las Américas, que habría de celebrarse en 1997,[1] José Barba, José Antonio Pérez Olvera y otros siete exnovicios, seminaristas y sacerdotes formados en la Legión de Cristo, que habían sufrido abusos sexuales de parte del superior general de la orden —algunos de los cuales habían denunciado los hechos ante las autoridades del Vaticano, sin éxito—, decidieron recurrir a los medios de información para que se conocieran las actividades del presunto cura drogadicto y pederasta.

Según ellos, esa opción fue escogida como último recurso. Durante más de 25 años habían tocado distintas puertas de jerarcas de la Iglesia católica en México y prominentes burócratas de la estructura eclesiástica de la Santa Sede. Invariablemente se les recomendó "dejarlo todo al mejor juicio de Dios...".[2] Incluso, personas cercanas y bien intencionadas les habían aconsejado que entregaran a las instancias pertinentes sus testimonios lacrados, con instrucciones para que fueran

[1] El 5 de diciembre de 1994, el papa Juan Pablo II dirigió al cura Maciel "una especial bendición apostólica" con motivo de los "50 años de generosa entrega" como "guía eficaz en la apasionante aventura de la entrega total a Dios en el sacerdocio", la bendición papal fue publicada en siete importantes diarios del Distrito Federal.

[2] José Barba, "Las razones de mi silencio", texto entregado al autor, México, septiembre de 2002.

abiertos sólo después del fallecimiento de Marcial Maciel. Pero se negaron por dos motivos: querían hacerlo en vida de Maciel, por razones de valor civil de los denunciantes y por justicia hacia el jefe de los Legionarios, para que pudiera defenderse.

También habían recurrido a las autoridades vaticanas para que iniciaran una investigación a fondo. Pero se toparon con una muralla que amparaba a Maciel. El general de los Legionarios era temido en México e intocable en Roma. La bendición papal a Maciel como "padre espiritual" y "modelo" para la juventud y su designación al Sínodo, fueron las gotas que derramaron el vaso de la paciencia de las víctimas abusadas. No les quedó ninguna duda de que el papa Karol Wojtyla "protegía" a quien había destrozado sus vidas y hecho abortar sus adolescentes vocaciones. Resultaba obvio, para ellos, que el pontífice se contradecía, ya que en la sección 96 de la encíclica *Veritatis splendor* había escrito: "Ante las normas morales que prohíben el mal intrínseco, no hay privilegios ni excepciones para nadie". Con su "silencio cómplice", el propio papa alimentaba "la crisis más peligrosa que puede afectar al hombre: la confusión del bien y del mal que hace imposible construir y conservar el orden moral de los individuos y las comunidades".[3]

El domingo 23 de febrero de 1997, el periódico *The Hartford Courant*, uno de los más antiguos de Estados Unidos, fundado en Connecticut en el siglo XVIII, se hizo eco de las denuncias de los exlegionarios. "Superior de una orden católica mundial acusado de historial de abuso sexual", se tituló el reportaje de investigación del escritor Jason Berry —autor de un libro premiado en la Unión Americana: *Lead Us Not Temptation: Catholic Priests and the Sexual Abuse of Children*[4]— y el reportero especializado en religión, Gerald Renner. Pese a mantener una decorosa discreción —sin "reproducir escenas orgiásticas", diría Alejandro Espinosa[5]—, el trabajo periodístico causó gran impacto en la estructura de mando de la congregación religiosa dirigida por Maciel. Hubo pre-

---

[3] Juan Pablo II, encíclica *Veritatis splendor*.

[4] *No nos dejes caer en la tentación: los sacerdotes católicos y el abuso sexual de menores*, 1992.

[5] Alejandro Espinosa, autor de *El Legionario*, argumenta en su libro que a criterio de las víctimas, *The Hartford Courant* "reprodujo 2% de lo señalado bajo protocolo notarial".

siones para impedir que la publicación saliera a luz en Estados Unidos;[6] al no lograrlo, se procuró silenciarla en México.

El extenso reportaje daba cuenta de los rituales iniciáticos a que eran sometidos quienes ingresaban a la Legión de Cristo; de la férrea disciplina medieval, casi militar de la orden religiosa; del "ejército espiritual" de Marcial Maciel, "santo viviente" en una "cruzada personal contra el comunismo en representación del Santo Padre en Roma". También reproducía testimonios de las víctimas, por ejemplo, el de Arturo Jurado Guzmán, entonces de 58 años y profesor de la Escuela de Lingüística del Departamento de la Defensa de Estados Unidos en California. Según Jurado, quien ingresó a la Legión a los 11 años, había sido sometido sexualmente por el superior unas "40 veces". "Cuando se negaba a los intentos de penetrarlo por la vía anal, Maciel mandaba llamar a otro niño." El trabajo hablaba, también, de la supuesta "dispensa papal" que Pío XII le había extendido a Maciel, como una vía original para que aliviara el dolor que le producía la retención de esperma en sus testículos; de la adicción a las drogas del general superior; de las cartas al papa de las víctimas de los abusos.

Aparte de las declaraciones de los acusadores, Renner y Jason incluyeron media docena de testimonios de defensores de Marcial Maciel, quienes atribuyeron las denuncias a un "complot" planeado por exmiembros descontentos de la orden religiosa. Una "conspiración" con base en la "calumnia" y "la mentira pura y vil" para "desprestigiar" a Marcial Maciel.[7]

---

[6] Según mencionan Jason Berry y Gerald Renner en su reportaje, buscaron entrevistar a Marcial Maciel y dirigentes de los Legionarios de Cristo, pero se negaron, por lo que los editores del diario decidieron publicar el trabajo. No obstante, la publicación debió postergarse porque comenzaron una serie de presiones legales por parte de la Legión en Estados Unidos, que contrató a la firma de abogados Kirkland and Ellis con la intención de bloquearla. Después de tres meses de pleito, los Legionarios perdieron el caso. No obstante, en un último intento, pidieron al periódico que suspendiera la publicación. Lo que no ocurrió.

[7] Entre los defensores de Marcial Maciel que avalaron la teoría de la conspiración, el reportaje del *Hartford Courant* citó al reverendo Owen Kearns, vocero de los Legionarios de Cristo en Estados Unidos, con sede en Orange, Connecticut; a dos empleados laicos de la orden en la ciudad de México, Armando Arias Sánchez y Jorge Luis González Limón; a otro laico de Guadalajara, Valente Velázquez Camarena y al empresario mexicano Juan Manuel Correa Cuéllar.

Pericles *versus La Jornada*

Dos meses después —el 14 de abril de 1997—, el diario mexicano *La Jornada* publicaba en su primera plana: "Acusan a líder católico de abuso sexual de menores".[8] Firmada por el reportero Salvador Guerrero Chiprés, la serie en cuatro entregas informaba que entre 1948 y ya entrado el decenio de los sesenta, el sacerdote Marcial Maciel abusó de niños de entre 12 y 17 años, que le habían sido entregados en custodia, "para dedicarlos al Señor", por familias confiadas en "la obra" que desarrolló desde México y extendió por 17 países de Europa y América.

Señalaba también, que desde mediados de los años cincuenta autoridades de la Santa Sede tenían en su poder denuncias acerca de que el superior general de la Legión de Cristo era adicto a la morfina. En abril de 1956 —abundaba el reportaje—, en la clínica romana Salvator Mundi, "el cardenal Valerio Valeri[9] presenció la imagen del legionario fundador de la orden afectado por una dosis. Valeri y el cardenal Alfredo Ottaviani[10] dudaban de la integridad de Maciel, pero pudieron más los cardenales amigos del sacerdote michoacano: a saber, el vicario de Roma, en ese entonces Clemente Micara; el gran canciller prefecto de la Sagrada Congregación de Colegios y Universidades Católicas, cardenal Giuseppe Pizzardo; y el gobernador del Vaticano, cardenal Nicola Canali".[11] Una carta manuscrita, sin fecha, firmada por Ricardo Galeazzi Lissi, médico personal del papa Pío XII, exoneró a Maciel de su supuesta adición a la morfina. Sin embargo, revelaciones de novicios que convivieron en Italia y España con el superior de la orden —las de Saúl Barrales, Juan José Vaca y Alejandro Espinosa—, atestiguan lo contrario.

---

[8] Salvador Guerrero Chiprés, "Acusan a líder católico de abuso sexual de menores", *La Jornada*, México, serie en cuatro entregas correspondientes a los días, 14, 15, 16 y 17 de abril de 1997.

[9] El cardenal Valerio Valeri fue prefecto de la Sagrada Congregación de Religiosos.

[10] El cardenal Alfredo Ottaviani fue nombrado en 1956 pro secretario del Santo Oficio. Junto con Valeri y monseñor Arcadio Larraona, luego también cardenal, Ottaviani fue considerado "enemigo" de la Legión de Cristo.

[11] Salvador Guerrero Chiprés, *op. cit.*

El reportaje incluía testimonios de nueve exlegionarios, a quienes *su secreto* —que todos pensaban era *único*— había atormentado durante muchos años. Habían logrado dejar atrás "el silencio de los inocentes"[12] —una larga cadena de silencios impuestos a través de diferentes controles, incluido un "voto privado" que incitaba a la delación de quienes criticaran al superior de la institución, que aún perdura en la orden— y, recuperados moral y psicológicamente, también estaban venciendo el temor a la opinión pública. Creían que la sociedad mexicana estaba "madura" para ventilar sin vértigo "el abismo de la simulación" en que el líder de los Legionarios había "fundamentado el imperio económico y moral de la congregación de la que forman, o formaron parte, influyentes personajes en medios de difusión, empresas financieras y grupos políticos dentro y fuera de los gobiernos federal y estatales" de México.[13]

Sabían que se enfrentaban a una poderosa maquinaria con sedes en México, Estados Unidos, Canadá, Venezuela, Colombia, Brasil, Chile, Argentina, Inglaterra, Irlanda, España, Francia, Italia, Suiza, Alemania, Dinamarca y Polonia, que contaba con el apoyo de varios cardenales de la curia romana y del propio papa Juan Pablo II, y de la que formaban parte empresarios y prominentes políticos de la derecha latinoamericana y española, así como acaudalados miembros de la elite financiera mexicana. En diciembre anterior, el expresidente del Club de Banqueros de México, Manuel Espinosa Yglesias —mencionado como uno de los primeros benefactores de la orden—, había entregado a Marcial Maciel la presea Pericles, destinada a quienes han promovido las artes y la cultura y han dedicado su vida "en beneficio de los demás".[14]

Las víctimas, todos hombres maduros, no buscaban venganza ni reparaciones económicas por el daño moral y psicológico sufrido; querían justicia. Que resplandeciera la verdad. Propusieron que ellos

---

[12] José Barba, cfr. nota 2.
[13] Salvador Guerrero Chiprés, *op. cit.*, parte II.
[14] Salvador Guerrero Chiprés, , *op. cit.*, parte I.

mismos quedaran sujetos al "escrutinio" de las autoridades —tanto civiles como vaticanas—, especialistas y "personas de buena fe". Estaban decididos, incluso, a someterse al *detector de mentiras*. Sin embargo, la denuncia volvió a chocar contra una pared de silencio. La jerarquía católica mexicana cerró filas en torno a uno de los miembros más destacados del llamado "Club de Roma": el cura Maciel.[15] No sería la primera ni última vez.[16]

El reportaje de Guerrero Chiprés contó con el apoyo de la dirección de *La Jornada*, que en un editorial del periódico estableció que "si los señalamientos sobre el religioso resultaran ciertos, habría que imputar a la jerarquía católica local y al Vaticano responsabilidades por ocultamiento y por complicidad".[17] Supuestos mandatos divinos aparte, la posición oficial del periódico establecía que, como toda institución cuyos líderes desarrollan sus actividades en espacios concretos de la sociedad, la Iglesia católica y sus dirigentes tenían que estar sujetos al análisis externo y sus repercusiones.

El 21 de abril siguiente, muy fresco el reportaje de *La Jornada*, Marcial Maciel presidió una comida de despedida del nuncio apostólico en México, Girolamo Prigione. El acto tuvo lugar en la Universidad Anáhuac, máximo bastión de la Legión de Cristo en la capital mexicana.

---

[15] "Club de Roma" fue la denominación que círculos de la Iglesia católica mexicana dieron a un poderoso grupo de obispos creado por Girolamo Prigione durante su larga gestión como nuncio apostólico en México. Lo integran el cardenal Norberto Rivera; el obispo de Ecatepec, Onésimo Cepeda; el cardenal Juan Sandoval, de Guadalajara; el arzobispo de Yucatán, Emilio Berlié, quien mantuvo cercanía con el cartel de las drogas de los Arellano Félix; Javier Lozano, nombrado luego cardenal y al frente de un dicasterio en Roma; y Marcial Maciel. Véase Carlos Fazio, "La mano de Prigione y el Club de Roma en el desmonte de San Cristóbal", *Masiosare* suplemento de *La Jornada*, México, 16 de enero de 2000.

[16] Ya antes habían guardado silencio los obispos, cuando una edición de la revista *Contenido*, de diciembre de 1988, desapareció de los puestos de venta. La publicación contenía un reportaje de Elisa Robledo que involucraba al hijo de un importante personaje mexicano que fue violado "por un sacerdote legionario". Según una versión periodística, la edición habría sido capturada por un grupo de simpatizantes de los Legionarios, que encontraron en el material "factores ingratos a la imagen de la congregación y de su dirigente", pues, según ellos, "se plantean conceptos como 'burla de la fe' y 'escándalos'".

[17] Editorial, "Maciel Degollado y la Iglesia católica", *La Jornada*, México, 18 de abril de 1997.

En la ceremonia del adiós estuvo presente el arzobispo primado de México, Norberto Rivera. De cara a la opinión pública, fue una especie de ostentación y una muestra de impunidad. La única alusión al tema de las denuncias sobre los presuntos abusos sexuales del superior de los Legionarios fue elíptica: "Resulta muy fácil criticar sin fundamento y descalificar el quehacer de alguna autoridad".[18] En una defensa velada de Maciel, el nuncio Prigione dijo: "Nunca me he preocupado de lo que dice la opinión pública, si critica o alaba".[19] Era, por decir lo menos, una mentira cínicamente piadosa.[20]

La adolescencia tardía de la TV mexicana

Si, en apariencia, la historia sobre Maciel y los Legionarios publicada por *La Jornada* no había generado reacciones públicas de envergadura, la llegada del polémico tema a CNI Canal 40 de la televisión mexicana,[21] parecía destinado a tener una mayor repercusión política y social, dado que el alcance inmediato de un testimonio audiovisual es muy superior al del mejor reportaje escrito, en un país donde muy poca gente lee y en el cual, incluso, el presidente Vicente Fox llegó a recomendar a la población "no leer" periódicos. Eso, al menos, fue lo que pareció indicar un breve incidente ocurrido el 11 de mayo de 1997 a las puertas de la sacristía de la catedral metropolitana. Era la víspera de que la novel emisora televisiva presentara al aire una serie de testimonios sobre el "caso Maciel". Norberto Rivera, el arzobispo primado,

[18] Alma Muñoz y Laura Gómez, "Defiende Girolamo Prigione al sacerdote Maciel Degollado", *La Jornada*, México, 22 de abril de 1997.

[19] *Ibíd.*

[20] A mediados de 1997, el nuncio apostólico en México, Girolamo Prigione, amenazó al autor por interpósitas personas (altos funcionarios de la Secretaría de Gobernación y de la Universidad Iberoamericana) con demandarlo penalmente en caso de que saliera a la luz pública el libro en preparación *Prigione: el nuncio de hierro*. Un breve adelanto de la obra fue publicado por Ricardo Alemán en "Las debilidades del nuncio", *Bucareli Ocho* suplemento de *El Universal*, México, 24 de agosto de 1997. Finalmente, la editorial prefirió suspender la obra.

[21] La Corporación de Noticias e Información, S.A. de C.V., CNI Canal 40, está presidida por Javier Moreno Valle.

había terminado su misa dominical. Momentos después, sin quitarse la sotana, se dirigió a su automóvil rodeado por un enjambre de reporteros que de manera atropellada le apuntaban de manera amenazadora con sus cámaras y grabadoras. Uno de ellos, disparó:

–Hay acusaciones contra el padre Maciel. Se van a presentar mañana también en televisión. ¿Qué opiniones tiene de ellas?

Sudoroso, irritado, monseñor Rivera se volteó para ver a Salvador Guerrero Chiprés, autor del reportaje serial de *La Jornada,* colocado a su espalda, y dijo: "Son totalmente falsas. Son inventos y tú nos debes platicar cuánto te pagaron".[22] Según indicó el vocero de la curia capitalina al propio reportero, el "pago" que supuestamente habría recibido por su "invención" periodística había sido hecho por "difamadores de la Iglesia".[23]

Esa noche, a la hora señalada, el director editorial de CNI Canal 40, Ciro Gómez Leyva, puso al aire el reportaje *Medio siglo, una historia.* Si de entrada el título podía sugerir para un televidente bien enterado que se trataba de la historia sobre los abusos sexuales de Marcial Maciel —como habían indicado los fragmentos promocionales difundidos por la emisora—, la expectativa de quienes esperaban relatos escandalosos quedó parcialmente frustrada. Se trató de una producción profesional bien balanceada, que dio cabida a voces disímbolas.[24]

Bajo el eslogan "Propósitos Divinos, Tentaciones Humanas", el eje del programa giró en torno de la sexualidad en la Iglesia.[25] El hilo

---

[22] Salvador Guerrero Chiprés, "Inventos, los cargos contra Maciel, asegura Rivera Carrera", *La Jornada,* México, 12 de mayo de 1997.

[23] *Ibíd.*

[24] La participación de los exlegionarios José Barba, Alejandro Espinosa, José Antonio Pérez Olvera y Saúl Barrales en el programa de una hora fue mínima. Otros participantes fueron el arzobispo de Tlalnepantla, Ricardo Guízar Díaz; el obispo de Ecatepec, Onésimo Cepeda; José Antonio Quintanar, presidente de la Asociación de Sacerdotes Casados Presencia Nueva; teólogos y teólogas de distintas denominaciones cristianas y exseminaristas. También se invitó a integrantes de la Legión de Cristo para que expusieran su punto de vista, pero declinaron.

[25] Video *Medio siglo, una historia,* de CNI Canal 40, transmitido el 12 de mayo de 1997. El programa preparado por Ciro Gómez Leyva fue producido por María Iglesias. Rocío Correa hizo los reportajes.

conductor fue el celibato obligatorio, con sus dos enfoques tradicionales: sublimación o represión de las pulsiones sexuales. Los obispos Guízar y Cepeda hicieron la defensa obligada del celibato como "carisma", "don divino" y "negación del amor genital". El teólogo Jorge Erdely definió el voto de castidad como "una reliquia dogmática premedieval", sin base teológica en las Sagradas Escrituras, que ha dado paso a una "represión sexual" que estaría en la base de los casos de pedofilia y violaciones por parte de clérigos heterosexuales y homosexuales, que actúan amparados por "una red de protectores y encubridores", tanto eclesiales como civiles. Matizando sus posiciones, la teóloga Bárbara Andrade aseveró que hay una base bíblica para el celibato pero no para el celibato obligatorio. Lo definió como un "don particular del Espíritu Santo" que unos tienen y otros no. Y cuestionó: "¿Cómo se puede regular en términos jurídicos lo que es un don del espíritu?". Se trata, aseguró, de una contradicción. Y remató: "A lo largo de la historia se ha visto que no se ha podido resolver esa antinomia".

Los testimonios de los exlegionarios llegaban por primera vez a la televisión. Una leyenda indicaba la fecha de ese día: 12 de mayo de 1997. Terminada la breve relación de hechos, con un fondo de música sacra, se escuchó la voz de la productora Marisa Iglesias decir: "La historia desaparece de los medios de información. El poder de la Iglesia impuso su silencio". Había sido todo. Fue, sin duda, un programa periodístico valiente, inédito para lo que ha sido y es la televisión mexicana. Pese a que, como reseñó *El Diario de Monterrey*, el caso Maciel fue expuesto con "cautela".[26] "El programa no fue más allá de lo denunciado en febrero por *The Hartford Courant*, de Connecticut, o en abril por *La Jornada*." Y es verdad, en el fondo, lo exhibido allí resultó casi un juego de niños frente a la violencia sexual que cada día exhibían las películas en el cine y la pantalla chica y no pocas telenovelas. Por eso, no se terminaba de entender del todo si los testimonios sobre Marcial Maciel y Girolamo Prigione —personajes públicos y muy poderosos en México— justificaba la leyenda que, suscrita por el director edito-

[26] "Ventilan caso Maciel", *El Diario de Monterrey*, 13 de mayo de 1997.

rial del canal, Ciro Gómez Leyva, había aparecido al comenzar el programa sobre un fondo negro, donde un haz de luz iluminaba una cruz. La leyenda decía:

> *El reloj del tiempo mexicano está dando, peligrosamente, una vuelta hacia atrás. El viernes pasado, un mensaje público, irracional como todas las palabras de los fanáticos, amenazó al dueño de Televisión Azteca. Si no sacaba del aire una telenovela en donde uno de los personajes, un sacerdote, un ser humano, besaba a una mujer, tendría que atenerse a las consecuencias: morales y comerciales.*
>
> *CNI reprueba esa y cualquier otra forma de intolerancia. No queremos regresar a la penosa adolescencia tardía de la televisión mexicana. Creemos en un televidente mayor de edad. Estamos seguros que quienes se encuentran del otro lado de la pantalla no son patéticas criaturas manipulables, sino mexicanos inteligentes con capacidad para discernir.*

¿De nuevo la forma era el fondo? El mensaje contenía tres palabras clave: "consecuencias: morales y comerciales". La apuesta periodística de los directivos del Canal 40 había estado a tono con los tiempos de cambio que sacudían a México. Por eso se habían dirigido a un televidente "inteligente", "mayor de edad", capaz de "discernir". Pero el mensaje críptico podía tener varias líneas de interpretación. ¿Era simple solidaridad con una televisora de la competencia? ¿De dónde venía la intolerancia? ¿Quiénes eran los intolerantes? ¿Quiénes, los fanáticos, irracionales?

Antes de la salida al aire del programa, Federico Arreola, director de *El Diario de Monterrey*, había escrito un editorial anticipatorio. Lo tituló "Legionarios y avestruces".[27] Allí definió a la organización religiosa de Marcial Maciel como "una orden que ha aprendido el arte de la presión gracias a su influencia entre algunos de los mexicanos más ricos y poderosos". Arreola aludió a la proclividad de los Legionarios a achacar toda crítica a la institución y/o su superior, a una "conspi-

---

[27] Federico Arreola, "Legionarios y avestruces", *El Economista*, México, 9 de mayo de 1997.

304

ración". Y antes de que el programa llegara a la pantalla, adelantó que la "apertura" de Canal 40 "ha enfrentado presiones de las más altas esferas del gobierno federal, de algunos gobiernos estatales y hasta de varios altos y poderosos empresarios mexicanos".

Escribió Arreola: "El propósito de estas presiones —subterráneas, por supuesto— es que Canal 40 no presente este polémico programa", y calificó esas presiones como "propias del medievo". Después se supo que el asedio de un grupo de empresarios y funcionarios gubernamentales encabezados por el multimillonario Lorenzo Servitje, católico conservador y presidente de la panificadora transnacional Bimbo,[28] contra CNI, había sido muy duro y que el programa salió censurado. El mismísimo secretario de Comunicaciones y Transportes, Carlos Ruiz Sacristán, amenazó al presidente de CNI Canal 40, Javier Moreno Valle, con quitarle la concesión a la emisora si se transmitía el programa.[29] Otro que llamó para *recordarles* las dificultades en que se estaban metiendo fue Liébano Sáenz, secretario particular del presidente de la República, Ernesto Zedillo.[30]

Ramón Ojeda Mestre, amigo personal de Javier Moreno Valle, reveló, en un artículo editorial que tituló "Curas delincuentes", que cuando todavía el video no pasaba al aire, hubo "presiones descomunales" de "pesos pesados de los negocios y de la política", que se movían a través del teléfono y de los recados para "abortar la difusión" del mismo. "Me tocó presenciar la llamada de una persona representante familiar

[28] El Grupo Bimbo, cuyo control accionario está en manos de la familia mexicana Servitje, fue constituido en 1966. Es la tercera empresa productora de pan a nivel mundial y la primera de América Latina. Cuenta con más de 80 plantas y comercializadoras en 16 países de América y Europa. En marzo de 2002 adquirió la panificadora canadiense George Wetson en 610 millones de dólares, accediendo con la operación a una amplia porción del mercado estadunidense. Es propietaria de las firmas Gruma (México-Costa Rica); Bunge International (Brasil); Park Kane (Alemania, República Checa); Four-S Baking (California); Mrs. Baird's Bakeries (Texas); y Pacific Pride (California).

[29] Juan C.Rodríguez Tovar, "Ha vuelto a los medios el último tema tabú", *Milenio*, México, 17 de abril de 2002, y Alfonso Torres Robles, en su libro *La prodigiosa aventura de los Legionarios de Cristo*, Foca, Madrid, 2002.

[30] Alfonso Torres Robles, *op. cit.*

de uno de los principales capitales de México, exponiéndole a Moreno Valle: si eso sale, la publicidad de nuestro inmenso grupo se acabó."[31] Se trataba de Lorenzo Servitje, quien no sólo retiró la inversión de su grupo, sino que invitó a otras empresas a no anunciarse en Canal 40.[32]

Gómez Leyva, quien recibió amenazas telefónicas de algún fanático en su domicilio particular, revelaría después que la historia había sido contada con "prudencia extrema". No obstante, dijo, "CNI Canal 40 pagó un costo: presiones, hostigamiento y un boicot comercial". Inclusive, el día de la transmisión, "hubo un motín de los técnicos encargados de llevar la señal por cable a toda la república".[33] El propio Servitje admitió un día después que su corporación había cancelado un millonario contrato publicitario con la televisora. Durante una conferencia en el Instituto Tecnológico Autónomo de México (ITAM), en compañía de Francisco González Garza, presidente de la Unión de Padres de Familia —organismo laico ultraconservador controlado por la jerarquía católica—, y en el marco de la campaña "A favor de lo mejor en los medios",[34] cuando alguien del público le pidió su opinión sobre lo que había publicado La Jornada y difundido la noche anterior Canal 40, el magnate respondió: "El tema es escabroso, es delicado, es lamentable". A su juicio, "la miseria humana no debe exhibirse porque puede conducir a la calumnia".[35]

Algunos entretelones de la trama, que quedarían sepultados cinco años por un manto de silencio y un boicot publicitario que colocó

---

[31] Ramón Ojeda Mestre, "Curas delincuentes", Milenio, México, 5 de mayo de 2002.

[32] Relato de Ciro Gómez Leyva a Juan C. Rodríguez Tovar.

[33] Juan C. Rodríguez Tovar, "Ha vuelto a los medios el último tema tabú", Milenio, México, 17 de abril de 2002.

[34] La agrupación A Favor de lo Mejor en los Medios está formada por redes clericales y civiles conservadoras que intentan frenar el "destape" de los medios comerciales, en especial, de la televisión mexicana. Algunos de sus objetivos explícitos son contener "la violencia, el desorden sexual y el menosprecio de los valores fundamentales de la familia", en los medios. Afirman contar con 1,830 organismos en todo el país, que incluye universidades, iglesias, sindicatos, organizaciones no gubernamentales y diversos centros educativos. Entre sus impulsores destacan la Arquidiócesis de México y la Universidad Anáhuac.

[35] Salvador Guerrero Chiprés, "Lorenzo Servitje: la miseria humana no debe ser exhibida", La Jornada, México, 14 de mayo de 1997.

a CNI Canal 40 en una virtual quiebra técnica, nunca alcanzaron la luz pública. Por ejemplo, una carta dirigida por Gastón T. Melo, alto ejecutivo de Televisa,[36] a Javier Moreno Valle,[37] donde le transmitía un mensaje disuasivo de parte de la Legión de Cristo. A esas alturas, Maciel ya había evaluado como un fracaso la serie de reuniones (unas quince) que miembros de la orden religiosa habían sostenido con directivos de la televisora. Por eso, solicitaba un espacio donde poder dar a conocer sin interferencia su versión del conflicto. Una forma, en cierta medida conciliatoria, a fin de *lavar* la advertencia que habían lanzado los emisarios de Maciel en la plática postrera, antes de desaparecer por el pasillo de la emisora: "Tengan en cuenta que éste es un programa de televisión de una hora y que nosotros somos una institución de 2000 años".

Pero hay otra carta que por el destinatario y quien la suscribe exhibe los juegos en las alturas del poder en México y desnuda el comportamiento de la Legión de Cristo, siempre presta a recurrir a la teoría de la conspiración para defender su causa.[38] Por su valor testimonial, se reproduce íntegra:

[36] En febrero de 2003 Gastón Melo se desempeñaba como director adjunto de la vicepresidencia de Televisa.

[37] Fechada el 5 de mayo de 1997, una semana antes de que saliera al aire "Realidades. Medio siglo, una historia", la misiva daba cuenta de una llamada telefónica del sacerdote legionario Gregorio López, donde expresaba "preocupación" ante la próxima difusión del programa. Melo sugirió a Moreno Valle ofrecerle a la Legión "un espacio en que logren, si no equilibrar, sí al menos dar a conocer su ideología y su obra". El autor posee una fotocopia de la carta, que le fue entregada por un directivo de CNI Canal 40.

[38] Una fotocopia de esta segunda carta fue entregada al autor por un alto directivo de CNI Canal 40.

Sr. Lorenzo Servitje S.
Sierra Mazapil 165
Lomas de Chapultepec
Ciudad de México.

Muy estimado don Lorenzo:

Animado por el deseo de restablecer nuestra brevemente interrumpida comunicación y en atención a la muy alta consideración que en lo personal me merecen su amistad y consejos, le escribo estas líneas.

En febrero del presente año, el periódico *Novedades* de esta ciudad publicó una nota cuya fuente era el periódico *Hartford Courant*, en la que se recogían varios testimonios que señalaban al padre Marcial Maciel como responsable de varios casos de abuso sexual.

Esa misma información fue recogida por otros medios impresos y ampliamente comentada en programas radiofónicos. Ha sido y es tema de conversación en reuniones sociales y familiares y desde luego, es tema obligado entre estudiantes. Es una información que desde semanas atrás trascendió el ámbito privado y que tiene una característica muy especial: ha fluido sólo en un sentido. Es decir, ni el padre Maciel ni los miembros de la Legión que encabeza han desmentido ni corregido nada.

En forma privada, el padre Gregorio López, con quien hablé sobre este tema, me dijo que se trataba de una conspiración internacional en contra de su santidad el papa Juan Pablo II y de la Iglesia que él encabeza, sin precisar causas, factores o razones.

Al invitarlo a que denunciara públicamente esta conspiración para que surgiera la verdad, se rehusó argumentando que en la Legión habían decidido no contestar ni comentar absolutamente nada por razones que sólo ellos conocen y que a ellos satisfacen.

Le insistí en la conveniencia, desde el punto de vista muy práctico y terrenal, de que no dejaran de contestar y de hacer pública la conspiración a la que se refería, toda vez que de no hacerlo implicaba una aceptación o el dejar en un desamparo informativo a los muchos que ya tenían conocimiento de este asunto y que requerían para su sosiego de algo más que un "son calumnias".

Le aclaré que más que tener una oportunidad para desenmascarar a los presuntos calumniadores, tenía la obligación moral de hacerlo. Nuevamente, rechazó mi propuesta.

Lamento que ésa sea la postura de los legionarios. Lamento más que hayan concentrado su atención, recursos, relaciones y talento para hacer todo lo posible a fin de que CNI Canal 40 se abstuviera de abordar el tema bajo ninguna circunstancia, ángulo o forma.

Cumplimos con nuestra responsabilidad como televisión informativa al transmitir el reportaje. Lo hicimos con la conciencia tranquila. Nos esmeramos en buscar equilibrio y sobriedad, supliendo ausencias con los mejores testimonios disponibles y omitiendo partes que hubieran causado fuertes sensaciones negativas, sin aportar algo positivo que enriqueciera el reportaje. No juzgamos a nadie ni calificamos hechos; nos limitamos a presentar testimonios —valientes, por cierto— de personas que tienen mucho que perder.

No pretendo convencerlo de que pensamos igual. Comparto su interés a favor de lo mejor en los medios de información y la idea de que hay que evitar contenidos con mensajes de violencia y desorden sexual. Asimismo, creo que es una obligación moral denunciar abusos cuando éstos tengan fundamento y que sólo en la medida que no exista encubrimiento por parte de los medios, será posible terminar con la impunidad.

No tengo la menor duda de que con la participación de muchas otras personas como usted y como yo, el país se está transformando para bien. En la medida que avanzamos, los medios se ven obligados a ser mejores, más objetivos, más serios, más respetuosos con sus audiencias, más comprometidos con la sociedad a la que deben servir.

Su labor en pro de lo mejor en los medios, la mía al frente de uno de ellos, implican una responsabilidad que ambos tomamos en serio. Por ello, lo invito, le solicito y le agradezco que siga apoyándome con sus ideas, sus críticas y sugerencias como lo había venido haciendo hasta recientemente, para lograr lo que, en el fondo, ambos buscamos en común.

Con estas líneas reciba mi afecto y mejores deseos por su bienestar personal y el de su familia.

Javier Moreno Valle Suárez.
Ciudad de México, mayo 16 de 1997.

El sórdido affaire entre Canal 40 y la Legión de Cristo y sus aliados en el gobierno y el empresariado no mereció la atención de las dos grandes cadenas privadas de televisión de México, TV Azteca y Televisa. Si acaso media docena de columnistas de la prensa escrita se ocuparon del asunto.[39] Radio Red había anunciado un programa especial de análisis sobre el caso de los Legionarios, previsto para el martes 27 de mayo de 1997, en el espacio *Religiones del Mundo*, conducido por Bernardo Barranco, especialista en el tema. A pesar de los spots radiofónicos que lo anunciaron, el programa se canceló sin previo aviso.[40]

Después, el asunto del cura Maciel y los seminaristas abusados entró en un periodo de hibernación.

---

[39] Francisco Martín Moreno escribió que Canal 40 había dado "una lección de periodismo sin precedente en la historia electrónica de México". Dijo que para la prensa independiente "no debe haber intocables en ningún sector de la sociedad", y se ocupó de distinguir muy bien entre la Legión de Cristo como institución, a quien reconoció sus aportes en la educación, de la figura de su fundador, el cura Maciel. "Sería una salvajada sostener que todos los maestros Legionarios se hacen masturbar por sus alumnos. Igualmente sería una canallada generalizar los daños morales y psicológicos en una institución que ha sido respetable y generadora de hombres de bien". Francisco Martín Moreno, "Una televisión de vanguardia", *Excélsior*, México, 14 de mayo de 1997.

[40] Según un columnista, "la cancelación se habría debido a presiones políticas y comerciales hacia la emisora". Ricardo Alemán, "Caso del fundador de los Legionarios de Cristo: padre Marcial Maciel Degollado", *Bucareli Ocho*, suplemento de *El Universal*, México, 24 de agosto de 1997.

El regreso del padre Maciel a la televisión

En el antiguo régimen priísta de partido de Estado, durante muchos años había sido un lugar común en los círculos políticos, económicos y periodísticos de México, la existencia de tres grandes temas tabú: la institución presidencial, las fuerzas armadas y la virgen de Guadalupe. Salvo excepciones, aun para los críticos independientes eran asuntos vedados e intocables en los medios masivos de información. Respecto a ellos, los directivos de los grandes periódicos y de las cadenas de radio y televisión se aplicaron una prudente y sumisa censura. Inclusive, en los días de gloria del régimen autárquico, el zar del imperio Televisa, Emilio Azcárraga Milmo, había llegado a autodefinirse como un "soldado del PRI y del presidente de la República".

En verdad, los medios actuaban regimentados y acataban, sin salirse del libreto, las *reglas no escritas* del antiguo sistema corrupto, clientelar y autoritario. La gran prensa era fiel reproductora de la línea del régimen y, junto con la jerarquía católica conservadora, servía de coartada legitimadora al régimen del PRI-gobierno. Y si algún medio esbozaba críticas negativas contra alguno de esos tres mitos, así fueran leves, el peso corporativo de las instituciones y de los poderes fácticos —económico, militar y religioso— se hacía sentir sobre los *transgresores*.

Pese a la resistencia de los amos de México, la lenta pero persistente entrada a la mayoría de edad de la sociedad mexicana, que arrancó al poder mayores espacios de libertades públicas y conquistas sociales mediante largas y sangrientas luchas obreras, campesinas, sociales y estudiantiles, fue erosionando esos mitos fantasmales. Al promediar los años setenta, con la herida todavía abierta por las matanzas de Tlatelolco (Plaza de las Tres Culturas, 1968), Jueves de Corpus (1971) y la guerra sucia contra las guerrillas, el diario *Excélsior* de Julio Scherer y después la revista *Proceso* y los diarios *unomásuno* (en su primera época) y *La Jornada* se sacudieron la tutela oficial e iniciaron un nuevo tipo de periodismo independiente, que alcanzaría luego a algunos espacios radiales. Las consecuencias del terremoto (1985), el neocardenismo (1988) y la irrupción violenta del campesinado indígena zapatista el primero de enero de 1994, continuaron la obra de demolición larvada del viejo régimen. A comienzos del 2002, ya con un cambio formal de partido en la administración del poder oligárquico, poco quedaba de los antiguos mitos; aunque en su ruta hacia la asunción a la Presidencia de la República, Vicente Fox realizó el ritual de ir a la Basílica de Guadalupe a postrarse a los pies de la Virgen.

Pero algún mito todavía perduraba. Por eso, la noche del lunes 15 de abril de 2002 iba a ser recordada por muchos mexicanos como la del final del último gran tabú en los medios masivos de información. Ese día, el silencio vergonzante, medroso y cómplice que había encubierto las acusaciones de abuso sexual a menores que recaían sobre el fundador y superior religioso de la Legión de Cristo, Marcial Maciel, en los dos mayores consorcios televisivos del país —el inexpugnable duopolio que controlan las familias Azcárraga y Salinas Pliego—, fue roto por el programa *Círculo Rojo* de Televisa.

El asunto a tratar no era una primicia, ya que el reportaje televisivo de los periodistas Carmen Aristégui y Javier Solórzano, conductores de *Círculo Rojo*, retomaba, cinco años después, los avances de investigaciones hechos por el diario *La Jornada* y CNI Canal 40 en 1997. Lo sorprendente fue el medio: la transnacional Televisa, el consorcio de televisión en español más grande del mundo. Ésa era "la noticia". Que el monopolio consolidado en 1973 por el magnate e industrial de radio y televisión, Emilio Azcárraga Vidaurreta, abriera su espacio al dilema ético que significaba difundir los testimonios de los exlegionarios contra el jefe de la corporación religiosa, sobre la base de que decían la verdad, dados los añejos vínculos de Marcial Maciel y los Legionarios de Cristo con la familia Azcárraga, una de las primeras benefactoras de la orden; también era pública, y está documentada, la amistad del cura Maciel con el heredero del imperio audiovisual, Emilio Azcárraga Milmo, ya fallecido como su padre.

Fue en los tiempos del Tigre Azcárraga, como llamaban al segundo de la dinastía, que Televisa se expandió y llegó a ser definida por el periodista Manuel Buendía como el "quinto poder" por antonomasia en México. Durante el último cuarto del siglo XX, Televisa fue una empresa omnipresente en la política y la educación de México, a través de una cultura de masas que reproducía y legitimaba una ideología de derecha. Un verdadero poder en sí mismo, forjador y distorsionador de conciencias, aliado indiscutible de la oligarquía vernácula, del régimen de partido de Estado y de la jerarquía católica.[41] Fue Azcárraga Milmo quien hizo popular en México el concepto de que la televisión servía para entretener a muchos "millones de jodidos".

Hombre autoritario y mujeriego, el Tigre encomendó un tiempo la educación de su único hijo varón, Emilio Azcárraga Jean, a la Legión de Cristo. Y luego de que la muerte le sorprendiera a bordo de su yate *Eco*, en el puerto de Miami, su funeral fue oficiado por Marcial Maciel en la Basílica de Guadalupe. De allí que la presentación del programa sobre los abusos sexuales en *Círculo Rojo*, tiene que haber sido un duro golpe para Maciel y su orden. Porque la transmisión de un programa de esa naturaleza, con las previsibles repercusiones sociales y económicas que acarrearía para la empresa —a juzgar por lo que había sucedido cinco años antes con Canal 40—, tuvo que haber contado con la anuencia de Emilio Azcárraga Jean, el joven presidente de Televisa.

"No deja de ser paradójico que haya sido Televisa, la misma Televisa que un día albergó a toda una dinastía de informadores al servicio de la censura y la mordaza, la que destruyera el mito", comentó Roberta Elizondo.[42] La gran pregunta es qué llevó a Azcárraga Jean a dar ese paso en el set de *Círculo Rojo*; qué razones lo movieron a desafiar el paradigma del padre Maciel.

Pederastia: Maciel en el banquillo

Sentados en semicírculo alrededor de una mesa, los conductores Carmen Aristégui y Javier Solórzano y tres panelistas invitados: los

---

[41] Una primera versión documentada sobre el consorcio Televisa, añeja, pero que permite ubicar muy bien al lector, a los efectos de poder contextualizar la magnitud de los hechos narrados en el programa *Círculo Rojo*, es el libro *Televisa. El quinto poder*, coordinado por Raúl Trejo Delarbre, Claves Latinoamericanas, México, 1985.

[42] Roberta Elizondo, "Ensayo sobre la ceguera", revista *Milenio*, México, 22 de abril de 2002.

exlegionarios José Barba y José Antonio Pérez Olvera, y el sociólogo e investigador universitario Fernando González, revivieron la noche del 15 de abril de 2002 uno de los escándalos más sórdidos de la Iglesia católica mexicana. De hecho, desnudaron al *encuerador* de niños y adolescentes, el protegido del papa Wojtyla, Marcial Maciel. Contaron para ello con la participación vía audio, en vivo, desde Chicago, del sacerdote católico Alberto Athié, quien había sido desterrado por el cardenal Rivera Carrera a raíz de sus diferencias acerca de las denuncias de pedofilia y adicción a fármacos prohibidos que pesan sobre el fundador de la Legión de Cristo. Y aportaron dos nuevos testimonios: los de Óscar Sánchez, extesorero de los Legionarios, y Juan José Vaca, exsacerdote, residente en Holbrook, Nueva York.

Tras la breve introducción hecha por ambos conductores, una palabra cubrió la pantalla: pederastia. Luego se podía leer: "Abuso deshonesto cometido contra niños; concúbito entre personas del mismo sexo contra el orden natural; sodomía". Fuente: Diccionario de la Real Academia Española.

Después, Aristégui advirtió a los telespectadores que se trataba de un "tema difícil", y anunció que iban a presentar testimonios de personas que habían sido afectadas por abusos sexuales. Puso énfasis en que el programa estaba abierto a todas las voces de la sociedad y presentó el contexto en que se exhibía el programa: los casos de pederastia en el clero de Estados Unidos; los pronunciamientos de Juan Pablo II sobre el tema en la semana santa de 2002; los escándalos que envolvían a la diócesis de Boston y su arzobispo Law, y el urgente llamado a Roma a los cardenales estadunidenses formulado por el sumo pontífice. Luego Javier Solórzano volvió a insistir en la necesidad de "abrir" más espacios en México a una "ciudadanía madura", en defensa, dijo, "de la condición humana", para evitar que esas historias se repitieran.

El "programa del escándalo" se podría dividir en varios bloques temáticos con eje en algunas preguntas clave que los conductores formularon a los panelistas:

314

- ¿Por qué tardaron tanto en denunciar que habían sido abusados sexualmente por el superior de la Legión de Cristo?
- ¿Cómo se puede obedecer tan ciegamente la orden de un superior?
- ¿Por qué no se denunciaron los abusos ante las autoridades civiles?
- De cara a la sucesión papal, ¿se estaba ante una pugna de poder al interior de la Iglesia católica, entre órdenes religiosas: por ejemplo, legionarios versus jesuitas? De ser así, ¿servían a uno de los bandos los denunciantes (lo que daba pie a la interpretación de la jerarquía de la Legión de que había un complot contra la orden, el Vaticano y el papa)?

De las respuestas de los entrevistados se puede derivar que las dos primeras preguntas estaban en parte relacionadas: según ellos, la causa principal de la "tardanza" fue una fidelidad impuesta y obligatoria hacia la figura del "padre" (Maciel) revestida de "santidad", combinada con mecanismos de control interno, incluidas la "mente" y "personalidad" de los seminaristas, es decir, un virtual proceso de *lavado de cerebro*.

En relación con el tiempo transcurrido para hacer las denuncias, Juan José Vaca argumentó que en cuatro ocasiones: en 1962, 1969, 1976 y 1978 se había dirigido por escrito —exponiendo el tema de los abusos sexuales— a su superior Marcial Maciel; al obispo John R. McGann, de Rockville Centre, Long Island —de quien dependía como parte del clero diocesano de esa localidad estadunidense— y al papa Juan Pablo II, a quien monseñor McGann le había enviado una carta redactada por él y otro exlegionario a través de la valija diplomática de la nunciatura apostólica en Washington, poco tiempo después de su ascenso al pontificado (1978).[43] Lo que quiere decir que, en su caso, las denuncias no

---

[43] La intervención de Juan José Vaca en el programa *Círculo Rojo* es una síntesis de testimonios anteriores que fueron recogidos por el autor en el capítulo "El silencio de los inocentes".

estuvieron guiadas por un oportunismo circunstancial, ya que se remontaban muy atrás en el tiempo —¡nada menos que 40 años! —, mucho antes incluso de que los primeros escándalos de pedofilia en el clero estadunidense ganaran los titulares de la gran prensa. Más todavía: a quienes lo acusaban de formar parte de un "complot" para desprestigiar a la Iglesia católica y la Legión de Cristo, Vaca les dijo que consultaran a los doctores que le dieron terapia durante mucho tiempo. Que preguntaran a los psiquiatras y psicólogos que lo han atendido en Estados Unidos y les solicitaran sus expedientes clínicos y psicológicos. "Allí está la prueba clínica de mi verdad", dijo Vaca. Y sobre las razones que lo movieron a conceder esa entrevista a *Círculo Rojo*, agregó: "No puedo callar más una criminalidad que se ha tratado de encubrir. No puedo ser cómplice de eso con mi silencio".

Vaca profundizó en un par de aspectos clave: sobre los métodos de control utilizados al interior de la orden religiosa y la personalidad del superior, Marcial Maciel, según lo que había podido estudiar durante su formación y en el ejercicio profesional como psicólogo y sociólogo. Dijo:

Dentro de la Legión existe un mecanismo de control de la mente. De control de voluntades. No se puede hablar con nadie que no sea Legionario. Hay un control absoluto de la personalidad. Mediante un voto privado se promete ante Dios no denunciar nunca nada de la institución a personas ajenas a ella. Si se tiene algún problema con el superior, el recurso es el superior de ese superior. Pero cuando el superior en cuestión es la máxima autoridad, en este caso Marcial Maciel, que es el fundador y general de la orden, el único recurso es el papa. Ese mecanismo lleva a que no se pueda hablar con nadie. Además, uno se siente obligado a guardar silencio por fidelidad al fundador, al padre, que es tuyo. Eso cualquier psicólogo lo puede explicar.

Durante su testimonio reveló que se dedicó a "estudiar psicología" para "entender" el "complejo" que existe en la mente de ese tipo de

316

personalidades dicotómicas como la que, a su juicio, tiene el general de los Legionarios.[44] "Marcial Maciel tiene un gran complejo de autoridad", basado en lo que en psiquiatría se conoce como "desquiciamiento de personalidad múltiple", aseguró Vaca.[45] En el prólogo del libro *El Legionario*, de Alejandro Espinosa, el propio Vaca abundó sobre el punto:

> Formas extremas de un desorden patológico de personalidad múltiple (obsesivo compulsivo sexual). Hombres con ese tipo de personalidad manifiestan una carencia de conciencia normal y una falta de responsabilidad social. Algunos de esos sociópatas se presentan en la superficie con un carisma de seducción y simpatía, de candor y generosidad, de bondad y de entrega al bien, pero, en verdad son sutilmente egoístas, falsos, despiadados, adictos a la mentira. Usan y abusan de los demás sin un vestigio de culpabilidad [...] En verdad, quien creíamos era "nuestro padre" [Marcial Maciel], fue nuestro violador y verdugo.[46]

El síndrome de Estocolmo

Después del testimonio de Vaca, parecieron exabruptos las crestomatías donde, en imagen de archivo, desfilaron el obispo mexicano

---

[44] Según el psicoanalista Alberto Sladogna, la "tragedia" de Vaca es que estudió psicología para "entender la mente de Maciel y no qué le pasó a él", como suele ser el argumento ("fantasía") de los estudiantes de psicología. En entrevista con el autor, Sladogna señala que "Vaca sigue ligado a Maciel". Y cuestiona: "¿Estamos ante una ligazón traumática, ante los efectos de un trágico despecho amoroso o ante la persistencia de la relación libidinal con el superior o guía?".

[45] Según el *Diccionario de psicoanálisis* de Élisabeth Roudinesco y Michel Plon (Paidós, Buenos Aires, 1998), personalidad múltiple es un "trastorno de la identidad que se traduce por la coexistencia en un sujeto de una o varias personalidades separadas entre sí, cada una de las cuales puede tomar por turno el control del conjunto de los modos de ser del individuo, al punto de hacerle vivir vidas diferentes". De acuerdo con el especialista Alberto Sladogna, la llamada personalidad múltiple es muy discutible en la actualidad y, por otra parte, podría brindar una coartada a Maciel (podría argumentar que cuando hizo lo que hizo con los seminaristas no sabía lo que hacía una de sus personalidades), inimputable desde el marco legal.

[46] Juan José Vaca, en el prólogo de *El Legionario*, de Alejandro Espinosa, *op. cit.*

317

José Guadalupe Martín Rábago diciendo "No somos ángeles",[47] y el arzobispo de Oaxaca, Héctor González, reconviniendo a periodistas durante una rueda de prensa al son de "les sugiero que mejor estén pendientes de cuidar a su niña, que la cuiden en su casa, de su hermano, de su primo, de su tío o de su papá, porque son los que las violan con más frecuencia".

A la pregunta de cómo se puede obedecer de manera tan ciega a un superior, José Barba respondió —avalando lo dicho por Vaca— que al entrar a la orden religiosa los jóvenes seminaristas son sometidos a "un proceso de despersonalización". Dijo que ellos vivieron en un estado de "sometimiento permanente" y que de manera inconsciente y larvada fueron sufriendo una "pérdida de identidad", lo que se combinó con la "acción seductora" ejercida sobre ellos por Maciel, seguida por las violaciones o abusos sexuales. "El problema está en que no nos dábamos cuenta porque lo espiritualizábamos todo." Esa fidelidad al superior había sido "impuesta", además, por un voto secreto que los llevó "a mentir", aun a riesgo de quedar excomulgados, durante una investigación ordenada por el Vaticano y a raíz de la cual el jefe de la Legión fue suspendido un par de años en la década de los cincuenta. A su vez, José Antonio Pérez Olvera explicó que esa "crisis de fidelidad" nació del hecho de que entraron niños en la Legión de Cristo. "Marcial Maciel era para nosotros un padre, revestido, además, de santidad."

Desde otra perspectiva, Fernando González enmarcó el asunto en el proceso de "construcción social" que lleva a que un niño entre a una orden religiosa. Según González, dicho proceso comienza a generarse en el seno de la familia. En el ambiente en que se mueve el sujeto se "sacraliza" algo que se llama vocación, que es "diferente" a una profesión o un oficio. Luego se empieza a sacralizar a una determinada

---

[47] La aseveración de monseñor José Guadalupe Martín Rábago acerca de que la familia es el ámbito que entraña mayores riesgos sexuales para los menores, contiene, estadísticamente, una alta dosis de verdad. Pero lo mismo parece haber ocurrido, según varios testimonios de los afectados, en la "gran familia" constituida por la Legión de Cristo, donde el santo pater familia, Marcial Maciel, fue el presunto violador.

orden religiosa, que se valora por encima de las demás. Después se sacraliza al fundador, respecto del cual —en el caso de los Legionarios— de entrada se les decía a los niños que era un "santo". Un cuarto elemento es lo que en sociología se denomina las "instituciones totales", ámbito cerrado donde los individuos comen, duermen y viven totalmente aislados del mundo exterior (en este caso un seminario), y en el cual se construye lo que se llama un "principio de realidad" sólo para ese grupo. Esa serie de pasos va creando un "hábito", con eje en "una disciplina socializada" que en el caso de Marcial Maciel era administrada con base en un sistema de "premios y castigos" y bajo el "chantaje" permanente de que cualquier desviación en el ordenamiento interno conduciría al infractor sin remedio al "infierno".

Sobre la "tardanza" en exponer el caso, Pérez Olvera recordó la manida frase de monseñor Sergio Obeso y replicó: "Nosotros tratamos de lavar la ropa sucia en casa. Veinte años estuvimos tocando puertas y nadie nos hizo caso. ¡Absolutamente nadie! Todo el mundo se excusaba: 'El padre Maciel es muy poderoso', 'no te metas con él', 'déjalo al juicio de Dios', y por tanto niño violado, por tanto abuso, hubo necesidad de dar la cara" ante la opinión pública.

El profesor Barba agregó otro elemento que tiene que ver con la "maduración psicológica" de quienes son educados en instituciones de la Iglesia católica, que es "menor", dijo, que la de las personas que se desenvuelven en la vida normal.[48] Según él, un estudio confeccionado por psicólogos canadienses demuestra, de manera profesional, "que correspondemos [...] al extracto de las edades en que los hombres o las mujeres revelan normalmente los abusos de su infancia o adolescencia. Nosotros caemos en 38.7%, que es el índice más alto, que corresponde a las edades entre 45 y 60 años. Son datos científicos".

En cuanto a por qué no denunció antes los abusos a la justicia civil, adujo que en el derecho mexicano el delito de pederastia pres-

---

[48] Citó un estudio de especialistas publicado en mayo de 1998 en *The Globe and Mail* de Toronto.

cribe después de 15 años y que el plazo se reduce a 5 en el caso del derecho canónico. Explicó que mientras estuvieron como seminaristas en España e Italia "no lo habríamos hecho nunca. Estábamos desarraigados. No había relaciones entre México y España. Menos entre México y un colegio de la Iglesia católica. No era posible. Pero el principio fundamental era que nosotros, siguiendo lo que algunos llaman el síndrome de Estocolmo,[49] seguíamos reverenciando internamente al padre Maciel, a quien estábamos sometidos.[50] Eso ha sucedido y sigue sucediéndole a muchos exlegionarios".

Entregar el cuerpo a Dios-Maciel

Pero, sin duda, el testimonio más dramático presentado en el programa de *Círculo Rojo* fue el de Óscar Sánchez Rosete, integrante

[49] El llamado síndrome de Estocolmo se inscribe dentro de lo que Manual Diagnóstico y Estadístico para los Trastornos Mentales, publicado por la Asociación Psiquiátrica Estadunidense (DSM-III, 1980), define como *trastorno por estrés postraumático* (TEP), que agrupa a una serie de categorías con diferente valor histórico, entre las cuales figuran las "neurosis de guerra", el síndrome de Vietnam, el síndrome de hipermnesia emocional tardía o síndrome KZ (ambos vinculados con las secuelas postraumáticas de los campos de concentración) y el síndrome del trauma de la violación. El TEP ha sido definido como el conjunto de síntomas desarrollados por un individuo después de haber participado o haber sido testigo de "un suceso traumático en extremo estresante". Según Salvador Robert, ante una experiencia de ese tipo "la persona reacciona con miedos e impotencia, reviviendo el suceso de forma persistente e intentando evitar los recuerdos asociados [...] Las personas reviven el suceso en los sueños y en sus pensamientos diarios; intentan evitar cualquier estímulo que les recuerde el suceso, pueden llegar a entrar en un estado de hiperestimulación (hiperactivación) o bien sufrir un embotamiento de sus respuestas. Además pueden presentar síntomas depresivos, ansiosos y dificultades cognoscitivas". Véase M. Salvador Robert, "Concepto y epidemiología del trastorno por estrés postraumático".

[50] En el caso de los exlegionarios, el síndrome de Estocolmo citado por Barba podría remitir a algo bien conocido: fueron niños y adolescentes que perdieron sus referencias vitales (la relación con el padre y la madre) y quedaron desprotegidos; "abandonados a las manos de Dios". Ante situaciones de ese tipo, cualquiera que dé una mano, aunque sea la mano que produce dolor (verbigracia: un torturador o un violador), puede pasar a ser "amigo". De allí que, aparte del poder disciplinador y regulador que ejercía sobre los niños y adolescentes de la orden, Marcial Maciel (el "otro", que los ultrajaba) podía constituirse en el único sostén de la humanidad de sus víctimas, a las que tomaba como objeto erótico.

de tercer grado de la Legión de Cristo y extesorero general de la misma a nivel internacional entre 1976 a 1981. Sánchez dijo que ingresó a una escuela de la orden porque "su ilusión era llevar a Cristo y la palabra a la gente". Según su testimonio, fue sometido a "un rito de iniciación" en un sótano y después comenzó su "pesadilla". Afirmó que las denuncias sobre abusos sexuales dentro de la Legión eran "muy calladas [...] No pasaban de '¿supiste qué pasó anoche?'; '¿supiste que alguien se mató?'". Con voz entrecortada, secándose de a ratos sus lágrimas con la mano, dijo que una vez un compañero se suicidó: "Yo vi la sangre. A lo mejor tuvo una relación sexual con otro. [Pero] la regla era: yo no sé nada, aquí no sucedió nada. [Pero] pasaba, pasaba".

El diálogo entre Óscar Sánchez y su entrevistador es de suyo explícito:

–Se dan casos... estás conviviendo con puros hombres que tienen un voto de castidad, y de vez en cuando se te va a ir una cana al aire, ¿no? De que existe, existe.

–¿Tú la sufriste? —se escucha la voz del reportero.

–Sí. Sí. Sí —responde lacónico.

–¿Nos quieres contar? ¿Nos puedes contar?

–En primer lugar es algo que oficialmente no sucede. Pero de alguna forma, en la convivencia, llegas a enamorarte. Vamos a ponerle la palabra a lo que es. Y vas, lo confiesas o lo dices a tu director espiritual, y no necesariamente está reprobado. A lo mejor está tácitamente aprobado. ¡No pasa nada! Aunque exista. Aunque lo veas. Aunque lo oigas. Aunque se muera. Aunque se suicide. ¡No pasó nada! Te produce un resquebrajamiento adentro que puede llegar a extremos. Al suicidio. Son cosas que uno sabe. Son cosas que uno vive en secreto. A escondidas. Por dentro. Desgraciadamente, no hay testimonios, documentos, una fotografía, un video que te pudiera mostrar. No más que el propio adentro. No más que decir "yo lo sé". ¿Cuál es el origen de todo eso? Una violación. Adentro tenías que pagar el precio que fuera necesario para cumplir con la voluntad de Dios. Fuera lo que fuera. Yo entregué todo a Dios. Entregué mi sueño a Dios. Entregué mi comida a Dios. Entregué mi trabajo a Dios. Entregué mi cuerpo a Dios. Hay que entregar-

321

se. Porque es la voluntad de Dios expresada por tu superior. Si sigues la voluntad de Dios, que expresa tu superior, te vas a ir al cielo.[51]

Luego cuenta una broma que se hacían en los pasillos: "¿Ya te tocó ir a la enfermería?". Después dice que "implicar a alguien es muy sencillo. Lo importante es que hay una estructura y una organización". Un mecanismo que funciona sobre la base de "yo te ayudo y me hago cómplice". Un "pacto de silencio" que envuelve a toda una estructura con "responsables arriba": aquellos que no cometen la violación, pero saben de ella, tienen autoridad para detener la cadena de abusos pero se callan y no actúan.

–¿A quiénes te refieres? —pregunta el entrevistador.

–A la jerarquía. A la jerarquía a nivel vaticano. A nivel... arquidiócesis. ¿Tú crees que no lo saben? Me imagino que van a negar todo esto. ¡Porque me lo van a negar! Y no me importa. Yo sé, adentro, qué pasó.

¿Dónde están los niños?

Otro de los invitados al programa *Círculo Rojo* aguardaba en la línea telefónica, desde Chicago, Illinois. Era el sacerdote Alberto Athié Gallo, conocido en los círculos eclesiales de México por su don de gente. Figura en ascenso en la Iglesia católica mexicana, donde ocupaba importantes cargos en el área social, su relación con el caso Maciel había sido circunstancial.[52]

En 1994 habían llegado a su parroquia de San Miguel Teotongo, enclavada en un barrio pobre de Iztapalapa, en la ciudad de México, unas feligresas que le hablaron de la situación del sacerdote retirado Juan Manuel Fernández Amenábar, exrector de la Universidad Anáhuac, y

---

[51] De alguna manera, el testimonio de Óscar Sánchez Rosete ubica al protagonista como partícipe de un "sacrificio" debido a un dios. Se trataría de la *obediencia debida* a un personaje de culto. Él cumplía con la voluntad del superior (se autosacrificaba) para llegar a Dios y por ello participaba y, a la vez, no participaba, de la actividad sexual.

[52] El involucramiento del sacerdote Alberto Athié en el caso Maciel está narrado en el capítulo "El silencio de los inocentes", en el acápite "Perdón y justicia".

le pidieron que oyera la confesión de ese hombre "enojado con Dios". Athié tenía un largo entrenamiento en el misterioso oficio de escuchar las últimas palabras, gestos y metalenguajes de quienes se saben próximos a morir. En muchas ocasiones había atendido a personas con cuadros muy severos, algunas en sus fases terminales por sida, cáncer o accidentes muy graves. Sus cursos de medicina en la Universidad Nacional Autónoma de México le auxiliaban en sus tareas de sacerdote. Había introducido a México el Movimiento Arca,[53] por lo que había desarrollado una especial capacidad para comunicarse con autistas, personas con síndrome de Down, esquizofrenia profunda, psicosis y maniáticos depresivos. Por lo que pensó que no tendría problemas para establecer una relación con el anciano sacerdote español a través de formas del lenguaje no-verbal.

Cuando asistió a Fernández Amenábar y éste le confesó que había sido violado por Marcial Maciel, Athié comentó el caso con su director espiritual, monseñor Carlos Talavera, obispo de Coatzacoalcos. Talavera le respondió que se había enterado del tema en Roma.[54] Incluso, como dejó constancia Athié en una carta al prefecto Joseph Ratzinger, de la Congregación para la Doctrina de la Fe en el Vaticano, Talavera le confió que "tenía un pariente que se salió [de la Legión de Cristo] aludiendo a un cierto tipo de problemas similares, pero que después todo se detuvo en Roma y ya no se había sabido más nada al respecto".[55]

Fernández Amenábar murió en febrero de 1995. Athié celebró una misa de cuerpo presente y al terminar la ceremonia luctuosa conoció a José Barba, quien le confió que él y otros exlegionarios habían sido abusados por Maciel. Le dijo que iban a hacer una demanda pú-

---

[53] El movimiento internacional Arca recoge a personas abandonadas en hospitales psiquiátricos y forma con ellos comunidades de vida.

[54] Sergio Javier Jiménez, "Ordenó el Vaticano ocultar los casos de abuso, revelan". *El Universal*, México, 25 de abril de 2002.

[55] Carta dirigida al "Eminentísimo Señor Cardenal Joseph Ratzinger", fechada en Roma, el 20 de junio de 1999 y suscrita por el presbítero Alberto Athié. Enviada por Athié al autor por correo electrónico.

blica porque ya habían agotado todas las instancias oficiales dentro de la Iglesia católica, sin ningún resultado. Dice Athié en su carta a Ratzinger: "Les pedí que no hicieran público el asunto porque ello lastimaría y escandalizaría a mucha gente. [Les dije que] me comprometía a hacerle llegar al Santo Padre su caso, que tenía la forma de hacerlo". En otros testimonios Athié ha dicho que le pidió a Barba que le entregara testimonios escritos y él haría llegar los documentos al papa Juan Pablo II, a través de su amigo, monseñor Talavera. También comentó el asunto con un sacerdote encargado de las causas de canonización, quien le recomendó que dejara constancia de su propio testimonio en el archivo reservado de la curia en la arquidiócesis y que hablara con su arzobispo al respecto.

Barba y los exlegionarios no aceptaron el ofrecimiento y le preguntaron "si estaba de acuerdo en declarar lo que conversó con el padre Fernández ante notario público. Les dije que no".[56] Cuando el escándalo del caso Maciel y los Legionarios saltó a los medios en 1997, Alberto Athié fue a ver al cardenal Norberto Rivera, su superior metropolitano. Quería entregarle el testimonio que Fernández Amenábar había rendido desde su lecho de muerte a las personas y amigos que le atendían. "Simplemente, como información." Para que el purpurado normara su conducta y procediera. Pero monseñor Rivera no quiso escucharlo. Ni siquiera lo dejó terminar. Le manifestó de modo abrupto: "Todo es un complot. No hay nada más de qué hablar", y se levantó de su asiento.[57] En su carta a Ratzinger, Athié refuerza la idea: "Monseñor Norberto Rivera declaró que se trataba de un complot contra el padre Maciel y contra la Iglesia y que nada de lo dicho en los medios era cierto".

Después de ese incidente con el cardenal Rivera, aconsejado por un amigo, Athié se reunió con el superior provincial de la Legión en México, "un padre español". Éste lo escuchó y después le dijo que "al-

[56] Carta de Alberto Athié a Joseph Ratzinger.
[57] Texto enviado por Alberto Athié al autor, vía correo electrónico, desde Chicago, julio de 2002.

gunos exhermanos" querían "dividir" a la orden y que todo lo que se decía contra Maciel era "una calumnia". Que a él le constaba "la santidad del padre Maciel".[58]

En 1998, el nuncio apostólico en México, Justo Mullor, le comentó, molesto, que unos exlegionarios le habían pedido una cita.[59] Según Athié, Mullor no quería recibirlos porque habían publicado una carta dirigida al papa Juan Pablo II en la revista *Milenio*. Entonces Athié le contó al nuncio su experiencia personal y le dijo que quería dejar constancia de ello por escrito. Le pidió asesoría. El representante del papa le sugirió que escribiera su testimonio y se lo entregara en mano al cardenal Ratzinger. Athié viajó a Roma y allí mismo redactó su carta. Tras exponerle todos los antecedentes del caso, en su último párrafo, Athié expresa: "Personalmente le reitero que, por la experiencia que tuve, sí existen elementos que, por lo menos en la época en que se dieron, comprometen la moral de la Iglesia y que es necesario buscar alguna solución adecuada. En acuerdo con el nuncio, convenimos en que dejaría también una copia en la nunciatura apostólica en México, lo cual haré llegando al país".

El cardenal Ratzinger nunca recibió a Athié. Finalmente, su amigo, el obispo Carlos Talavera, entregó la carta al prefecto de la fe vaticana. Pero la respuesta del titular de la exInquisición a Talavera lo decepcionó: "Es un asunto muy delicado. No es prudente abrir el caso porque el padre Maciel es una persona muy querida del Santo Padre y ha ayudado mucho a la Iglesia católica".[60]

Hasta allí, Athié había seguido la cadena de mandos de la Iglesia católica: su superior inmediato en la arquidiócesis de México, el car-

[58] Carta a Joseph Ratzinger, ya citada.

[59] A comienzos de 1998, José Barba y otro exlegionario visitaron la nunciatura apostólica y solicitaron una cita con Justo Mullor. La religiosa que los atendió les dijo que el nuncio no podía recibirlos. Barba entregó a la monja un documento titulado "Carta a Su Santidad Juan Pablo II", suscrita por nueve exlegionarios. Después lograron hablar brevemente con Mullor por el interfón de la residencia. Según Barba, Mullor dijo "les prometo que su carta llegará a manos del Santo Padre".

[60] Jason Berry y Gerald Renner, "Caso de abuso sexual bloqueado en el Vaticano", *National Catholic Reporter*, 7 de diciembre de 2001.

denal Norberto Rivera y —previa consulta con el nuncio Justo Mullor—, el custodio de la ortodoxia vaticana, el cardenal Ratzinger, alter ego de Juan Pablo II en Roma. Pero se había topado con una muralla de silencios y complicidades; igual que los exlegionarios antes. Casi enseguida comenzó a sentir la frialdad y el rechazo de Norberto Rivera. "El cardenal estaba cada vez más molesto conmigo. No hubo situación alguna en que él discutiera el caso de manera razonable."[61] Poco a poco fue quedando bloqueado. Le dijeron que no debía hablar del asunto porque le hacía el juego a los "enemigos" de la Iglesia católica. Lo acusaron de "mentiroso", de "resentido". Se creó un cerco de silencio a su alrededor. "Me marginaron en la iglesia", declaró Athié en una entrevista a la *Catholic Theological Union* de Chicago.[62] Al final monseñor Rivera lo relevó de todos sus servicios en el episcopado mexicano y lo condicionó, de manera indebida, a recibir un cargo. Athié se negó y pidió un tiempo sabático. Eso lo llevó a su destierro en Illinois, Estados Unidos, donde ocupó su tiempo oficiando misa en Holy Cross, una parroquia enclavada en un barrio popular de Chicago a la que asisten muchos creyentes de origen mexicano.

Durante su entrevista con los conductores de *Círculo Rojo*, Alberto Athié declaró que, tras haber quedado envuelto de manera involuntaria en la trama del caso Maciel, había vivido una "profunda lucha interior y reflexionado mucho". Sorprendió a sus interlocutores y a los panelistas al manifestar que inclusive pensaba dejar el oficio sacerdotal. Afirmó que más allá de los presuntos escándalos de pederastia que rodean al jefe Legionario —"algo muy grave, sin duda"—, hay otro tema más importante: "el encubrimiento sistemático, como conducta institucionalizada dentro de la Iglesia católica". Se refirió a un concepto que el papa destacó en uno de sus documentos sobre conciliación y penitencia. Y dijo:

> Se trata no sólo de pecados individuales. Existe un pecado institucional por parte de la jerarquía católica. Sé que lo que digo

---

[61] Respuesta de Alberto Athié a cuestionario de Javier Sicilia, con copia al autor.
[62] Entrevista realizada el 16 de abril de 2001, citada por Jason Berry y Gerald Renner.

es muy fuerte; pero, en conciencia, tengo que decirlo. La responsabilidad no es sólo de los obispos de Estados Unidos, que es el caso más sonado. Atañe también a las estructuras de la Santa Sede. Y con todo el dolor de mi corazón, lo quiero decir: es también responsabilidad del papa Juan Pablo II, por el caso Maciel, que él debe conocer [...] y por el caso del cardenal arzobispo de Viena (Hans Hermann Gröer), a quien [Wojtyla] sostuvo en su cargo hasta el final.

Es un problema muy grave, muy complejo, que no tiene que ver únicamente con conductas particulares de algunos [sacerdotes] con enfermedades graves [...] sino con el encubrimiento sistemático [...] Por encima de todo se está tratando de salvar la imagen de la institución [...] Cada vez más la Iglesia está cayendo en un eclesiocentrismo que el Vaticano II ya había superado [...] Existe, además, una acentuación exagerada del papel del papa por encima de todo, como único criterio de verdad y pertenencia a la Iglesia. Para salvar esos valores no se permitía tocar temas como la sexualidad y el sacerdocio de las mujeres. Si algo afectaba la imagen de autoridad de la Iglesia tenía que ser ocultado. Tenía que ser escondido, encubierto, para que no se afectara el criterio de verdad.

El alegato de Alberto Athié partía de los propios criterios establecidos por el papa Juan Pablo II en sus mensajes sobre la paz: no hay paz sin justicia, justicia sin verdad, sin memoria histórica y sin perdón. Para Athié, la paz con justicia se logra mediante el diálogo. Pero en el caso de Marcial Maciel, los espacios de diálogo se habían cerrado en el Vaticano. Eso, al menos, fue lo que él pensó, molesto además con la discrecionalidad de que había hecho gala el cardenal Ratzinger. Por eso decidió decir su verdad en los medios a partir de un hecho casual. Cuando reporteros del *National Catholic Reporter* (NCR) se enteraron que estaba exiliado en Chicago, le enviaron un correo electrónico diciéndole que tenían información de todo lo que había pasado. Y que le quedaban dos opciones: aceptar una entrevista y dar su opinión, o no darla y luego tener que corregir el reportaje a través de cartas a la editorial de la publicación. Aceptó la entrevista. "Caso de abuso sexual bloqueado en el Vaticano", tituló su texto la publicación católica más influyente de Estados Unidos.[63] Cuando el NCR buscó, en México, al cardenal Rivera para entrevistarlo, el máximo jerarca católico mexicano se negó a hacer comentario alguno.

De inmediato Athié fue acusado por miembros de la Legión de Cristo de "difamar" a Marcial Maciel. Al respecto, Athié ha dicho que temas como la pederastia en el clero y el encubrimiento que la jerarquía católica hace de los sacerdotes violadores, "impacta y escandaliza" a muchas personas que tienen capacidad de influir en la sociedad.

No les importa si son ciertos o no, y en su caso qué se puede hacer para resolverlos. Como esas cosas no deben ser entre los sacerdotes, no pueden existir en la realidad. Por lo tanto, por principio, aquella persona que hable de eso, automáticamente está difamando, es un traidor y un conspirador. De ahí que, como ya ha sucedido, de lo que se trata es de controlar los medios —por presión o por autoridad económica o moral, incluyendo la de alguna secretaría de Estado— para que no saquen noticias que pueden escandalizar al pueblo mexicano.

¿Cómo entender que personas católicas con una fuerte formación moral, y movimientos laicales comprometidos intransigentemente con el derecho a la vida, sin estudiar a fondo si hubo o no violación a la ley moral y un delito contra niñas y niños, fundándose en el consecuencialismo ético (condenado por el papa en la *Veritatis splendor*) y en la apriorística teoría de la conspiración, acusen de inmediato de difamación y complot a miembros de la comunidad que apelan a un proceso canónico para que la autoridad defina en términos de justicia, si hubo o no violaciones de derechos humanos a niños y si se han violado otras normas civiles y canónicas?

En este sentido, la primacía de la institución y de sus autoridades es intocable y más fuerte, culturalmente hablando, en el pueblo mexicano. Pero esa cultura también la tienen las autoridades civiles por razones históricas y no sólo en el plano religioso sino, sobre todo, político. No hay que olvidar que, en toda nuestra historia, nunca hemos podido

[63] Jason Berry y Gerald Renner, *op. cit.*

consolidar una democracia en nuestro país. Hemos tenido procesos de-mocratizadores y hasta transiciones democráticas (las últimas: Made-ro a principios del siglo XX y Fox a finales del mismo y principios del siglo XXI) pero nunca, nunca, hemos podido consolidar una democracia como forma normal de vida de nuestra nación. ¿Por qué? Porque el pro-blema de la democracia en México es, en primer lugar, un problema cultural y tiene mucho que ver con la manera en la que como mexicanos entendemos y ejercemos la autoridad: entre caudillos y caciques.[64]

Había otro problema que preocupaba a Athié: ¿dónde queda-ban los niños violados en todo esto? Porque a partir del falso discurso moralista de que "la pederastia en los sacerdotes *no-debe-ser* porque va contra la santidad del sacerdocio, y entonces *no-puede-ser* en la reali-dad" —que impide curiosamente que la moral prevalezca[65]—, se sos-laya o relativiza la gravedad del acto y del daño a las víctimas. "En este tipo de apreciaciones unilaterales del fenómeno, ¿dónde están los da-tos de las niñas y los niños que han sido abusados?; ¿y los datos acerca de sus familias? Más de tres mil niñas y niños fueron abusados en los Estados Unidos en los últimos 25 años.[66]

Según Athié, nadie puede negar que fenómenos como la pe-dofilia de algunos sacerdotes hayan sido vistos, por parte de la Iglesia, como un problema moral grave. Así lo habían reconocido los obispos de Estados Unidos. Sin embargo, habían reaccionado de manera ge-nérica buscando una solución interna y privada para evitar el escánda-lo en el ámbito público, con la finalidad de salvaguardar la imagen de la institución y de sus ministros.

Esto quiere decir que no se ha considerado el asunto priorita-riamente desde la gravedad del daño causado a las víctimas sino privilegiando la gravedad del posible escándalo. Ése es un ejem-

---

[64] Respuestas de Alberto Athié a cuestionario de Javier Sicilia, con copia al autor, enviada por correo electrónico el 22 de mayo de 2002.

[65] Alberto Athié, "¿Dónde están los niños?", *Enfoque*, suplemento del diario *Reforma*, Méxi-co, 28 de abril de 2002.

[66] *Ibíd.*

plo del error calificado como "consecuencialismo" en la teología moral católica. Me parece una contradicción el que los católicos luchemos a favor de la vida y en contra del aborto por el hecho de que toda vida humana posee dignidad y merece respeto "¡por sí misma!" y no por el número de casos y consecuencias (lo ha repetido miles de veces el papa Juan Pablo II) y, en cambio, en el caso del abuso de sacerdotes a niños, actuemos en función de las consecuencias negativas que se suceden, si se denuncia a un sacerdote.[67]

Si algo había "enseñado" el papa durante su largo pontificado era, precisamente —para Athié—, la defensa de la infinita dignidad y valor incondicional de toda persona humana, "no despreciable ni sacrificable por ningún motivo a ninguna estructura, ideología o poder"; incluida la propia estructura de la Iglesia católica. Había allí una incoherencia que el sacerdote, desterrado en Chicago, no podía aceptar y que hacía mella en su conciencia. Pensaba que había llegado el momento de que la jerarquía vaticana y de todas las iglesias católicas locales debían rendir cuentas ante las autoridades civiles competentes, de violaciones a derechos humanos dentro de sus propias estructuras privadas. Es decir, que la normatividad interna de la Iglesia católica se tenía que ajustar, en materia de delitos, con las leyes civiles, a fin de terminar con esa "conducta institucionalizada" que "victimizaba" a la Iglesia católica y a sus ministros y "satanizaba" a las víctimas y a los denunciantes de los abusos, en nombre de la "santidad" o "sacralidad" de la institución o de los miembros que la componen.

Y si al principio se sintió solo y hasta extraño en esa situación que consideraba atípica, y afloró en su interior un "sentimiento de culpa y de haber traicionado a mi comunidad por haber hablado",[68] después se dio cuenta que su experiencia formaba parte de "una verdadera tra-

---

[67] *Ibíd.*

[68] Prólogo de Alberto Athié Gallo al libro de Pepe Rodríguez, *Pederastia en la Iglesia católica*, Ediciones B, Barcelona, 2002.

gedia deliberadamente enterrada", que involucraba a mucha gente y que apenas estaba saliendo a la superficie y no se podía seguir ocultando.

Alberto Athié estaba cruzando su propio Rubicón. Al comenzar enero de 2003, después de un largo proceso de reflexión, dejó de ejercer su ministerio. En marzo siguiente entregó su carta de renuncia al sacerdocio, dirigida al papa Juan Pablo II, en manos del nuevo nuncio apostólico en México, Giuseppe Bertello. Un hecho circunstancial había terminado con una brillante carrera dentro de la jerarquía católica mexicana. Tan sólo por pedir justicia.

LOS ENJUAGUES DEL PODER

La difusión por Televisa de las polémicas acusaciones que pesaban sobre el superior de la Legión de Cristo, Marcial Maciel, prendió focos rojos al interior de la orden religiosa. Pero a diferencia de las ocasiones anteriores, esta vez los "soldados" del general Maciel contraatacarían. Por otro lado, en los días que siguieron a la presentación del programa de *Círculo Rojo* sobre pederastia, nadie en México comprendía bien —incluidos los analistas especializados de los medios masivos de información—, qué razones habían llevado a Emilio Azcárraga Jean, señalado como "muy cercano" al jefe legionario y su institución,[1] a decidir romper con Maciel y su larga lista de poderosos aliados en el mundo de la política, la Iglesia católica y los negocios corporativos de México.

"¿Significa que el encubrimiento de Marcial Maciel ha terminado?; ¿que la Iglesia católica mexicana está dispuesta a examinarse?", arriesgó el conductor Ciro Gómez Leyva, uno de los damnificados del affaire entre la Legión y CNI Canal 40 en 1997.[2] Se manejaron todo tipo de especulaciones y explicaciones. Por ejemplo, que se había tratado de "un castigo de Televisa a los empresarios conservadores"[3] que un mes

---

[1] La tesis sobre la "cercanía" de Emilio Azcárraga Jean con Maciel y la Legión de Cristo es sostenida por el escritor colombiano Alfonso Torres Robles, autor de *La prodigiosa aventura de los Legionarios de Cristo*, quien ubica al joven empresario propietario de Televisa como exalumno del Instituto Cumbres, uno de los colegios privados de elite con que cuenta la orden religiosa en México.

[2] Ciro Gómez Leyva, "Marcial Maciel regresa a la televisión", *Milenio*, México, 17 de abril de 2002.

[3] "Empresarios en la Legión", redacción de la revista *Milenio* semanal, México, 22 de abril de 2002.

y medio antes instrumentaron un boicot publicitario contra el programa *Big Brother*.[4] El programa, que tomó su nombre de la alegoría inventada por George Orwell en su libro *1984*, incursionó en la pantalla chica dentro del género denominado *reality show* y había despertado un morbo voyeurista en los telespectadores de Televisa y un fenómeno de rating nunca antes visto.

La versión puerilizada y light mexicana del millonario negocio mediático *El Gran Hermano*, creado por la productora holandesa Endemol Entertainment, había salido al aire el 3 de marzo de 2002 por el canal 2 de Televisa. La agrupación autodenominada A Favor de lo Mejor en los Medios —que funciona como grupo de presión de acaudalados empresarios y anunciantes[5]—, consideró que *Big Brother* era un programa "nocivo para la moral de los mexicanos". Por eso, no debía ser transmitido. El 28 de febrero, tres días antes de que iniciara el programa, 36 grandes firmas comerciales retiraron sus anuncios de la emisora. Reaparecía una vez más la sinuosa relación entre publicidad y contenidos, o mejor dicho, la pretensión de un grupo de anunciantes de condicionar, mediante su publicidad, un determinado criterio editorial, como había ocurrido antes con CNI Canal 40.

En ese contexto, no pasó inadvertida la opinión del director adjunto de la Dirección de Comunicación Social del Arzobispado de México, Alfonso Navarro —miembro conspicuo de la Legión de Cristo al servicio del cardenal Rivera Carrera—, quien definió al programa *Big*

---

[4] El programa creado por el holandés John de Mol y llevado a la "caja idiota", en 1999, por la multinacional Endemol Entertainment, tomó el nombre de "El Gran Hermano" (*Big Brother*), personaje emblemático de *1984*, la novela del escritor inglés George Orwell (Eric Arthur Blair, 1903-1950), publicada en 1949. En la ficción orwelliana, el Gran Hermano es un dictador (cuyo nombre evocaba al "padrecito", es decir, Stalin), que mediante la televisión bidireccional vigila, crea y moldea los pensamientos, deseos y gustos de la gente en un supuesto Estado totalitario dirigido por un partido único poseedor de la verdad.

[5] Según sus postulados, la Asociación a Favor de lo Mejor, A. C., "trabaja para mejorar los contenidos de los medios de comunicación" y dice estar respaldada por más de 2,400 instituciones en toda la república mexicana. La asociación, presidida por Francisco González Garza, está integrada por las 44 marcas que más se hacen publicidad por televisión, equivalente, en promedio, a 50% del total.

Brother como una "depravación mediática y humana", utilizado para "pervertir y corromper" conciencias "en aras del rating" [...] "valores" que —dijo— remiten de inmediato "no sólo a la *televisión para jodidos* de Azcárraga Milmo, sino también a la *televisión para imbéciles*, firmemente instalada desde la llegada de los farsantes talk shows".[6] El vocero del arzobispo Rivera barría parejo con el Tigre Azcárraga y su heredero.

En la coyuntura, la escaramuza fue vista como un insólito enfrentamiento entre dos poderes económicos: el de Televisa, con su nueva ola de "telebasura" contemporánea,[7] y un sector de banqueros, empresarios y anunciantes (entre los bancos y firmas que participaron del boicot figuraban Bimbo, Banamex, Pepsi, Colgate, Kimberly Clark y Bancomer)[8] y grupos de presión conservadores (la Unión Nacional de Padres de Familia, la Asociación a Favor de lo Mejor) que de tiempo atrás habían venido encarnando el más puro tradicionalismo moral consumista. Sin embargo, algunas interpretaciones trascendieron el momento y se atrevieron a hurgar más allá de la anecdótica moralina de los grupos católicos ultraconservadores: más que *Big Brother*, se trataba de una disputa en torno al tipo de contenidos a promover en los espacios electrónicos concesionados por el sector público, parte medular de la "competencia de belleza" (*beauty contest*) que la nueva Ley de Radio y Televisión contemplaría como procedimiento para li-

---

[6] Alfonso Navarro, "Big Brother o la depravación", *El Universal*, México, primero de marzo de 2002.

[7] Según Jenaro Villamil, "los reality shows, como antes los talks shows, son productos televisivos que orillan a una competencia por la baja y no por la alta calidad de contenidos, y operan como grandes distractores sociales que alientan una evasión colectiva mediática. Lejos de promover valores como la solidaridad, el diálogo o la participación, están instalados en la competencia frívola, sensacionalista, el telenarcicismo y la despolitización". Jenaro Villamil, "Del Big Brother a la rebelión en la granja", *La Jornada*, México, 3 de marzo de 2002.

[8] Encabezadas por la panificadora multinacional Bimbo de Lorenzo Servitje, entre las firmas que integran la Asociación a Favor de lo Mejor que decidieron boicotear el programa de Pedro Torres en Televisa, figuraban Allen, Café Mexicano, Telmex, Avantel, Domecq, Alpura, Coca-Cola, Ceras Johnson, Colgate, Devlyn, Fuji Film, Grupo Gigante, Hasbro, Kimberly Clark, Laggs, Pepsi, Quaker State, Recubre, Sabritas, Unilever, Tiendas Viana, Banamex y Bancomer. Elvira García, "Medios de por medio", *El Universal*, México, 19 de febrero de 2002, y Mauricio Flores, "Gente detrás del dinero", *El Universal*, México, 22 de febrero de 2002.

citar nuevas concesiones por parte de las Secretarías de Comunicaciones y Transporte y de Gobernación;[9] lo que tenía que ver directamente con dos miembros clave del gabinete foxista: Santiago Creel y Pedro Cerisola.

Al final, "su Majestad el rating"[10] se impuso sobre las acomodaticias buenas conciencias cristianas, que en el pasado favorecieron sin pudor el desarrollo de una televisión enajenante y despolitizadora y cuando les convino pasaron por alto el telemarketing discriminatorio, y las críticas fundamentadas de periodistas, investigadores y académicos como Miguel Ángel Granados Chapa y Javier Esteinou.[11]

Ahora, estimaron algunos comentaristas, al difundir el programa sobre los abusos sexuales de Marcial Maciel, Televisa le podía estar pasando la "factura" a los publicistas remisos encabezados por el empresario católico Lorenzo Servitje. Pero una cosa sí era cierta: la amenaza de un "boicot" publicitario, como el que cinco años antes había casi "matado" a CNI Canal 40, parecía no quitar el sueño a los directivos del consorcio de la avenida Chapultepec, en la ciudad de México.[12] Leopoldo Gómez, vicepresidente de Noticieros de Televisa, declaró: "¿Boicot? No veo por qué. Los conductores de *Círculo Rojo* son periodistas ampliamente reconocidos. Por eso Televisa los invitó a tener aquí un espacio".[13]

Una reconstrucción periodística reveló que dos días antes de que

[9] Mauricio Flores, "Gente detrás del dinero", ya citado.

[10] Así tituló su *Plaza Pública* en el periódico *Reforma* el columnista Miguel Ángel Granados Chapa el primero de marzo de 2002.

[11] El 14 de febrero de 2002, al participar en un panel organizado por Héctor Aguilar Camín en el programa *Zona Abierta*, que se transmite por Televisa, a propósito del lanzamiento de *Big Brother*, Javier Esteinou consideró que prácticamente todo lo que produce ese consorcio es "basura". Dijo que si antes Televisa vivió una etapa de "televisión-vampiro", con programas "donde salpicaba la sangre", luego entró en la época de "televisión-lavadero", al producir los talks shows, y ahora, con *Big Brother*, "se encamina hacia la televisión-laboratorio, que usa a las personas como ratones de experimentación". Citado por Elvira García, en "Medios de por medio", *El Universal*, México, 19 de febrero de 2002.

[12] A manera de registro, en los cortes del programa de *Círculo Rojo* se transmitieron anuncios de AT&T, Pfizer, Coca-Cola, Aseguradora Hidalgo, Prudential Apolo, Cablevisión, Banorte y Mexicana de Aviación.

[13] "Televisa no teme represalias por el caso Maciel", *Milenio*, México, 17 de abril de 2002.

saliera al aire el programa, Aristégui y Solórzano habían prevenido al vicepresidente ejecutivo de Televisa, Bernardo Gómez, que planeaban tratar un tema "sumamente delicado".[14] El alto ejecutivo de la televisora pidió a los periodistas que regresaran por la tarde. En el ínterin habló con su jefe, Emilio Azcárraga Jean, presidente de la empresa, quien de acuerdo con la versión periodística le comentó que "al padre Maciel lo he visto tres veces en mi vida",[15] pero, sobre todo, no quería que Televisa fuera "usada" para dirimir desacuerdos entre congregaciones religiosas ni "servir" en una disputa por la sucesión papal.

Otra versión, menos ortodoxa en la forma, pero más realista en los términos, según el léxico habitual en México, indica que al recibir la noche del programa a sus invitados José Barba, José Antonio Pérez Olvera y Fernando González, el conductor Javier Solórzano, les dijo: "Les tengo dos noticias: una buena y una mala. La mala es que sin coartar su libertad de expresión, no hablen mal de la Iglesia católica. La buena es que al enterarse del contenido del programa, Azcárraga Jean dijo 'me vale madres Maciel. Lo he visto tres veces en mi vida'".[16] Solórzano aseguró que durante una reunión con el equipo de *Círculo Rojo*, el presidente de Televisa "nos dio todo su apoyo" para sacar al aire el programa.[17] El acuerdo fue centrar el caso en la persona del jefe legionario no en las instituciones eclesiales.

Por otra parte, el investigador de la UNAM Fernando González dijo tener datos "confiables" de que el Vaticano intentó presionar al gobierno mexicano para impedir la transmisión del programa *Círculo Rojo*. González aseguró que desde Roma se "comunicaron" con un funcionario de la Secretaría de Gobernación, quien a su vez informó al presidente Vicente Fox sobre el contenido previsible de la transmisión programada. La respuesta que el funcionario recibió supuestamente del

[14] *Ibíd.*
[15] *Ibíd.*
[16] Testimonio del exlegionario José Antonio Pérez Olvera al autor.
[17] Juan C. Rodríguez Tovar, "Ha vuelto a los medios el último tema tabú", *Milenio*, México, 17 de abril de 2002.

jefe del Ejecutivo, fue: "¿Y a mí qué? Que pase".[18] Es decir, Fox daba luz verde a la transmisión del programa con un contenido adverso a Marcial Maciel.

¿Legionarios accionistas?

Una segunda hipótesis indicaba que bajo el lema de "las lealtades de mi padre no son mis lealtades", Emilio Azcárraga Jean le había "pintado una raya" a algunos socios del consorcio muy cercanos al sacerdote Marcial Maciel. Según la versión, existían planes para integrar a la Legión de Cristo, vía donativos, al grupo de accionistas de Televisa;[19] lo que no habría sido del agrado del magnate de los medios masivos, quien tenía sus propios planes.

Cuando el joven Azcárraga heredó el imperio Televisa —tenía 29 años a la muerte de su padre, en 1997[20]—, comenzó a hacer una serie de movimientos dentro de la empresa para obligar a vender acciones a algunos altos ejecutivos que habían ayudado a Azcárraga Milmo a engrandecer el grupo corporativo. Su meta principal fue concentrar el control de la compañía en sus manos, mediante una serie de compras, restructuraciones y operaciones quirúrgicas que involucraba a poderosos grupos económicos, alguno de ellos —al igual que su abuelo Azcárraga Vidaurreta y su padre Azcárraga Milmo— largamente vinculados a los Legionarios de Cristo, ya que habían fungido como "protectores" y patrocinadores de la orden en sus inicios. En particular, la familia Alemán.[21] Pero también los hermanos Díez Barroso, Alejandro Burillo Azcárraga y la viuda del Tigre Azcárraga, Adriana Abascal.

---

[18] José Antonio Román, "Recibe ONG doce denuncias de abuso de religiosos", *La Jornada*, México, 30 de abril de 2002.

[19] "Empresarios en la Legión", *Milenio*, México, 22 de abril de 2002.

[20] En 1997, Televisa contaba con cuatro cadenas nacionales de televisión, 280 estaciones televisivas, un negocio de televisión satelital, estaciones de radio, compañías de producción y distribución cinematográfica y musical, equipos de futbol, el Estadio Azteca con capacidad para 114 mil espectadores, el manejo de una plaza de toros y hasta un museo.

[21] El expresidente de México, Miguel Alemán Valdés (1946-1952) fue uno de los primeros "protectores" de Marcial Maciel, cuando el cura de Cotija estableció un seminario de la orden

El primer movimiento se dio en abril de 1999, con el retiro de Televisa de la familia Alemán, que poseía 14.4% de acciones.[22] En julio de 2000, tras una disputa de más de dos años por unos títulos de Televicentro (controladora de Televisa) que su padre le heredó a su última pareja, la exseñorita México, Adriana Abascal, el hijo del Tigre llegó a un acuerdo satisfactorio con su madrastra y actual mujer de Juan Villalonga, el expresidente de Telefónica de España: a cambio de un porcentaje del yate *Eco* (donde murió el magnate), dinero y algunas propiedades (en Lomas de Chapultepec, Acapulco y Nueva York), Azcárraga Jean se quedaba con 4% de las acciones de Televisa que poseía Abascal. Ese mismo mes, Alejandro Burillo Azcárraga,[23] primo hermano de Emilio Azcárraga Jean, vendió su participación accionaria (25.1%) a su pariente y a las familias Fernández y Aramburuzabala, ambas accionistas mayoritarias del consorcio cervecero Grupo Modelo. Esa operación le dio a Azcárraga Jean el liderazgo del megaconsorcio de los medios de información, al concentrar 50.26% de las acciones del Grupo Televicentro (controladora de Televisa).[24]

En la nueva conformación de la empresa, el magnate mexicano de la telefonía, Carlos Slim Helú, considerado el hombre más rico de América Latina por la revista *Forbes*,[25] accedió al segundo lugar accio-

en España. Según Alfonso Torres Robles, el presidente Alemán enviaba sacos de frijoles, café, azúcar y otros productos para la alimentación de los jóvenes seminaristas. A su vez, su hijo Miguel Alemán Velasco, gobernador de Veracruz durante el sexenio de Vicente Fox y con una larga carrera en el consorcio Televisa, donde llegó a ser uno de los principales accionistas, conoció a Maciel de niño y junto con su esposa, Christine Martell, han sido grandes bienhechores de la Legión.

[22] La salida del Grupo Televisa de Miguel Alemán Magnani, hijo del gobernador de Veracruz, Miguel Alemán Velasco y nieto del expresidente de México, Miguel Alemán Valdés, se dio en momentos que se rumoraba una eventual campaña electoral de su padre por la candidatura del Partido Revolucionario Institucional (PRI), con vistas a contender por la Presidencia de la República en el año 2000.

[23] Como parte de la operación, Alejandro Burillo Azcárraga asumió el control total del periódico *Ovaciones* y de la compañía de telefonía celular Pegaso (51% de las acciones), empresas en las cuales Televisa cedió su participación a Burillo.

[24] Carlos Ríos Quiroz, "Azcárraga Jean, soldado de Fox", *Impacto*, México, 21 de abril de 2002.

[25] Carlos Slim Helú controla el Grupo Carso, propietario de más de 70 empresas, entre ellas la cadena comercial Sanborns; Teléfonos de México (Telmex); y Grupo Imbursa, que posee la

nario del Grupo Televisa (25.44%), mediante una operación de "rescate" a través del Grupo Financiero Inbursa. Según la versión de José Martínez, autor de *Carlos Slim. Retrato inédito*,[26] el megamillonario de origen libanés "se dio el lujo de rescatar a Televisa de una crisis financiera", cuando Azcárraga Jean amenazó "vender parte de su capital a inversionistas extranjeros". En esa operación Slim adquirió la participación accionaria que pertenecía a la familia Díez Barroso y a Miguel Alemán Velasco. Con lo cual Televisa reunía a tres de los personajes enlistados por la revista *Forbes* entre los más ricos del mundo en 2001: Slim, con una fortuna personal de 11.5 miles de millones de dólares; María Asunción Aramburuzabala,[27] con 1.5 miles de millones de dólares; y Emilio Azcárra Jean, con un capital que asciende a mil millones de dólares.

Los nexos de Carlos Slim con Marcial Maciel son, también, de vieja data. En 1966, el fundador de la Legión de Cristo ofició la ceremonia de casamiento del magnate con Soumaya Domit Gemayel, emparentada con una poderosa familia de católicos maronitas de Líbano.[28] Soumaya, hija de un poderoso industrial del calzado en México y parienta del expresidente de Líbano, Amin Gemayel, estudió Ciencias de la Comunicación en la Universidad Anáhuac. Más que amigo de la pareja, Maciel ha sido descrito como el "sacerdote de cámara" de la familia Slim.[29] Y al igual que ocurrió a la muerte de Azcárraga Milmo, fue el líder de la Legión de Cristo quien, en febrero de 2000, ofició el funeral por el fallecimiento de Soumaya Domit. Además, un hermano

---

compañía de seguros La Guadiana y Banco Inbursa. Según los datos de la revista *Forbes*, la fortuna de Slim había descendido en 2002 a unos 7,400 millones de dólares, no obstante lo cual se ubicaba en el lugar 35 entre los millonarios a nivel mundial y como número uno en México y América Latina. *La Jornada*, México, 28 de febrero de 2003.

[26] José Martínez, *Carlos Slim. Retrato inédito*, Oceano, México, 2002.

[27] Nieta y heredera de Félix Aramburuzabala, el empresario que fundó Cervecería Modelo junto con Pablo Díez, María Asunción Aramburuzabala, vicepresidenta del consorcio cervecero, figura en el directorio de otras 25 compañías, entre ellas, Teléfonos de México y los grupos financieros Banamex-Accival y Santander Mexicano.

[28] Pierre Gemayel fue fundador del Partido Kataeb (las falanges libanesas cristianas), que perpetró la matanza de Sabra y Chatila. Dos hijos de Pierre fueron presidentes de Líbano; uno murió en un atentado.

[29] Alfonso Torres Robles, *op. cit.*

de Soumaya, Michel Domit, propietario de una de las tiendas de ropa más exclusivas de México, estudió en el Instituto Cumbres, es egresado de la Universidad Anáhuac y está considerado como miembro de Regnum Christi.

Tal vez fueron esos vínculos de Carlos Slim y su cuñado Michel Domit, con Marcial Maciel, los que alimentaron la hipótesis de que existían planes para integrar a la Legión de Cristo, vía donativos, al grupo de accionistas de Televisa. En esa perspectiva, el programa de *Círculo Rojo* sobre pederastia, con eje en la figura de Maciel, pudo estar dirigido a hacer abortar la jugada. Unos meses antes, el pacto entre Slim y la familia Azcárraga había comenzado a desvanecerse, al parecer por meras razones de índole empresarial. Para permitir la expansión de Cablevisión (la firma de televisión por cable donde el Grupo Televisa controlaba 51% de las acciones) fuera de la zona metropolitana de la ciudad de México, América Móvil, operador dominante de telefonía inalámbrica en México, propiedad de Slim, debía diluir o vender su participación (49%) en Cablevisión. De no hacerlo, Cablevisión y su socio América Móvil violarían la ley y la Comisión Federal de Competencia impediría automáticamente la expansión hacia el interior del país. Slim puso sus acciones en la bolsa mexicana.

¿La *venganza* de Marta Sahagún?

Pero había otras dos hipótesis sobre las "razones" que habrían llevado al joven dueño de Televisa a desnudar en la televisión al fundador de los Legionarios. Una sugería que se trató de una severa llamada de atención a la jerarquía católica mexicana, y en particular al cardenal Norberto Rivera, quien se había atrevido a otorgar al canal de cable Claravisión,[30] en exclusiva, "los derechos de transmisión" de la

---

[30] Claravisión pertenece a Televisión Comunal de México, un sistema de televisión por cable que representa Emilio Burillo Azcárraga. Bajo la identificación del "canal de la familia", Claravisión inició sus transmisiones en 1993, en Toluca, Estado de México. El canal dirigido por Giovani de Simone se dedica a la transmisión de programas que "divulguen los valores univer-

misa de canonización del indio Juan Diego, que en julio siguiente encabezaría en México el papa Juan Pablo II. Eso habría significado una "grave ofensa" para Televisa, por obligarla a negociar —lo que incrementa los costos de transmisión—, con un intermediario de Claravisión.[31]

Claravisión empezó a operar desde Toluca en noviembre de 1993, como una subsidiaria de Cablevisión (Televisa). Su señal vía satélite es captada en el resto de México, Estados Unidos, Centroamérica y varios países de Sudamérica. La emisora, que en su momento fue descrita como parte de una "santa alianza electrónica" entre Televisa y la Iglesia católica,[32] trasmite 20 horas diarias una barra de programas de contenido cristiano. La visita de Juan Pablo II a México, prevista para julio de 2002, había despertado una disputa por la audiencia y las ganancias. Es decir, por el llamado "dios rating" y jugosos paquetes publicitarios. Una decisión del cardenal Rivera parecía haber sacado a Televisa de la jugada y Azcárraga Jean le pasaba la factura... por interpósita persona.

Si ése fue o no el hecho que motivó el programa es una cuestión difícil de dilucidar dadas las maneras en que se manejan los negocios en México. Pero una cosa sí es cierta: en junio de 2002, un mes antes de la llegada de Karol Wojtyla, el Arzobispado Primado de México "llegó a un acuerdo" con las dos principales cadenas nacionales privadas de televisión abierta (Televisa y TV Azteca), para que transmitieran las dos ceremonias previstas en el interior de la Basílica de Guadalupe en ocasión de la visita del pontífice.

Según informó, el 5 de junio, Isabel Álvarez de la Peza, vocera de la cadena María Visión —como pasó a llamarse a partir del primer día de ese mes Claravisión—, la transmisión había sido "abierta" a Televisa y TV Azteca, con lo que su empresa perdía la exclusividad.[33] A me-

---

sales, entre ellos la fe", además de transmitir misas completas por el canal 207 del sistema Sky. Claudia Herrera Beltrán, "Claravisión, santa alianza del clero y Televisa", *La Jornada*, México, 16 de diciembre de 1996.

[31] *Ibíd.*

[32] *Ibíd.*

[33] Claudia Salazar, "Autorizan a televisoras transmitir canonización", *Reforma*, México, 6 de junio de 2002.

diados de abril, el rector de la Basílica, Diego Monroy, había anunciado que la cadena de Emilio Burillo Azcárraga sería la única en transmitir desde el interior del recinto, debido a la "necesidad de proteger y preservar la imagen de la Virgen de Guadalupe que está plasmada en la tilma de Juan Diego y que únicamente soporta el reflejo de 250 luces a la vez".[34] Pero *business are business* y a juzgar por lo que aconteció durante la visita del papa, la vieja tilma soportó la luz de los reflectores...

La otra hipótesis señalaba que Emilio Azcárraga Jean habría cedido a las presiones de la primera dama de México, Marta Sahagún,[35] quien se "vengaba" así de Marcial Maciel por la "ofensa" de haber presentado al papa Juan Pablo II, a Lilian de la Concha[36] como "la esposa del presidente Fox".[37] Por alguna circunstancia, que debe estar ligada con la habilidad de Marcial Maciel para cooptar y cultivar a las elites, el jefe Legionario ha estado vinculado a las mujeres del entorno de Vicente Fox.[38]

[34] *Ibíd.*

[35] La unión matrimonial por lo civil de Vicente Fox con su exvocera presidencial, Marta Sahagún, se llevó a cabo en la residencia oficial de Los Pinos el 2 de julio de 2001.

[36] Lilian de la Concha fue la esposa legal de Vicente Fox por más de veinte años y se separaron en 1992. Ambos adoptaron cuatro hijos: Ana Cristina, Vicente, Paulina y Rodrigo. Gabriela Aguilar, "Sigo casada con Vicente Fox para toda la vida: De la Concha", *Milenio*, México, 3 de julio de 2001.

[37] "Empresarios en la Legión", *Milenio*, México, 22 de abril de 2002.

[38] Los nexos de Maciel con Marta Sahagún y Lilian de la Concha, las dos esposas del mandatario, vienen de atrás. Marta Sahagún ha sido descrita en diversos medios como una mujer provinciana perteneciente a una familia católica conservadora del Bajío, donde existe una fuerte presencia espiritual e ideológica de la Legión de Cristo. Su padre, Alberto Sahagún de la Parra, médico de profesión, nació en Cotija, el terruño de Maciel, y de niño ambos fueron muy amigos. Solían ir "a cazar güilotas y patos". Un hermano de Marta, Alberto Sahagún Jiménez, reveló que "cuatro tíos paternos son sacerdotes": José Sahagún de la Parra, obispo emérito de Lázaro Cárdenas, Michoacán; Alfonso, cura retirado, fundador del semanario *Guía de Zamora*; y José Luis, párroco de San Francisco y rector de la Universidad Vasco de Quiroga, en Uruapan. A su vez, Julio Sahagún de la Parra, fue viceprovincial de los jesuitas en la ciudad de México, colgó los hábitos y se casó con una madre superiora. El propio Alberto confirmó que su hermana fue tesorera de los Legionarios de Cristo en Guanajuato y que "antes de ingresar a la política" impartió clases en un colegio de esa orden religiosa. Otras fuentes ubican a Marta Sahagún entre las fundadoras de Regnum Christi, brazo laico de la orden, en Celaya, Guanajuato. Véase Castellanos y Vera, "Los Legionarios en tiempos de Marta y Vicente", *Proceso*, y Alfonso Torres Robles, *La prodigiosa aventura de los Legionarios de Cristo.*

Bernardo Barranco, especialista en asuntos religiosos, ha dicho que Marta Sahagún es la "prototipa legionaria": una "militante" que no profundiza mucho las cosas; asistencialista, "le encanta la foto con los pobres". Según Barranco, "Marta Sahagún es la puerta de entrada de los Legionarios de Cristo al equipo foxista".[39]

La versión sobre la "venganza" de Marta Sahagún vía el programa de Televisa,[40] se alimentaba de diversas versiones periodísticas que indicaban que Lilian de la Concha vivía en Roma con su hija Paulina "bajo la protección y guía" de los Legionarios, de quienes recibía "asistencia psicológica".[41] Asimismo, se afirma que una hermana de Lilian, Verónica de la Concha, es activa militante de Regnum Christi y fue quien maniobró para que Vicente Fox recibiera públicamente un crucifijo de manos de su hija Paulina, el día de su protesta como presidente de la República en el Auditorio Nacional.[42]

Por otra parte, el enlace civil Fox-Sahagún había sido visto con incomodidad por la jerarquía de la Iglesia católica. El día de la boda entre el mandatario en funciones y la titular de Comunicación Social de la Presidencia de la República, el cardenal Rivera Carrera dijo que la unión colocaba a la pareja en una "situación irregular" frente a Dios.[43] No quedaba ninguna duda que la decisión de Fox, quien se había exhibido largamente durante la campaña presidencial como "fiel practicante, un fiel cristiano, un súbdito de la Iglesia católica", rayaba ahora

---

[39] Castellanos y Vera, *op. cit.*

[40] La trama sobre la supuesta venganza fue construida sobre una serie de filtraciones y reportes periodísticos que indicaban que Marcial Maciel presentó a Lilian de la Concha con el papa Juan Pablo II como "la esposa del presidente Fox", no obstante que la pareja estaba disuelta desde hacía por lo menos siete años. Una estratagema que, llegado el caso —según Alfonso Torres Robles—, podría "complicar" la anulación del primer matrimonio de Fox por parte del papa. También se dijo que los Legionarios pretendían "bloquear" la anulación del primer matrimonio de Marta Sahagún con Manuel Bibriesca Godoy, con quien había procreado tres hijos varones.

[41] *Ibíd.*

[42] *Ibíd.*

[43] José Antonio Román y Georgina Saldierna, "Incomodidad de la Iglesia católica por la boda", *La Jornada*, México, y Gerardo Jiménez y otros, "Califica Norberto 'irregular' la unión", *Reforma*, México, 3 de julio de 2001.

en la incongruencia.[44] Más de uno en el círculo íntimo del foxismo debía ahora tragar sapos y culebras.[45]

Como católicos ostensibles que eran[46] y protagonista cada uno de su propio divorcio, el matrimonio civil de los esposos Fox había quedado colocado en una delicada situación canónica, susceptible de un abordaje público, porque principalmente el jefe del Ejecutivo Federal se había distinguido "por frecuentar el sacramento de la Eucarestía".[47] Es decir, Fox comulgaba a menudo y ante los ojos de todos.[48] Ahora, según dijo monseñor Mario de Gasperín, vocal del episcopado mexicano, ambos —el presidente y la consorte— incurrían en una "falta grave" a la doctrina de la Iglesia católica y entraban en "conflicto" con la normatividad eclesiástica.[49] Por eso, Marta María de Fox[50] se apresuró a decir "estamos en situación irregular, no de pecado".[51] El encargado de definir la posición de la Legión de Cristo en el polémico episodio fue

[44] El portavoz vaticano Joaquín Navarro Valls se apresuró a aclarar, desde Roma, su "total certeza" de que ningún tribunal de la Santa Sede "ha anulado" el primer matrimonio del presidente Fox. Eduardo Lliteras, "Falta anulación, dice El Vaticano", *Reforma*, México, 3 de julio de 2001.

[45] Entre ellos, el muy católico apostólico y romano secretario del Trabajo, Carlos Abascal —hijo del fundador del sinarquismo, Salvador Abascal—, quien en un destello de fanatismo religioso había manifestado que renunciaría a su cartera ministerial si el presidente Fox se casaba sin el consentimiento de Roma, y Jorge Serrano Limón, presidente de la organización Cultura de Vida (antes Pro Vida), muy ligado al cardenal Rivera. El dirigente ultraconservador calificó como "adúltera" la unión de Fox con su exvocera. La Iglesia católica "no permite el divorcio ni la disolución matrimonial", recordó Serrano. Véase Ricardo Alemán, "Crónica de una boda anunciada", *El Universal*, México, y Gerardo Jiménez y otros, "Califica Norberto 'irregular' la unión", *Reforma*, México, 3 de julio de 2001.

[46] En su campaña Fox había enarbolado el estandarte de la virgen del Tepeyac e inició su presidencia el primero de diciembre de 2000 con una multipublicitada visita pública a la Basílica de Guadalupe para ratificar su credo católico.

[47] Miguel Ángel Granados Chapa, "Boda presidencial", *Reforma*, México, 3 de julio de 2001.

[48] En muchos medios, distintos analistas se refirieron a la proclamación de su fe católica, por el presidente Fox, como un acto mercadológico, es decir, para fines publicitarios de su imagen.

[49] José Antonio Román y Georgina Saldierna, *op. cit.*

[50] Como pidió ella que se le llamara oficialmente desde el día de la boda, para luego cambiar a sólo Marta de Fox.

[51] Katia D'Artigues, "Estamos en situación irregular, no de pecado". Adelanto del libro *El gabinetazo*, Grijalbo, México, 2002, *Proceso*, 4 de agosto de 2002.

345

el sacerdote español Juan Pedro Oriol, quien sin desmentir los contactos de Maciel con la exesposa y una hija de Fox, dijo: "Simplemente miente quien afirma que los Legionarios se oponen al proceso de declaración de nulidad del primer matrimonio del señor presidente y que van a entorpecer el proceso de nulidad del anterior matrimonio de Marta".[52]

Pero más allá de la aclaración, todo indica que hubo desavenencias y hasta una ruptura coyuntural entre la pareja presidencial y Marcial Maciel, no tanto por la "situación de pecado" en que vivía el matrimonio Fox en Los Pinos sino, más bien, por razones de interés político. Dichos vaivenes —pronto el cura Maciel serviría de enlace para que, supuestamente, Juan Pablo II recibiera en privado a Marta Sahagún en Roma,[53] a cambio de que ni ella ni Fox le pidieran al papa la anulación matrimonial[54]—, son propios de los círculos de poder. Por ambición y proyección personal, y proyectos políticos en curso —como la fundación Vamos México de la consorte— Fox y Sahagún cedieron y utilizaron el doble papel de Marcial Maciel. A su vez, más allá de la cuestión moral y doctrinaria, el Vaticano había depositado muchas expectativas en Fox, el nuevo presidente católico de México, un Estado oficialmente laico. Y, tan importante como lo anterior, la burocracia vaticana consideraba como un "activo" de la Legión de Cristo a Marta Sahagún, a quien sus adversarios en el propio gabinete de Fox ya señalaban como el verdadero poder detrás del trono.[55]

[52] *Reforma*, México, 15 de julio de 2001, citado por Alfonso Torres, *op. cit.*

[53] El 18 de octubre de 2001, el papa Juan Pablo II recibió en Ciudad del Vaticano al presidente Fox y su comitiva, y según las crónicas del acto también sostuvo una entrevista privada con Marta Sahagún. Todas las fotos de los medios masivos exhiben el encuentro del papa con Fox pero no hay ningún registro fotográfico que muestre a Karol Wojtyla con Marta Sahagún. Según el sacerdote Antonio Roqueñí Ornelas, no hay evidencia contundente de ese encuentro ni del que supuestamente sostuvo la esposa de Fox con Karol Wojtyla en la nunciatura en México, en agosto de 2002. "Tal vez ella, para legitimarse, esté inventando esas reuniones", sospecha Roqueñí. Rodrigo Vera, "Afanes y frustraciones de Marta", *Proceso*, México, 4 de agosto de 2002.

[54] José Martínez de Velasco, *El nuevo ejército del papa*, La Esfera de los Libros, Madrid, 2002.

[55] Ella no sólo no desmentiría la especie sino que se encargaría de amplificar en los medios sus intenciones continuistas transexenales. Muy pronto la primera dama comenzaría a ser llamada allende fronteras como "la señora Presidenta" o simplemente la Jefa. Véase Olga Wornat, *La Jefa*, Grijalbo, México, 2003, y Rafael Loret de Mola, *Marta*, Oceano, México, 2003.

En esa variable de las rupturas y recomposiciones de las alianzas en los círculos de poder en México por razones de conveniencia mutua,[56] es previsible que Marta Sahagún haya utilizado el poder de la investidura presidencial de su marido, vía Televisa —a través del programa *Círculo Rojo*—, para escarmentar a Marcial Maciel y a algún miembro del episcopado mexicano,[57] a fin de dilucidar futuras posiciones, cuyas definiciones eran afanosamente negociadas ya entonces por carriles muy discretos en la nunciatura apostólica, la Secretaría de Gobernación y la residencia oficial de Los Pinos.

La polémica visita de Juan Pablo II a México, en julio-agosto de 2002, exhibió la "esquizofrenia política" de Fox[58] así como la audacia, el protagonismo desbordado y la ambición de poder de su esposa, Marta Sahagún.[59] En el transcurso de la misma, el jefe del ejecutivo mexicano cometió excesos, violó la Constitución y realizó un acto de genuflexión ante el pontífice, a quien en un acto público y de Estado, transmitido en directo a todo el país por la televisión, le besó el anillo, hecho considerado en amplios círculos políticos como la humillación del presidente de un Estado oficialmente laico ante el representante del Estado independiente del Vaticano.

[56] El propio Lorenzo Servitje, dueño de Bimbo, confirmó lo anterior cuando su empresa anunció que en 2003 destinaría millones de dólares en publicidad, que serían canalizados mayoritariamente a Televisa (Azcárraga Jean) y TV Azteca (Salinas Pliego).

[57] "Ha habido algunos y sólo algunos señalamientos de personas que pertenecen a la jerarquía...", había declarado Marta Sahagún en obvia alusión al cardenal Rivera. Katia D'Artigues, cfr. nota 51.

[58] Así se tituló el reportaje de José Gil Olmos en la revista *Proceso*, México, del 4 de agosto de 2002.

[59] El obispo de Cuernavaca, Florencio Olvera, hombre duro en cuestión de moral y buenas costumbres cristianas, expresó su disgusto al ver a Marta Sahagún en primera fila durante la ceremonia de bienvenida del papa Juan Pablo II, sin estar casada por las leyes de la Iglesia católica. "Que Dios juzgue, yo no juzgo, pero no es normal que haya ese tipo de matrimonios, para los cristianos, no; sin embargo, cada quien tiene sus responsabilidades. Por un lado [los Fox] tienen que estar [aquí] por el protocolo, pero no es lo normal, o somos o no somos". Marcela Turati, "Brota militancia celestial", *Reforma*, México, 31 de julio de 2002.

Plumas de escándalo

Contra su costumbre, la respuesta de la Legión de Cristo a las acusaciones hechas en contra Marcial Maciel en el programa *Círculo Rojo* de Televisa no se hizo esperar. El mismo día en que su portada exhibía una foto del jefe legionario con un titular que decía: "Televisa no teme represalias por el caso Maciel", *Milenio* publicó en primera plana una llamada que anunciaba: "Las acusaciones contra Maciel son falsas". El crédito era para Richard Neuhaus.[60] En su interior, a toda página, el periódico reproducía el resumen de un texto más amplio del expastor luterano convertido al catolicismo, Richard John Neuhaus, sacerdote activo presidente del Instituto sobre Religión y Democracia en Nueva York y editor de la revista cultural *First Things*.

El texto de referencia había aparecido completo en la edición de marzo de 2002 en *First Things*, bajo el título "Plumas de escándalo". Es decir, antes del programa de Televisa sobre Maciel. En realidad, era una respuesta a un artículo que había sido publicado el 7 de diciembre de 2001 en el *National Catholic Reporter* de Estados Unidos.[61] No obstante, servía para la ocasión. Desde un comienzo, la lógica de Neuhaus era contundente: "La mayoría de los lectores, sobre todo aquellos que, con razón, admiran a los Legionarios, por instinto se distancian de la historia acerca del padre Maciel, encontrándola tan repugnante como inverosímil", rezaba el primer párrafo del artículo.[62]

Las baterías del reverendo Neuhaus estaban dirigidas en contra de Jason Berry y Gerald Renner, "los periodistas estadunidenses

---

[60] "Televisa no teme represalias por el caso Maciel", *Milenio*, México, 17 de abril de 2002.

[61] Jason Berry y Gerald Renner, "Caso de abuso sexual bloqueado en el Vaticano", *National Catholic Reporter*, 7 de diciembre de 2001.

[62] Se trata, agregaba, de un tema de "mal gusto [...] ¿Qué se puede hacer con un sacerdote de 82 años que ha tenido tanto éxito en construir un movimiento de renovación y está firmemente apoyado y repetidamente alabado, entre otros muchos, por el papa Juan Pablo II? Lo que se puede intentar hacer es robarle su buena reputación. Y destruyendo la reputación del fundador de la orden se puede intentar desacreditar lo que los católicos llaman el 'carisma' fundacional del movimiento, minando así el apoyo que se ofrece a los Legionarios de Cristo".

que más han tratado el caso Maciel".[63] Ellos eran las "plumas de escándalo" que dirigían el "ataque" y todo "tipo de calumnias viciosas" en contra de Marcial Maciel, el fundador de los Legionarios de Cristo, "uno de los más vibrantes y exitosos movimientos de renovación en el catolicismo contemporáneo". Las aseveraciones del clérigo estadunidense eran una respuesta al artículo publicado por el *National Catholic Reporter* bajo el título "Caso de abuso bloqueado en el Vaticano", en el cual Berry y Renner habían vuelto a la carga sobre el manido asunto. Aseguraban ahora que sin explicación alguna, la Santa Sede "detuvo una investigación de derecho canónico sobre uno de los sacerdotes más poderosos en Roma, acusado por nueve hombres de haber abusado sexualmente de ellos hace años cuando eran jóvenes seminaristas".[64]

Para Neuhaus resultaba obvia la "hostilidad" de Berry y Renner contra la Legión,[65] aunque aclaraba que no era "neutral". Su caracterización de Marcial Maciel no dejaba la menor duda: "Un hombre que combina una fe sin complicaciones, con una suave bondad, una autodisciplina militar y una determinación implacable para hacer aquello que cree que Dios le pide que haga". En el lenguaje de la tradición católica, "son las cualidades asociadas a la santidad".[66] Según él, la intención de los periodistas estadunidenses al remover el "estiércol" de su artículo de 1997, era demostrar que "el Vaticano es una institución siniestra y opresiva", que usa la confidencialidad como un "lenguaje cifrado para decir secreto y evasión". Lo que lleva a asumir, dijo, que en

---

[63] En el original publicado por *First Things*, y cuyo texto completo reprodujo el 19 de abril el diario *El Universal* de México, Neuhaus cita el artículo publicado en 1997 por el *Hartford Courant*, el periódico de Connecticut, y describe a sus autores, Berry y Jason, como "plumas de escándalo".

[64] Jason Berry y Gerald Renner, *op. cit.*

[65] "Su artículo introduce el movimiento como 'una orden religiosa rica [con dinero], conocida por su conservadurismo teológico y su lealtad al papa'. En el mundo de Berry y Renner, eso equivale a decir que la Legión es el enemigo. Nadie pondría en duda que los Legionarios son teológicamente ortodoxos y leales al papa. Algunos de nosotros tomamos la postura tal vez excéntrica de considerar esto como una virtud".

[66] Que en el caso de Maciel se trataba de "una santidad viril [...] purificada por los fuegos de la frecuente oposición e incomprensión".

la Santa Sede "se da la mentira sistemática" y que el hecho de que el papa Wojtyla apoye de manera consistente a Maciel "es parte del encubrimiento".[67]

¿Qué debía creer una persona que no compartiera los prejuicios e intenciones de Berry y Jason? El reverendo Richard John Neuhaus lo decía sin rodeos:

He llegado a la certeza moral de que las acusaciones son falsas y maliciosas. No puedo saber con certeza cognoscitiva qué sucedió o qué no sucedió hace 40, 50 o 60 años. No hay forma de llegar a una certeza legal más allá de una duda razonable. Pero la certeza moral se puede alcanzar considerando la evidencia a la luz del octavo mandamiento: "No dirás falso testimonio contra tu prójimo ni mentirás". Basado en eso, estoy convencido de que las acusaciones contra el padre Maciel y la Legión son falsas y maliciosas, y que no se les debe dar crédito alguno.[68]

En definitiva, según Neuhaus, el caso Maciel remitía a un mero ajuste de cuentas —"no sé qué resentimientos, rencores o vendettas estén en juego o qué 'recuerdos recuperados' se reflejen en las acusaciones"— de gente que había sido removida de puestos de confianza y quiso hacer "grave daño" al fundador de la Legión.

La congeladora vaticana

Pero Neuhaus no sólo había evitado referirse a los "detalles obscenos" de la cuestión, sino también al curso que habían tomado los acon-

---

[67] Culminó la idea con una frase lapidaria: "Suficiente acerca de los prejuicios e intenciones de Berry y Renner. En breve, están en el negocio del escándalo".

[68] Como "evidencias" de su conclusiones, Neuhaus expuso la negativa total de Marcial Maciel a aceptar los hechos que se le imputaban; la palabra de sacerdotes legionarios "a quienes conozco muy bien"; la opinión del cardenal Joseph Ratzinger acerca de que las acusaciones "no tienen mérito alguno"; el hecho de que el papa Juan Pablo II "ha alabado fuerte, consistente y públicamente" a Maciel y a la Legión. Después dijo: "Yo confío en estas personas. La sugerencia de que están deliberadamente engañando o que han sido embaucadas es totalmente inverosímil".

tecimientos. Es decir, a lo que en los círculos eclesiales de Estados Unidos, México y Roma se conocía ya como "el caso que bloqueó el Vaticano"; lo realmente nuevo de la última historia reportada por Jason Berry y Gerald Renner.

Cuatro años antes, en octubre de 1998, los exlegionarios José Barba y Arturo Jurado, acompañados por el sacerdote y abogado Antonio Roqueñí, habían viajado a Roma, donde contrataron los servicios de Martha Wegan, una doctora especialista en derecho canónico de origen austriaco que vivía en un edificio del siglo XIV en la ciudad del Vaticano. Ella los representaría ante los tres tribunales especiales de la Santa Sede: la Signatura, la Rota y la Congregación para la Doctrina de la Fe. Las recomendaciones sobre Wegan eran excelentes; además, conocía al cardenal Ratzinger en persona y a varios miembros de su equipo. Aunque les aclaró que eso no garantizaba acceso a privilegio alguno, la doctora Wegan aseguró que "en una audiencia serían escuchados con imparcialidad".

Wegan les consiguió una audiencia con el subsecretario de la exSanta Inquisición, monseñor Gianfranco Girotti, un franciscano que fungía como uno de los tres secretarios del prefecto Ratzinger. Wegan y Roqueñí le expusieron el caso en italiano para que no tuviera problemas de comprensión. Después Girotti preguntó en español: "¿Por qué ahora? ¿Por qué plantean el caso después de tantos años?". Barba lo remitió a los anuncios periodísticos de 1994 cuando el papa Wojtyla definió a Marcial Maciel como "guía espiritual" de la juventud (y a quien luego le encomendaría la revangelización de América Latina).

La reunión duró menos de una hora. Al final, Girotti prometió una pronta respuesta y esbozando una sonrisa diplomática, les dijo: "Deben guardar silencio y abstenerse de hablar con periodistas".

–¡Pero monseñor, ya lo hicimos! —replicó Barba.

Según Antonio Roqueñí,[69] la acusación presentada por Wegan estaba bien sustentada, con base en leyes del derecho canónico que se

---

[69] Marcela Turati, "Guardan el caso Maciel", *Reforma*, México, 19 de abril de 2002.

refieren a delitos que no prescriben: la absolución del cómplice en un pecado contra el sexto mandamiento (adulterio, canon 997), absolución de un cómplice (1378) y ofensas reservadas a la Sagrada Congregación para la Doctrina de la Fe (1362). Explicó Roqueñí.

> un sacerdote no puede absolver a un fiel de un pecado que cometieron juntos y en las denuncias contra Maciel constan varios testimonios de absolución al cómplice, porque cuando los niños le decían que se sentían mal por lo que habían hecho, que sentían que estaban en pecado, el padre [Maciel] les respondía: "No te preocupes, yo te absuelvo. Ve a comulgar".

Tras entrevistarse con monseñor Girotti, Barba, Jurado y Roqueñí partieron de Roma confiados en que finalmente serían escuchados. Cuando, en enero de 1999, Barba telefoneó a Wegan para saber qué avances había registrado el caso, ella le dijo que Girotti estaba receptivo. El 20 de febrero siguiente las noticias fueron más alentadoras: la Congregación para la Doctrina de la Fe había determinado la procedencia del juicio. De manera oficial, escribió Wegan a sus clientes, el caso quedó caratulado "*Absolutionis complicis* (A. Jurado *et alii* - Rev. Marcial Maciel Degollado)". Sin embargo, el optimismo duró poco. Para la nochebuena de ese año la situación había cambiado de manera dramática. Como un presente navideño, Martha Wegan comunicó a sus representados que tenía malas noticias:

> Finalmente logré hablar con monseñor Girotti. De hecho hablé con él dos veces, pero el resultado no fue muy bueno. Me dijo que el asunto es muy delicado y que la denuncia está detenida *pro nunc* [indefinidamente]. No hubo más explicación. Me confirmaron que algunas personas habían perdido su trabajo, que el cardenal de México es la persona que [...]

La misiva de Wegan seguía diciendo que la situación era "tan delicada", que debían dejar que el tiempo desempeñara su papel. "Quién sabe qué pasará más adelante". En buen romance, el caso estaba cerrado. A los defendidos de Wegan no les quedaba muy clara la referencia al cardenal Norberto Rivera.

El primero de marzo del año 2000, Antonio Roqueñí le envió una carta a monseñor Girotti y por el contenido de la misma arriesgó su carrera sacerdotal. Le dijo con claridad, que según su parecer, la Congregación para la Doctrina de la Fe no estaba haciendo bien su trabajo. Habían pasado 17 meses desde la presentación de la demanda en Roma y la única noticia que habían recibido los denunciantes fue que el asunto era "muy delicado". Según declaró Roqueñí a Renner y Berry, las autoridades del Vaticano estaban "sopesando el escándalo" que provocaría una resolución condenatoria de Marcial Maciel.

Además Roqueñí le expresó a Girotti el temor de los demandantes: que pese a la acumulación de pruebas presentadas sobre los presuntos actos ilícitos del jefe legionario, la demanda continuara "postergada" y no se llegara a ninguna "conclusión". También le manifestó su "asombro" dado que para él no se estaban siguiendo los "procedimientos formales" como se acostumbra en esos casos. Según Roqueñí, los miembros de la congregación que custodia la ortodoxia vaticana "están obligados a seguir las normas establecidas por la Iglesia católica" y no pueden hacerlas a un lado "de manera arbitraria bajo ningún pretexto".

La valiente carta de Antonio Roqueñí nunca tuvo respuesta. Decepcionado por el silencio de las autoridades de la curia romana, en el verano de 2000, José Barba hizo un intento postrero para poner el caso en movimiento. Viajó a Italia, y el último día de julio, a las 10 de la mañana, se entrevistó de nuevo con monseñor Girotti. La cita había sido concertada por Martha Wegan, quien, un poco antes, recomendó a Barba decir una oración a Santa Felicia, "abogada para los casos difíciles". Pero Barba y sus compañeros solicitaban apoyo legal, no un milagro. Sin embargo, cumplió gentilmente con la encomienda. El día señalado Wegan lo acompañó a la cita con Girotti en el Palacio del Santo Oficio.

Después de los saludos de cortesía, Barba disparó:

–¡Queremos que se nos juzgue!

Sorprendido, Girotti respondió:

–Pero no es a ustedes a quienes debemos juzgar, sino a él [Maciel].

El fraile italiano se exasperó. Alegó que el caso era "muy serio". Entonces Barba le dijo que el silencio de los nueve denunciantes ante los medios de información expiraba en ese momento.

–¿Por qué? —preguntó Girotti.

–Porque algunos legionarios están diciendo en México que nos dieron dinero para dejarnos callados. Hemos sufrido demasiado —respondió Barba.

Desde entonces el caso quedó en punto muerto. Dos años después, Antonio Roqueñí todavía no podía explicarse por qué la Santa Sede "no le echó el guante" a la causa:

> Debió estudiarla, iniciar la averiguación, citar a los demandantes, llamar al acusado y oír su punto de vista, escuchar a los testigos, abrir un periodo probatorio y de alegatos finales y concluir con una sentencia condenatoria o absolutoria. El silencio de la Santa Sede es absolutorio sin haber establecido juicio y sin que mediara el proceso que marcan los cánones de la Iglesia católica.[70]

Por amor a Dios

El reverendo Richard John Neuhaus no fue el único que dio la cara por la Legión y su fundador. El propio Marcial Maciel salió a defender su honorabilidad. "Nunca he tenido el tipo de comportamiento abominable del cual me acusan esas personas [...] Categóricamente, los señalamientos son falsos", expresó en una carta firmada con su nombre y publicada en la página de Internet de la orden religiosa.[71]

La misiva tenía por fecha 22 de abril de 2002. El programa de *Círculo Rojo* había dado en el clavo y los Legionarios se vieron impelidos a hacer un primer control de daños. "No puedo juzgar a esas per-

[70] Marcela Turati, *op. cit.*

[71] Marcela Turati, "Rechazan acusaciones Maciel y Legionarios", *Reforma*, México, 26 de abril de 2002.

sonas ni los motivos por los que están haciendo esas falsas acusaciones contra mí. Sólo puedo orar por ellos, para que Dios los ilumine, les dé paz y mueva sus corazones para que terminen con su actuación", dijo Maciel.

Entre las "evidencias científicas" presentadas en la dirección *www.legionariosdecristo.org* se incluyeron diversas cartas y artículos periodísticos de clérigos y laicos que refutaban las acusaciones. Una de las pruebas presentadas era el correo electrónico que el cardenal Norberto Rivera le había enviado al *National Catholic Reporter* el 23 de noviembre de 2001, donde señalaba: "Hasta donde tengo conocimiento, el caso del padre Maciel nunca fue presentado en esta jurisdicción eclesiástica".[72]

Sin duda, por sus previsibles repercusiones dañinas, uno de los espacios más afectados por las denuncias contra Maciel fueron los centros de enseñanza administrados por la orden.[73] Por eso, las autoridades de la Legión y Regnun Christi hicieron circular en sus colegios cartas dirigidas a los padres de familia, donde se buscaba explicar la situación y se pedía "colaboración" para que les hicieran saber "de inmediato cualquier actuación que se haga para lastimar a nuestros colegios, que son la extensión de sus hogares".

---

[72] *Ibíd.*

[73] Desde su fundación en México, en 1941, la Legión de Cristo se ha extendido a Canadá, Estados Unidos, Venezuela, Colombia, Brasil, Argentina, Inglaterra, Irlanda, España, Francia, Italia, Suiza, Alemania, Dinamarca y Polonia. El "imperio educativo" de los legionarios cristianos incluye una red de universidades ubicada en la mayoría de esos países, entre las que destacan su buque insignia en México, la Universidad Anáhuac; Centro Francisco de Vitoria (España); las universidades Alonso de Ovalle y Finis Terrae (Chile); Ateneo Pontificio Regina Apostolorum (Roma); Pontificio Colegio Internacional María Mater Ecclesiae (seminario romano). Asimismo, administran colegios e internados "apostólicos" para niños y niñas en la mayoría de esos países; por ejemplo, los colegios Maddox, Oxford, Rosedal, Ceyca, Del Bosque y Alpes en México; The Highlands School (Estados Unidos, España, Italia); los colegios Cumbres (España, México, Colombia, Venezuela, Chile); el Instituto Irlandés de Monterrey; Pinecrest Academy y Woodmont Academy (Estados Unidos) y varios más, así como institutos y fundaciones de psicología, ciencias religiosas, computación, microfinanciamiento, de estudios de la familia y evangelización.

Brozo, *Otro Rollo* y *El Gran Hermano*

Los reacomodos y los juegos de poder en la cima tardarían en asentarse. La vieja alianza de la Iglesia católica con los grupos oligárquicos se había erosionado tras el cambio de mando. El foxismo recién llegado y sin experiencia de gobierno no lograba articular los hilos sueltos que había dejado la salida del poder del priísmo autoritario y corrupto. Bajo una pantalla moralista el golpeteo entre las fracciones del poder tenía como escenario multiplicador a los medios:

> ¿A dónde va Televisa al presentar un ataque falso, directo, artero y extemporáneo al padre Maciel, fundador de los Legionarios de Cristo? ¿Por qué vulneran a la Iglesia católica mexicana mediante la calumnia y la difamación? ¿Por qué seguirle el juego a la agenda editorial de las televisoras estadunidenses cuando éstas responden a intereses ajenos a México?[74]

Con esas preguntas, en mayo de 2002 la fundación A Favor de México, A.C. comenzó a difundir un monitoreo que invitaba a los padres de familia a protestar contra los "responsables" de la programación de la televisora de avenida Chapultepec por considerarla "carente de toda moral" y promotora de "antivalores" cristianos. Una nota publicada en *La Jornada* consignó en esos días que "hasta donde se conoce, es la primera respuesta explícita de sectores de ultraderecha al programa *Círculo Rojo* por los testimonios del abuso sexual que cometió el sacerdote Marcial Maciel".[75]

La agrupación católica conservadora clasificaba como "ataques a la religión", "difamación y calumnias" y "amarillismo periodístico" a programas que habían optado por la apertura en los medios masivos o el llamado "teledestape". En un folleto titulado "¿Conoces la televisión

---

[74] "Lanzan campaña contra Televisa por transmitir programa en que se acusa a Maciel de pederastia", *La Jornada*, México, 21 de mayo de 2002.
[75] *Ibíd.*

356

que ven tus hijos?" explicaba las razones de su enojo. Por ejemplo, lo que llamó "sexo explícito y desordenado", con muestras de "lenguaje vulgar" y "ataques a la religión". Incluía, entre otros, al programa *El Mañanero*, del payaso Brozo, a quien acusaba de tener un "lenguaje vulgar, misógino y alburero";[76] *Big Brother*; *Otro Rollo*, de Adal Ramones; *No te equivoques* y la serie de TV Azteca *Lo que callamos las mujeres*.

El folleto llamaba a emprender con "urgencia" acciones para "defender nuestros valores" ante los "ataques a la moral y las buenas costumbres de los mexicanos que hacen Televisa y TV Azteca". También criticaba a los anunciantes que patrocinaban esos programas y a los padres de familia "al permitir que nuestros hijos vean esa programación".

La ley del silencio

La campaña propagandística de la Legión de Cristo y sus defensores en los círculos de poder en México había intentado reducir el polémico asunto a un envidioso "complot" en contra de Marcial Maciel y la Iglesia católica. Quienes hicieron eco a las denuncias en los medios fueron acusados de hacerle el juego a la "conspiración".[77] Dado que se trataba de calumnias, publicarlas significaba sumarse a un ataque contra el "buen nombre" y la "honorabilidad" de Maciel, que afectaba, además, la imagen de la Legión.

La cuestión entrañaba un dilema ético: ¿se debía o no dar entrada en los medios a testimonios como los de los exlegionarios en contra del hombre a quien de niños y adolescentes habían querido tanto?; ¿cómo saberlo? "¿A qué atenerse si no hay, a estas alturas, decisión judicial posible y si existe la sospecha fundada de que en Roma las cosas

---

[76] El noticiero de televisión *El Mañanero*, conducido por Víctor Trujillo, Brozo, tan denostado por los círculos empresariales conservadores católicos, logró sentar en su estudio a la propia Marta Sahagún de Fox, el 21 de mayo de 2003, exhibiendo las contradicciones entre el discurso y el accionar de la primera dama y la subordinación de las alianzas a los intereses de la pareja presidencial.

[77] Véase Luis Petersen Farah, "Entre decirlo y no decirlo", *Milenio*, México, 21 de abril de 2002.

no han sido atendidas?", preguntó el ombudsman de los lectores del diario *Milenio*, Luis Petersen Farah.[78]

Resultaba obvio que lo que correspondía a la justicia no estaba en orden. Al no haber más elementos, los medios se habían visto forzados a decidir a quién darle voz, para que las diferentes versiones formaran parte del debate público. Con responsabilidad, no para decidir quién tenía la razón, ni declarar culpables. Los medios no son jueces. Así lo había hecho *Círculo Rojo*, como cinco años antes el programa *Realidades* de CNI Canal 40 y el diario *La Jornada*. En ambas ocasiones, los hombres ya maduros que habían testimoniado haber sido víctimas de abuso sexual por parte de Marcial Maciel, habían intentado los caminos jurídicos pertinentes dentro de la Iglesia católica y la Santa Sede. Ellos también eran personas honorables. Al exponer con dolor sus testimonios, también arriesgaban su dignidad y honestidad. Pero no habían sido escuchados. Por el contrario, fueron acusados de complotar y el caso se había congelado en Roma. Por eso habían recurrido después a la exposición y divulgación pública de su causa, a través de los medios y cada uno dijo "yo fui violado". Eso no quería decir que Marcial Maciel Degollado era culpable, sólo que el Vaticano debía dar curso a la investigación.

Esos dilemas no existirían si no se "lavara la ropa sucia en casa". En cambio, como dijo Javier Sicilia en un amplio alegato en defensa del sacerdote Alberto Athié,

> dejar el asunto en la ambigüedad es mantener a la Iglesia bajo sospecha. Sospecha, en primer lugar, de encubrimiento; de un proyecto ajeno a su sentir profundo: no una Iglesia abierta a la verdad, sino a un proyecto ideológico; no una Iglesia entregada a la persona humana, a sus sufrimientos, a sus debilidades, a su dolor, sino a una abstracción de naturaleza institucional; no una Iglesia que quiere caminar con el hombre y sus grandes conquistas: la pluralidad democrática y el diálogo, sino una

[78] *Ibíd.*

358

Iglesia que, al igual que el neoliberalismo, busca la intransigencia de lo unívoco [...] una Iglesia confiada en su poder estructural, que se hace por la fuerza de los poderosos y que piensa en términos de imposición.[79]

No obstante, el caso seguía en la ambigüedad y la Iglesia católica bajo sospecha de encubridora. El affaire Maciel había sido aparentemente archivado. Por eso, en un último y desesperado intento los exlegionarios querellantes intentaron todavía darle una salida canónica al asunto, antes de recurrir a los foros internacionales. Con fecha 5 de noviembre de 2002, escribieron una carta en polaco al secretario particular de Juan Pablo II, Stanislaw Dziwisz, compatriota y confidente del papa. Allí le expusieron el caso y demandaron justicia. Y se aseguraron de que la misiva le llegara por tres vías distintas. Nunca recibieron una respuesta. Al comenzar 2004, la conclusión a la que había llegado José Barba era contundente: "El papa está rodeado de Legionarios. La Iglesia es culpable".[80]

---

[79] Javier Sicilia, "La ley del silencio", *Proceso*, México, 2 de junio de 2002.
[80] Conversación telefónica con el autor el 28 de enero de 2004.

Un animal psicológicamente interesante...

Alejandro Espinosa fue testigo directo de varias "bacanales hedonistas" y de las "borracheras de morfina" que dejaban tirado a Marcial Maciel en "un charco de baba" como "cerdo ungido sin su aureola de santidad".[1] Pero además, supo —y fue víctima él mismo— del uso que hacía el jefe de la Legión de Cristo de jóvenes seminaristas a quienes, asegura, Maciel utilizaba en sus viajes para "contrabandear cocaína" y "lavar" dinero negro de país en país.[2] "Narcotráfico de sotana" en los años cincuenta.[3]

Según ha dejado documentado, Espinosa participó en alguna de las frecuentes giras del superior de la orden religiosa por Solares, la Costa Azul, Génova, Ceuta, Tánger, Marruecos, Melilla, escenarios todos de la famosa *conexión francesa* en la ruta mediterránea de la droga

[1] Alejandro Espinosa, *El Legionario*, Grijalbo, México, 2003.

[2] Después de la segunda guerra mundial, en los años cincuenta, miembros de la mafia siciliana radicados en la Unión Americana contrabandeaban medicamentos (sulfaminas y penicilina) de origen estadunidense en países como Italia y los intercambiaban por heroína. También se traficaba con dólares falsificados. Sin que haya una "conexión" comprobada entre esos hechos y las actividades del fundador de la Legión de Cristo, Alejandro Espinosa cita al menos tres episodios en los cuales seminaristas de la orden —Carlos de la Isla, Alfonso Fernández y él mismo— debieron acompañar a Marcial Maciel en viajes internacionales, todos con un mismo patrón: los jóvenes debían transportar pesados bolsos de mano o portaequipajes, conteniendo supuestos "rosarios romanos", y pasarlos por las aduanas, mientras Maciel literalmente se "esfumaba". Debido a circunstancias fortuitas que narra Espinosa en su obra, en algunos casos resultaron ser fajos de billetes franceses envueltos en papel periódico y "bolsitas de polvo blanco". Según afirma, se habría tratado de "tráfico de divisas" y "cocaína".

[3] Alejandro Espinosa, *op. cit.*

hacia mediados del siglo pasado. Estuvo al tanto de las idas de Maciel a La Habana en la época de la dictadura de Fulgencio Batista y Zaldívar, cuando la isla caribeña era un gran casino prostibulario al servicio de los capos de la mafia ítaloestadunidense;[4] antes de que Fidel Castro y los barbudos bajaran de la Sierra Maestra. La Cuba de Batista era una gran "lavandería" al servicio de los capos del crimen organizado estadunidense, que habían invertido millones en la "industria recreativa" de la isla, lo que generaba enormes ganancias en hoteles, casinos, agiotismo y prostitución. Asegura Espinosa que de allí trajo Maciel cuantiosas sumas de dinero para la "obra" y que, curiosamente, los "benefactores" se terminaron, igual que los viajes de Maciel a Cuba, cuando cayó la dictadura batistiana.[5] De acuerdo con la versión, "los posibles tratos" de Maciel con Lucky Luciano, "rey del narco en el hotel Habana Club",[6] aseguraron a la Legión "filones de oro" a cambio "de conexiones, servicios informativos, transferencias y acarreos".[7]

[4] De origen siciliano, la Mafia, también conocida como la Cosa Nostra, logró una profunda penetración en el Estado italiano. Sus vínculos con la Democracia Cristiana (que al parecer incluyen a Giulio Andreotti, la figura cumbre del partido durante casi medio siglo) le permitió extender su presencia a todo el país, conectándose con el sistema bancario y, mediante éste, con toda la elite política y empresarial italiana, llegando incluso muy cerca del Vaticano a través del Banco Ambrosiano, que parece haber estado bajo su influencia. La Mafia cobró auge en Estados Unidos en los años veinte del siglo pasado en el ámbito del crimen organizado. Estaba organizada en grandes unidades que recibían el nombre de "familias", a la cabeza de las cuales había un *capo* o jefe. Cada "familia" tenía influencia en un área asignada; por ejemplo, Boston, Buffalo, Chicago, Cleveland, Detroit, Kansas City, Los Angeles, Newark, New Orleans, New York, Filadelfia, Pittsburgh y San Francisco. La Cosa Nostra contaba con lugares de esparcimiento en Miami, Las Vegas y La Habana.

[5] Según el libro testimonial de Alejandro Espinosa, en mayo de 1959 Marcial Maciel montó en "ira" al comentar con sus discípulos un número de la revista *Life* sobre la victoria de Fidel Castro en Cuba. Dijo que si estuviera en sus manos, "mandaría doscientos aviones a la isla para arrasarla" y rescatarla del "comunismo ateo". Cabe consignar que Fidel Castro fue educado por los jesuitas y en 1959 todavía no tenía nada que ver con el "comunismo"; es más, los barbudos revolucionarios no habían sido apoyados por partido comunista alguno, ni siquiera por el PC cubano.

[6] Tras ser deportado a Italia, Luciano reapareció en La Habana, con un pasaporte italiano y un permiso de residencia cubano perfectamente legales. Los cabecillas de la Cosa Nostra comenzaron entonces un ir y venir entre el continente y la isla para entrevistarse con el gran jefe del hampa.

[7] Alejandro Espinosa, *op. cit.* p. 95.

También le consta que cuando viajaba a Nueva York, el joven sacerdote Marcial Maciel solía alojarse en el hotel Waldorf Astoria, donde se le conocía con familiaridad bajo el seudónimo de "Mario". Eran los días en que el palemitano Luciano[8] reinaba en la ciudad de los rascacielos y en ese mismo hotel —el más lujoso y caro de la gran urbe—, el *capo di tutti capi* celebraba los concilios de la Cosa Nostra antes de haber sido detenido y desterrado a Italia.[9] Intuye por eso Espinosa que el gran poder financiero que ostenta hoy la Legión de Cristo tiene pies de barro: ¡un origen mafioso! Que la gran multinacional religiosa-educativa fue levantada con las *limosnas* y *donativos* del crimen organizado[10] y con base en operaciones de *lavado* de dinero a cambio de servicios ilícitos,[11] para lo cual utilizaba a los jóvenes legionarios de "mulas".

[8] Salvatore Lucania, también conocido como Charley Lucky (Afortunado) Luciano, fue uno de los principales artífices de la mafia moderna. La corte de Luciano tenía su sede en una lujosa suite del Waldorf Astoria, nominalmente ocupada por un tal "Mr. Charles Ross". Definido como un gángster astuto, imaginativo y pragmático, Luciano llegó a controlar todos los negocios ilícitos de Nueva York: apuestas en carreras, lotería, extorsiones a los sindicatos de trabajadores y a industrias, narcóticos, préstamos usureros, etcétera.

[9] Según consta en los anales de la historia, Lucky Luciano fue detenido el 17 de julio de 1936, condenado a una alta pena de prisión y enviado al penal de Dannemora. En 1942, durante la segunda guerra mundial, el prisionero comenzó a colaborar con la Marina de Guerra de Estados Unidos y obtuvo un traslado de prisión y tres años después su libertad condicional y su destierro a Italia. De acuerdo con la versión de Alejandro Espinosa, Marcial Maciel debía tener 16 o 18 años cuando visitaba el Waldorf Astoria en tiempos de Luciano. (Espinosa maneja dos fechas de nacimiento de Maciel: el 10 de marzo de 1918 y 1920.) Por las fechas que cita Espinosa en su libro, es posible que Maciel coincidiera en el Waldorf Astoria con los sucesores de Luciano en la "familia" de Nueva York, entre ellos, Vito Genovese, Frank Costello, Albert Anastasia, Thomas Lucchese, Joseph Profaci, Carlo Gambino y Joseph Bonanno. Aunque lo que resulta más verosímil es que Maciel haya tenido contactos con Lucky Luciano en La Habana, antes de la caída de Batista en 1959.

[10] Según narra Peter Maas en su libro sobre el gangster Joe Valachi, *Secretos de la Cosa Nostra*, los *capos* de la mafia recomendaban a los miembros de su "familia" ir a la Iglesia y hacer donativos a los boy scouts y a todas las organizaciones de beneficencia.

[11] En su obra autobiográfica Espinosa afirma que durante un viaje a Nueva York, a donde acompañó a Marcial Maciel, el jefe de los Legionarios le hizo abrir una cuenta a su nombre en el First National City Bank, donde se depositaron 400 mil dólares que, supuestamente, pertenecían a una hermana de Maciel, Olivia.

Doña Maurita y la aceitunada Flora

Hay otros dos aspectos de la personalidad de Marcial Maciel que, según los testimonios de los exlegionarios, parecen haber influido de manera decisiva sobre el curso de los acontecimientos al interior de la orden religiosa: la presunta opción homosexual del sacerdote de Cotija y su ideología nazi.

Desde el punto de vista fenomenológico, el "personaje Maciel" —asegura Alexandre Pomposo[12]— presenta "un aspecto patológico que se manifiesta en una conducta francamente edípica, de tipo esquizoide". Pomposo, quien fue reclutado por los Legionarios de Cristo ya maduro, luego de su paso como seminarista por la diócesis de París, en donde colaboró de manera cercana con el cardenal Jean-Marie Lustiger, señala que Maciel nació en el seno de una familia tradicional y acomodada, influida por el ambiente religioso de la época en una región cristera: su padre, Francisco Maciel,[13] hombre rudo y autoritario, hacendado de Cotija, y su madre, Maura Degollado (mamá Maurita),[14] una típica mexicana, sufrida, "más creyente de lo permitido", llena de sentimientos fetichistas, supersticiosa. Relata Pomposo:

> En ese medio, padre autoritario-madre sumisa y supersticiosa, Maciel desarrolló una conducta edípica: un amor desmedido por su madre, a la que ve como víctima, y una visión de su padre como ogro; como el hombre fuerte más temido que amado.

[12] Alexandre Pomposo es un sacerdote judío converso con doble nacionalidad (mexicana y francesa), doctor en física y miembro investigador de la Real Academia de Ciencias de Bélgica en la especialidad textura del sistema nervioso central. Se formó como seminarista en París, en la diócesis del cardenal Jean-Marie Lustiger, de quien fue cercano colaborador. Hizo estudios de filosofía y teología en la Universidad Católica de Lovaina y fue miembro de la Legión de Cristo entre 1990 y 1994. El autor entrevistó a Pomposo en México el 14 de mayo de 2002.

[13] Francisco Maciel Farías (1880-1950), es descrito por su hijo, Marcial Maciel, como un "hombre honesto, fiel a sus compromisos y muy recto de conciencia". Fue propietario de una gran extensión de tierras de cultivo y ganado. Jesús Colina, *Mi vida es Cristo*, Fundación Logos, Madrid, 2003.

[14] Maura Degollado Guízar (1895-1977). Según Maciel, "los legionarios y los miembros del Regnum Christi la llaman de cariño 'Mamá Maurita'". *Ibíd.*

Hasta ahí no hay nada excepcional. Pero ocurrió un hecho que parece haberlo marcado para siempre: un día su padre lo encadenó a un poste en la hacienda, a pleno rayo del sol, delante de los peones y la servidumbre. ¡La peor de las ignominias! Ese episodio profundizó en Maciel el rechazo hacia su progenitor y exacerbó una suerte de conmiseración, casi beatífica, hacia su madre. Ese edipismo iba a buscar proyectarse. Era un niño un poco delicado al que no se le daban las faenas del campo. Por eso decidió entrar al seminario.

La visión de Alejandro Espinosa es un tanto complementaria de la de Pomposo. Cuenta que la infancia de Maciel transcurrió "entre tierra y charcos", como todo niño del medio rural. Y asegura que "rápidamente sintió los escozores del instinto en su versión griega": desde temprana edad tuvo "una inclinación hacia su mismo sexo y buscaba alivio enfrascándose en juegos sexuales" con niños y empleados de su padre. Dice Espinosa que cuando "su hermano Pancho" descubrió la preferencia homosexual de Marcial, "lo vapuleaba continuamente para *enderezarlo*". Las palizas consternaban a doña Maurita, madre de ambos y mujer piadosa, "quien lloraba y rezaba por él".

Ya entonces —señala Espinosa— Marcial Maciel habría comenzado a desarrollar "el engaño y la simulación como arte de defensa". Con base en un libro autobiográfico oficial sobre Marcial Maciel, *Fundación en perspectiva*,[15] varios pasajes de la obra de Espinosa dibujan un cuadro familiar y ciertas manifestaciones del carácter y comportamiento de Maciel niño y adolescente, que configuran uno de los escenarios posibles en donde se nutren habitualmente —según los profesionales "psis"— futuros pedófilos y efebofílicos: padre autoritario, madre castradora y un ambiente familiar represivo de la sexualidad. "Por lo general —señala Jesús Vergara Aceves—, el pederasta nace en el seno de una familia disfuncional: padre opresor y violento, madre sumisa y admirada. Marginado y esclavizado en su propio hogar, pronto buscará

---

[15] *Fundación en perspectiva* fue escrito por el sacerdote legionario Alberto Villasana y publicado en 1980 "por órdenes de Maciel", afirma Alejandro Espinosa.

otro alero. El seminario menor se ofrecía como un magnífico lugar que le cobijaría, además, con otro poder en ciernes, menos opresor y más duradero."[16]

Ese contexto incluye una "relación sexual significativa" de Maciel con un peón de 18 años que trabajaba en el rancho de su padre y a quien "el hijo del dueño acosaba".[17] También debe haber influido mucho, durante su adolescencia, la salida del hogar de la figura paterna, don Francisco, quien abandonaría a mamá Maurita, quien tras la separación acentuaría su ya acendrado catolicismo "de rosario, misa, comunión y catecismo tomar". Maciel afirma en declaraciones a Jesús Colina[18] que su madre estaba "plenamente dedicada" a sus hijos y la describe como "una verdadera santa". Según el fundador de la Legión, en su juventud su madre quiso ser religiosa teresiana, pero por "obedecer" a su padre, como era todavía costumbre en esa época, contrajo matrimonio y "decidió santificarse plenamente" en la vida matrimonial y la educación de sus hijos.

Otro episodio que no sería ajeno al ámbito familiar —la historiografía oficial de Marcial Maciel habla de un entorno de tíos obispos y sacerdotes—[19] fue protagonizado por monseñor Rafael Guízar y Va-

[16] Jesús Vergara Aceves, "Pederastia, tragedia en tres actos", *El Universal*, México, 30 de abril de 2002. Aceves es sacerdote y se desempeña como director del Centro Tata Vasco de investigación social en la capital mexicana.

[17] Alejandro Espinosa, *op. cit.*

[18] En entrevista con el autor, José Barba puso en duda que Jesús Colina haya escrito el libro por encargo *Mi vida es Cristo*, a pesar de que el español Colina tiene oficio de periodista, exdirector de la agencia de informaciones católicas Zenit, es un exlegionario y en la actualidad es miembro de Regnum Christi. Según Barba, el verdadero autor de ese "fraude" literario es Javier García González, un legionario de "todas las confianzas" de Maciel, que opera como escriba del jefe de la orden desde 1957.

[19] De acuerdo con el testimonio de Marcial Maciel, su madre procedía de una familia muy católica. Su abuela materna, Maura Guízar y Valencia, era hermana del beato Rafael Guízar y Valencia, obispo de Veracruz, y de Antonio Guízar y Valencia, obispo de Chihuahua. Otros parientes muy cercanos eran monseñor Francisco González Arias, obispo de Campeche y de Cuernavaca; monseñor Guízar Barragán, obispo de Campeche y de Saltillo; monseñor José María González Valencia, arzobispo de Durango; y la religiosa María de Jesús Guízar Barragán, fundadora de las Siervas Guadalupanas de Cristo Sacerdote, todos de Cotija.

lencia, prelado de Veracruz y hermano de la abuela materna del fundador de la Legión de Cristo. Al paso de Maciel por el seminario de Jalapa —que debido a la persecución religiosa gubernamental funcionaba semiclandestino en la ciudad de México—, monseñor Guízar advirtió las tendencias sexuales del adolescente y decidió orientarlo en la vida. Pero al no tener éxito se vio obligado a expulsarlo del seminario, aconsejándole que se dedicara "a vender tamales y atole". Ya entonces, Maciel comenzaba a ser acusado de "iconoclasta" y "antimariano".[20]

Con esas mismas acusaciones fue expulsado después del seminario jesuita de Montezuma, Nuevo México, en 1939. Tanto en Jalapa como en Montezuma, Maciel fue despojado del Cordón de Congregante de María, medida que se aplicaba a un joven versado en la "inmoralidad" y en faltas a la "pureza", y con conducta reincidente, lo que ponía en "peligro" a los demás seminaristas.[21] El propio Marcial ha aceptado en alguna biografía autorizada de la Legión, su expulsión de Montezuma por "rarezas", término que aún en nuestros días —dice Espinosa— suele usarse para "designar orientaciones sexuales no ortodoxas". En otros pasajes, el autor de *El Legionario* habla de los retratos que "muestran a un niño (Maciel) de belleza femenina y ademanes refinados"; lo describe como "el sacerdote jovencito, esbelto, de hermosa femineidad, [que] realizaba prédicas enardeciendo fanatismos", y lo llama "gurúmonje católico, rasurado y perfumado" y "Rasputín mexica afeminado y ridículo".[22]

Más allá de todas esas referencias salpicadas de adjetivos calificativos, con énfasis en el lado "femenino" de Maciel —lo que denota una indudable carga de rencor—, Espinosa, quien en su obra autobiográfica confiesa haber experimentado un amor "exclusivo" y de "esclavo" hacia su superior, también incluye pasajes que aluden a una presunta actividad heterosexual del jefe legionario, donde por lo general las agraciadas resultaban ser damas caritativas de "alta sociedad", bene-

---

[20] Alejandro Espinosa, *op. cit.*
[21] *Ibíd.*
[22] *Ibíd.*

factoras de la Legión de Cristo. Entre ellas menciona a una jovencita de apellido Zapata, a Camila Barrada, Virginia Rivas.

Pero se refiere en particular ¡y con lujo de detalles! a un tórrido "romance místico", que duraría varios años, entre el seductor Maciel y una joven millonaria, la dulce, tropical y encantadora Flora, viuda de Barragán, portadora de una sonrisa enigmática como la Mona Lisa. Aquella pasión huracanada generaría escándalos en los círculos sociales de México y Monterrey, pero no impediría que Maciel otorgara a la "aceitunada" Flora el título de "madre de los Legionarios", que la bella dama compartiría con mamá Maurita. ¿Y el celibato? "¡Todo era válido para la causa! El dictador podía crear y dispensarse la ley. El general se sacrificaba por su amada Legión, para allegarse colaboradoras."[23]

Maciel y el Sagrado Corazón

Alexandre Pomposo traza una perspectiva psicológica del asunto. Durante una entrevista con el autor, se refirió a un episodio que, según él, era muy comentado entre los jóvenes Legionarios todavía a comienzos de los años noventa: la vez que a Maciel se le "apareció" el Sagrado Corazón:

> Así se lo confesó un día el joven seminarista a su director espiritual en el seminario de Montezuma. Le dijo que había tenido una visión donde el Sagrado Corazón le pidió que fundara una orden religiosa. No le especificó de qué tipo, dónde, con qué características, nada. Los superiores lo manejaron con cautela. Le dijeron que se calmara, que seguramente se lo había imaginado. Maciel se sintió ofendido. Pero después empezó a decir que lo veía casi a diario.

Dice Pomposo que muchos años después, cuando se comentaba ese episodio al interior de la Legión, se manejaba como algo inenarra-

---

[23] *Ibíd.*

ble. "De alta mística." Había sido una "visión extraordinaria". A partir de ese momento —y hasta la fecha—, Maciel se iba "a dar aires de gran místico"; se convirtió en "un ser muy especial". ¿Qué era lo que había detrás de todo eso? Según Pomposo, la "visión" que desarrolló Maciel había sido producto de "una conducta francamente edípica". Para él, ese rasgo quedó revelado en las cartas de Maciel a su madre, doña Maurita. Allí, en esas misivas almibaradas y de tono cursi, este religioso exlegionario cree detectar

una conducta "esquizoide". Es decir, propia de una persona con dos personalidades. Las personas esquizofrénicas buscan protegerse, crearse una seguridad y una estabilidad a partir de rodearse de personas con comportamiento paranoide. Es decir, personas que sospechan de todo. Construyen en torno a sí mismas una suerte de barrera que los va a proteger. Maciel había sido herido por su padre, sus hermanos, sus superiores en los seminarios de Jalapa y Montezuma. Sus tíos obispos no lo apoyaron. Era un muchacho que estaba muy lastimado; con una naturaleza psíquica muy débil. Se sentía rechazado por todos. Inclusive, en aquello que para él era su tabla de salvación: la religión.

Por eso, Maciel buscó rodearse de ese tipo de gente. Él en persona seleccionaba a los seminaristas y a los responsables jerárquicos de su orden. Eran personas que por lo general tenían un corte físico común. Hay una fenotipia que domina esa selección de cuadros: son personas de raza blanca, de tipo caucásico, o en el peor [sic] de los casos mestizos con un tipo físico europeo. Delgados; Maciel siente horror por la gente obesa. Jóvenes con una psicología más bien débil, maleable. Personas a las que él pudiera manejar con facilidad desde el punto de vista psicológico. De preferencia, de familias adineradas, para que aportaran una dote.

Supo lavarles el cerebro. Él se presentaba siempre como víctima. A Maciel le encanta jugar el papel de víctima para crear conmiseración. Y para que una vez convertidos en sus incondicionales, los jóvenes seminaristas sospecharan de todo aquel

369

que no apoyaba a su padre espiritual. Con habilidad, Marcial Maciel supo alimentar entre quienes le rodeaban una cierta conducta paranoide con la finalidad de proteger su propia personalidad débil, vulnerable. Eso fue evolucionando; Maciel desarrolló una conducta esquizoide que adquirió, después, rasgos de esquizofrenia. Esos rasgos se manifestaron en la dependencia de Maciel a las drogas. En sus alucinaciones. ¡Porque siguió teniendo "entrevistas" con el Sagrado Corazón!

Heil, Christus!

El otro aspecto muy comentado en los círculos de exlegionarios que cuestionan la "aureola de santidad" que rodea a Marcial Maciel, es su germanofilia. Barba, Pomposo y Espinosa destacan la "vocación nazi" del fundador de la Legión de Cristo. Tanto fue así, afirman, que el saludo de los jóvenes seminaristas, hasta hace relativamente poco tiempo, era *Heil Christus!*

"¿De dónde nace esa germanofilia en Maciel? No está del todo claro. Pero no queda duda que era germanófilo", asegura Pomposo.[24] Dice que como Hitler y Mussolini, Maciel hacía uso de la hipnosis y trataba a la masa como "rebaño"; utilizaba una mecánica que en psiquiatría se conoce como "histeria conversiva". Por otra parte, en su obra, Espinosa hace referencia constante a los "métodos nazis" practicados por este "Führer clerical" con el objetivo de "alucinar mentes infantiles, predisponiéndolas a la obediencia ciega y al fanatismo ofuscado".[25]

José Barba da algunas pistas más concretas.[26] Señala que en su adolescencia, Maciel se nutrió del espíritu bélico y del conservadurismo estructuralmente católico como ideología dominante clasista de la época. En su familia había calado fuerte el sentimiento cristero de la derrotada guerrilla popular católica de Cristo Rey, que enfrentó por la vía armada a los primeros gobiernos de la Revolución mexicana y al

---

[24] Alexandre Pomposo, entrevista con el autor, mayo de 2002.
[25] Alejandro Espinosa, *op. cit.*
[26] José Barba, entrevista con el autor, mayo de 2002.

Estado secular en el Bajío, a finales de los años veinte.[27] Ya entonces, en la región donde creció Maciel había arraigado el entusiasmo colonizador impulsado por la Iglesia católica para extender el "reino de Cristo" en la tierra. Asimismo, la construcción del monumento a Cristo Rey en el cerro del Cubilete, centro geográfico de la república mexicana, fue el paradigma de esa algarabía por entronizar a Jesucristo en el mundo y conquistar a los infieles.

En forma paralela se consolidaban los regímenes totalitarios en Europa. En España irrumpía el nacionalcatolicismo y el falangismo con su espíritu de cruzada y sus gritos frenéticos de "¡Muera la inteligencia! ¡Viva la muerte!". El Duce Benito Mussolini ya había consolidado el fascismo en Italia, recuperando para su movimiento la mitología romana imperial. En 1932 se entronizaba la dictadura de Antonio Oliveira Salazar en Portugal, dando paso a la república corporativa, mientras en Alemania, con el apoyo de la gran industria, se producía la irresistible ascensión de Adolfo Hitler, con sus camisas pardas y la pesadilla nacionalsocialista. Esas ideologías y expresiones como *Duce*, *Führer* y *Caudillo* cruzaron el Atlántico e impregnaron el ambiente de los círculos de poder en distintas latitudes de América. De algunas de esas ideas surgirían, en México, movimientos de masas de tipo totalitario como el sinarquismo, de inflexión hispanista, nacionalpopulista y católico;[28] un "fascismo musoliniano o falangista español a la mexicana", según lo ha denominado Jean Meyer.[29]

---

[27] Estudios recientes han revalorizado al movimiento de los cristeros, que no es visto ya meramente como un movimiento de derecha sino, según señaló monseñor Sergio Méndez Arceo, como "un auténtico movimiento popular que en parte continúa la revolución campesina ya aplastada por el proyecto burgués a partir de Calles. Pero, al mismo tiempo, parte de la antigua oligarquía terrateniente, conservadora y católica, prestó su apoyo a los cristeros. Por ello, quizá, fue al mismo tiempo un auténtico movimiento campesino popular, en parte utilizado por los dominadores del modo de producción imperante en el siglo XIX y vencido por el capitalismo que tomó definitivo cuerpo con Cárdenas". Sergio Méndez Arceo, introducción a la *Historia general de la Iglesia en América Latina*, t. V, Cehila, 1984.

[28] Jean Meyer, *El sinarquismo, ¿un fascismo mexicano?*, Joaquín Mortiz, México, 1979.

[29] Jean Meyer, *El sinarquismo, el cardenismo y la Iglesia, 1937-1947*, Tusquets, México, 2003.

La Iglesia católica no fue ajena a esa coyuntura histórica. En la mayoría de los casos el Vaticano estableció relaciones de mutua conveniencia con los totalitarismos en ascenso. Según diversas fuentes, el papa Pío XI y su secretario de Estado, Eugenio Pacelli (después Pío XII, supuesto mentor de Marcial Maciel), pretendían "ganarse" a los nazis como aliados más idóneos en su lucha contra el comunismo y mostraron indiferencia —o guardaron un "prudente" silencio— ante el genocidio de judíos, gitanos y opositores por parte del Tercer Reich.[30] El cardenal Pacelli escribía el 30 de abril de 1937 al embajador de Hitler ante el Vaticano, que la Santa Sede no negaba "la trascendental importancia de la formación de un frente políticamente vivo e intrínsecamente reparador contra el peligro del bolchevismo ateo".[31]

Esa misma terminología anticomunista —envuelta en un discurso impregnado de un aire de cruzada nacionalcatolicista— fue utilizada por Maciel a partir de los años cuarenta al *pasar la charola* para recaudar fondos para su "obra" entre los círculos de industriales conservadores católicos de México. Después de la segunda guerra mundial, su discurso sería reforzado por el clima de la naciente guerra fría impulsada por Estados Unidos, como expresión de la contradicción Este-Oeste. Entre sus benefactores de entonces figuraban acaudalados banqueros, empresarios y capitanes de industria como los hermanos Barroso (Luis, Guillermo y Jacobo), Fernando Senderos, Manuel Espinosa Yglesias, Carlos Gómez, Emilio Azcárraga Vidaurreta, Santiago Galas y Carlos Trouyet. Ellos, precisamente, eran los más interesados en impedir la

---

[30] El tema del "silencio cómplice" de Pío XII ante el genocidio nazi ha sido abordado, entre otros, por el alemán Rolf Hochhut en su obra de teatro *El vicario*; por el historiador británico John Cornwell en su libro *El Papa y Hitler* (1999), y por el investigador de Harvard, Daniel Jonah Goldhagen, en *La Iglesia católica y el holocausto. Una deuda pendiente*, donde señala directamente que el papa fue "un colaborador nazi", comparable a Pétain y Laval en Vichy. A su vez, basado en la obra de Hochhut, el director grecofrancés Constantin Costa-Gavras creó la película *Amén*, que generó gran escándalo en París durante su estreno cinematográfico en febrero 2002. En el cartel del film se ve una cruz cristiana que se prolonga en tres brazos formando una esvástica. El cartel y la película fueron impugnados por la Iglesia católica.

[31] Karlheinz Deschner, "¿Abominación nauseabunda en el lugar santo? La lucha de la Iglesia y el riesgo calculado", fascículo *El III Reich*, Anesa-Noguer-Rizzoli, Buenos Aires, 1974.

proliferación de las ideas socialistas salidas del "infierno comunista", y él, Maciel, con sus falanges cristianas estaba dispuesto a guerrear contra el mismísimo Stalin y su doctrina "materialista y atea", según lo definiera su bienhechor Pío XII.

Para José Barba no queda ninguna duda de que "los nexos de la Compañía de Jesús con Hitler" influyeron en el joven sacerdote mexicano. Maciel entró al seminario de Montezuma en Nuevo México, Estados Unidos, dirigido por los jesuitas, en 1938. Cuatro años antes, el Boston College, de la Compañía de Jesús, había elegido a Hitler como el hombre del año. Durante su estancia en el seminario, muy breve por cierto, Maciel tuvo acceso a algunas lecturas y películas que le marcarían. Por ejemplo, asegura Barba, *La voluntad* (*Der Wille*, en alemán), obra del psicólogo polaco jesuita Johann Lindworsky y *El triunfo de la voluntad* (*Der Triumph des Willens*, 1934), el famoso film documental de Leni Riefenstahl, la cineasta que ingresó a la historia como "la directora favorita del Führer" y del Tercer Reich.[32] Más allá de su poder estético, el film de Riefenstahl sobre las concentraciones hitlerianas durante el congreso del Partido Nacional Socialista en el estadio de Nüremberg, exhibe la perfecta sincronía de las masas nazis saludando a su paso al "salvador", el "amado Führer"; es una glorificación del hombre-héroe, en un ambiente marcial imponente creado por Albert Speer, el arquitecto de Hitler, y logra "un hipnótico ritmo visual que aún hoy fascina en la forma tanto como horroriza en el fondo".[33] La *cineasta maldita* dirigió también *Olympia*, epopeya en dos partes sobre los juegos olímpicos de Berlín en 1936, majestuoso canto épico a la belleza y el poder del cuerpo humano.

Pero en particular fue influido por un librito que —solía decir

[32] Leni Riefenstahl, quien murió poco después de cumplir 101 años, ganó premios en los festivales de cine de Venecia y París en la década de 1930 por ese documental que destaca la escalofriante grandeza, meticulosamente coreografiada, de la asamblea de Nüremberg del partido nacionalsocialista en 1934. Más tarde fue comisionada para hacer la película oficial de la olimpiada de 1936, bajo el nazismo.

[33] Ernesto Diezmartínez, "Muere Leni Riefenstahl, le sobrevive la sospecha", *El Ángel*, suplemento de *Reforma*, México, 14 de septiembre de 2003.

Maciel— era regalo de su hermano Pancho: *Mi lucha* (*Mein Kampf*), la obra del agitador Hitler, el Gran Simplificador que le decía exactamente a la "masa" lo que ésta quería oir. Maciel también leyó los *Diarios* del doctor Joseph Goebbels, en particular una primera edición en español de José Janés, de 1948. Aunque, más que leer con fines de adoctrinamiento, Maciel prefería ver las películas de propaganda nazi, ya que el lenguaje visual era más directo. En esas fuentes abrevaría Maciel y forjaría su mentalidad propagandística, publicitaria y su oratoria de muchos gritos y gestos. "Maciel era un gran gesticulador", afirma Barba. "En sus escritos y alocuciones tenía un estilo similar al de José Antonio Primo de Rivera."

Recuerda que en 1950, ya instalado con su cuartel general en Cantabria —en la España del generalísimo Francisco Franco—, Maciel editó un folleto, *Horizontes*, que resumaba la ideología totalitaria en boga. Un año después produjo un documental para cine sobre la segunda guerra mundial, y al desembarco de los aliados en Dunkerque le puso como fondo... ¡*La Walquiria*, de Wagner, sumo sacerdote predecesor del mito fundacional nazi y del imperio de la Gran Germania, cuya música fue adoptada por Hitler como la máxima expresión de la cultura alemana para legitimar el Tercer Reich!

Pero hay otro dato simbólico que recuerda muy bien Barba y confirman Espinosa y Pomposo: fue la "expropiación" que hizo Maciel del Cristo del pintor alemán Warner Salmann. Maciel encontró la imagen en un negocio de objetos religiosos ubicado detrás de la catedral metropolitana, en la ciudad de México, y lo adoptó como propio. La obra "reproducía a un personaje voluptuoso, con una fenotipia ideal, de porte ario" —afirma Barba—, lo que en realidad remite al mito hitleriano que adopta como prototipo a los escandinavos rubios, los nórdicos "vikingos".[34] Maciel lo bautizó como "el Cristo legionario" y lo convirtió en "el cuadro de cabecera de la orden". "Maciel es ario", afirma Barba,

---

[34] El mito ario de Hitler tomó como prototipo al vikingo rubio, aunque en realidad los arios remiten a la antigua Persia.

al resaltar tal vez de manera inconsciente el racismo mexicano de castas (la adoración al rubio o güero) y el fascismo clerical del fundador de la Legión de Cristo.

Según Pomposo, la predilección de Maciel por el "fenotipo ario" le acompañaba desde su paso por el seminario de Montezuma. Allí habría comenzado a seleccionar a sus compañeros de "misión" por su aspecto físico: "Y no es que el Sagrado Corazón le haya dicho a Maciel que tenía que reclutar niños y adolescentes de ojos claros, cabello rubio y tez blanca... No. Él sentía una atracción especial por ese tipo de jovencitos. Fue parte de una psicología enferma desde temprana edad.

En el plano de lo simbólico —aunado a la típica fascinación reverencial y fijación racial de la clase dominante mexicana y de la sociedad en general por "lo vikingo" y el "culto al rubio" como raza suprema de la humanidad, al parecer un rasgo innato en Maciel—, Alejandro Espinosa afirma que la fecha de fundación de la orden, el 3 de enero de 1941, guarda simetría con el holocausto judío y es una prueba de la ascendencia que tenía el fundador del Tercer Reich sobre el jefe legionario. "Dos años antes, precisamente el 3 de enero de 1939, Adolfo Hitler firmó el documento que condenaba al pueblo judío al holocausto. ¿Mero azar o analogía de antisemitismo con el admirado Führer?", escribe Espinosa tomando como fuente la obra de John Cornwell, *Hitler's Pope* (*El papa de Hitler*).[35]

Su nombre es su cruz

Fue en España, en 1952, donde Maciel decidió cambiar el nombre de su orden religiosa, que inicialmente se llamaba Misioneros del Sagrado Corazón de Jesús y de María Santísima de los Dolores, por el

---

[35] La fecha más socorrida entre los historiadores, en la cual Hitler habría ordenado la "solución final" para la cuestión judía es el 20 de enero de 1942, durante la Conferencia de Wannsee. No obstante, es una fecha falsa. La directiva para homogeneizar una práctica que ya estaba en curso en varias regiones del Reich fue el 12 de diciembre de 1941, un día después de que Hitler le declaró la guerra a Estados Unidos. Christian Gerlach, artículo publicado en la revista *Werkstatt Geschichte*, vol. 18, noviembre de 1997.

más combativo de Legión de Cristo. Desde entonces, como dijo el periodista galo Michel Arseneault, "su nombre es su cruz".[36]

En el Nuevo Testamento el término *legión* es ambiguo. En los Evangelios, Jesús pide a un espíritu del mal que diga cómo se llama: "Legión, pues somos numerosos", responde el demonio.[37] Fue una legión romana la que crucificó a Jesucristo. No queda duda que etimológicamente la denominación remite a las legiones romanas y a la disciplina militar, combinándolo con la religión católica. Guiadas por el fanatismo religioso y la brutalidad, las órdenes religiosas-militares de los caballeros templarios y hospitalarios fueron las tropas de choque de la Iglesia católica en la Edad Media. En palabras de san Bernardo, figura clave en la creación de las órdenes de caballería, asesinar por Cristo era varonicidio, no homicidio.

En Francia, por ejemplo, los *légionnaires* portan un nombre con evidentes connotaciones militares. Lo que de manera no consciente, tal vez, alude a la represión del cuerpo y de la mente (emociones) tanto del guerrero como del religioso, para domar sus pulsiones (deseo sexual) con el fin de resistir el combate contra el enemigo o el mismo diablo. Se vincula con una vieja cultura del guerrero que viene desde los griegos, con la *Ilíada* y su secuela de guerras, orgías y sexo. En Grecia sostenían que el mejor ejército estaba formado por un amante y un amado, así se protegían mutuamente. La relación de amor en la semejanza aumentaba la protección y valentía de los combatientes. Fue una pareja de amante y amado la fundadora de la democracia al cometer el primer tiranicidio, en el año 514 a. C. Ese acto estuvo a cargo de la pareja de amantes constituida por Harmodio y Aristogitón.[38]

Un espíritu guerrero que fue refrendado en la Edad Media por las Cruzadas de las cristiandad en el Cercano Oriente para "liberar el Santo Sepulcro" en Palestina —verdaderas campañas de conquista de

---

[36] Michel Arseneault, "Contraofensiva del Vaticano en América Latina", *Le Monde Diplomatique*, París, diciembre de 1996.
[37] *Ibíd.*
[38] Burkhard Fehr, *Los tiranicidas*, Siglo XXI Editores, México.

los señores feudales de Europa Occidental contra cristianos de Oriente y musulmanes, bajo la bandera de la cruz de la Iglesia católica—, donde la sexualidad formó parte inherente de una cultura militar: guerrear, saquear y violar. Una disciplina militar o religiosa que, según algunos autores, iba acompañada de una homosexualidad latente entre camaradas.

Entre los exlegionarios no se ponen de acuerdo sobre el origen del nombre; pero todos coinciden en que Marcial Maciel lo plagió. Existe un antecedente en Rumania, de los días en que Maciel se formaba como sacerdote: el fascismo místico de Corneliu Zelea Codreanu, que se caracterizó tanto por su antisemitismo como por su anticomunismo.[39] Un fascismo idealista, místico y violentamente hostil al Estado. Codreanu fundó en 1927 la Legión del Arcángel Miguel, después la Guardia de Hierro (1930), que tomó el nombre de Todo por la Patria en 1933. En La Garde de Fer, Codreanu escribe sobre "las virtudes legionarias". Eran cuatro: la creencia en Dios; la fe en nuestra misión; nuestro amor mutuo y la comunión en el canto.[40] Una versión, sugerida por los frecuentes y misteriosos viajes que realizaba Maciel al norte de África (Tánger, Ceuta, Marruecos, Melilla), indica que se inspiró en la Legión Extranjera.[41] Otra remite a la Legión Europea, en boga en aquellos años, que luego se transformaría en la Organización del Tratado del Atlántico Norte (OTAN). Alejandro Espinosa señala que fue una recomendación del sacerdote español Francisco Montes de Oca, franquista de vocación, quien

[39] Corneliu Zelea Codrenau (1899-1938), cuyo padre era de origen polaco, inició su actividad política nacionalista y antisemita en los medios estudiantiles. Fue detenido en 1938 bajo acusación de alta traición y ejecutado con treinta de sus partidarios. T.Buron y P. Gauchon, *Los fascismos*, Fondo de Cultura Económica, México, 1983.

[40] Por ejemplo, sobre la tercera virtud, dice: "Desde los primeros días, una atmósfera de afecto se estableció entre nosotros, como si fuéramos de una misma familia [...] Todos teníamos necesidad de un gran equilibrio interior para poder resistir. La fuerza de nuestro amor debía ser igual a la presión del odio que nos llegaba de fuera. Nuestras relaciones no eran ni frías ni solemnes; no había distancia entre el jefe y sus soldados [...] el ambiente era el de un nido dulce y cálido. No estábamos como en un cuartel sombrío sino como en casa. No se ingresaba únicamente para recibir órdenes, sino para encontrar un clima de afecto, un momento de paz, una palabra de aliento, un consuelo, un socorro en caso de desgracia".

[41] Alejandro Espinosa, *op. cit.*

377

en 1949 le dijo a Maciel que la orden necesitaba un nombre "más moderno" y "beligerante" que Sagrado Corazón.

Según José Barba, el ingreso de sacerdotes españoles a la Legión introdujo en la orden "un espíritu de cruzada, de inflexión falangista". Un falangismo en guerra santa contra las ateas hordas rojas. El propio Maciel comenzó a hablar entonces de "movimiento", estructura transformadora y cambiante de clara influencia mussoliniana y hitleriana, en el sentido de un "partido" antipartido, que remite al "movimiento perpetuo" nazi. Por otra parte, los nexos iniciales de Maciel con el canciller del dictador Francisco Franco, Alberto Martín Artajo, conocido dirigente de Acción Católica; con la familia del ministro de Justicia, Antonio María de Oriol y Urquijo, una de las fortunas más grandes de España; y con el sacerdote Diego Bugallo, ligado al entorno de Martín Artajo y al mundo diplomático, le abrirían puertas a él y la Legión, e iniciaría el irresistible ascenso de la orden religiosa hacia el poder terrenal.

A su vez, el mito fundacional acuñado por el propio Maciel hace derivar el nombre de una entrevista privada con el papa Pío XII, en 1946, durante la cual el propio "Dios" le habría recomendado, por intermedio del pontífice, crear una orden religiosa que fuera *sicut castrorum acies ordinata* (un ejército en orden de batalla).[42] Pero es el propio fundador de la Legión quien en el libro-entrevista de Jesús Colina, explica:

> El Santo Padre me citó un versículo del libro del Cantar de los Cantares [cfr. 6:4 y 10] en donde el esposo evoca la belleza de la esposa "terrible como un ejército preparado para el combate [*sicut castrorum acies ordinata*]". Naturalmente que el papa se refería a ese combate de la fe de que habla san Pablo (cfr. 2 Tim 4:7).[43]

Asimismo, y como parte de la versión oficial, se atribuye al papa Paulo VI una supuesta exigencia formulada en 1974, en el sentido de que sean "combatientes en nombre de Jesús [...] hay que ser [...] con-

---

[42] La versión, construida con base en testimonios de exlegionarios, es recogida por Alfonso Torres Robles en su libro *La prodigiosa aventura de los Legionarios de Cristo*.

[43] Jesús Colina, *op. cit.*

quistadores, legionarios para combatir y defender".[44] Y vaya que la Legión de Maciel asumió ese carácter militante y se convirtió con el tiempo en una organización para el combate ideológico contra las corrientes progresistas al interior de la Iglesia católica y en las sociedades occidentales. En particular, hicieron de la teología de la liberación su principal adversario.

Dice Barba que, inicialmente, bajo les efectos del encuentro con Pío XII, Maciel pensó llamar a la orden Legionarios del Papa. De acuerdo con la versión oficial, movido por esa cita bíblica del pontífice, se escogió el nombre Legión de Cristo, que da la idea "de un grupo bien organizado, unido y compacto", que expresa "vigor, dinamismo y fuerza".[45] Afirma Maciel: "Me llamó la atención la disciplina, la fuerza y la eficacia de las legiones romanas, la cohesión y eficacia de su organización". Y como de pasada introduce otro elemento significativo: señala que el nombre también deriva "del testimonio de los cristeros que dieron la vida por su fe". En su versión idílica, autohagiológica, refiere que durante su infancia, el presidente Plutarco Elías Calles llevó a cabo la persecución religiosa y muchos cristianos de México, en especial en los estados de Guanajuato, Michoacán y Jalisco, se levantaron en armas entre los años 1926 y 1929 para defender sus derechos:

> Muchos conocidos míos se fueron a la sierra a luchar en esa guerra que se llamó cristera porque los que luchaban vivían y morían al grito de "¡Viva Cristo Rey!". Yo era muy pequeño, pero confieso que envidiaba a aquellos que se iban a luchar por Cristo.[46]

A más de seis décadas de distancia, Maciel no duda en remontarse a los orígenes del cristianismo y en señalar, con Tertuliano,[47] que "la sangre de los mártires es semilla de nuevos cristianos". Aunque aclara:

[44] Michel Arseneault, *op. cit.*
[45] Jesús Colina, *op. cit.*
[46] Jesús Colina, *op. cit.*, capítulo I, Infancia.
[47] Teólogo cristiano nacido en Cartago, considerado el padre del latín eclesiástico.

379

No es que haya una relación directa demostrable entre la persecución religiosa en México y la Legión de Cristo, pero en la fe yo estoy convencido de que la Legión es, en cierto sentido, fruto de la sangre de los mártires, porque la sangre derramada por amor a Cristo, siempre es fecunda. Yo sí creo que Dios haya querido, en su sabiduría y providencia, hacer fecundar esta sangre a través del apostolado de la Legión de Cristo y del Regnum Christi.

En todo caso, cabe consignar que en su inspiración el Señor pecó de falta de originalidad. Y el fundador de la Legión también. Además, no tenía por qué remontarse a las legiones romanas teniendo ejemplos más a mano y frescos en México. Porque dado el ambiente familiar ultramontano en que nació y creció Marcial Maciel —¡cuatro tíos obispos y una tía superiora de una orden religiosa!—, no podía ignorar que en 1931, tras la descomposición de la Liga Nacional de Defensa de la Libertad Religiosa (LNDLR),[48] en el seno de la derecha radical conservadora católica había surgido la Legión, una organización envuelta en un velo de misterio, "de tipo corporativo, paramilitar y clandestina integrada por excristeros fanáticos y grupos de selectos católicos devotos", en general jóvenes de la Congregación Mariana.[49] En su lucha contra la educación socialista y sexual del cardenismo, la Legión —que contó entre sus dirigentes con el joven Salvador Abascal, quien en 1937 sería uno de los fundadores de la Unión Nacional Sinarquista—,[50] utilizó el catolicismo como doctrina de combate entre el bien y el mal. Originario

[48] La Liga Nacional de Defensa de la Libertad Religiosa fue fundada en 1925, y en su intento por llegar al poder apoyó a los guerrilleros de Cristo Rey.

[49] Ver Hugh G. Campbell, *La derecha radical en México, 1929-1949*, Sepsetentas núm. 276, Secretaría de Educación Pública, México, 1976.

[50] Las Legiones fueron fundadas por Manuel Romo de Alba, también impulsor original de La Base, y entre sus cabezas visibles se encontraban José Alba Navarro, Enrique Morfín, Luis Coronado y Jesús Pozos en Jalisco; Pedro García Malo y José Antonio Urquiza, en Guanajuato; Estrada Iturbide y Laris Rubio (familias porfirianas de Morelia) en Michoacán; Gonzalo Campos y Julián Malo Juvera en Querétaro. Otros miembros destacados fueron Antonio Santacruz y Aniceto Ortega. Édgar González Ruiz, *Los Abascal. Conservadores a ultranza*, Grijalbo, México, 2002.

de San Juan de los Lagos, el fundador de las legiones, Manuel Romo de Alba, concibió una organización secreta "con una unión tan estrecha, tan perfecta, tan uniforme y disciplinada, que pudiera actuar a una sola voz de mando sin que nadie tuviera que hacer grandes sacrificios ni correr riesgos mayores".[51]

En una familia con tantos obispos y sacerdotes víctimas de la persecución religiosa callista, es previsible que el joven Marcial haya tenido acceso al pensamiento integrista fundamentalista cristiano de la época, expuesto en publicaciones que exhortaban a los creyentes a tomar las armas para evitar que la Revolución erradicara la fe católica de las conciencias mexicanas. Por ejemplo, el pequeño tabloide semanal *Criterio* que, hacia finales de 1934, afirmaba:

> El catolicismo es una doctrina de combate, de lucha constante, de guerra interminable entre el Bien y el Mal, la luz y las tinieblas, y ser católico es ser un soldado de Cristo, un guerrero de la Cruz, Defensor de la Verdad.[52]

Dos años después aparecía La Base, organización militarizada y disciplinada, también secreta, dedicada a restaurar el orden social cristiano. Según Jean Meyer, la organización estaba formada por jóvenes de las Congregaciones Marianas que trabajaban en la "clandestinidad" y estaban organizados en "legiones".[53] De acuerdo con el autor de *La Cristiada*, los primeros "mandos" de la Unión Nacional Sinarquista (UNS) fueron "antiguos legionarios" que querían salvar a México por la fe católica, las tradiciones hispánicas, la familia, el orden político cristiano y la economía del "bien común".[54] Dice Meyer:

> La UNS se presenta como un movimiento [y no como un partido] nacional, de unión [y no de división], de salvación que quiere

---

[51] Álvaro Delgado, *El Yunque. La ultraderecha en el poder*, Grijalbo, México, 2003.
[52] *Criterio*, 16 de septiembre de 1934, citado por Hugh G. Campbell, *op. cit.*
[53] Jean Meyer, *op. cit.*
[54] *Ibíd.*

381

salvar a la patria de la revolución, de los bolcheviques, de los gringos del norte, de los masones, de los protestantes y de los judíos [...] El movimiento apela al sentimiento religioso popular, traumatizado, exacerbado por el conflicto entre la Iglesia y el Estado, por el anticlericalismo de un Estado que, en 1935, no permite a más de quinientos sacerdotes celebrar el culto en un país católico de cerca de veinte millones de habitantes [...] Se exalta el valor, el ascetismo, el sacrificio, y se hace un llamamiento a la virilidad y la disciplina. La organización responde de arriba abajo al principio jerárquico del jefe.[55]

Otras fuentes sostienen que aparte de su trabajo en la clandestinidad, los legionarios de La Base —organización que también fue conocida por el nombre de la Organización, Cooperación y Acción (OCA)—: utilizaban la violencia armada. Según Edgar González Ruiz, el 8 de agosto de 1935, dos delegados de la casi extinta LNDLR visitaron a Salvador Abascal en su despacho de abogado y "le propusieron la acción directa y violenta para lanzarse de nuevo a la lucha contra el Estado, rescatando la acción cristera en Michoacán; Abascal aceptó".[56]

El propio Abascal afirma que él les pidió "colaborar con la lucha armada"[57] y que un "señor X" —que algunas versiones indican era monseñor Luis María Martínez, el exrector del seminario de Morelia, quien había participado en la resistencia al presidente Calles desde las sombras y llegaría a ser uno de los obispos mexicanos más influyentes de la época—, tras pedirle "juramento de secreto total", invitó a Abascal a pertenecer "al Consejo Supremo de la División de Michoacán de las Legiones, una organización secreta que se estaba extendiendo por toda la república para defender a México de los embates de la masonería y el judaísmo internacional".[58]

---

[55] *Ibíd.*
[56] Édgar González Ruiz, *op. cit.*
[57] Salvador Abascal Infante, *Mis recuerdos*, citado por Edgar González Ruiz, *Ibíd.*
[58] *Ibíd.*

"Las Legiones, pensé, son la contrarrevolución, el Estado católico dentro del Estado revolucionario y ateo. Éste tendría que desmoronarse carcomido desde dentro", escribe Salvador Abascal en *Mis recuerdos*. Allí explica que las Legiones realizaban boicots contra "comerciantes masones", películas y la escuela socialista y que había una literatura religiosa de instrucción cívica "que bajaba desde la jefatura nacional hasta el último soldado".

No hay duda, pues, que entre sus 12 y sus 17 años —cuando se funda la Unión Nacional Sinarquista con la misión de restaurar el orden social cristiano "destruido por la anti-patria y el extranjero"—,[59] el joven Marcial, quien de niño había quedado impactado por "el testimonio de los cristeros que dieron la vida por su fe",[60] tuvo que recibir la influencia de Manuel Romo y Salvador Abascal y sus Legiones michoacanas, y nutrirse, asimismo, eventualmente, del "antisemitismo violento" del fundador del sinarquismo.[61] Animadversión que permeaba el mundo católico de la época de la mano de los papas Pío XI y Pío XII, al amparo de la justificación divina de la Biblia cristiana, para la que los judíos eran los asesinos de Cristo y siervos del demonio.[62]

¿Por la senda de los requetés?

Si bien en sus andanzas por las tierras michoacanas de Cotija, Sahuayo, Jamay y Zamora, el joven Maciel debió recibir la influencia de las Legiones de los exguerrilleros de Cristo Rey, a quienes tanto admiraba, el cambio de nombre de la orden Misioneros del Sagrado Cora-

---

[59] Jean Meyer, *op. cit.*

[60] Jesús Colina, *op. cit.*

[61] En *El sinarquismo, ¿un fascismo mexicano?*, Jean Meyer afirma que Salvador Abascal practicaba un "antisemitismo violento" y que en sus escritos recomendaba la lectura de *KahalOro*, de Hugo Wast, de los *Protocolos de los Sabios de Sión* y del *Judío Internacional*, de Ford (UNS, 23 de septiembre de 1940).

[62] Sobre el antisemitismo de los papas Pío XI y Pío XII, véase la obra de Daniel Jonah Goldhagen, *La Iglesia católica y el Holocausto*, Taurus, México, 2002.

zón de Jesús y de María Santísima de los Dolores, por el más combativo y romano de la Legión de Cristo, ocurrido en España a comienzos de los años cincuenta, pudo haber sido inspirado por el ambiente franquista que impregnaba a la Iglesia católica peninsular en la inmediata posguerra. Eso, al menos, es lo que sugiere el exlegionario Alexandre Pomposo, para quien Maciel simplemente "plagió" la denominación de un grupo terrorista español. Sostiene Pomposo:

> Es probable que Maciel se haya inspirado en una rama de Los Requetés, un grupo de ultraderecha, de fanáticos.[63] Los Requetés eran las juventudes franquistas, símil de las juventudes hitlerianas. Ejércitos de niños con grados militares. Ultracatólicos. Ultrahispanistas. Antisemitas. Una rama armada de ese grupo de jovencitos eran los Legionarios de Cristo. Terroristas de bombas poner; mataban gente.
>
> Maciel se "fusiló" el nombre; pero no inventó el concepto miliciano dentro de la Iglesia católica romana. Para eso habría que remontarse a las Cruzadas, que dieron origen a las grandes órdenes de caballería.

Según Pomposo, la Legión de Cristo —al igual que el Opus Dei—, es "un movimiento autoritario, selectivo, sectario". Que cultiva el secretismo. Ambas órdenes religiosas, que durante el pontificado de Karol Wojtyla habrían de formar parte de los "cuerpos de elite" del papa

---

[63] El 20 de abril de 1937, el general Francisco Franco promulgó el decreto número 255, en el cual, a nombre del Gobierno del Estado español, dispuso que la Falange Española y los Requetés "se integren, bajo la Jefatura de S.E. el Jefe del Estado, en una sola entidad política, de carácter nacional, que se denominará "Falange Española Tradicionalista de las JONS", quedando disueltas las demás organizaciones y partidos políticos". Franco afirma allí que "Falange Española y Requetés han sido los dos exponentes auténticos del espíritu del alzamiento nacional iniciado por nuestro glorioso ejército el diecisiete de julio", y define que "los Requetés, junto a su ímpetu guerrero [ha sido] el sagrado depósito de la tradición española, tenazmente conservado a través del tiempo, con su espiritualidad católica, que fue elemento formativo principal de nuestra nacionalidad y en cuyos principios eternos de moralidad y justicia ha de seguir inspirándose".

en su empresa de restauración,[64] surgieron bajo el paraguas de la España franquista. Y sus fundadores, Marcial Maciel y José María Escrivá de Balaguer —afirma Pomposo— "eran hijos del fascismo más acendrado". De acuerdo con el ideario de la orden, un Legionario debe ser "un soldado raso de la Legión", "amante del silencio". Y como apunta José Barba, en los legionarios "todo pasa a través del superior". Hay un estricto orden jerárquico: "La única posibilidad de manifestar disidencia dentro de la orden, es salirse. Ahí hacen carrera los ultraobedientes; los sumisos". Se practica un cristocentrismo a ultranza. Un exlegionario, mencionado por Barba, admitió: "Secuestraron mi cristianismo".

Ambos coinciden que al interior de la orden hay "una uniformización de la cabeza de la gente". Un lema de los Legionarios sintetiza la cuestión: "El que obedece nunca se equivoca. Si el papa se equivoca, nos equivocamos con él". Resulta curioso el hecho de que esa expresión de la "doctrina Maciel": "el que obedece nunca se equivoca", fue asumida pocos años después como parte de la ceremonia de juramento de la Organización Nacional del Yunque, cofradía secreta de tipo paramilitar creada por Ramón Plata Moreno en 1955, en Puebla, con la misión de "implantar el reino de Dios en tierra mexicana".[65]

Esa organización secreta, proveedora de los cuadros políticos del foxismo en la actualidad, creó a su vez varios organismos "pantalla" de la ultraderecha católica, como el Frente Universitario Anticomunista (FUA) y el Movimiento Universitario de Renovadora Orientación (MURO), dos de los principales grupos de choque del Yunque en los años setenta; el Movimiento Cristianismo Sí; la Guardia Unificadora Iberoamericana (GUIA); Nueva Guardia; Juventud Inconforme Positiva; la Legión Juve-

---

[64] En su cruzada neoevangelizadora, Juan Pablo II se rodeó de un grupo de movimientos laicales conservadores —ante lo que consideró decadencia de las órdenes y congregaciones religiosas— que han venido funcionando como una especie de "fuerza de choque" del catolicismo. Entre ellos figuran el Opus Dei, la Legión de Cristo, Comunión y Liberación, los Grupos Carismáticos, los Cursillos de Cristiandad, el Movimiento Schonstatt, los Neocatecumenales del español Kiko Argüello y los Focolari. Carlos Fazio, *Juan Pablo II. El guerrero de Dios*, Times Editores, México, 1999.

[65] Álvaro Delgado, *op. cit.*

nil Cristiana; la Legión Juana de Arco; la Liga Universitaria Nacionalista; y Vanguardia Integradora de la Mexicanidad.

Todos esos grupos, al igual que Marcial Maciel, llevaban a Cristo Rey en el pecho y el anticomunismo como bandera. Pero además, el Yunque —cuya militancia entonaba los cantos franquistas "Cara al sol" y el "Himno de las falanges en combate"—, siempre guiado por la máxima "el que obedece no se equivoca", creó su propia orden religiosa al interior de la Iglesia católica, la Sociedad Cruzados de Cristo Rey —prima hermana de la Legión de Cristo—, cuya misión es "enseñar a obedecer".[66] Desde 1985 la orden atiende "espiritualmente..." a las tropas del ejército mexicano.

Influencias y paralelismos aparte, Maciel —dicen Barba y Pomposo— introdujo en la Legión varias normas "de neto corte fascista". Según cuenta la versión oficial, el papa Pío XII le había instruido: "¡Líderes, padre Maciel; tenemos que formar y ganar para Cristo a los líderes de América Latina y del mundo!". Ambos recuerdan que el pontífice había completado la frase con otra idea —ya citada— que quedó impresa "en la mente" de Maciel: "Ustedes deben ser *sicut castrorum acies ordinata*, un ejército en orden de batalla". Dice Pomposo:

> De esas supuestas palabras de Pío XII y evocando, tal vez, a las poderosas legiones romanas y a los guerrilleros mexicanos de Cristo Rey, de la entonces cercana guerra cristera, Maciel construyó un tipo de organización vertical y autoritaria, donde sus integrantes carecían de todo derecho a tener virtud alguna. Maciel creó un ambiente totalitario, tipo Gestapo. De aniquilación de la personalidad. Los superiores procuraban una uniformidad absoluta en todos los planos. Nada que tuviera que ver con la "personilla" (Maciel *dixit*) de cada quien. El fundador como paradigma. Los modos, el porte, la oratoria... ¡hasta las gafas tipo Maciel!
> Y también, como Mao, "el pensamiento Maciel". Pero con su toque fascista: en el momento de recibir la sotana, los novicios debían jurar fidelidad a Cristo aun a costa de su "propia

[66] *Ibíd.*

sangre" (remedo y contenido real de las falanges del nacional-catolicismo español), levantar su brazo derecho y pronunciar *"Heil, Christus!"*, en una réplica explícita del saludo nazi. Para cantar el vía crucis, los novicios marchaban formados en estricto orden militar. ¡Descaradamente militar! No me lo contaron, lo viví. Hasta la fecha sigue ese tipo de costumbres, aunque se eliminó el *"Heil, Christus!"*.

Con un sugerente dato adicional: una vez que Alexandre Pomposo le preguntó al sacerdote Eoghan, un cura irlandés de la orden, por qué los Legionarios de Cristo no tenían ninguna casa vocacional en Francia, éste le respondió: "Nuestro padre no tolera a los franceses porque son una raza degenerada".

"¡Un calco de lo que decía Hitler!", exclama Pomposo.[67]

Neodarwinismo y castidad en Salamanca

En los escasos tres años que estuvo en la Legión de Cristo a comienzos de los años noventa, Pomposo pudo darse cuenta de muchas cosas que ocurrían al interior de la orden. A ello ayudó, sin duda, la actividad muy ad hoc que tuvo que desempeñar en la comunidad legionaria de Salamanca: enfermero.

Pomposo trabajó en la enfermería: "el lugar del crimen". El lugar que, en términos psicoanalíticos, Maciel utilizaba como "el escenario de la actividad sexual", y donde les cambiaba la vida a algunos seminaristas. Un escenario donde, como en Sacher-Masoch (masoquismo), la consumación del acto tenía mucho de teatral. Existía un público que presenciaba o participaba del hecho.

No queda claro, pero el goce que se atribuye al seductor, la masturbación, incluía la mirada de otros.

A Pomposo no le consta, porque nunca fue vejado por Marcial Maciel o alguno de los otros superiores Legionarios. Pero dice que en el

---

[67] Uno de los términos clave del vocabulario racista nazi era "degenerado"; los nacionalsocialistas lo utilizaban para censurar o difamar todo lo que pretendían deshacer o erradicar.

tiempo que estuvo allí, siempre le llamó la atención una cosa: que en las dos visitas que realizó Maciel al centro vocacional de Salamanca, sus superiores le pidieron la llave de la enfermería. Cuando preguntó por qué, le respondieron que a veces al padre Maciel le gustaba estar solo. "La enfermería era un 'reservado' del fundador de la Legión."

La razón del cargo a desempeñar por Pomposo dentro de la comunidad era sencilla: había estudiado dos años y medio de medicina. Su labor consistía en recibir a los novicios enfermos, diagnosticarlos y medicarlos o derivarlos a un especialista en Salamanca. Por eso puede afirmar que la Legión practica una suerte de neodarwinismo: "Se quedan los que sobreviven, los que resisten. Los que se enferman, ¡fuera!". Se aplica lo que Maciel definía como la "teoría del limón: los chupo y los tiro", recuerda el exlegionario José Antonio Pérez Olvera. O la teoría del "disparadero": crear una situación insostenible, límite, "para que uno truene".

Cuando el superior de la casa legionaria le informó en privado a Pomposo cuál sería su labor, le advirtió que cualquier padecimiento relacionado con psiquiatría o urología tenía que enviárselo a él. Sorprendido, le preguntó por qué. El superior le respondió: "Porque toda esa gente está mal. Tiene ideas torcidas. La mayoría son ateos, anticlericales".

Otra cosa que le llamó la atención, fue que de manera terminante se le prohibió tocar genitales. "Por ningún motivo podía explorar esa sección del cuerpo humano." Pomposo pensó que nunca recibiría pacientes con ese tipo de problemas. Pero se equivocó. Un caso le sorprendió sobremanera. El de un muchacho brasileño, novicio de humanidades. Narra:

> Llegó un día de sotana, en la hora de labores y me dijo que quería plantearme algo "delicado". Me contó que por las noches sentía pánico y tenía sudoraciones. Y que una mañana, en la ducha, había visto cómo involucionaba su pene, se metía al interior de su cuerpo y luego volvía a salir. Lo escuché y le dije que anatómicamente hablando eso era imposible. Le describí cómo es-

taba constituido el pene [...] Pero el muchacho no sabía nada de nada; había entrado a la Legión a los ocho años. Le hice un dibujo, le expliqué y concluí que era imposible lo que él me estaba narrando.

–No dudo que hayas tenido la impresión de que así ocurrió —le dije.

–No. Yo lo vi —respondió el joven.

Era una alucinación. Evidente. De inmediato pedí permiso para hablar con el superior. Le dije que un hermano había venido a verme, y cuando le mencioné el nombre, el superior hizo una exclamación como de fastidio y preguntó: "¿Con qué le salió hoy?". Le conté lo sucedido y la respuesta que recibí, en tono molesto, fue: "¡Ay, hermano Alexandre! ¿Y usted le cree?".

No se trataba de creer o no creer. El muchacho tenía problemas. A Pomposo se le prohibió que lo volviera a atender. No obstante, Alexandre le recomendó al superior que lo viera un psiquiatra. Fue recriminado; se le recordó que en la orden no tenía derecho a opinar sobre nada.

Dice Pomposo que había ingresado a la Legión de Cristo con la mejor de las disposiciones. Había dejado todo: sus empleos, su departamento, su vehículo. "Tuve un llamado al sacerdocio y quemé todo." Pero después de ese incidente la cabeza se le embarullaba. Fue chocante para él descubrir tal actitud en alguien que esperaba fuera más "cristiano". Su mente se quedó trabajando. No había pasado una semana, cuando el muchacho volvió a aparecer por la enfermería. Estaba empapado. Sudaba a chorros, como si lo hubieran metido debajo de la ducha.

–¡Hermano Alexandre! ¡Me urge hablar con usted! El padre superior me prohibió hablar con usted. Vengo a escondidas. He vuelto a tener esa experiencia. Sigo con pánico, no puedo dormir.

Un cuadro de psicosis, pensé. El joven brasileño me dijo que había pedido al superior que lo mandara con un médico psiquiatra, pero recibió una negativa. También me contó que el supe-

389

rior lo había revisado en la región genital. En ese momento no le pregunté si le había manipulado los genitales. En esa época no sabía de la pedofilia de Maciel. Pero era obvio que el muchacho tenía una crisis de ansiedad.

Afirma Pomposo que entre los jóvenes del noviciado legionario de Salamanca la sexualidad era tema tabú. Visto en retrospectiva, reflexiona años después que en realidad era "un asunto enfermizo". Propio de la "conducta paranoide" que Marcial Maciel había" introyectado" a la Legión de Cristo. "Maciel destruyó vidas. Creó una estructura enferma y afectó psíquicamente a muchas personas." Pero el lema de la congregación era "de eso no se habla". Salvo excepciones, claro. Una vez, Pedro Pablo Elizondo, director espiritual de Pomposo, le preguntó: "¿Usted, en sus prácticas de medicina, tocó cadáveres? ¿Hizo autopsias?". Y ante su respuesta afirmativa, volvió a inquirir: "Sí, pero, concretamente, tocó genitales".

Cuando Alexandre asintió, Elizondo, enfadado, le soltó: "¿Es usted casto?". Molesto, Pomposo respondió que sí. Y entonces el superior espiritual se echó a reir. "¡Cómo va a ser casto!", le dijo.

Después de escuchar el relato de Pomposo, su excompañero de orden, José Barba, presente en la entrevista con el autor, señala: "Como alguna vez dijo Nietzsche, a propósito de Marcial Maciel podría decirse que *es un animal psicológicamente interesante*. Un personaje fascinante... palabra que deriva del latín y significa crimen [*sic*]..."

Cabe precisar que fascinante viene de *fascinare* que significa "hechizar" y deriva de la raíz *fasces*: hato. *Fascinum* es la "acción de hechizar; amuleto en forma de falo".[68] Haz que hechiza, es decir, falo. ¿Fue tal vez un lapsus freudiano confundir criminal con falo que hechiza?

---

[68] Guido Gómez de Silva, *Breve diccionario etimológico de la lengua española*, Fondo de Cultura Económica-El Colegio de México, México, 1985, p. 297.

Un acercamiento psicoanalítico
sin pretensiones[1]

¿Qué duda queda a estas alturas que la sexualidad en la Iglesia católica es un tema central y muy peliagudo, que se entrecruza con cuestiones referentes a unas estructuras injustas y a un poder y una ley absolutos —que "somete a los creyentes a la esclavitud", dice Pablo Richard—, lo que eventualmente ha derivado en la crisis de un modelo tridentino, ultraconservador y patriarcal, vigente desde hace más de cuatro siglos, que hoy parece erosionarse de manera creciente, en especial en los círculos más lúcidos y críticos de las sociedades occidentales?

En el marco de los casos relatados en estas páginas, un ejemplo paradigmático de esa crisis que afectó a una jerarquía católica local —y por extensión a sus superiores de la curia romana como poder absoluto detrás de ella— ha sido el ejercicio soberbio y autoritario del poder practicado por un clérigo, Marcial Maciel, que durante años abusó sexualmente de otros, justamente, porque fue formado en una concepción del sacerdocio fundamentada en el poder. En un poder sagrado para dominar.

Los testimonios de los exlegionarios, expresados por hombres maduros, aluden con amplios pormenores a la actividad sexual de un

[1] El presente capítulo fue elaborado a partir de una entrevista al psicoanalista Alberto Sladogna, con base en los testimonios de los exlegionarios recogidos en el libro, Tlalpan, México, 24 de abril de 2003.

391

adulto con prepúberes y adolescentes. Es decir, se refieren a la actuación de un determinado personaje (Marcial Maciel) que es conocido con el término de "padre" debido a su práctica religiosa y, además, con su lugar simbólico de superior espiritual de una comunidad de creyentes, así como a las incidencias del "amor" que los mismos testimonios revelan, ubicando al fundador de la Legión de Cristo como copartícipe de una situación dramática, trágica y complicada.

Varios de los involucrados sufrieron y siguen sufriendo en la actualidad. Con ese sufrimiento tratan de hacer algo a través de la denuncia institucional (Iglesia católica) y pública, mediante la exposición de sus testimonios en los medios masivos de información. Hoy los medios se han puesto a su alcance; se trata de una actitud posmoderna: la denuncia, hacer un juicio con el prejuicio, "mostrarlos" en el lugar de víctimas de una actividad donde interviene el sexo "prohibido" y el erotismo.

El tema es complejo. En algunos testimonios se observa una "inflación" de metáforas sobre la violación, aunque podría argumentarse que, en sentido estricto, ninguno de ellos fue "forzado" a mantener una relación sexual; es decir, no los amarraron o les impidieron defenderse. Pero precisamente, como señalaron especialistas a raíz del caso del empresario pedófilo Jean Succar Kuri,[2] el pederasta "seduce a la víctima, envuelve, engaña al menor [...] no usa la violencia contra niños que no tienen control sobre su seguridad y su cuerpo".[3]

No hay duda que las actividades sexuales en las que participaron los exseminaristas son fuertes, y queda claro que las vivieron y las siguen viviendo bajo los término de "violencia" y "abuso". Fue un encuentro violento con la sexualidad. Pero asistimos, además, a una acti-

---

[2] Jean Succar Kuri, un libanés naturalizado mexicano de 60 años de edad, fue detenido en Chandler, Arizona, el 5 de febrero de 2004, por agentes del U. S. Marshals en cumplimiento de una orden de detención provisional con fines de extradición solicitada por el gobierno de México. Propietario de condominios, restaurantes y tiendas de souvenirs en Cancún, Quintana Roo, Succar Kuri enfrenta cargos de abuso y violación de menores, pornografía infantil y lavado de dinero.

[3] Ricardo Rocha, reportaje radiofónico en el programa *Detrás de la Noticia*, México, 7 de febrero de 2004.

vidad sexual que se les presentó como impuesta por otro. En ese caso, según consta en los testimonios, ese otro era el padre Maciel.

A eso se le añade el lugar del encuentro: el interior de una orden religiosa, por ende, jerárquica (autoritaria-servil). Pero hay un matiz: al menos una porción de seminaristas tiene un vasto territorio inconsciente compartido. No es que la orden —la Legión y Marcial Maciel— tienen todo el poder y los seminaristas son *víctimas*. En parte, el poder de Maciel, como el de otros dirigentes religiosos está alimentado y reforzado por sus seguidores. En la Biblia se indica: "Abandonarás a tu padre y a tu madre". Ese abandono es la condición para seguir a Jesús en su misión. La orden responde a una estructura religiosa que va más allá de los legionarios. Está planteado en las Sagradas Escrituras. Incluso hay otro pasaje más violento: "Deberás abjurar de tu padre y de tu madre para seguirme".

En el marco de una creencia religiosa muy compartida y extendida en México (el catolicismo), los niños, prepúberes y adolescentes —lo que se aplica también a las niñas que ingresaron como novicias a congregaciones de religiosas— fueron llevados al seminario, término que guarda un parentesco etimológico con semen y seminal. ¿Qué hacen en un seminario con los seminaristas? Los concentran para permitir el acceso seminal a Dios. Un seminario es un lugar donde está concentrada la relación con Dios. Pero además, el hijo o la hija eran cedidos al cuerpo de la Madre Iglesia en el marco de una sociedad mariana y guadalupana, una cesión que suponía obtener el amparo de Dios padre.

Está claro que los exlegionarios llegaron al seminario para vivir el encuentro con Dios, y nadie pareció estar advertido que incluiría la experiencia sexual que les dio sufrimiento y que hoy continúa haciéndolos sufrir. Por un lado, fueron llevados para vivir su vida religiosa, y junto a eso, se encontraron ante la vida sexual que esa religión excluye (vía el celibato) para sus sacerdotes.[4] Ha quedado dicho que lo ocurrido

---

[4] Como se ha venido documentando en esta obra, se trata de una exclusión doctrinaria, cuyos alcances no han impedido en la práctica una amplia y variada gama de vida sexual y erótica dentro de las órdenes religiosas. Basta con recordar el caso de la literatura italiana del Renacimiento, destinada a mostrar la vida erótica de religiosas y monjes. También está la historia del

no es una experiencia exclusiva de la Iglesia católica. Según datos estadísticos, la pederastia y el abuso sexual se dan también en otras instituciones, como la familia o la escuela. Es decir, el "accidente" de encontrar la sexualidad y el erotismo allí donde se supone debería estar excluido, no es específico de las órdenes religiosas.

Pero hay otro elemento que es una vieja constatación del psicoanálisis (1920) y que, por lo general, es omitido por los medios masivos, en la sociedad y al interior de la Iglesia católica: en algunas instituciones, la libido del líder y de sus seguidores es la argamasa para mantener el lazo de y entre sus miembros.

De acuerdo con los testimonios, a los exlegionarios se les arrebató la *inocencia*. Y si ellos dicen eso, lo menos que se puede hacer es creer en lo que dicen. En materia de análisis no importa establecer si la referencia es verdad o mentira. Como señaló el psicoanalista Alberto Sladogna, "si ellos lo dicen, así fue".[5] El problema a resolver es que, según la teología, por el hecho de haber nacido, "todos" —cada una, cada uno— somos hijos del pecado. Ergo, pecadores. En la teología no hay inocencia. Sin embargo, quienes vivieron esa experiencia nos dicen de su inocencia, de su lugar de víctimas inocentes de Marcial Maciel. A su vez, Marcial Maciel y su orden también se declaran inocentes; se dicen "víctimas" de un complot de mentes "alteradas" o afectadas de "locura" o de personas "vacilantes en su fe".

En alemán, la palabra "víctima" es *Opfer* y el verbo *opfern* quiere decir sacrificar. *Opfer* significa lo que es sacrificado. Y en su riguroso origen latino se corresponde con víctima: persona o animal sacrificado o destinado al sacrificio. Persona que se expone u ofrece a un grave riesgo en obsequio de otra. Persona que padece daño por culpa ajena o por causa fortuita. A su vez, victimario quiere decir sirviente de los antiguos

---

papado de los Borgia, que incluía el sexo, el erotismo y hasta prácticas incestuosas. Al respecto, conviene tomar en cuenta un par de lecturas recomendadas por Alberto Sladogna, por ejemplo, el estudio del sacerdote irlandés John Saward, *Perfect Fools: Folly for Christ's Sake in Catholic and Ortothodox Spirituality*, Oxford University Press, London, 1989, y las investigaciones, en el seno de la religion judía, de David Biale, *Eros and the Jews*, Basic Books, New York, 1992.

[5] Alberto Sladogna, entrevista citada.

sacerdotes gentiles, que encendía el fuego, ataba a las víctimas al ara y las sujetaba en el acto del sacrificio. Según esas definiciones, los ex-legionarios son víctimas, o sea, personas destinadas al sacrificio, y sacrificadas. Los intermediarios de Maciel, los seminaristas que llamaban y conducían a sus pares al escenario del "acto sacrificial" (sexual) en la enfermería (el *altar del sacrificio*), eran parte de los victimarios; los sirvientes de Maciel, el sumo sacerdote que los sacrificaba. Cabe apuntar que en cada acto, Maciel consumaba su victoria. Y victoria quiere decir vencimiento o sujeción que se consigue de los vicios o pasiones.[6]

En su testimonio, Óscar Sánchez Rosete pregunta: "¿Cuál es el origen de todo eso? Una violación. Adentro tenías que pagar el precio que fuera necesario para cumplir con la voluntad de Dios".[7] Al pie de la letra, hay allí dos elementos: hubo una violación y, al mismo tiempo, se dio un asentimiento con el fin de "cumplir con la voluntad de Dios". Es decir, el acto erótico de Maciel incluía a sus víctimas. Después agrega: "Yo entregué todo a Dios [...] Entregué mi cuerpo a Dios". Sánchez Rosete se ubica como partícipe de un sacrificio debido a un dios. Se trata de la *obediencia debida* a un personaje de culto. Él cumplía con la voluntad del superior para llegar a Dios y por ello participaba y, a la vez, no participaba, de la actividad sexual. Ése es el drama trágico sobre el cual testimonian.

¿Qué implica la obediencia debida en un contexto religioso? Al igual que otras religiones monoteístas, el catolicismo se funda en la culpa. Forma parte de las llamadas religiones de salvación.[8] Judíos, cristianos y mahometanos están sometidos a ser [son] *culpables* ante Dios. Es paradójico, pero eso está presente en los testimonios de los exlegionarios: teológicamente no son inocentes porque son hijos del pecado. Es el a priori teológico. Cuando ellos quedan en el lugar de víctimas,

---

[6] Las definiciones de los términos víctima, victimario y victoria fueron tomadas del *Diccionario de la Lengua Española*, Real Academia Española, decimonovena edición, Madrid, 1990, p. 1340.

[7] Testimonio de Óscar Sánchez Rosete.

[8] El cristianismo, como el judaísmo, desarrolla una ética, un comportamiento cotidiano entre sus creyentes para alcanzar la salvación y alcanzar el paraíso.

el pecado y la culpa se ubican en "el otro". In extremis es la culpa de Dios por haberles solicitado ese sacrificio, y no debe dudarse del usufructuo y el goce obtenidos por Maciel y otros superiores de la institución religiosa. Pero en la sociedad posmoderna hay un vuelco: "Yo no soy culpable. La culpa la tiene el otro". A partir de la caída o de "la muerte de Dios"[9] asistimos a un cambio: la culpa es del otro.

Como indica Sánchez Rosete: él se sacrifica para darle vida a Dios. Pero en la actualidad, a partir de Auschwitz, hay un cambio. Cuando se habla de "holocausto" se intenta darle el lugar de "sacrificio" a la masacre nazi. De acuerdo con la Biblia, el "holocausto" fue un acto sacrificial en homenaje a Dios efectuado por quienes estaban alojados en el arca de Noé. En el sacrificio, el sacrificado está concernido por ese acto. La víctima, por el contrario, sólo es tocada por la acción impuesta por otro: hay un cambio en el lugar de la culpa. En el cristianismo la culpa es del creyente, por haber nacido ya es hijo del pecado. En la posmodernidad, la religión en particular la Iglesia católica opera en una sociedad cada vez más atea.[10] Extraña paradoja. Por eso, en el lenguaje de los exlegionarios aparece el tema de la víctima como una forma de dar cuenta del lugar de la inocencia como un estado de *no pecado*. Pero en varios testimonios, la Iglesia, como institución, no queda al margen. Ellos fueron víctimas de Maciel y de la estructura de la orden (es decir, de la Iglesia católica), aunque en sus declaraciones solicitan la ayuda del papa y del Vaticano. Esa característica está presente en otros casos conocidos en fechas recientes.[11] En ese estado de cosas construyen su "saber" sobre la sexualidad y el erotismo que les tocó vivir.

[9] Jean-Christopher Bailly, *Adiós, ensayo sobre la muerte de los dioses*, Libros de Artefacto, México, 1998.

[10] Marcel Gauchet, *Le desenchantement du monde. Une histoire politique de la religion*, Gallimard, Paris, 1985. El autor logra desplegar esa extraña articulación de la religión en sociedades ateas. Fuente: Alberto Sladogna.

[11] En el filme testimonial *En el nombre de Dios*, ninguna de las víctimas de los suplicios de la congregación de las Magdalenas hace una denuncia contra la Iglesia católica, ninguna de ellas abandonó la religión, salvo una; luego educaron a sus hijos en el marco de esa misma religión. Recordemos que no hay catolicismo sin Iglesia, eso es para detenerse y estudiar con detalle esa situación paradójica en grado extremo.

Una pregunta que planea sobre todos los casos de abuso sexual reseñados en Estados Unidos y México, tiene que ver con el tiempo transcurrido entre los hechos y las denuncias. ¿Por qué denunciaron los hechos cuarenta años después?, se interrogó de manera recurrente a los exlegionarios. En la cuestión participan aspectos económicos, ideológicos y religiosos. Ese conjunto opera como telón de fondo. Pero algunos profesionales "psis" aluden, además, a la crisis de la paternidad. Nadie lleva a su hijo al ejército para que el ejército sea "padre" de su hijo; lo hace para que el hijo cumpla con su "deber de hijo" con la "patria". Si lo lleva a la Iglesia es para que alguien se haga cargo del lugar del padre y de la madre. Es una cuestión consustancial a la religión católica; por estructura: la Santa Madre Iglesia, el Padre Dios y el Espíritu Santo. Los seminaristas buscan a un Padre ideal, idealizado. Lo buscan más allá de su familia. Ésa es la crisis que atraviesa cada uno de los que ingresa a un seminario; la vocación religiosa católica incluye un sesgo importante: la búsqueda del amor paterno.

¿Qué ocurre cuando esa vocación se da en una sociedad donde la religión pierde terreno? En parte, el caso de los exlegionarios describe esa nueva situación. Ellos dejan el lugar de pecadores y sólo les queda el atroz lugar de víctimas. Pero el lugar de víctimas de "un abuso sexual" es un entorno ateo y laico: la justicia. Ese ámbito no es religioso, es jurídico. Como señala Alberto Sladogna,

en esas posiciones la víctima queda condenada a recordar de forma permanente a su victimario, como si fuera un "homenaje". En sus denuncias, los exlegionarios quedan ubicados en otro lugar: cuando hablan a los medios, ya están, lo quieran o no, lo sepan o no, como víctimas. Y corren el riesgo de quedar atrapados. Son hombres posmodernos quienes hablan cuarenta años después. Son hombres que hablan de los derechos humanos.[12]

Ése es el nudo de la pregunta ¿por qué cuarenta años después? Porque recién ahora existen condiciones para hablar sobre ese tema.

[12] Entrevista con el autor, ya citada.

Cuarenta años atrás no había lugar para la epidemia de los abusos sexuales; entonces sólo había lugar para los "enfermos" de otra pandemia: la masturbación y su corte de "explicaciones científicas" delirantes.[13] Pero hoy existe un gran espacio y una promoción del lugar de la víctima. Y eso, quizá, contenga una porción de la verdad; la posmodernidad victimiza al conjunto de la sociedad.

Otra cuestión que atraviesa los testimonios y las entrevistas públicas de los exlegionarios, tiene que ver con el enorme "poder" que tenía y ejercía Marcial Maciel sobre ellos. En una carta que le enviaron al papa Juan Pablo II en 1997, aluden al "enigmático carisma" que siempre ha acompañado al fundador de la Legión, que "no es privativo sólo de los espíritus buenos".[14] Allí se refieren también a Maciel como "corrupto y corruptor, seductor y no conductor de almas".

Según algunas interpretaciones, un líder o un jefe suele ser un buen seductor de la masa de sus seguidores. Y Maciel lo era en tanto que fundador y superior de la Legión de Cristo. La seducción es una "herramienta" que no sólo conservan y ejercen los líderes (sean del sexo que sean). Es obvio que Marcial Maciel fue o aún es un gran seductor. Él conserva su lugar en la orden a pesar del escándalo. Hasta se diría que Maciel, de acuerdo con los testimonios, poseía cualidades de hipnotizador. Pero Fidel Castro es un seductor; Marilyn Monroe era seductora, baste con preguntarle a los Kennedy; Charles Chaplin fue un seductor; Frida Khalo era seductora, al menos, Trotsky sucumbió ante sus poderes; Luis Miguel es un seductor; Hitler fue el gran seductor del

---

[13] En 1998 se editó en Francia la obra de J.Stengers y A. Van Eck, *L'histoire d'une grande peur, la masturbation*, Les Empécheurs de penser en rond, Paris, 1998. Según Alberto Sladogna, esos investigadores belgas "demuestran el carácter de mitología delirante producida por la medicina alrededor de esa actividad sexual. Si no se estudian con cierto detalle, fuera del mercado de la 'opinión pública', el tema, por ejemplo, del abuso sexual a infantes, nos dirigimos a la invención de otra mitología, en esta ocasión a cargo de los medios, de la justicia y de los excesos, por no decir 'abusos' cometidos con el descubrimiento hecho por Freud del *trauma psíquico*".

[14] "Carta a su santidad Juan Pablo II", México, noviembre de 1997. La misiva está firmada por Félix Alarcón, José Barba, Saúl Barrales, Alejandro Espinosa, Arturo Jurado, Fernando y José Antonio Pérez Olvera y Juan José Vaca.

pueblo alemán a través de la hipnosis de su voz, aunque muchos alemanes cayeron seducidos por su libro *Mi lucha*.

En los testimonios, Maciel es descrito como un seductor; un seductor desde el lugar de jefe sustitutivo de la figura paterna contando con el apoyo en Dios. Y como tal ejercía —ejerce— un poder de seducción. Según los relatos, con Maciel nos enfrentamos ante un gran seductor que producía obediencia ciega. Pero eso tampoco es patrimonio exclusivo de la Legión de Cristo. En la Alemania nazi, los comandos del Tercer Reich que masacraban judíos y comunistas soviéticos estaban *seducidos* por la figura de Hitler. Masacrar era un *sacrificio* en aras de la Patria.

Eso funciona también en la vida cotidiana. La seducción tiene un gran poder. No es un ejercicio del poder puro. El poder proviene de los avatares del amor y de su pareja entrañable, el odio. El poder requiere de la seducción. "Seducir" quiere decir conducir o guiar.[15] En el nazismo, la voz de Hitler era el elemento hipnótico libidinal. En el caso de la Legión de Cristo, es posible vislumbrar la participación de la voz y la palabra de Maciel como elementos de fascinación. La voz y la palabra son dos elementos constitutivos de la teología católica. La voz de Dios, la palabra divina, el verbo revelado. Una palabra y una voz transmitidas a los creyentes por una serie de intermediarios, la madre Iglesia, el papa, el obispo, el sacerdote. Esa articulación tiene un cordón umbilical para producir la sugestión o la hipnosis: la voz. En este caso, tal parece haber sido el papel de la voz de Maciel.

Señalamos esa coincidencia con el nazismo, porque en los testimonios se hace referencia a ciertas relaciones, al menos literarias, man-

---

[15] Traducido al alemán, "seducir" es *verführen*, que nos vincula con Führer: guía, conductor, y con el verbo *führen*: conducir, guiar. El prefijo *ver* es ambivalente: significa a la vez "ir más lejos, aparte", y a la vez invierte el verbo en acción contraria. Así, *verführen* significa "conducir más allá, aparte", y debido a ello, por el "camino errado o malo". *Führer* y *führen* son de uso cotidiano en Alemania. Los propagandistas de Hitler explotaron el uso cotidiano de *führen* en el adoctrinamiento cristiano histórico en Alemania y Austria, donde se enseñaba que "Cristo nos 'führea' por todos los senderos". Por lo tanto, Cristo es el *Führer*. Por eso los ideólogos del nazismo emplearon *Führer* y *führen* para Hitler y sus acciones de conducir al pueblo alemán durante el Tercer Reich y no otras voces sinónimas que existen como *Leiter* y *leiten*.

tenidas por Marcial Maciel con el régimen del Tercer Reich.[16] Se sostiene que, al igual que Hitler, Maciel era un gran publicista. Un gran "embaucador". Contamos además con otra huella: fascismo y fascinación tienen la misma raíz. Fascinación es la palabra latina para traducir el falo de los griegos. La cultura romana estaba fascinada por la cultura de los clásicos griegos. José Barba, citando a Nietzsche, describe a Marcial Maciel como "un personaje *fascinante* [subrayo] ... palabra que deriva del latín y significa crimen". Estamos ante un crimen fálico fascinante.

Pascal Quignard en *El sexo y el espanto*, escribió: "El *fascinus* es la palabra romana que significa el falo. Hay una piedra donde está esculpido un *fascinus* tosco que el escultor ha rodeado con estas palabras: *aquí habita la felicidad*".[17] A propósito de seducción, fascinar viene del latín *fascinare*, que significa embrujar, derivado de *fascinum*, embrujo. Otras derivaciones son: fascinación, fascinador, fascinante, fascismo. Es decir: falo, embrujo, fascinante, fascista. En griego, el *phallós* era el emblema de la generación presente en las fiestas báquicas. De acuerdo con los testimonios se podría hipotetizar que Maciel tomaba la droga Dolantina como una manera de embriagarse. Luego, quizá, tenía lugar la "fiesta". Además, el falo está articulado al símbolo del *fascio* italiano, el haz de espigas. Ésa era una práctica política donde Benito Mussolini ejercía el *fascinum*.

La analogía resulta interesante. ¿El fetiche fálico al interior de la Legión de Cristo? ¿Marcial Maciel como personaje fálico rodeado de un tabú, a quien en ciertas condiciones —como dice Alejandro Espinosa—, los que pertenecían a su *harén*, podían tocar? En ciertas condiciones, si se cumple con determinado ritual, es posible tocar lo sagrado. Y a Maciel no pareció que le disgustara hacerse tocar. Pero no cualquier miembro de la Legión lo podía tocar. Como dice Espinosa, sólo los miembros del harén. Es decir: cumplían un rito y tenían un "privi-

---

[16] Se afirma que leyó *Mi Lucha* y los *Diarios* de Goebbels.
[17] Pascal Quignard, *El sexo y el espanto*, Cuadernos del Litoral, Córdoba, Argentina, 2000.

legio". Vivían con ese privilegio en y a sus espaldas. El privilegio de relacionarse con el fetiche. Les estaba permitido tocar lo intocable.

En un caso tratado por Sigmund Freud, un hombre abría la ventana y se masturbaba pensando en la posible aparición de su padre muerto. En el caso de Maciel y los exlegionarios encontramos una operación inversa: "el padre los masturbaba". Eso consta en los testimonios de José Barba y José Antonio Pérez Olvera. A su vez, Barba dice: "Marcial Maciel es un animal psicológicamente interesante". Está hablando de la personalidad, del embrujo, del poder que tenía Maciel. Lo cual constata una condición compartida: los humanos son animales, que niegan su animalidad para ser reconocidos como humanos. La condición de hombre y de mujer es segunda. La primera es la animalidad. Nos guste o no, Maciel es parte de la humanidad. Así como esas prácticas sexuales que podemos criticar, no soportar o no practicar, no por eso dejan de ser prácticas humanas. La forma de practicar la sexualidad o vivir el erotismo incluye formas que uno puede calificar de "animales" o "patológicas". Sade, en cuyo "homenaje" se inventó el sadismo, es un caso nítido. Pero las "víctimas" de Sade no se colocaban como "víctimas".[18]

El místico san Juan de la Cruz dio pruebas de lo difícil del encuentro con Dios. En los testimonios, otra acepción del término "inocencia" puede ser desprotección. La inocencia es la desprotección. Allí se encontraron los exseminaristas con una figura del absoluto; Maciel, el intermediario para llegar a Dios. El estado de indefensión hace que no todos puedan lograr tener hasta el final sus referencias para mantenerse firmes, como fue el caso de Julius Fucik, quien les decía a sus verdugos: "Cuando el corazón no quiere, ni la cabeza ni el culo hablan". Fucik murió en la tortura a manos de los nazis. Se puede decir que es un caso excepcional. Como cada caso. Quizá, algún día aparezcan testimonios de otros seminaristas que rechazaron la seducción de ese personaje, Marcial Maciel, o que no les interesó o que no la necesitaban.

---

[18] Sólo Leopold von Sacher-Masoch, inventor del masoquismo, sufría como "víctima" de su amo, una mujer.

EPÍLOGO

El 7 de febrero de 2003, a un año de haber estallado el escándalo de los curas predadores en Estados Unidos, el papa Juan Pablo II aprobó en Roma los cambios en la política vaticana para acelerar la destitución de clérigos acusados de casos flagrantes de abusos sexuales.[1] Después de tanto fragor, la noticia pasó casi inadvertida.

Por esos días, el escritor y periodista estadunidense Garry Wills, ganador del premio Pulitzer, afirmó en un análisis sobre los desafíos que enfrentaba la Iglesia para mantener la unidad del catolicismo tras los escándalos sexuales que la habían sacudido, que "abusar de niños inocentes no sólo es un delito, sino uno particularmente vil". Agregó que el esfuerzo de la jerarquía católica "por encubrir casos de pedofilia que involucran a sacerdotes constituye un doble delito".[2]

Amante de la Iglesia pero "crítico leal" del papado, Wills formuló dos preguntas: "¿Acaso las autoridades eclesiásticas que hicieron esto son monstruos morales?; ¿cuáles pueden ser los motivos que las llevaron a actuar así?" Según el autor de *Lincoln at Gettysburg* y *Papal Sin: Structures of Deceit*, el razonamiento de la jerarquía fue simple: dado que la verdad salvadora del Evangelio llegará a más almas necesitadas de él si sienten que los sacerdotes que la anuncian son "sagrados", es necesario, por el "bien" de las almas y el "honor" de Dios, "mantener

---

[1] AP, "Aprueba el papa cambios contra paidófilos", *Milenio*, México, 28 de febrero de 2003.
[2] Garry Wills, "El futuro de la Iglesia", *El Universal*, México, 7 de enero de 2003.

el aura sacerdotal mediante engaños". Es decir, "hay que alimentar la verdad con mentiras".

En definitiva, y más allá de la "repugnancia" que producen los abusos, se trataba de "sacrificarse" en aras del "bien mayor" que es la Iglesia. De la lealtad a la corporación por encima de todas las cosas. *Über alles!* En esa perspectiva, los obispos estadunidenses y las autoridades vaticanas habrían pensado que estaban haciendo lo "correcto", escribió Wills. "Como su prioridad es proteger el aura divina y las consecuencias de permitir que ésta sea manchada son terribles, no dejan que la cuestión de la veracidad los distraiga de las exigencias de su tarea."

Pero más allá de distracciones y no obstante los cambios introducidos por la curia romana para aligerar las penas contra los curas pederastas, los problemas no parecían menguar para la Iglesia católica estadunidense. En abril de 2003 surgieron indicios de una nueva política de "sálvese quien pueda", cuando la diócesis de San Bernardino, en California, demandó a la arquidiócesis de Boston por encubrir al excura Paul Shanley, acusado de pedofilia. El cisma legal por problemas de dinero se sustentaba en una simple pregunta: ¿quién tiene que desembolsar de sus arcas por los pecados ajenos? Según el obispado de San Bernardino, la responsabilidad económica por la "mala conducta" de Shanley debía ser asumida por la diócesis hermana. Por eso, en una acción sin precedentes, inició una demanda judicial extraeclesiástica ante una corte pública del estado de California contra su par por "falsificación, supresión de información y negligencia" al enviarle al sacerdote pedófilo.

La base de la demanda tenía que ver con el hecho de que la jerarquía de Boston no sólo ocultó las 30 acusaciones de índole sexual que pesaban contra Shanley, sino que además escribió una carta-recomendación en enero de 1990, en la que asentaba: "Podemos asegurarles que el padre Shanley no tiene ningún problema que le pueda preocupar a su diócesis".[3]

---

[3] Rosa Townsend, "Una diócesis demanda al arzobispado de Boston por encubrir a un cura pederasta", *El País*, Madrid, 4 de abril de 2003.

A las autoridades de San Bernardino le tomó menos de tres años enterarse de las actividades non sanctas del cura abusador. Lo suspendió, pero según la habitual política de la defensa del "aura divina" —de acuerdo con la expresión acuñada por Garry Wills—, guardó el secreto. Hasta que una víctima de Shanley solicitó una elevada indemnización económica a la diócesis. Entonces el obispado de San Bernardino optó por defenderse transfiriendo la culpa a Boston, en lo que podría describirse como una "denuncia cruzada". Serían los jueces públicos del Estado-nación anfitrión quienes deberían decidir quién era responsable.

La pelea jurídica vino a reflejar que la institución eclesial antepone las finanzas a la compasión y, aún más, a la propia doctrina de la unidad, según el precepto que reza que la Iglesia católica debe "ser una en Cristo". Para el sacerdote Howard Lincoln, portavoz de San Bernardino, la motivación era más mundana: "Sólo tenemos un millón de dólares y pagar una gran indemnización nos quebraría. No creemos que nuestros feligreses tengan que cargar con las atrocidades que cometió Shanley".[4]

Por eso, el prelado de San Bernardino le pasó la pelota al nuevo arzobispo de Boston, Sean Patrick O'Malley, un fraile capuchino irlandés de 59 años, barba blanca y ojos azules, exobispo de Palm Beach, en la Florida, nombrado en junio de 2003 por el papa Juan Pablo II como sucesor del cardenal Bernard Law.

Monseñor O'Malley había enfrentado problemas similares cuando fue obispo de Fall River, Massachusetts, entre 1991 y 2002.[5] Entonces resolvió 101 demandas legales iniciadas por personas que alegaron haber sido víctima de los abusos sexuales del sacerdote James Porter, quien fue expulsado del clero y encarcelado. Seguidamente, O'Malley estableció un sistema de revisión de antecedentes y conducta de empleados y sacerdotes para impedir que se repitieran los abusos en Fall River.

Según Robert Bullock, uno de los sacerdotes de Boston que ini-

---

[4] *Ibíd.*
[5] Reuter, "Patrick O'Malley, nuevo arzobispo de Boston", *Milenio*, México, primero de julio de 2003.

ció la revuelta que llevó a la renuncia del cardenal Law, O'Malley respondió a la crisis generada por Porter "con sensibilidad y buena planificación estratégica". Los hechos parecen confirmar que Patrick O'Malley es un hombre con iniciativa. Sabedor de que arriba de su escritorio le esperaba una cartera con más de 500 demandas por supuestos abusos sexuales atribuidos a clérigos de su nueva arquidiócesis, lo primero que hizo, antes incluso de tomar posesión, fue contratar a Thomas Hannigan, un abogado experto en conciliaciones.[6]

Hannigan había ayudado a O'Malley a resolver el caso de los abusos del cura Porter en Fall River. Según *The Boston Globe*, el 8 de julio de 2003 el abogado Hannigan tuvo una primera reunión reservada con los litigantes de los demandantes y la juez Constance Sweeney, quien sigue el caso. Un mes después, una agencia noticiosa reveló que la arquidiócesis de Boston había ofrecido 55 millones de dólares para dirimir el medio millar de demandas en su contra.[7] Inicialmente, la oferta fue considerada como una "propuesta responsable" por una treintena de abogados de la parte acusadora. Aunque consideraron improbable que el ofrecimiento fuera aceptado, dijeron que era una "buena señal".

De ser aprobado, sería, con mucho, el mayor acuerdo privado destinado a resolver las acusaciones de abuso sexual cometido por sacerdotes desde que se desató el escándalo a principios de 2002. La arquidiócesis de Louisville, en el estado de Kentucky, accedió en junio de 2003 a pagar 25.7 millones de dólares a 243 personas que dijeron haber sido abusadas sexualmente por miembros del clero local. Ésa fue la mayor suma pagada en litigios de ese tipo. Pero Louisville batió otro récord: es la diócesis con la mayor proporción de curas pederastas (33 clérigos denunciados) y el "hogar" de Louis Miller, el sacerdote que más abusos sexuales ha cometido en Estados Unidos. Miller abusó de más de 180 sobre 243 presuntas víctimas, incluida su propia sobrina, quien

---

[6] EFE, "Obispo de Boston contrata abogado", *Milenio*, México, 9 de julio de 2003.

[7] AP, "Ofrecen 55 mdd por demandas de abuso sexual en Boston", *El Universal*, México, 9 de agosto de 2003.

también lo denunció. En mayo de 2003 se declaró culpable de medio centenar de casos y fue sentenciado a 20 años de prisión.[8]

Finalmente, la arquidiócesis de Boston arrebató a su homóloga de Louisville el récord en materia de indemnizaciones por prácticas pedófilas de sus sacerdotes: llegó a un acuerdo con los abogados de 542 querellantes a cambio de un pago de 85 millones de dólares, lo que aseguró a cada víctima una reparación económica de entre 80 mil y 300 mil dólares, según la severidad y duración del abuso que hubieran sufrido. El acuerdo, confirmado por un funcionario de la Suprema Corte de Suffolk, también contempló el pago de la terapia de las víctimas necesitadas de apoyo psicológico.[9] Según el abogado Mitchell Garabedian, representante legal de un centenar de demandantes, el acuerdo fue un "acto de arrepentimiento" de la Iglesia católica.

Para afrontar la situación, como había ocurrido antes en Canadá, en diciembre de 2003 el arzobispo de Boston, O'Malley, decidió poner en venta su lujosa residencia cardenalicia, un palacete de estilo italiano, ornamentado con mármol y caoba, así como la mitad del terreno en el que se ubica, unas 11.3 hectáreas de la exclusiva zona bostoniana de Brighton.[10]

Lexicón *versus* ambigüedad

En el marco de esos sucesos, el pontificado de Juan Pablo II siguió con su "cruzada sexual", con énfasis en los "desvaríos" y "anormalidades" de la comunidad gay. En abril de 2003, el Consejo Pontificio para la Familia condensó el pensamiento de la Iglesia católica actual sobre el aborto, la salud reproductiva, el control demográfico, el condón y la homosexualidad en un voluminoso diccionario, el *Lexicón*, verdadera enciclopedia de 862 páginas que analiza por orden alfabético "los

---

[8] Rosa Townsend, "Indemniza clero a niños vejados", *Reforma*, México, 12 de junio de 2003.

[9] "Arquidiócesis de Boston pagará 85 mdd a víctimas de abuso sexual", *Milenio*, México, y "Acuerda Iglesia pago a víctimas", *Reforma*, México, y *The New York Times*, 10 de septiembre de 2003.

[10] EFE, "Estados Unidos: Arquidiócesis vende", *El Universal*, México, 5 de diciembre de 2003.

términos ambiguos y discutidos sobre la familia, vida y cuestiones éticas", desde una perspectiva wojtyliana.

El autor intelectual del nuevo y polémico glosario sexual de carácter totalizador fue el cardenal colombiano Alfonso López Trujillo, presidente del Consejo Pontificio para la Familia y uno de los miembros más conservadores de la curia romana. El *Léxico de la Familia* fue la respuesta de López Trujillo a la "confusión" del mundo moderno.

Según el manual, "los homosexuales no son normales", ya que la homosexualidad se origina en un "conflicto psicológico no resuelto que no tiene ningún valor social". Agrega que quienes quieren darle a los homosexuales los mismos derechos en la sociedad (que a los heterosexuales), "niegan un problema psicológico que vuelve a la homosexualidad contra el tejido social". El Vaticano también arremete contra las leyes que permiten el matrimonio entre homosexuales, a las que describe como "producto de mentes profundamente perturbadas".

Activistas pro derechos de los homosexuales definieron el glosario como parte de una nueva "cruzada antigay" de la Iglesia católica, mediante la cual se pretende discriminar y criminalizar a quienes adoptan esa preferencia sexual.[11] Según el diputado izquierdista italiano Franco Grillini, activista gay, "estamos frente a la expresión de una verdadera obsesión homofóbica de la Iglesia. Es un tratado ético racista e insultante, donde los homosexuales son tratados con una dureza inusitada".[12]

Sin duda, un tema añejo en una Iglesia que ha condenado a los seres humanos de vocación homosexual a vivir en la catacumba de la vergüenza y el oprobio, discriminados y ridiculizados, en el marco de una cultura machista y patriarcal violenta. Conviene recordar ahora las premonitorias palabras del presidente de la Conferencia Episcopal de Estados Unidos, monseñor Wilton Gregory, pronunciadas tras la reunión que sostuvieron los cardenales estadunidenses con el papa Wojtyla

---

[11] "Divulga el Vaticano manual sexual", *El Universal*, México, 4 de abril de 2003, y Lola Galán, "El Vaticano condena en un diccionario ético el aborto, el condón y la homosexualidad", *El País*, Madrid, 5 de abril de 2003.

[12] Esteban Israel, "Molesta diccionario de la familia", *Reforma*, México, 5 de abril de 2003.

en el Vaticano, en marzo de 2002: "La lucha continúa. Es importante que se combata para que los seminarios y noviciados no sean dominados por homosexuales". Según él, el escándalo generado por la depredación de menores a manos de sacerdotes, que entonces estaba en la cresta de la ola, era, en definitiva, una cuestión homosexual. En aquel momento, el mensaje del prelado estadunidense pareció convocar a una nueva cacería de brujas. A una purga de *raritos* o *invertidos* en la Iglesia católica. Mensaje, en clave vaticana, que se hacía extensivo, ahora, a todas las sociedades de Occidente.

A finales de julio siguiente tocaría el turno a los matrimonios entre personas de un mismo sexo. En otro polémico documento de tono decididamente político, publicado por la Congregación para la Doctrina de la Fe y titulado *Consideraciones acerca de los proyectos de reconocimiento legal de las uniones entre personas homosexuales*, la Santa Sede emitió una serie de directrices a legisladores, dirigentes y funcionarios católicos —y no católicos— de todo el mundo, con el fin de que se opusieran a extender a los homosexuales los derechos garantizados a las parejas tradicionales o, si se aprueban leyes en los parlamentos en ese sentido, actuar para frenar o dificultar su aplicación.[13]

Firmado por el guardián de la ortodoxia vaticana, cardenal Joseph Ratzinger, la tajante orden ponía en evidencia la profunda preocupación con la que el papa Juan Pablo II y la curia romana observaban el comportamiento de ciertos legisladores (sobre todo angloestadunidenses y holandeses) proclives a la legalización de los enlaces homosexuales y a la adopción de menores por parte de esas parejas.[14] En

---

[13] "Documento del Vaticano contra gays" y "Enciende polémica documento del Vaticano", *Milenio*, México, 29 de julio y primero de agosto de 2003.

[14] Dinamarca se convirtió en 1989 en el primer país en reconocer los matrimonios homosexuales. Cuatro años más tarde lo hicieron Noruega y Suecia. Luego Islandia (1996), Italia (en algunas provincias, en 1998). Un año después el gobierno de Francia introdujo una ley para equiparar a las parejas homosexuales de hecho a los matrimonios tradicionales. Siguieron Holanda y Canadá (2000), Alemania (2001), Finlandia (2002), Bélgica, Croacia y Gran Bretaña (2003). En Italia y España no existe una ley que regule ese tipo de enlaces, pero algunas regiones han incorporado reformas legales. En Estados Unidos, sólo Vermont reconoció las uniones civiles de homosexuales en el año 2000, sin incluir los beneficios federales de un matrimonio regular.

realidad, el documento no incorporaba ninguna novedad sustancial sobre la tradicional postura del Vaticano acerca de la homosexualidad. Para la Iglesia católica, la razón de Estado no puede justificar leyes que no estén conformes a la ley moral natural. "El matrimonio es sagrado, mientras que las relaciones homosexuales chocan contra las leyes naturales", advertía el texto. Según esto, si legaliza las uniones, el Estado deja de cumplir el deber de defensa de una institución esencial para el bien común: el matrimonio heterosexual, donde el placer nunca puede ser un fin en sí mismo sino un medio para la procreación.

De inmediato, altos funcionarios de la Iglesia católica en el mundo hicieron eco a la voz de mando. En Uruguay, por ejemplo, el arzobispo Nicolás Cotugno declaró que la homosexualidad es "una enfermedad contagiosa", recomendó aislar a sus portadores y comparó el matrimonio homosexual con "la unión entre un hombre y un animal".[15] El pronunciamiento de monseñor Cotugno provocó inquietud al escritor Eduardo Galeano, quien dirigió un par de preguntas a los "sexólogos celestiales": "Si el matrimonio heterosexual es una 'ley natural', ¿por qué ustedes no se casan? Y si los homosexuales contradicen 'el plan de Dios', ¿por qué Dios los hizo así?".[16]

Pero un hecho llamó la atención: aunque el documento vaticano tenía como fecha oficial el 3 de junio de 2003 y había sido aprobado por el papa Juan Pablo II y ordenada su publicación desde el 28 de marzo anterior, fue divulgado el 31 de julio, un día después de que el presidente de Estados Unidos, George W. Bush dijera en Washington que el matrimonio sólo podía ser válido entre un hombre y una mujer, y de que sugiriera que la Casa Blanca estaba preparando un proyecto de ley para reforzar esa postura.[17] El jefe de la Oficina Oval también dio a entender que la homosexualidad era "moralmente incorrecta",

[15] Eduardo Galeano, "El peligroso arco iris", semanario *Brecha*, Montevideo, 29 de agosto de 2003.

[16] *Ibíd.*

[17] AFP, "Bush desata la indignación gay", *Milenio*, México, 3 de agosto de 2003.

cuando contestó una pregunta sobre el matrimonio gay, diciendo: "Soy consciente de que todos somos pecadores".[18]

El texto de la exCongregación de la Universal Inquisición, que pertenece a un sacro Estado independiente con sede en la Ciudad del Vaticano, tuvo la declarada intención de intervenir en los asuntos internos de Estados-nación seculares y de presionar en la definición de sus leyes y políticas públicas, bajo el pretexto de "iluminar" a los políticos ante proyectos de ley concernientes a las uniones entre personas homosexuales. La Santa Sede y la jerarquía católica tienen ciertamente todo el derecho a expresar su opinión sobre ese asunto. Pero como dijo el investigador mexicano Roberto Blancarte, "a lo que no tienen derecho es a imponer su visión doctrinal a aquellos, católicos o de otra religión, que no comparten dicha perspectiva".[19]

Por eso, cuando la Iglesia católica pasa de ser una pretendida instancia moral privada, que da su orientación sobre distintos aspectos doctrinales de su religión y se convierte en lo que Blancarte llamó "una especie de grupo de presión global", para influir en las legislaciones y políticas públicas de Estados-nación seculares y soberanos, se está adentrando una vez más en terrenos pantanosos. En tal circunstancia, la Iglesia católica se transforma en un "superpartido político" privado de nivel multinacional, que busca imponer un determinado orden social a todos los habitantes del orbe, sean católicos o no, compartan su visión doctrinal; un imperialismo agresivo militante.

[18] El 18 de noviembre de 2003, la Suprema Corte de Massachusetts, considerado el estado más liberal de Estados Unidos, falló a favor del matrimonio entre homosexuales, alegando que impedir a las parejas gay que reciban los beneficios del casamiento es "inconstitucional". Ese día, desde Londres, Bush condenó la resolución y anunció que haría todo lo posible para hacer respetar el "carácter sagrado" del matrimonio. Una vez más, el 10 de febrero de 2004, un trascendido de la Casa Blanca, recogido por *The Washington Post*, indicó que el presidente Bush buscaría "abortar las bodas gay". Un par de días después, la municipalidad de San Francisco procedió a casar unas mil 700 parejas del mismo sexo. El nuevo alcalde demócrata Gavin Newsom, decidió celebrar la máxima cantidad de uniones entre homosexuales y lesbianas, ilegales en California, antes de que la justicia se lo impidiera. "Es ahora o nunca", dijo a la AFP David Hersh, aludiendo a grupos conservadores que buscaban interrumpir las ceremonias.

[19] Roberto Blancarte, "¿Son los homosexuales un riesgo para la humanidad?", *Milenio*, México, 5 de agosto de 2003.

En ese caso, como apuntó a su vez el escritor Mario Vargas Llosa, no parece funcionar para nada aquella sabia distinción evangélica entre lo que es del César y lo que es de Dios: "el documento entra a saco en la vida política y da instrucciones inequívocas y terminantes a los católicos para que actúen en bloque, disciplinados y sumisos como buenos soldados de la fe".[20]

Para el teólogo de la liberación Leonardo Boff, la Iglesia wojtyliana vive un "sueño medieval de hegemonía política". El exfraile franciscano declaró a la radio brasileña CBN que el Vaticano está equivocado al ubicar la homosexualidad como "desvío de la naturaleza" y al impedir que dos personas de un mismo sexo puedan ejercer una relación de amor.[21] La filípica antihomosexual del Vaticano provocaría reacciones en las comunidades gays de todo el mundo. El 31 de julio, una foto de la agencia noticiosa Reuters que dio la vuelta al mundo exhibía a un manifestante homosexual, en la Plaza de San Pedro, en Roma, con un cartel que decía: "No a Dios, ateísmo es libertad. Democracia sí, teocracia no". Políticos católicos como el senador estadunidense Edward Kennedy y el primer ministro canadiense Jean Chrétien también rechazaron el *ukase* (edicto) vaticano. "La Iglesia católica debe ocuparse de religión y no de tomas de posición política", declaró el miembro de la dinastía Kennedy.

En México, el periodista y conductor de radio y televisión Álvaro Cueva comentó acerca de las "consideraciones" vaticanas que "es perverso que un hombre quiera a otro, pero no que existan sacerdotes que violen niños y que luego los obliguen a guardar silencio".[22] El documento, criticado por ser vehículo de discriminación homofóbica y claro ejemplo de una doble moral —"manifiesto cavernícola" lo calificó Vargas Llosa—, resultó un tanto sorprendente luego de las experiencias vividas en carne propia por la Iglesia católica, con sus dramáticos

---

[20] Mario Vargas Llosa, "El pecado nefando", *Reforma*, México, 10 de agosto de 2003.

[21] Flavio Freire y Roberta Jansen, "Leonardo Boff: 'Igreja vive sonho medieval'", *O Mundo*, Sao Paulo, y "Desata críticas la ofensiva papal contra los matrimonios entre gays", *La Jornada*, México, 2 de agosto de 2003.

[22] Álvaro Cueva, "Homosexuales, locas y casadas", *Milenio*, México, 10 de agosto de 2003.

escándalos de pedofilia, acoso sexual y homosexualidad escenificados en parroquias, seminarios, colegios y centros de animación cultural y recreativa, que sacaron a la luz pública un lastimoso trasfondo de "sexualidad pervertida" al amparo de un "poder sagrado" que es usado para dominar.

Quedó la impresión de que el documento de Ratzinger no tenía como fin tanto contener la marea de permisividad y tolerancia en materia sexual que ha ido invadiendo toda la cultura occidental,[23] como poner orden en la propia Iglesia católica, donde, precisamente a raíz de los escándalos de pedofilia, abusos y acoso sexual que involucraron a cardenales, obispos, sacerdotes, religiosos y religiosas, era ya público un estado de cosas que, para utilizar la retórica tan cara al papa Wojtyla y su gran inquisidor, Ratzinger, podría describirse como de "profunda descomposición moral", amén de que estaba costando cientos de millones de dólares.

Parecía increíble que después de Freud, de lo que la ciencia ha ido revelando al mundo sobre las pulsiones, instintos, deseos y fantasías sexuales y de la reciente y vergonzosa experiencia vivida en su propio seno, que sugería una actitud más cauta, comprensiva y tolerante de la Iglesia católica con el tema de la homosexualidad, en nombre de una supuesta "normalidad" representada por la heterosexualidad, el teutón Ratzinger —con el aval del papa— se empecinara en imponer su doctrina dogmática, anacrónica, estática, homofóbica e intolerante, casi al mismo tiempo que la Iglesia episcopal, una rama estadunidense de la confesión anglicana, aprobaba la elección de su primer obispo ho-

---

[23] Un fenómeno que se refleja en la poderosa industria de la televisión estadunidense, formadora de opinión pública, que ha sido "inundada" de programas de temática gay transmitidos en horario estelar, como *Will & Grace, Boys Meet Boys* y *Queer Eye the Straight Guy*. Los productores de televisión perciben signos de cambio en el público estadunidense que es ahora más tolerante con los homosexuales. A modo de ejemplo citan la apertura de una escuela para homosexuales en Nueva York; el fallo del Tribunal Supremo de Justicia que anuló una ley del estado de Texas que penalizaba la sodomía como una práctica sexual "antinatural"; y la elección de un obispo declarado gay en la Iglesia episcopal de New Hampshire. Incluso en la televisión mexicana se transmite sin censura *Queer as Folk*, la serie gay inglesa que revolucionó al mundo en 1999.

mosexual declarado. ¿O fue tal vez precisamente por eso que el Vaticano se apresuró a sacar su segundo documento sobre el tema en un año?

En efecto. En una histórica y discutida decisión que podría dividir a la congregación episcopaliana estadunidense y perjudicar sus vínculos con el anglicanismo mundial, y tras una demora provocada por acusaciones de pornografía a través de la Internet y de acoso sexual (por haber manoseado a un hombre), que finalmente fueron desestimadas, el 5 de agosto de 2003 la Convención General Episcopal aprobó en Minneapolis, Minnesota, la designación del reverendo Canon V. Gene Robinson como obispo de la diócesis de New Hampshire.

La Iglesia episcopal, que cuenta con 2.3 millones de integrantes en Estados Unidos, ya permitía que clero homosexual trabajara en sus parroquias e incluso contaba con obispos gay que no habían declarado su orientación sexual (un hecho evidente, también, en la Iglesia católica). Robinson, de 56 años, divorciado y padre de dos hijos,[24] ha vivido con su compañero masculino, Mark Andrew, desde 1989.[25] La elección del nuevo obispo de New Hampshire fue resultado de una votación de 62 a 45 favorable a Robinson. Para los obispos y delegados seculares que apoyaron al clérigo homosexual el asunto era simple: el modo de Dios era hacer de la Iglesia algo incluyente. Y para ellos —según destacó Immanuel Wallerstein— inclusión significa aceptar a los gays y lesbianas en la Iglesia episcopal, "en tanto practican un método alternativo de amor humano, y como tal, la sexualidad del sacerdote es irrelevante para la consagración de él-ella como obispo".[26]

En Londres, el arzobispo de Canterbury, Rowan Williams, primado y líder espiritual de la Iglesia anglicana (que no tiene los poderes disciplinarios del papa católico), pidió cautela y vaticinó que tras la

[24] Diferentes credos evangélicos cuentan con mujeres sacerdotisas u obispas, que al igual que los sacerdotes no están obligados al celibato y pueden optar por el matrimonio. Los únicos que hacen voto de castidad son los frailes y monjas episcopalianos, pero ése no es el caso del nuevo obispo de New Hampshire.

[25] "Eligen los anglicanos a su primer obispo homosexual", El Universal, México, 6 de agosto de 2003, y "Prevén tiempos difíciles en la Iglesia anglicana", Milenio, México, 7 de agosto de 2003.

[26] Immanuel Wallerstein, "Los anglicanos, en el norte y en el sur", La Jornada, México, 30 de agosto de 2003.

designación del primer obispo gay declarado venían "tiempos difíciles" para esa comunidad religiosa.[27] Ante el riesgo de una escisión, Williams convocó a una reunión especial de primados de todas las iglesias anglicanas del mundo para discutir las consecuencias de dicha acción. Iglesias anglicanas de varios países en desarrollo, en particular la de Nigeria, que cuenta con 17.5 millones de fieles, advirtieron que se escindirían si Robinson era confirmado como obispo.

A pesar de la amenaza de un cisma, el 2 de noviembre de 2003 el reverendo Canon V. G. Robinson fue consagrado como el primer obispo abiertamente homosexual en la historia de la cristiandad. La ceremonia, a la que asistieron cuatro mil fieles, incluido un coro de 300 cantantes, los dos hijos y la madre de ellos, fue celebrada en el estadio de hockey sobre hielo de la Universidad de New Hampshire, en la ciudad de Durham.[28] Previo a su ordenación, ante el clima adverso que había desatado su nombramiento, un angustiado Robinson confió a un grupo de feligreses que "Dios desea que continúe, no mi propio ego".[29]

Luego de que 55 obispos posaron sus manos sobre él, para consagrarlo, Robinson recibió el título de obispo coadjutor, con derecho a suceder de manera automática al titular de la diócesis de New Hampshire, Douglas Theuner, cuando éste se retire. Ante el edificio, un grupo de manifestantes mostraron pancartas que rezaban "Dios odia a los homosexuales", al tiempo que varias iglesias anglicanas conservadoras organizaron oficios paralelos en protesta por su consagración. "Sospecho que [...] vendrán otras consagraciones y se recibirán abiertamente a personas gay y lesbianas en posiciones de liderazgo (dentro de la Iglesia). Pido por ello", dijo Robinson. Liberales anglicanos elogiaron la designación del nuevo obispo de New Hampshire, ya que "pone fin a la hipocresía y a la doble moral" dentro de la Iglesia.[30]

---

[27] *Milenio*, 7 de agosto de 2003.

[28] Agencias, "Consagran al primer obispo anglicano gay", *Milenio*, México, 3 de noviembre de 2003.

[29] AP, "Dios desea que continúe: obispo anglicano", *Milenio*, México, 20 de octubre de 2003.

[30] Reuters, "Niega sector anglicano reconocer a obispo gay", *Reforma*, México, 4 de noviembre de 2003.

415

En ese contexto debían ubicarse las últimas declaraciones de condena a la homosexualidad de la Casa Blanca y la Santa Sede. Según la teoría junguiana de la sincronicidad, todo lo que es afín se atrae de una u otra forma. En tal perspectiva, las declaraciones de Bush y el documento vaticano no parecieron fruto de una simple "coincidencia" en el tiempo, y más bien, como señaló Ignacio Solares, aparecieron como "piezas complementarias" de un mismo rompecabezas. En las circunstancias en que se dieron ambos hechos, "la campaña del Vaticano en contra de las parejas homosexuales se vuelve abiertamente política, y la del presidente Bush se vuelve... abiertamente teológica. Unidas conforman el que, quizá, será el modelo para armar de la divinidad del siglo XXI", escribió Solares.[31]

El caso Maciel a la ONU

Por su parte, el caso Maciel había dado un nuevo giro. Ante la negativa de la Santa Sede de investigar las denuncias sobre los presuntos abusos sexuales cometidos por el sacerdote Marcial Maciel Degollado, el asunto fue presentado al Comité de los Derechos del Niño y de la Juventud de la Organización de las Naciones Unidas.

Los ocho querellantes[32] presentaron una demanda civil ante el comité de la ONU en Ginebra el 9 de octubre de 2002, y ahora esa instancia debería investigar no sólo las acusaciones de pederastia que pesaban sobre el fundador de la Legión de Cristo, sino también el posible "delito de encubrimiento" a un delincuente (Maciel) por parte de la Santa Sede y del propio papa Karol Wojtyla, considerado "amigo personal y protector" de Maciel.[33]

---

[31] Ignacio Solares, "La Iglesia y Bush en guerra con los homosexuales", *Proceso*, México, 10 de agosto de 2003.

[32] Las quejas ante el comité de la ONU fueron suscritas por los exlegionarios José Barba Martín, Arturo Jurado Guzmán, Félix Alarcón Hoyos, Saúl Barrales Arellano, Fernando Pérez Olvera, Alejandro Espinosa Alcalá, José Antonio Pérez Olvera y Juan Vaca Rodríguez.

[33] Rodrigo Vera, "Los abusos sexuales de Marcial Maciel, a la ONU", *Proceso*, México, 2 de marzo de 2003.

En sendas sesiones, celebradas en el Palacio de las Naciones y en el Palacio Wilson, José Barba y Arturo Jurado, mandatarios legales del grupo, expusieron y entregaron un documento con los pormenores del caso ante el presidente del Comité de los Derechos del Niño, el holandés Jacob Egbert Doek y sus demás miembros.[34] El documento de nueve páginas señala la naturaleza "dual y ambivalente" de la Iglesia católica, ya que "a su propia discreción" convierte "el crimen en pecado", y por ese simple acto de "transustanciación conceptual", quita a los creyentes católicos "su capacidad y su derecho de buscar la justicia dentro de la misma Iglesia", la cual, según su conveniencia, "se mezcla con la humanidad", es "encarnación de la salvación", o bien, puede "encerrarse dentro de la fortaleza de su soberanía como Estado civil".[35] Para los querellantes, en pleno siglo XXI, las autoridades vaticanas siguen utilizando un derecho canónico propio de la Edad Media.

En declaraciones al periodista Rodrigo Vera, de la revista *Proceso*,[36] José Barba adujo las razones que, como "ciudadanos" y ya no como miembros de la Iglesia católica, los llevaron a dar ese paso:

Pese a todas nuestras pruebas, el Vaticano no quiso abrir un proceso canónico contra Marcial Maciel. No nos escuchó. Por eso nos vimos obligados a acudir a la ONU. Y hoy los casos de abuso sexual de Maciel no son toda la cuestión. Está también el encubrimiento del Vaticano a un delincuente. Hasta el papa lo protege.

Según Barba, si la Santa Sede continúa en su posición de trasmutar el crimen en pecado y convierte el caso Maciel en una "cuestión de Estado", le estará dando preferencia al superior de la Legión por encima de la norma. A su vez, otro de los querellantes, Arturo Jurado,

[34] El Comité de los Derechos del Niño de la ONU en Ginebra está integrado, además, por el italiano Luigi Citarella, Abdul Aziz Al-Sheddi, Ghalia Mohd Bin Hamad, Marilia Sardenberg, Judith Karp, Moushira Khattab y Saisuree Chutikul.
[35] Rodrigo Vera, *op. cit.*
[36] *Ibíd.*

417

declaró que "el papa puede salir mal parado, puesto que es considerado amigo personal y protector de Maciel [...] Un crimen es un crimen".[37]

En febrero de 2004, José Barba confirmó que el caso estaba en manos de abogados. Pero explicó que es materia difícil:

> ¿A quién puede llamar a declarar el comité de la ONU? ¿A la Iglesia, cuyo reino no es de este mundo? ¿Al Estado Vaticano, que ha contraído obligaciones ante la organización mundial, como las demás naciones, pero que se ubica en un plano superior a éstas? ¿Qué nos deja un litigio ante la Santa Sede? ¿Apelar a Dios? Existe una trinidad perversa, por el manejo que hace Roma de sus tres identidades. Lo que le sirve para burlar al ciudadano y a la justicia civil, a través de una transustanciación de conceptos usados a conveniencia.
>
> La Iglesia crea Luteros a gusto. La Iglesia aliena; no el cristianismo. Este papa va a tener que responder ante la historia.[38]

La ley del silencio

Finalmente, una noticia trágica vino a cerrar el ciclo iniciado a comienzos de 2002: el exsacerdote John Geoghan, uno de los principales detonantes de la crisis de los curas pederastas, murió víctima de estrangulamiento en el hospital de la Universidad de Massachussets. El exclérigo de 68 años purgaba su condena en el Centro Correccional Souza-Baranowski, unos 50 kilómetros al norte de Boston, donde era retenido bajo custodia preventiva en un pabellón especial de seguridad de 24 celdas, para protegerlo de la población general de la cárcel.[39]

Su victimario fue Joseph L. Druce, de 37 años, sentenciado a cadena perpetua en 1989 por asesinato, robo a mano armada y otros delitos. Druce, quien había manifestado una gran aversión hacia ho-

---

[37] *Ibíd.*

[38] Entrevista telefónica con el autor, México, 16 de febrero de 2004.

[39] AP, "Estrangulan en prisión a excura pedófilo", *Milenio*, México, y Rosa Townsend, "La policía de Estados Unidos identifica al preso que asesinó al cura pederasta", *El País*, Madrid, 25 de agosto de 2003.

mosexuales, negros y judíos, siguió a Geoghan a su celda, bloqueó el
sistema electrónico de la reja y lo maniató y amordazó con una sábana.
Después saltó varias veces sobre el cuerpo del exsacerdote desde una
cama y lo golpeó. Al final, lo estranguló. Cuando siete u ocho minutos
después el guardia de turno logró desbloquear la reja, Geoghan fue trasladado al hospital. Pero era tarde, expiró.[40]

Druce era miembro del grupo neonazi Nación Aria y estaba preso por haber estrangulado a un conductor de autobuses gay 15 años
atrás. Según el fiscal del distrito de Worcester, John Conte, Druce se
mostró orgulloso de su nuevo crimen. Se habló de "odio homofóbico".
De acuerdo con un código interno de todas las prisiones, los violadores y pedófilos ocupan el sótano "social" del inframundo carcelario;
son considerados por los demás reos como delincuentes despreciables.
El excura era asimilado a esa categoría por sus compañeros de reclusión.
No está clara la causa, pero lo cierto es que Druce envió a Geoghan al
infierno, sea lo que éste sea. Le aplicó el rock de la cárcel. Una *ley del
silencio* tanto o más violenta que la que por años había aplicado el Vaticano para silenciar los crímenes del "padre" John.

Apenas una semana antes, el diario británico *The Observer* había divulgado un documento confidencial de la Santa Sede, escrito en
latín, donde se ordenaba a los obispos católicos de todo el mundo, incluidos los del rito oriental, manejar los casos de abusos sexuales del
clero en el más "estricto secreto... bajo pena de excomunión".[41] El texto de 69 páginas, titulado *Crimine solicitacionis* (Delito de solicitación),[42]
está fechado en 1962 y su autenticidad fue confirmada por autoridades de la Iglesia católica de Inglaterra y Gales. El documento se centra

---

[40] AP, "Víctimas lamentan asesinato de Geoghan", *Milenio*, México, 26 de agosto de 2003.

[41] Anthony Barnett, "Vatican Told Bishops to Cover Up Sex Abuse: Expulsion Threat in Se-
cret Documents", *The Observer*, 17 de agosto de 2003; "Ocultó el Vaticano casos de abusos sexuales: *The Observer*", *La Jornada*, México, y "El Vaticano ordenó a los obispos, en 1962, ocultar
los abusos sexuales", *El País*, Madrid, 18 de agosto de 2003.

[42] El tema de las normas vaticanas de 1962, sobre *Crimine sollicitationis ad turpia* fue abordado
en el capítulo Los *delicta graviora* y la tolerancia cero, en el acápite "Justicia divina para predadores".

en el abuso sexual derivado de la relación confesional entre un clérigo y un penitente, pero también se refiere a lo que califica como "el peor de los delitos", concepto que abarca "cualquier acto externo obsceno, gravemente pecaminoso, perpetrado de cualquier manera por un clérigo, o que éste ha intentado cometer, con una persona de su propio sexo" (numeral 71), o "con jóvenes de cualquier sexo o con bestias brutas [*bestialismo*]" (numeral 73). Según las instrucciones, todos esos casos debían ser "diligentemente almacenados en los archivos secretos de la curia (romana)", bajo el rótulo "estrictamente confidencial". Asimismo, se instaba a la propia víctima a hacer un juramento de guardar secreto, bajo amenaza de excomunión. El documento estaba firmado por el papa Juan XXIII.

El hecho de que el cardenal Joseph Ratzinger refrendara la vigencia del documento en una carta enviada a todos los obispos católicos del orbe en mayo de 2001 (*motu proprio Sacramentorum sanctitatis tutela*, suscrito por el papa Juan Pablo II el 30 de abril de 2001), apenas unos meses antes de que estallara el escándalo de los abusos sexuales en Estados Unidos, vino a desmentir las versiones interesadas acerca de que el caso de los curas predadores era un "fenómeno moderno". Según el abogado texano Daniel Shea, que defiende a varias víctimas de abusos, "la instrucción comprueba que hubo una conspiración internacional por parte de la Iglesia para acallar el asunto. Fue un intento engañoso para ocultar conductas criminales y es un programa detallado de acción para la decepción y el ocultamiento".[43]

A su vez, el sacerdote Thomas Doyle, capellán de la Fuerza Aérea de Estados Unidos en Alemania y especialista en derecho canónico, declaró a *The Observer* que el documento de 1962 "es sin duda una indicación de la obsesión patológica que la Iglesia católica tiene por el secreto, pero por sí sola no es una pistola humeante". Pero agregó que si la instrucción vaticana ha sido realmente la base de una política continua para encubrir crímenes del clero a toda costa e intimidar a las víc-

---

[43] Anthony Barnett, *op. cit.*

420

timas para que guardaran silencio, se estaría ante "un programa detallado de acción para el encubrimiento".[44]

La lectura de la instrucción sobre el delito de solicitación (véase anexo), permite confirmar las presunciones de Shea y Doyle. Pero, por otra parte, torna inexplicable el comportamiento de la Santa Sede y la jerarquía de la Iglesia católica con respecto al caso de Marcial Maciel Degollado, en cuanto a no iniciarle juicio o abrir tan siquiera una investigación. Varias de las consideraciones que incluye el documento, tipificadas como "herejía" o delito "gravemente pecaminoso", lo hacían merecedor de una "vigilancia particular" (Canon 2311). De acuerdo con los testimonios notariales que los exlegionarios elevaron al Vaticano, la situación de Maciel debería ser analizada en base a los numerales 62, 63 y 64 de la instrucción, que aluden a "falsas enseñanzas" o "falso misticismo", "depravación", "repetición del delito" y "malicia obstinada", así como en lo referido a la "absolución del cómplice", agravado todo ello por enmarcarse bajo el concepto de "el peor de los delitos" (pedofilia).

De lo que no queda duda, es que el asunto seguía preocupando al papa. El 6 de febrero de 2004, en su discurso a los participantes en la sesión plenaria de la Congregación para la Doctrina de la Fe, Karol Wojtyla hizo referencia a "una cuestión delicada y actual": el aumento de "delitos contra las costumbres" atribuidos a sacerdotes. En particular, la pederastia.[45]

Al mencionar el "notable aumento" registrado en el último bienio del número de "casos disciplinares" ligados a la competencia de la Congregación para la Doctrina de la Fe, "en virtud de la materia (*ratione materiae*) sobre *delicta graviora*, incluidos los *delicta contra mores*, el papa instruyó aplicar las normas canónicas con "justicia y equidad" y, una vez comprobado el delito, "evaluar bien, tanto el principio de la proporcionalidad entre la culpa y la pena, como la exigencia predominante de

---

[44] *Ibíd.*

[45] Zenit, "El papa exige prevenir en los seminarios la conducta inmoral de sacerdotes. Recuerda la necesidad de aplicar las penas canónicas, en defensa del Pueblo de Dios", Ciudad del Vaticano, 6 de febrero de 2004.

421

tutelar al Pueblo de Dios". Pero advirtió que el problema del escándalo de los clérigos pederastas no se resuelve sólo con la aplicación del derecho canónico: "Su mejor garantía está en la formación justa y equilibrada de los futuros sacerdotes [...] llamados a abrazar (un) estilo de vida humilde, modesto y casto, que es el fundamento práctico del celibato eclesiástico".

El 21 de noviembre de 2003, la imagen glamorosa del sospechoso número 621785, Michael Jackson, fichado por la policía de Santa Bárbara, California, como presunto pederasta, daba la vuelta al mundo.[46] El Rey del Pop, de 45 años, había sido acusado por "múltiples cargos" de abuso sexual contra menores, pero evitó pisar la cárcel tras depositar una fianza de tres millones de dólares.[47] Jackson rechazó los cargos. Entrevistado por Ed Bradley, en el programa *60 Minutes*, dijo que no hay nada malo en dormir con niños. "Si tienes la intención de ser un pederasta, de ser Jack el Destripador, de ser un asesino, no es una buena idea, pero no lo soy".[48]

En agosto de 1993, un niño de 13 años alegó que Jackson había mantenido actos sexuales impropios con él en más de una oportunidad. El cantante alcanzó un acuerdo por un valor millonario con la familia de la presunta víctima, que nunca llegó a presentar cargos penales en su contra.[49] El 16 de enero de 2004, al comparecer por vez primera ante una corte californiana, el multimillonario astro del pop convirtió la instancia en un "circo", según dijo el portavoz de la policía local, Chris Vaughan. Michael Jackson, quien asistió a la cita custodia-

[46] Según consignó la corresponsal Nora Alicia Estrada, "más que una placa de fichaje, el Departamento del Sheriff de Santa Bárbara le imprimió a Michael Jackson una credencial con una foto en la que parece estar listo para ir a una gala hollywoodense [...] luce maquillado, con ojos y cejas delineados, rímel en las pestañas, labios color carmesí y la cabellera peinada cubriendo su cara. En la foto no aparece el número del fichaje", sección Gente, de *Reforma*, México, 22 de noviembre de 2003.

[47] AFP, "Michael: sospechoso núm. 621785", *Milenio*, México, 22 de noviembre de 2003.

[48] Reuters, "Niega ser pederasta", *El Universal*, México, 27 de diciembre de 2003.

[49] AFP, "Pronostican será el juicio del siglo", *Milenio*, México, 24 de noviembre de 2003.

do por integrantes del grupo musulmán negro la Nación del Islam, se declaró inocente de las acusaciones de pedofilia. En caso de ser declarado culpable podría purgar una pena de 20 años de cárcel. Estados Unidos se preparaba para un nuevo "juicio del siglo", que podría eclipsar al del futbolista O. J. Simpson, por asesinato y al del basquetbolista Kobe Bryant, por violación.

Los escándalos sexuales habían llegado para quedarse y no involucraban sólo a sacerdotes de la Iglesia católica. Aunque no se trataba de un consuelo de tontos. Como había advertido durante la última conferencia anual del episcopado estadunidense, su presidente, Wilton Gregory, habría "más pena y sufrimiento".[50] Y de eso estaba enterado el papa. Pronto se sabría que al menos cuatro mil 450 sacerdotes habían sido acusados de abusos sexuales contra menores de entre 7 y 17 años, en el periodo comprendido entre 1950 y 2002, sólo en Estados Unidos.

El dato era parte de un informe preliminar difundido por la cadena de televisión CNN, el 16 de febrero de 2004.[51] Preparado por laicos de la escuela universitaria John Jay de justicia criminal, con sede en Nueva York, a pedido de la conferencia de obispos, el documento consignaba alrededor de 11 mil incriminaciones, de las cuales 6,700 fueron investigadas y se confirmó su veracidad, otras mil se revelaron falsas y 3,300 no fueron estudiadas porque los clérigos implicados ya habían muerto en el momento de la acusación. Más de la mitad de los sacerdotes (2,430), tuvieron por lo menos una acusación en contra, mientras que 25% (1,112) fue objeto de dos a tres y 13% (578) fue reportado con cuatro y hasta nueve denuncias. Un 3% (147 sacerdotes) apareció con 10 o más acusaciones, y de acuerdo con el informe preliminar, ese porcentaje de prelados sería responsable de abusos contra tres mil menores. En cuanto a las víctimas, 78% se ubicaron entre los 11 y 17 años; 16% entre 8 a 10 años, y 6% fueron niños de 7 años o menos.

[50] Alfredo Lorence, "Los homosexuales no son pecadores, sólo sus actos", *Milenio*, México, 14 de noviembre de 2003.

[51] Agencias, "Más de 4 mil curas acusados de pederastia", *La Jornada*, México; "Más de 4 mil curas de Estados Unidos, involucrados en casos de pedofilia", *Milenio*, México; "Más de 4 mil sacerdotes pedófilos en Estados Unidos", *El Independiente*, México, 17 de febrero de 2004.

Al conocer los datos del informe, David Clohessy, miembro de la Red de Sobrevivientes de Abusados por Sacerdotes, declaró que las cifras le parecían bajas. "Los obispos han tratado de ocultar esto durante años, por lo que no hay razón para creer que de pronto van a cambiar su forma de obrar. La única cosa prudente es asumir que ésta no es toda la verdad."[52]

A modo de conclusión, se puede especular que si la teoría de la sincronicidad es verosímil, resulta manifiesto que a partir de esa coincidente guerra contra los homosexuales, el Dios de Juan Pablo II y el de Bush tendrán cada vez más afinidades, hasta conformar por fin lo que podría volverse el "arquetipo divino" del nuevo siglo, bajo el cual podremos "guiarnos" y ser incluso "iluminados".

De ser así, algunos aspectos de las teorías de la conspiración que rondaron el escándalo de los curas pederastas a comienzos de 2002 podrían tener algún asidero. Por ejemplo, las que sostienen que en afán de preservar su contrarreforma y el modelo de cristiandad tridentino, neoconservador, vertical y autoritario, el papa Juan Pablo II podría haber restablecido una alianza táctica con el gobierno de Estados Unidos, controlado ahora, como en los tiempos de Ronald Reagan —con quien Wojtyla se alineó en la lucha contra el "comunismo" soviético y sus supuestas expresiones latinoamericanas: el sandinismo, Cuba, las guerrillas y la teología de la liberación—, por un grupo de cristianos *renacidos* fundamentalistas y ultranacionalistas en alianza con neoconservadores de la extrema derecha sionista, discípulos del filósofo Leo Strauss y partidarios de la "guerra total".

Cabe consignar que el caso de los curas pedófilos le valió al periódico *The Boston Globe* el premio Pulitzer 2003 al servicio público, por su "cobertura amplia y valiente del abuso sexual cometido por sacer-

---

[52] *La Jornada, Milenio, El Independiente,* México, 17 de febrero de 2004.

dotes, un esfuerzo que penetró el secreto, provocó reacciones locales e internacionales y produjo cambios en la Iglesia católica".[53]

En el ambiente provinciano y cerrado de México, el año 2004 inició con una renovada cruzada de los grupos ultraconservadores católicos —apoyada por algunos jerarcas del episcopado— contra la *píldora del día siguiente*, el método de anticoncepción de *emergencia* que bloquea o retrasa la ovulación, o impide la anidación de un óvulo fecundado en la pared del endometrio. El método fue recomendado por la Organización Mundial de la Salud, en 1995, para los programas de salud pública, pero es considerado "abortivo" por la Iglesia.[54]

La arquidiócesis primada de México acusó al gobierno de Vicente Fox y a las autoridades de salud de convertirse en "verdugos" y llevar a cabo "un genocidio de inocentes",[55] y su titular, el cardenal Norberto Rivera, sacó la amenaza de la excomunión y la blandió como arma flamígera fast track en contra de las mujeres católicas que se atrevieran a tomar ese anticonceptivo postcoital, cuya denominación farmacéutica comercial es levonorgestrel.[56]

El príncipe de la Iglesia asustaba otra vez con el petate del muerto. Pero en la coyuntura perdió la pelea; la satanización de la píldora no pasó. Una sociedad secularizada y que está creciendo en su conciencia

[53] "Gana Pulitzer *Boston Globe* por el caso de curas paidófilos", *Milenio*, México, 8 de abril de 2003.

[54] La polémica se originó a raíz de modificaciones introducidas por la Secretaría de Salud a la Norma Oficial Mexicana (NOM) 005-SSA2-1993, en particular en el capítulo titulado "anticoncepción hormonal poscoito", que incorporó la píldora de anticoncepción de emergencia y al condón femenino como métodos de planificación familiar. La medida, introducida por las autoridades sanitarias con base en evidencias científicas, está dirigida a enfrentar un grave problema de salud pública derivado de embarazos no deseados debidos a falla de métodos anticonceptivos o a violencia sexual en contra de las mujeres. La principal oposición de la Iglesia católica se basa en la suposición de que el levonorgestrel, que es el más importante principio activo de ese tipo de anticoncepción hormonal, impide la implantación en el útero del óvulo ya fecundado.

[55] Carolina Gómez Mena, "Con la píldora de *emergencia* se comete genocidio, según la Iglesia", *La Jornada*, México, 27 de enero de 2004.

[56] Jenaro Villamil, "El Amaro del día siguiente", *La Jornada*, México, primero de febrero de 2004, y Roberto Blancarte, "¿80 millones de excomulgados? (o nada más cien?)", *Milenio*, México, 3 de febrero de 2004.

425

crítica, rechazó la aplicación irracional del dogma.[57] Gracias a Dios, cada vez más ciudadanas y ciudadanos mexicanos informados[58] toman menos en cuenta la pedagogía de la prohibición utilizada por una "policía clerical mirona y perversa".[59]

Pero eso sí: el caso del cura Maciel y sus dislates sexuales siguió bajo un manto de silencio.[60] Igual que en Roma, donde el fundador de la Legión de Cristo seguía contando con la amistad y protección del papa Karol Wojtyla. La lapidaria frase que la abogada austriaca Martha Wegan le pronunciara a José Barba por teléfono en el verano italiano del 2000, parecía seguir marcando el signo de los tiempos vaticanos: "Es mejor que ocho personas inocentes sufran la injusticia y no que miles de fieles pierdan la fe". ¡La corporación *über alles*!

[57] Todo indica que la posición del cardenal Rivera se basó en un comunicado del 31 de octubre de 2000 de la Academia Pontificia para la Vida, emitido con motivo de la introducción en el mercado farmacéutico italiano de la píldora del *día siguiente*, que considera que su uso "no es otra cosa que un aborto realizado con medios químicos".

[58] El incidente exhibió lo que Guadalupe Cruz, de Católicas por el Derecho a Decidir, calificó como "una crisis de representatividad institucional de la Iglesia, pues los obispos representan cada vez menos a los católicos modernos". Según la "Encuesta de opinión católica en zonas urbanas de México", solicitada por ese grupo y Population Council de México a la empresa Estadística Aplicada, y realizada sólo entre quienes profesan la fe católica, 84% de los consultados considera que se puede ser buen católico si se usan anticonceptivos y 85% que se puede ser creyente y exigir la suspensión del ministerio a sacerdotes que han abusado sexualmente de niños. El 85% también se pronunció porque la Iglesia permita utilizar condones, a los católicos, con el fin de prevenir el sida. La encuesta se realizó entre 2,328 adultos, del 15 de junio al 13 de agosto de 2003.

[59] Ignacio Solares, "La conciencia cristiana", *Proceso*, México, primero de febrero de 2004.

[60] No así en España, donde el 21 de septiembre de 2003, centenares de padres de familia españoles expresaron "indignación" y "repulsa" ante la decisión de la Legión de Cristo de introducir cambios fundamentales en la filosofía educativa del colegio Villa del Bosque, en la localidad madrileña de Villaviciosa de Odón. Al inicio del nuevo ciclo escolar, los alumnos de ese colegio privado, adquirido por la Legión ese año, se enteraron que el mismo dejaría de ser laico, ya que contará con "un asesor espiritual permanente" y a partir del próximo curso escolar se dividirá al alumnado por sexo, desde primaria hasta preparatoria. Armando G. Tejeda, "Escándalo de Legionarios de Cristo en España", *La Jornada*, México, 21 de septiembre de 2003.

ÍNDICE DE NOMBRES

ANEXO

ANEXO

ANEXO

De la Suprema y Santa Congregación del Santo Oficio
Para todos los patriarcas, arzobispos, obispos y otros diocesanos ordinarios
inclusive del rito oriental

Instrucción sobre la manera de proceder en los casos de delito de solicitación

[Este texto] deberá ser guardado con esmero en los archivos secretos de la Curia en calidad de material estrictamente confidencial. Ni debe ser publicado ni se le debe agregar comentario alguno.

Preliminares

1. El delito de solicitación ocurre cuando un sacerdote tienta a un penitente, quienquiera que sea esta persona, ya sea durante el acto de la confesión sacramental o bien antes o inmediatamente después de ella, ya sea con motivo o con el pretexto de dar la confesión, o ya sea incluso fuera de las horas de confesión en el confesionario o [en un lugar] diferente de aquél [normalmente] designado para dar confesiones o [en un lugar] elegido con el propósito simulado de escuchar una confesión. [La finalidad de esta tentación] es solicitar o inducir [al penitente] a situaciones impuras y obscenas, ya sea mediante palabras o señales o asintiendo con la cabeza, o ya sea mediante el tacto o escribiendo, ya sea en ese momento o después [de que la nota ha sido leída] o ya sea que el sacerdote haya tenido con [ese penitente] una conversación o actividad prohibida e inapropiada, con imprudente osadía (Constitución *Sacrum Poenitentiae, § 1*).

2. El derecho u obligación de dar seguimiento [a] este incalificable delito pertenece en primera instancia a los ordinarios del lugar en cuyo territorio reside el acusado (vea más abajo, números 30 y 31), y no digamos únicamente a través de la ley propiamente dicha, sino también según una delegación especial de la Sede Apostólica. *Se exige en la mayor medida posible a las personas antes mencionadas (además de estar) gravemente oprimidas por su propia conciencia, que, después de la ocurrencia de casos de este tipo, se encarguen, tan pronto como sea posible, de presentar, analizar y concluir [estos casos] ante su propio tribunal.* Sin embargo, debido a razones particulares y serias, según la norma del *Canon 247, § 2*, estos casos se pueden deferir directamente a la Santa Congregación del Santo Oficio o se puede solicitar que sean así deferidos. Aun así, los correspondientes acusados conservan intacto, en toda instancia de juicio [el derecho de] recurrir al Santo Oficio. Ahora bien, el recurso así interpuesto no suspende, excepto en el caso de una apelación, el ejercicio de la jurisdicción del juez que ya ha empezado a aceptar el caso; y éste, por consiguiente, está habilitado para proseguir el juicio hasta la decisión definitiva, a menos que se haya establecido que la Sede Apostólica habrá de hacerse cargo del caso (cfr. *Canon 1569*).

3. Con el nombre de ordinarios del lugar se entiende, cada uno para su propio territorio, el

445

obispo, abad o prelado *nullius* residencial, el administrador, cualquier vicario o prefecto apostólico, y, en ausencia de estos (dignatarios) antes mencionados, aquellos que les siguen en jerarquía, en el ínterin, por prescripción de la ley o por constituciones aprobadas *(Canon 198, § 1)*. [Esta norma no se aplica], sin embargo, al vicario general, excepto cuando éste [ha sido] delegado especialmente.

4. El ordinario del lugar en estos casos será el juez, incluso de los [monjes] regulares, aun si están exentos. De hecho, está estrictamente prohibido que los superiores de estos religiosos se interpongan en casos que pertenecen al Santo Oficio *(Canon 501, §2)*. No obstante, habiendo salvaguardado el derecho del ordinario, no hay nada que impida que los mismos superiores, si acaso hubieran descubierto [a uno de sus] supeditados cometiendo algún delito en la administración del sacramento de la penitencia, tengan el derecho y la obligación de mantener una cuidadosa supervisión de dicho individuo y, aun habiendo administrado penitencias curativas, amonestarlo y corregirlo y, si el caso lo exige, destituirlo de algún ministerio. También estarán habilitados para transferirlo a otra [asignación], a menos que el ordinario del lugar lo haya prohibido por haber aceptado ya la denuncia y por haber dado inicio ya a la inquisición.

5. El ordinario del lugar puede o bien supervisar estos casos por sí mismo, o bien encomendar la aceptación de éstos a un eclesiástico que sea serio y de edad madura. Pero los ordinarios no pueden [encomendar o delegar dichos casos] de manera habitual ni encomendar todo el grupo de estos casos, sino que deben delegar cuantas veces sea necesario *(toties quoties)* sólo en los casos considerados individualmente y consignados por escrito, respetando la prescripción del *Canon 1613, § 1*.

6. Aunque por regla general se prescribe un solo juez para los casos de este tipo en razón de su carácter secreto, no está prohibido que el ordinario, en los casos más difíciles, nombre a uno o dos asesores y consejeros, seleccionados de entre los jueces sinodales *(Canon 1575)*, o inclusive hasta tres jueces, seleccionados igualmente de entre los jueces sinodales, para que entreguen el caso a los jueces con objeto de que sea manejado con el mandato de proceder en forma colegiada de acuerdo con la norma del *Canon 1577*.

7. El promotor de justicia, el defensor del acusado y el notario, sacerdotes que han de ser adecuadamente serios, de edad madura, íntegros, doctores en la ley del canon, o de cualquier otra forma capacitados [en la ley del canon] y respetables por su celo de justicia *(Canon 1589)*, y a quienes no se les ha encontrado de ninguna manera en desventaja frente al acusado, lo cual trata el *Canon 1613*, habrán de ser nominados por escrito por el ordinario. Sin embargo, el promotor de justicia (que puede ser distinto del promotor de justicia de la Curia) [puede ser designado] para la serie de casos completa. El defensor del acusado y el notario, no obstante, habrán de ser designados cada vez para cada caso *(toties quoties)*. Tampoco se impedirá al acusado que proponga a un defensor a quien se considere favorable para él *(Canon 1655)*, pero éste deberá ser sacerdote y haber sido aprobado por el ordinario.

8. En ocasiones (esto se refiere a su propia ubicación) la intervención [del promotor de justicia] es indispensable y, en caso de que éste no haya sido citado —a menos que por casualidad, aun no habiendo sido citado, se encuentre presente—, las Actas deberán considerarse [completamente] inválidas. Pero no obstante, si fue legítimamente citado y no está presente en algunas [partes de las] Actas, las Actas serán válidas en efecto, pero más tarde

[dichas Actas] deberán ser sometidas por completo a una cuidadosa revisión por su parte, de modo que pueda hacer comentarios sobre ellas, ya sea en forma oral o escrita, y hacer las proposiciones que a su juicio sean necesarias y oportunas *(Canon 1587)*.

9. Por otra parte, es conveniente que el notario se encuentre presente en todas las Actas, so pena de nulidad, y que anote con su propia mano o al menos que ponga su firma [en las antes mencionadas Actas] *(Canon 1585, § 1)*. En razón de la especial naturaleza de estos procedimientos, empero, es necesario que el ordinario evite encontrarse en la presencia del notario, incluso si tiene que esgrimir una excusa razonable para rehusarse a aceptar, como se anotará en el lugar adecuado, las denuncias y también el costo de los grados de atención y cuidado que se esperan de un notario en una situación dada, como suele decirse, cuando persigue y examina a los testigos involucrados [en el caso].

10. No se usarán auxiliares menores para cosa alguna, a menos que sea absolutamente necesario; y éstos habrán de ser elegidos, hasta donde sea posible, de entre la orden sacerdotal; no obstante, siempre deberán ser de probada fidelidad y maduros sin excepción. Pero debe tomarse en cuenta que, si bien —cuando sea estrictamente necesario— podrán ser nominados para aceptar ciertos actos [podrán] ser interrogados *(Canon 1570, § 2)* sin importar si se trata de personas no supeditadas que viven en otro territorio o del ordinario de ese territorio, observando, desde luego, todas las advertencias tratadas más arriba y en el *Canon 1613*.

11. Ahora bien, debido a que lo que se trata en estos casos ha de tener un grado superior de cuidado y de observancia para que estos mismos asuntos se persigan de la manera más reservada, y, después de que han sido definidos y entregados para su ejecución, queden confinados por un silencio perpetuo (Instrucción del Santo Oficio, 20 de febrero de 1867, núm. 14), todos y cada uno de los que de un modo u otro pertenezcan al tribunal o que participen del conocimiento de los hechos a causa de su oficio deben observar el más estricto secreto, el cual generalmente se considera un *secreto del Santo Oficio,* en todos los aspectos y con todas las personas, so pena de excomunión *latae sententiae, ipso facto* y sin declaración alguna de que se ha incurrido [en esa pena] y cuyo decreto ha sido reservado a la sola sutoridad del Supremo Pontífice, incluso con la exclusión de la Sagrada Penitenciaría, y están obligados a guardar [este secreto] indefectiblemente. De hecho, por esta ley los ordinarios están obligados *ipso jure* o por el deber de cumplir apropiadamente sus propios cargos. Los otros auxiliares estarán obligados *por el poder de su juramento,* el cual deberán prestar siempre antes de asumir sus cargos. Y éstos, entonces, pueden recibir delegaciones, se pueden interponer y son informados en su ausencia, *por medio del precepto,* en las cartas de delegación, de interposición [o de] información, imponiendo sobre ellos, con mención expresa, el *secreto del Santo Oficio* y la censura recién explicada.

12. El juramento antes mencionado, cuya fórmula se puede encontrar en el apéndice de esta instrucción (Fórmula A), es el que debe ser usado una única vez y para siempre, obviamente, por aquellos que lo usarán en forma habitual; aquellos que, sin embargo, han sido delegados para algunas partes determinadas del asunto o caso, con tanta frecuencia como sea necesario *(toties quoties),* en presencia del ordinario o de su delegado deberán hacerlo sobre las Escrituras de Dios (también si se trata de sacerdotes) y no de otro modo, y con la promesa adicional de cumplir fielmente su tarea; sin embargo, a éstos no se les extiende la excomunión que se mencionó antes. Por otra parte, debe existir una prevención por

447

parte de quienes se encuentran arriba de los involucrados en estos casos, a fin de que nadie pueda enterarse del asunto a partir de los auxiliares, a menos que, de alguna manera, una de las partes o un oficio que deba ser realizado por esa persona necesariamente exija el conocimiento de dicho asunto.

13. El juramento de mantener el secreto debe ser prestado en estos casos también por quienes acusan o denuncian [al sacerdote] y por los testigos. A ninguno de ellos, sin embargo, se le someterá a censura, a menos que por casualidad a alguna de estas mismas personas ya se le haya amenazado expresamente con alguna censura respecto a su persona en sí, para su acusación o su deposición, o respecto a su violación [de dicho secreto], por medio de un acta. Ahora bien, el acusado debería ser advertido con la mayor seriedad de que incluso él, con todos [los otros], especialmente cuando hace comentarios sobre el secreto con su defensor, estará sujeto a la pena de suspensión *a divinis, ipso facto,* en caso de que incurra en una transgresión.

14. Por último, por lo que se refiere a la publicación, el lenguaje, la confirmación, la custodia y la nulidad accidental, en todo respecto [a estos asuntos] deben observarse tal como se prescribe en los *Cánones 1642 a 1643, 379 a 380 a 382 y 1680,* respectivamente.

I. La primera noticia del delito

15. Puesto que el delito de solicitación tiene lugar en más bien pocas sentencias, a fin de que no permanezca oculto y sin castigo y siempre en incalculable detrimento de las almas, es necesario que a la persona —o de igual modo si son varias personas—, consciente de aquel [acto de solicitación], específicamente el penitente a quien se hizo la solicitación, se le apremie para que lo revele *por medio de una denuncia* impuesta por el derecho positivo. Por consiguiente:

16. "De acuerdo con las Constituciones Apostólicas y especialmente con la Constitución de Benedicto XIV, *Sacramentum Poenitentiae,* del 1 de junio de 1941, el penitente debe denunciar ante el ordinario del lugar o ante la Santa Congregación del Santo Oficio, en el plazo máximo de un mes, al sacerdote acusado del delito de solicitación en confesión; y el confesor debe, seriamente abrumado por su conciencia, advertir de este deber al penitente." *(Canon 904)*

17. Más aún, de acuerdo con el criterio del *Canon 1935,* cualquiera de los fieles puede siempre denunciar el delito de solicitación, del cual deberá haber tenido cierto conocimiento; además, la obligación de denunciar es apremiante en cada ocasión en que la persona está obligada a ello por la ley natural misma, debido al peligro que constituye para la fe o la religión, o debido a otro mal público inminente.

18. "Sin embargo, el fiel que a sabiendas ha hecho caso omiso de la obligación de denunciar a la persona que lo sometió a la solicitación, en contra de la prescripción (referida arriba) del *Canon 904,* antes del plazo de un mes, se hace acreedor a una excomunión reservada *latae sententiae,* de la que no será absuelto sino después de haber satisfecho la obligación o de haber prometido seriamente que lo hará". *(Canon 2368, § 2)*

19. El deber de hacer la denuncia es personal y por lo regular deberá ser cumplido por la persona misma que fue objeto de la solicitación. Pero si ésta se ve impedida de hacerlo a causa de gravísimas dificultades, entonces o bien lo hará por escrito, o bien otra persona favo-

rable a ella deberá acudir al ordinario o a la Santa Congregación del Santo Oficio o a la Sagrada Penitenciaría y revelará todas las circunstancias (Instrucción del Santo Oficio, 20 de febrero de 1967, núm. 7).

20. Las denuncias anónimas generalmente deben rechazarse. No obstante, pueden servir para fines de apoyo o para propiciar la oportunidad de hacer más investigaciones, si las circunstancias particulares del asunto entre manos hacen que una acusación sea probable (cfr. *Canon 1942, § 2*).

21. La obligación de denuncia por parte del penitente que fue sometido a la solicitación no cesa debido a una confesión espontánea que el confesor haya hecho de manera informal, ni debido a que éste sea transferido, promovido o condenado, ni debido a que supuestamente se haya reformado, ni por otras razones de la misma índole. Sin embargo, sí cesa al morir éste.

22. En ocasiones sucede que al confesor o a otro eclesiástico se le comisiona para recibir alguna denuncia, junto con una instrucción relativa a las Actas de las que habrá de encargarse por una razón judicial. Entonces esa persona deberá ser advertida expresamente de que tendrá que relatarlo todo al ordinario o a la persona que lo comisionó, y no podrá guardar para sí ningún ejemplo ni fragmentos de éste.

23. Al recibirse las denuncias, esta orden deberá cumplirse de la manera ordinaria: primero, a la persona que hace la denuncia se le hará prestar un juramento de decir verdad mientras toca las Sagradas Escrituras; deberá ser interrogada de acuerdo con la fórmula (Fórmula E), en forma circunspecta, de modo que la persona narre con brevedad, con exactitud y de manera decente, pero clara y precisa, todas y cada una de las circunstancias pertenecientes a las solicitaciones de que ha sido objeto. De ninguna manera, sin embargo, se le orillará a decir si consintió en la solicitación o no. Más bien, se le deberá aclarar de manera expresa que no está obligado a manifestar su consentimiento, en caso de que lo haya habido. Las respuestas [en forma ininterrumpida], no sólo sobre lo que se refiere al fondo del asunto sino también incluso a las palabras del testimonio en sí *(Canon 1778)*, deberán ser consignadas por escrito. El instrumento [del testimonio] completo se le deberá leer con una voz clara y comprensible a aquel que denuncia [al sacerdote], dándole [a quien está denunciando al sacerdote] la opción de agregar, suprimir, enmendar o cambiar en parte [su testimonio]. Después se deberá obtener la firma [de la persona que hace la denuncia] o, si no sabe escribir, o no puede, deberá anotar el signo de la cruz. Y encontrándose esta persona todavía presente, se añadirá la firma de la persona que recibe el testimonio y, si está presente (cfr. núm. 9), la del notario. Y antes de que a la persona que hace la denuncia se le permita irse, se le deberá pedir, como se hizo antes, un juramento de guardar el secreto, amenazándolo, si fuera necesario, con la excomunión, decreto reservado la autoridad del ordinario o de la Santa Sede (cfr. núm. 13).

24. Aun si en ocasiones, por razones graves que lo impidan y que siempre deberán registrarse en las Actas, esta práctica ordinaria no puede observarse, está permitido que una u otra de las formas prescritas sea omitida, siempre y cuando se conserve lo sustancial. Por consiguiente, si el juramento no puede ser prestado sobre las Sagradas Escrituras, puede tomarse mencionando algunos conceptos y también usando palabras únicamente. Si el instrumento de denuncia no se puede tomar por escrito de una manera ininterrumpida, el entrevistador (el receptor de la denuncia) lo podrá escribir en un momento y lugar más

oportunos y entonces hacer que la persona que denuncia lo confirme y lo firme en presencia de quien recibe la denuncia; si el instrumento en sí no puede ser leído para que lo escuche el denunciante, puede dársele para que él mismo lo lea.

25. Ahora bien, en casos más difíciles también está permitido que la denuncia (habiendo dado el denunciante previamente su consentimiento, no sea que el sello sacramental parezca haber sido violado, y en un día que sea conveniente para todas las partes y en el confesionario mismo), se le lea o se le dé a leer, y sea confirmada con un juramento y con la propia firma o el signo de la cruz (a menos que hacer esto sea de todo punto imposible). Con respecto a todas estas condiciones, como se dijo en el número anterior, siempre deberá hacerse una mención expresa en las Actas.

26. Con todo, si apremia un caso que es de la mayor seriedad y que también es claramente extraordinario, la denuncia también podrá hacerse a través de un informe escrito por parte de quien hace la denuncia, pero siempre y cuando haga esto ante el ordinario del lugar o su delegado y el notario, si está presente (cfr. núm. 9), y siempre y cuando después lo confirme bajo juramento y lo firme. Lo mismo debe decirse en lo concerniente a una denuncia informal presentada mediante una carta, por ejemplo, o expresada oralmente de una manera extrajudicial.

27. Una vez aceptada cualquier denuncia, el ordinario *tiene la obligación más severa* de comunicarla cuanto antes al promotor de justicia, quien deberá declarar por escrito, ya sea que el delito específico de solicitación en el primer sentido esté presente en el caso o no, y ya sea que el ordinario disienta acerca de esto o no. Antes de cumplirse diez días deberá someter este asunto al Santo Oficio.

28. Por otra parte, si el ordinario y el promotor de justicia están de acuerdo, o si de alguna manera el promotor de justicia no recurre al Santo Oficio, entonces el ordinario, si ha decretado que el delito específico de solicitación no estaba presente, deberá pedir que las Actas se guarden en los archivos secretos, o deberá usar su derecho y responsabilidad en forma correspondiente a la naturaleza y gravedad de las cosas que se habían denunciado. No obstante, si considera que este delito estuvo presente, deberá proceder a la inquisición (cfr. *Canon 1942, § 1*).

II. El proceso

Inquisición

29. Cuando la noticia relativa al delito de solicitación se conoce en primer lugar mediante las denuncias, deberá llevarse a cabo una inquisición especial "a fin de que quede claro si hubo delito y sobre qué bases se apoya la imputación" *(Canon 1939, § 1);* y esto se hace por el hecho, o aún más, porque un delito de este tipo, como se mencionó más arriba, por lo general se realiza en secreto, y rara vez se pueden obtener testimonios directos relacionados [con la solicitación], especialmente a partir de la parte agraviada.

Una vez que la inquisición ha dado inicio, y si el sacerdote denunciado es un monje, el ordinario puede impedir que éste sea transferido antes de la conclusión del proceso.

Existen tres áreas principales que debe cubrir una inquisición de este tipo, y son:

a) los antecedentes de la persona denunciada;

b) la consistencia de la denuncia;

c) si hay otras personas que hayan sido objeto de solicitación por parte del mismo confesor o si, a pesar de estar consciente del delito, alguno de ellos, como sucede con cierta frecuencia, fue persuadido [de hacer la denuncia] por aquellos que presentaron la denuncia.

30. Por consiguiente, por lo que se refiere al primer inciso (*a*), el ordinario, desde el momento en que acepta alguna denuncia del delito de solicitación, ya sea que la persona denunciada o bien pertenece al clero o bien es un regular (cfr. núm. 4) con residencia en su territorio, deberá tratar de averiguar en los archivos si hay otras acusaciones registradas contra ésta, incluso de diferente tipo; y si la persona denunciada acaso hubiera estado viviendo previamente en otros territorios, el ordinario deberá averiguar, incluso a partir de los ordinarios correspondientes, y, si [se trata de un] monje, también de sus superiores regulares, si ellos tienen alguna información que de alguna manera pueda agravar la situación. Pero deberá aceptar estos documentos haciendo referencia a ellos en las Actas una vez que se hayan acumulado todas, ya sea para un juicio, en razón de su contenido *[continentia]* o de una asociación de causas *[connexio]* (cfr. *Canon 1567*), y en consecuencia toda la información se presentará junta, o bien para el establecimiento y la consideración de una circunstancia agravante de reincidencia de acuerdo con el sentido del *Canon 2208*.

31. Si el caso completo se refiere a una persona denunciada que no tiene su residencia en el territorio del ordinario, éste deberá transmitir todas las Actas al ordinario correspondiente a la persona denunciada o, si no sabe quién pueda ser éste [deberá transmitir todas las Actas] a la Suprema Santa Congregación del Santo Oficio, reservándose el derecho, en el ínterin, de denegarle al sacerdote denunciado la facultad de ejercer los ministerios eclesiásticos en su propia diócesis o de revocarle esa facultad en ese mismo momento en virtud de una autorización que se le haya concedido, en caso de que el sacerdote denunciado vaya [hacia el ordinario para estas facultades] o regrese [a la diócesis del ordinario].

32. Por lo que se refiere al segundo inciso (*b*), la importancia de cada denuncia, de sus características y de las circunstancias deberá sopesarse seriamente y con exactitud de modo que sea evidente la forma en que la denuncia merece crédito por sí misma. No es suficiente que [esto se realice] de un modo cualquiera, sino que es necesario que esto se conozca mediante una forma bien establecida y judicial; por lo general esto se representa en el Tribunal del Santo Oficio con la frase *"diligentias peragere"* [emprender todas las formalidades requeridas].

33. A fin de lograr este propósito [de emprender todas las formalidades requeridas], tan pronto como el ordinario haya aceptado cualquier denuncia del delito de solicitación, ya sea personalmente o por medio de un sacerdote, deberá hacer venir, ya sea en forma personal o mediante un sacerdote especialmente delegado para hacer esto, a dos testigos (los convoca por separado y con la circunspección apropiada) que se encuentren lo más alejados posible de las filas de los eclesiásticos. Pero es mucho más deseable, por encima de toda excepción, convocar a personas que estén familiarizadas tanto con el denunciado como con el denunciante. Estas personas, ante el notario (cfr. núm. 9) —que será quien ponga por escrito las interrogaciones y las respuestas—, se someten a la santidad de un juramento de decir verdad y de respetar la naturaleza secreta de esta información, acompañado por la amenaza, si pareciera ser necesaria, de excomunión, disposición reservada a la au-

451

toridad del ordinario del lugar o de la Santa Sede (cfr. núm. 13). Los interrogará (Fórmula G) acerca de la vida, la moral y la reputación pública tanto de la persona denunciada como del denunciante. [Se les preguntará] si creen que la persona que denuncia es digna de confianza o si, por el contrario, es capaz de mentir, de calumniar y de perjurarse, y si esas personas saben si alguna vez ha habido algún caso de odio o rencor o alguna causa de enemistad entre el denunciante y la persona denunciada.

34. Si se trata de varias denuncias, no hay nada que impida que se utilicen los mismos [tipos de] testigos en todas o [usar diferentes] testigos, cuidando siempre de tener un testimonio doble tanto para la persona denunciada como para la persona que denuncia.

35. Si no se puede encontrar dos testigos tales que cada uno conozca tanto a la persona denunciada como a la que denuncia, o si no se les puede interrogar al mismo tiempo sin peligro de escándalo o sin detrimento del buen nombre de alguno de ellos, entonces tendrán que hacerse ciertos arreglos de modo que dos personas, mediante un [testimonio] dividido [*dimidiatae*], expresamente, interroguen a dos testigos sólo acerca de la persona denunciada y a otros dos testigos sólo acerca de cada uno de los denunciantes. En este caso, sin embargo, será necesario investigar en alguna otra parte si ha existido rencor, enemistad o cualquier otro sentimiento humano de aborrecimiento en contra del [sacerdote] denunciado.

36. Si ni siquiera los esfuerzos divididos pueden llevarse a cabo, o debido a que no se puede encontrar testigos competentes o porque es de temer, con justa razón, que ocurra un escándalo o que haya detrimento, existe la posibilidad de usar como sustitutos, aunque con todo cuidado y prudentemente [a los testigos] que tengan información extrajudicial acerca de la persona denunciada y de las que denuncian y de sus relaciones personales mutuas, y [todo esto] ha de ponerse por escrito; o bien [los mismos resultados pueden obtenerse] también a través de pruebas de apoyo que corroboren o debiliten la acusación.

37. Este [artículo], por consiguiente, pertenece al tercer inciso (*c*). Si en las denuncias —cosa que sucede en no raras ocasiones— algunas personas se ven influidas, o quizá también fueron objeto de solicitación, o si hay otras que [solamente] pueden presentar un testimonio que sea preocupante por algún otro tipo de razones, todas ellas personas deben ser examinadas distintamente (es decir, por separado), de acuerdo con la fórmula judicial [más adelante] (Fórmula I). Primero que nada se les deberá interrogar acerca de asuntos *generales,* y después, en forma gradual a medida que el relato va avanzando, se irá llegando a los *detalles particulares,* a saber, si en realidad y de qué manera fueron objeto de solicitación, o si ellos saben o han oído decir que otras personas han sido objeto de solicitación (Instrucción del Santo Oficio, 20 de febrero de 1867, núm. 9).

38. Deberá usarse la mayor circunspección cuando se invite a dichas personas a esta entrevista, porque no siempre será oportuno traerlas a un lugar público como la cancillería, especialmente si a quienes se va a someter a interrogatorio son jovencitas, mujeres casadas, o empleados domésticos. Si las personas que van a ser examinadas viven ya sea en monasterios o en hospitales, o bien en orfanatos para niñas, entonces se deberá mandar llamar a las [personas] particulares con gran diligencia y en diferentes días, dependiendo de las circunstancias (Instrucción del Santo Oficio, 20 de julio de 1890).

39. Lo que se dijo antes acerca de la manera de recibir las denuncias también se aplicará, cambiando lo que tenga que cambiarse *(mutatis mutandis),* durante el interrogatorio de las personas a las que se haya hecho venir.

40. Si [en] el interrogatorio de dichas personas, éstas se corroboran unas a las otras por medio de pruebas positivas, y [puesto que] debido a estos interrogatorios existe o bien un sacerdote a quien se hace comparecer ante el tribunal o bien otra persona a la que se le está causando aflicción [por medio de ciertas acusaciones], entonces las denuncias que son verdaderas, y que son denuncias en el estricto sentido de la palabra, y todo el resto de la información sobre éstas, se persiguen tomando en consideración la clasificación del delito y considerando la continuación de las Actas precedentes y la reanudación de los esfuerzos que han de realizarse de acuerdo con lo que se prescribió anteriormente.

41. Ahora bien, una vez que se han tomado en cuenta todos estos aspectos, el ordinario ha de dar parte de las Actas al promotor de justicia, quien observará en ese momento si todos los procedimientos [demandas] se han efectuado de la manera correcta o no. Y, si considera que no hay nada que obstaculice la aceptación de dichos procedimientos, deberá declarar cerrado el proceso inquisitorial.

Directivas canónicas y amonestación del acusado

42. Una vez cerrado el proceso inquisitorial, el ordinario, habiendo escuchado al promotor de justicia, deberá proceder como sigue, expresamente:

a) si es evidente que la denuncia carece por completo de fundamento, deberá solicitar que se declare esto en las Actas, y los documentos de la acusación deberán ser destruidos;

b) si los indicios del delito son vagos e indetermindos o inciertos, deberá solicitar que las Actas sean depositadas en los archivos, para retomarlas de nuevo si ocurre otra cosa en el futuro;

c) pero si existen indicios de un delito suficientemente grave aunque no lo bastante como para instituir un proceso acusatorio o juicio legal, como ocurriría especialmente en el caso en que sólo se tienen una o dos denuncias, y cuando, de hecho [se ha seguido el proceso ordinario] con meticulosidad pero estas denuncias no pudieron corroborarse con ninguna prueba, o las pruebas no fueron suficientes (cfr. núm. 36), o incluso se tuvieron muchas [pruebas] pero fueron obtenidas con procedimientos inciertos o procedimientos que resultan ser deficientes, deberá solicitar que el acusado sea amonestado en una forma que depende de los distintos [tipos de] casos (Fórmula M): *primera o segunda paternalmente, seriamente o con la mayor seriedad,* de acuerdo con la norma del *Canon 2307,* agregando, si fuera necesario, *una amenaza explícita del proceso judicial,* en el caso de que se le imputara [al acusado] alguna otra nueva acusación; las Actas, como antes, deberán conservarse en los archivos y entre tanto deberá realizarse una investigación sobre la moralidad del acusado *(Canon 1946, § 2, núm. 2);*

d) por último, si efectivamente existen argumentos ciertos o al menos probables para instituir la acusación, deberá solicitar que el acusado sea citado y sometido a las condiciones [que quedan prescritas para este juicio].

43. La amonestación, que dependerá del tratamiento que se haga en el número anterior, in-

ciso (c), habrá de hacerse siempre en forma secreta; sin embargo, puede hacerse por medio de una carta o de un intermediario, pero en cualquier caso debe quedar claro, y decirse en forma explícita en algún documento, que ha de conservarse en los archivos secretos de la Curia (cfr. *Canon 2309, § 1 y 5*), agregando la información relativa a la manera en que el acusado aceptó la amonestación.

44. Si después de la primera amonestación se presentaran en contra del mismo acusado otras acusaciones relacionadas con solicitaciones anteriores a la amonestación en sí, el ordinario deberá decidir, de acuerdo con su propia elección y conciencia, si la primera amonestación debería considerarse suficiente o si cree conveniente proceder a una nueva amonestación o incluso a otras medidas ulteriores *(ibídem, § 6)*.

45. Es un derecho del promotor de justicia apelar y tener recurso para un acusado en contra de las prescripciones canónicas de este tipo y presentar la apelación a la Santa Congregación del Santo Oficio antes de diez días a partir de su diseminación o intimación. En este caso, las Actas del caso deberán ser transmitidas a la misma Santa Congregación, de acuerdo con la prescripción del *Canon 1890*.

46. No obstante, estos procesos, inclusive si se ponen en marcha, no extinguen la acción penal y, por consiguiente, si se da el caso de que se presentaran otras acusaciones, se seguirá un método para tratar esos asuntos, que también fueron la causa de las mencionadas instrucciones canónicas.

Decretos para las personas acusadas

47. Una vez que existe suficiencia para instituir una acusación, como se mencionó antes en el número 42 (*d*), las discusiones deberán hacerse abiertamente y el ordinario, habiendo escuchado al promotor de justicia y habiendo observado todo —hasta donde lo permite la peculiar naturaleza de estos casos— lo que está establecido con respecto a la citación y denuncia de hechos judiciales en el Libro IV, Título VI, Capítulo II, del código, emitirá un decreto (Fórmula O) relativo al acusado en presencia del ordinario o ante un juez delegado por él mismo (cfr. núm. 5), en el que se [le] mencionen los delitos presentados y llevados contra él, lo cual en el foro del Santo Oficio se conoce, en términos no clásicos, como *Reum constitutis subiicere* [someter al acusado a un proceso legal]; y se encargará de darle esta información al acusado mismo de acuerdo con los principios canónicos.

48. El juez deberá exhortar a confesión, en forma paternal y con delicadeza al acusado, quien en ese momento ya ha sido citado, cuando se presente y antes de que el proceso se inicie formalmente; y cuando el acusado haya consentido a estas exhortaciones, el juez, habiendo hecho venir al notario o incluso, si le parece más adecuado (cfr. núm. 9), sin su intervención, podrá recibir su confesión.

49. En este caso, si se considera que la confesión está corroborada por las Actas y es fundamentalmente completa, y tras haber hecho una promesa solemne, el promotor de justicia pondrá el caso por escrito, omitiendo las demás formalidades (vea más adelante, en el Capítulo IV), y podrá concluir [todo esto] con una decisión definitiva, pero habiendo dado antes al acusado la alternativa de aceptar la decisión tal cual o de solicitar que se lleve a cabo el proceso normal y completo hasta el fin.

50. Pero si, en cambio, el acusado niega el delito o hace una confesión que no es fundamen-

talmente congruente, o incluso si rechaza de lleno la decisión por temor a hacer su confesión, el juez, en presencia del notario, deberá leerle el decreto por medio del cual se hizo la declaración —de lo cual se habla en el párrafo 47—, y las deliberaciones se dan por iniciadas.

51. Una vez entablado el juicio, el juez puede, habiendo escuchado al promotor de justicia de acuerdo con la intención del *Canon 1956*, suspender al respondiente acusado ya sea de ejercer cualquiera de los ministerios sagrados, o sólo de dar las confesiones sacramentales a los fieles durante todo el tiempo anterior al juicio. Pero si, no obstante, se da el caso de que el juez cree que [el acusado] puede infundir miedo a los testigos o puede instigarlos en secreto [a obstruir el juicio] o de cualquier otra manera impedir el curso de la justicia, podrá asimismo, también habiendo escuchado al promotor de justicia, solicitar que se le envíe a un lugar predeterminado y que permanezca ahí bajo vigilancia especial (*Canon 1957*). Y por otra parte [sin embargo] a ningún decreto de este tipo la ley le pone remedio alguno (*Canon 1958*).

52. Una vez que se han hecho las disposiciones necesarias sobre estas cosas, deberá haber un procedimiento para presentar la acusación a la persona acusada, de acuerdo con la fórmula P, y de una manera precavida y con la mayor diligencia se buscará tener la seguridad de que las identidades del acusado y especialmente de las personas que lo denuncian no serán reveladas y, por parte del acusado, que éste de ninguna manera violará el sello sacramental. Ahora bien, si en el torrente de palabras que dice el acusado se le escapara algo que parezca tener el menor viso de violación del sello ya sea de manera directa o indirecta, del sello, el juez no permitirá que esto quede asentado en las Actas que escribe el notario; y si, por casualidad, esto [ya se ha escrito en las Actas] de manera irreflexiva, el juez pedirá, tan pronto como se dé cuenta de esto, que sea borrado por completo. *Es de la mayor importancia que el juez recuerde que por ningún motivo es correcto que él obligue al acusado a hacer un juramento de decir verdad* (cfr. *Canon 1744*).

53. Habiendo quedado completa en todos los aspectos la denuncia contra el acusado y habiendo sido las Actas vistas y aprobadas por el promotor de justicia, el juez habrá de emitir un decreto relativo a la conclusión del caso, y si se diera el caso de que fuera él un juez delegado, deberá transmitir todos [los documentos del proceso legal] al ordinario.

54. Sin embargo, si sucediera que el acusado permanece en una actitud contumaz, o si por alguna grave razón la denuncia no puede proseguirse en la Curia diocesana, el ordinario, reservándose el derecho de suspender al acusado *a divinis,* deberá deferir el caso completo al Santo Oficio.

Discusión del caso, decisión definitiva y apelación

55. El ordinario, habiendo recibido las Actas, deberá —a menos que desee proceder él mismo a la decisión definitiva— delegar al juez (cfr. núm. 5) que, en la medida de lo posible, será distinto de aquel que condujo la inquisición y la denuncia (cfr. *Canon 1941, § 3*). No obstante, el juez, quienquiera que sea, tanto si es el ordinario como si es su delegado, deberá designar, de acuerdo con su prudente decisión, un lapso para que el defensor prepare una defensa y la presente con dos copias, de las cuales una se le dará al juez mismo y la otra al promotor de justicia (cfr. *Cánones 1862, 1863 y 1864*). Ahora bien, el promotor de jus-

ticia, dentro de un periodo de tiempo que del mismo modo ha de ser previamente establecido por el juez, deberá ofrecer por escrito sus propias averiguaciones (*requisitoriam*), como se les llama ahora.

56. Con todo, habiendo sido interpuesto un lapso (*Canon 1870*), el juez, de acuerdo con su conciencia, que ha sido informada por medio de las Actas y de las pruebas (*Canon 1869*), pronunciará una decisión definitiva que será: una decisión condenatoria, si está seguro del delito; una absolución, si está seguro de la inocencia del acusado; o un desistimiento de los cargos, si tiene dudas insuperables debido a la falta de pruebas.

57. La decisión se presentará de acuerdo con las respectivas fórmulas anexadas a esta Instrucción y deberá ponerse por escrito, con la adición de un decreto ejecutorio (*Canon 1918*). Antes que nada, habiendo sido previamente notificado el promotor de justicia, la decisión deberá hacérsele saber de manera solemne al acusado —quien habrá sido citado para esto por el juez que preside el Tribunal—, en presencia del notario. Sin embargo, si el acusado, haciendo caso omiso de la citación, no se presentara, la intimación de la decisión deberá hacerse mediante una carta, y se obtendrá un testimonio exacto de su recepción por medio de la oficina postal pública.

58. Tanto el acusado, si cree que ha sido [tratado de manera incorrecta], como el promotor de justicia tienen el derecho de apelar contra esta decisión ante el Supremo Tribunal del Santo Oficio, de acuerdo con la prescripción del *Canon 1879* y dentro de los diez días siguientes a partir de la notificación solemne de dicha decisión; y la apelación de este tipo tiene el efecto de suspender la decisión [*suspensivo*], pero no si es otorgada (cfr. núm. 51) por una suspensión para dar confesiones sacramentales o para ejercer un sagrado ministerio.

59. Una vez hecha la apelación, el juez deberá transmitir una copia autorizada o el original mismo de todas las Actas del caso al Santo Oficio, tan pronto como sea posible, agregando la información que sea necesaria o la que él haya considerado oportuna (*Canon 1890*).

60. Por último, en cuanto a la declaración de nulidad, que puede ocurrir en ocasiones, se habrán de observar los procedimientos prescritos por los *Cánones 1892* a *1897* hasta en el menor de los detalles. No obstante, en lo que se refiere a la ejecución de las decisiones, esas prescripciones también deberán observarse, de acuerdo con la naturaleza de estos casos, como se puede ver en los *Cánones 1920* a *1924*.

III. Sanciones

61. "Aquel que ha cometido el delito de solicitación…, deberá ser suspendido de la celebración de la misa y de la facultad de dar confesiones sacramentales o incluso, dependiendo de la gravedad del delito, deberá ser declarado incapaz de aceptar éstas." Deberán negársele todos los beneficios y dignidades, así como su voz activa y pasiva, y se le declarará indigno de estos [honores y capacidades], y en los casos más graves también se le someterá a reducción [al estado laico]. Esto es lo que establece el Código en el *Canon 2368, § 1.*

62. Para la correcta y práctica aplicación de este canon, en las sanciones que han sido decretadas en contra de sacerdotes convictos del delito de solicitación y que coinciden con lo estipulado en el *Canon 2218, § 1,* deberán tenerse muy presentes los siguientes factores, especialmente para estimar la gravedad del delito, a saber: el número de personas que fueron objeto de solicitación y su condición, como, por ejemplo, si son menores de edad o

si han sido especialmente consagrados a Dios por medio de votos religiosos; la forma de solicitación, y en especial si, posiblemente, está vinculada a falsas enseñanzas o falso misticismo; la depravación de los actos no sólo formales sino también materiales y especialmente la conexión de la solicitación con otros delitos; la duración de la conversación obscena [entre las partes involucradas]; la repetición del delito, la reincidencia después de su amonestación, y la malicia obstinada de quien hace la solicitación.

63. A la sanción de degradación, que es la más grave, se le puede agregar, para un monje acusado, la reducción al estado de un *hermano lego.* Pero esto únicamente se le impone cuando, habiéndolo sopesado todo, resulta evidente que el acusado, inmerso en las profundidades de la malicia en el abuso de su sagrado ministerio, en combinación con el grave escándalo que es dañoso para los fieles y sus almas, posee tal grado de temeridad y está tan habituado, que ya no hay esperanza, humanamente hablando, o casi no puede vislumbrarse esperanza alguna de que se enmiende.

64. Por encima de las sanciones debidamente impuestas, y con la finalidad de obtener el efecto de dichas sanciones de manera más completa y segura, habrá otras sanciones complementarias en los casos de este tipo, a saber:

   a) A todas las personas acusadas y judicialmente convictas se les deberán interponer penalidades congruentes, en la medida de las faltas, y curativas, no como sustitución de las sanciones propiamente hablando en términos del *Canon 2312, § 1,* sino como complemento [de ellas], y entre éstas (cfr. *Canon 2313*) habrá ejercicios especialmente espirituales durante varios días en algún hogar religioso que habrán de llevarse a cabo con una suspensión, durante ese tiempo, de la celebración de la misa.

   b) Al acusado convicto que ha confesado, además, habrá de imponérsele una abjuración, según los diferentes casos, si existe un indicio o una fuerte sospecha de herejía en la cual, debido a la naturaleza del delito, caen los sacerdotes que hacen solicitaciones, o hasta de una herejía formal si por casualidad el delito de solicitación está vinculado con un falso dogma.

   c) Aquellos que están en peligro de recaer [en sus comportamientos anteriores], y por consiguiente de incurrir en mayores reincidencias, deberán ser sometidos a una vigilancia particular *(Canon 2311).*

   d) Según el prudente juicio del ordinario, con tanta frecuencia como parezca necesaria para la enmienda del delincuente, para eliminar hasta la más remota posibilidad [de que cometa solicitaciones en el futuro] o para la prevención de un escándalo o la reparación de éste, deberá agregarse una prescripción en la que se le prohíba permanecer en un determinado lugar *(Canon 2302).*

   e) Ahora bien, en lo que respecta a la absolución de un cómplice, como está establecido en la Constitución *Sacramentum Poenitentiae,* no existe indicación alguna en el foro externo y, por consiguiente, ninguna respecto al sello sacramental, y puede haber razones para añadir al final de la sentencia condenatoria una amonestación al acusado respecto a que, si por casualidad ha absuelto a su cómplice, deberá acallar su conciencia recurriendo a la Santa Penitenciaría.

65. De acuerdo con la norma del *Canon 2236, § 3,* todas estas sanciones, tal cual han sido apli-

cadas una vez por el juez *ex officio*, no podrán ser condonadas, excepto por la Santa Sede a través de la Suprema y Santa Congregación del Santo Oficio.

IV. Comunicaciones oficiales

66. Siempre que un ordinario acepte inmediatamente una denuncia del delito de solicitación, deberá sin falta informar de esto al Santo Oficio. Y si por casualidad está tratando con un sacerdote, ya sea secular o monje, que tiene residencia en otro territorio, deberá transmitir esta información al mismo tiempo (como ya se había enunciado antes, núm. 31) al ordinario del lugar en donde el denunciado está permaneciendo en ese momento o, si la dirección es desconocida, deberá enviar al Santo Oficio una copia autorizada de la denuncia en sí con los procedimientos, de la mejor manera posible, y con la información y las declaraciones oportunas.

67. Todo ordinario que ha procedido correctamente en contra de algún sacerdote que ha cometido solicitación deberá informar sin falta a la Santa Congregación del Santo Oficio y, si se trata de un asunto en el cual está implicado un monje, también deberá informar al Superior General acerca de los resultados del caso.

68. Si algún sacerdote condenado por el delito de solicitación, o incluso solamente amonestado, ha de transferir su residencia a otro territorio, el ordinario *a quo* deberá advertir inmediatamente al ordinario *ad quem* sobre los antecedentes de esa persona y sobre su estado jurídico.

69. Si resultara que algún sacerdote suspendido, en un caso de solicitación, de dar confesiones sacramentales pero no de dar prédicas sagradas fuera a otro territorio a predicar, el ordinario de ese territorio deberá recibir un recordatorio, por parte del prelado del acusado, ya sea secular o monje, de que el sacerdote suspendido no puede ser empleado para dar confesiones sacramentales.

70. Todas estas comunicaciones oficiales deberán hacerse siempre *bajo el secreto del Santo Oficio*; y, puesto que incumben al bien común de la iglesia en el mayor de los grados, *el precepto de hacer estas cosas es una obligación cuya omisión es un grave pecado [sub gravi].*

V. El peor delito

71. Con el nombre de "el peor de los delitos" se entiende en este punto el concepto de cualquier acto externo obsceno, gravemente pecaminoso, perpetrado de cualquier manera por un clérigo, o que éste ha intentado cometer, con una persona de su propio sexo.

72. Los procedimientos que se han establecido hasta este punto en lo concerniente al delito de solicitación también son válidos —cambiando sólo aquellas partes que es preciso cambiar debido a su naturaleza misma— para el *peor delito,* si se diera el caso de que alguien, en presencia del ordinario del lugar, llegara a ser acusado de eso (que Dios no lo permita), habiendo aceptado la obligación de la denuncia *por parte del derecho positivo de la Iglesia,* a menos que por ventura estuviera vinculado con el delito de solicitación en confesión sacramental. Al decretar sanciones contra este tipo de delincuentes, además de aquellas de las que ya se ha hablado antes, éstos también deberán ser vigilados de cerca (*Canon 2359, § 2*).

73. Para efectos penales, se ha cometido el peor delito al haber hecho algo equivalente a lo que sigue: cualquier acto externo obsceno, gravemente pecaminoso, perpetrado de cualquier manera por un clérigo, o que éste ha intentado cometer, con jóvenes de cualquier sexo o con bestias brutas *(bestialismo)*.

74. Contra los clérigos acusados de estos delitos, si son monjes exentos, y a menos que esto ocurra al mismo tiempo que el delito de solicitación, incluso el superior ordinario puede proceder, de acuerdo con los sagrados cánones y sus propias constituciones, o bien de una manera administrativa o bien de una manera judicial. Sin embargo, el superior ordinario deberá comunicar la decisión judicial pronunciada, así como la decisión administrativa en los casos más graves, a la Suprema Congregación del Santo Oficio.

De la audiencia del santo padre, 16 de marzo de 1962

Nuestro Santísimo Padre Juan XXIII, en una audiencia otorgada al Eminentísimo cardenal secretario del Santo Oficio el 16 de marzo de 1962, se dignó aprobar y confirmar esta instrucción, pidiendo que todos aquellos a quienes corresponde la conserven y la observen hasta en el más mínimo detalle.

En Roma, en la oficina de la Santa Congregación, 16 de marzo de 1962.

Lugar del sello   A. cardenal Ottaviani

Apéndice
Fórmulas que deben usarse de acuerdo con las circunstancias

(Omitiendo otros asuntos que aparecen en diversos lugares en otros textos de los mismos autores.)

Fórmula A
Para prestar juramento de ejercer fielmente la propia función y de observar el secreto del Santo Oficio

En el nombre del Señor.

Yo..., en presencia de..., y tocando las sagradas Escrituras de Dios colocadas frente a mí, juro y prometo ejercer mi deber fielmente... Del mismo modo, bajo pena de excomunión *late sententiae ipso facto* y sin declaración alguna de que he incurrido en esa pena, de la cual, fuera del momento de la muerte, no podré ser absuelto por nadie más que por el Santo Padre, excluyendo incluso al cardenal de la Penitenciaría, y, bajo riesgo de otras sanciones gravísimas que por disposición del Supremo Pontífice se me infligirán en caso de transgresión, prometo por todo lo sagrado, voto y juro, observar inviolablemente el secreto en todos los aspectos y detalles que tendrán lugar al ejercer el deber antes mencionado, exceptuando precisamente aquellos asuntos que son el objetivo de esta negociación [o de estas negociaciones] y que son necesarios para su complección, y que pueden publicarse en forma legítima. Además, deberé guardar este secreto de manera absoluta y en todos los sentidos de todos los que no tienen par-

459

te legítima en el tratamiento de este mismo asunto [o que no están restringidos por la misma obligación juramentada]; tampoco [habré jamás], ni directa ni indirectamente, por medio de un movimiento de cabeza, o de una palabra, o por escrito, ni de ninguna otra manera y por ningún tipo de pretexto, *ni siquiera por el más urgente y más grave de los motivos ni [incluso] con objeto de conseguir un bien mayor, de cometer nada que vaya en contra de esta fidelidad al secreto,* a menos que el Supremo Pontífice me haya dado expresamente una facultad particular o una dispensa.

Fórmula B
De renunciación (abjuración)

Yo *(nombre, apellido, etcétera, de la persona que abjura, la cual, si se trata de un monje, deberá agregar el nombre, apellido, etcétera, que usaba en el mundo),* hijo de *(nombre del padre),* teniendo... años de edad, y traído en persona a juicio [acusado], y, habiéndome arrodillado ante usted *(nombre, apellido, dignidades, etcétera, de la persona que va a recibir la abjuración),* y teniendo ante mí y tocando con mi mano las Sagradas Escrituras y sabiendo que nadie puede encontrar la salvación si no cree en lo que la Santa Iglesia Romana, Católica y Apostólica afirma, cree, predica, profesa y enseña, confieso y lamento que he cometido una grave falta contra [esa iglesia] debido al mal uso y la profanación del sacramento de la penitencia [y debido a la profesión y doctrina de un dogma falso].

Ahora, arrepentido y en penitencia por los antes mencionados [errores y herejías, persuadido de la falsedad de éstos y de la verdad de la santa fe católica], abjuro de todos los mencionados [errores que cometí] con un corazón sincero y una fe verdadera y reniego [del mismo modo en general de todos los demás errores y herejías que van en contra de la Santa Iglesia Romana, Católica y Apostólica] y al mismo tiempo acepto humildemente y prometo cumplir fielmente todas las penitencias que me sean adjudicadas por el R.P.S. [reverendo padre superior]... que ya se me han impuesto o que me serán impuestas: y si yo no cumpliera firmemente con alguna de estas disposiciones a pesar de estas promesas y juramentos que hago [Dios no lo permita], yo me someto a mí mismo a todas las sanciones y castigos que han sido establecidos y promulgados por los sagrados cánones y otras constituciones generales en contra de los delincuentes [que han actuado] de esta manera. Así pues, quiera Dios asistirnos a mí y a sus Sagradas Escrituras, que estoy tocando con mis manos.

Yo, ..., el antes mencionado, he abjurado, jurado solemnemente, prometido y obligádome a mí mismo a lo recién dicho, y en testimonio [de mi buena fe] en este asunto he firmado de mi puño y letra esta promesa escrita de mi abjuración, la cual acabo de pronunciar oralmente en palabras *(aquí se anota el lugar en el que se ha hecho la abjuración).*

En este día... del mes de... del año...

Firma

Después de que se ha impartido la absolución, aquel que recibió la abjuración y dio la absolución pondrá su firma aquí de la manera que se describe en la Fórmula C, que es la siguiente:

Fórmula C
Para la absolución

Una vez que el penitente, arrodillado con ambas piernas y habiendo tocado primero las Sagradas Escrituras de Dios, ha leído y firmado la fórmula de abjuración [el obispo o su delegado] *lo absuelve, llevando al menos la estola púrpura, y, estando sentado, recitará el salmo* Miserere *o* De Profundis *con el* Gloria Patri.
Después, puesto de pie, dirá:

Kyrie, eleison, Christe eleison, Kyrie, eleison.
Pater noster *(en murmullo hasta)*
Y no nos dejes caer en la tentación,
Mas líbranos del mal.
Salva a tu pueblo, Señor.
Dios mío, tu pueblo tiene sus esperanzas en ti.
Señor, escucha mi plegaria.
Y permite que mi llanto llegue hasta ti.
El Señor esté con ustedes.
Y con tu espíritu.

Oremos

Dios, tú que siempre te compadeces de nosotros y nos tratas con indulgencia, te imploramos suplicantes que la misericordia de tu santidad absuelva con clemencia a este siervo tuyo sobre quien pesan las ataduras de la excomunión. Por Cristo Nuestro Señor. Amén.
Luego, de nuevo sentado, absuelve al penitente, que aún está arrodillado ante él, con estas palabras:
Por la autoridad apostólica que ejerzo en este asunto, yo te absuelvo de la atadura de la excomunión, en la que tú [posiblemente] has incurrido, y te restablezco en el santo sacramento de la Iglesia, en la comunión y en la unidad de los fieles, en el Nombre del Padre y del Hijo, y del Espíritu Santo. Amén.
Con estas acciones, aquel que impartió la absolución deberá imponer las sanciones curativas (en su mayor parte [sanciones] consistentes en repetir determinadas oraciones, de efectuar algún peregrinaje piadoso, de realizar otras obras de caridad, de observar cierto ayuno particular, o de distribuir limosnas a causas piadosas, etcétera), y entonces, al final, agrega la fórmula de abjuración y firma al calce, de la siguiente manera:
[En ejecución de las órdenes del R.P.S. (el reverendo padre superior) *(el nombre, etcétera, de quien lo delegó)*], al susodicho *(nombre, etcétera, del penitente)* le he administrado yo mismo [el delegado] la abjuración correspondiente (por ejemplo, formal, *o* grave *o* leve)... y las sanciones curativas en la forma acostumbrada por la iglesia, lo cual ha tenido lugar en el día y el año dados anteriormente.
Así sea. Yo *(la firma de la persona que absuelve a la otra)*

[*El delegado habrá de transmitir la fórmula* (evidentemente esto significa el documento en sí)

461

directamente a aquel de quien recibió la delegación, junto con la instrucción y otras cartas que también haya recibido, si tiene alguna, y no deberá guardar absolutamente nada para sí mismo.]

Fórmula D
De delegación para recibir una denuncia

El día... del mes de... del año...

Nosotros ..., delegamos con estas cartas a... para que reciba [sin la intervención del notario], bajo el secreto del Santo Oficio y de acuerdo con la instrucción anexa, la denuncia que la persona mencionada pretende hacer.

L. XS.   Firma del ordinario del lugar que está delegando

(La Fórmula E se relaciona con esas cartas)

Fórmula E
Manera de recibir la denuncia que corresponde en particular al caso de solicitación

[Nota: Las palabras que se incluyen entre corchetes son válidas en el caso de que la denuncia sea recibida por el R.P.S. o, correspondientemente, *sin la intervención de un notario.*
Sin embargo, si el delegado, habiendo expuesto una razón grave, no puede respetar esta manera de recibir la denuncia, deberá usar el recurso de pedir algunas instrucciones a la persona de la cual recibió la delegación.]
El notario, si está presente, o aquel que haya de recibir la denuncia, empezará con estas palabras o con palabras semejantes a éstas:

El día... del mes de... del año...
Por mi propia voluntad, yo personalmente (*aquí deben estar escritos el nombre, el apellido, etcétera, de aquella persona que va a recibir la [denuncia], quien, si el notario no está presente, deberá escribir: Ante mí el que suscribe*) me he presentado ante el que suscribe, en (*aquí se anotan el lugar y la diócesis donde vive la persona que ha de recibir el acto [es decir, la denuncia]*), [delegado especialmente sólo para este acto por el R.P.S..., como [se puede ver] en su carta dirigida [a mí], con fecha de (*exprésese aquí en qué día se escribió la carta en sí*), que se aplica a la situación presente], N... N... (*aquí deben escribirse el nombre, el apellido, el nombre del padre, el país de origen [es decir, la nacionalidad], edad, situación [sin duda se refiere al tipo de trabajo que la persona desempeña] y la dirección del domicilio de la persona que hace la denuncia; y si esta persona es un monje, también el nombre con el que se conocía a esa persona en el mundo*), a quien, después de que hiciera un juramento de decir verdad, el cual prestó mientras tocaba las Sagradas Escrituras de Dios (*que esta persona debe tocar con la mano, incluso si es un sacerdote*), se le explicó lo siguiente:
Esta persona que hace la denuncia en lenguaje ordinario [quien debe declarar que sabe que fue obtenida del ordinario del lugar esta facultad de recibir sin la intervención del notario lo que está a punto

de relatar para exonerar su conciencia, y por consiguiente debido a que no puede presentarse él mismo al Reverendísimo Obispo que se ocupa de las causas justas: entonces] debe continuar narrando con palabras, pero de manera discreta y concisa lo que se relaciona con la solicitación de la que fue objeto o cuáles fueron las palabras, las palabras escritas o los hechos, describiendo con precisión lugar, tiempo, momento, horas y circunstancias particulares, y diciendo si estas cosas sucedieron en el acto de confesión, ya sea antes o después de la absolución sacramental. Debe identificar el confesionario y al propio confesor que hizo la solicitación, y en el caso de que o bien no sepa su nombre ni su apellido, o los haya olvidado, deberá describir con exactitud el aspecto de ese hombre, mencionando distintamente todas sus características, de tal modo que pueda ser reconocido. La persona que recibe la denuncia ha de tener presente que deberá evitar interrogar a la persona que hace la denuncia acerca de si dio su consentimiento a los actos obscenos de la manera que sea o si los rechazó, puesto que el testigo no está obligado a manifestar sus defectos; más aún, a la persona que hace la denuncia se le advertirá expresamente que no está obligada a manifestar si dio su consentimiento, en el caso de que lo haya dado. Con estas palabras escritas según como fueron narradas y, en la medida de lo posible, con las mismas palabras de la persona que hace la denuncia, he aquí lo que sigue, a menos que se requiera alguna otra cosa.

Se le pregunta: Ya sea que lo sepa o que lo haya oído decir, ¿el mencionado N... N... *(nombrando a la persona)*, el confesor, hizo a otros penitentes objeto de solicitación respecto a cosas obscenas?

Él responde: (Si la respuesta fue afirmativa, tratará de decir el nombre y el apellido de las personas y la fuente de este conocimiento).

Se le pregunta: ¿Comprometiendo la buena reputación del susodicho confesor N... N... con usted así como con los otros?

Él responde:...

Se le pregunta: Si él está haciendo las declaraciones por odio o por amor, o por enemistad u otras razones generales, etcétera.

Él responde: Correcto *(en caso de que vaya a decir que hace la denuncia con el fin de exonerar su propia conciencia).*

Si ha pasado más de un mes desde que ocurrió la solicitación, además, deberá agregarse:

Se le pregunta: ¿Por qué dejó usted pasar tanto tiempo antes de denunciar los hechos antes mencionados a su ordinario y de exonerar su conciencia?

Él responde: ...

Habiendo sido absueltos todos estos asuntos, se le deberá leer a la persona que hace la denuncia todo lo que se tomó por escrito o, habiendo dado una razón justa por escrito, el instrumento se le deberá dar a él para que pueda leerlo en presencia de aquel que recibe la denuncia; una vez que todos estos asuntos han sido probados y aceptados, junto con las correcciones, adiciones y borraduras, en caso de que las haya, se le invitará a escribir su firma abajo y, habiendo dado razón de que prestó juramento de guardar el secreto, se le permitirá retirarse.

Todas estas cosas se describirán con estas palabras:

Teniendo estos hechos y habiéndolos aceptado, y habiendo obtenido permiso de retirarse la persona que hace la denuncia, ha jurado guardar el secreto, nuevamente tocando las Sagradas Escrituras de Dios *(esta persona presta juramento sobre las Escrituras, otra vez);* y en confirmación del testimonio que ha dado con palabras, escribe su firma *(o, si no puede escribir:* puesto que no puede escribir, según afirma *(anótese la causa)*, anota el signo de la cruz.

Después de que la persona que denuncia aquí ha firmado o el signo de la cruz, el notario deberá firmar, si está presente, de la siguiente manera:

Éstas son las Actas firmadas por mí mismo, el notario (*y si asumió ese cargo sólo para este caso:* cargo que asumo sólo para este caso).

Por último, firma la persona que recibe la denuncia.

L. X S.

No obstante, si el notario no está presente, entonces la persona que recibe la denuncia firmará de esta manera:

Estas Actas están firmadas por mí mismo, N... N... [especialmente delegado sólo para este caso por el R.P.S. N... N...].

[El delegado entrega entonces el acta completa directamente a aquel de quien ha recibido la delegación, junto con la instrucción y las cartas recibidas, sin retener nada para sí mismo.]

Fórmula F
De delegación para emprender la investigación

PARA EMPRENDER LA INVESTIGACIÓN COMPLETA

El día... del mes de... del año...

Nosotros... le pedimos a usted que se encargue de las diligencias acostumbradas para proseguir [esta investigación] de acuerdo con la instrucción anexada sobre una denuncia provisional hecha por (por ejemplo, una mujer o unas mujeres)... contra el sacerdote... interrogando por separado, formalmente y bajo juramento de decir la verdad y de observar el secreto, a dos testigos que, en la medida de lo posible, sean del cuerpo eclesiástico, pero más importante que todo lo demás es [entrevistar a alguien] que conozca bien tanto a la persona denunciada como a la persona que denuncia (o, si se trata de varias personas que denuncian, que conozca a todas las personas que denuncian). Si usted no puede encontrar al menos dos testigos que conozcan ambos tanto a la persona denunciada como a todas y cada una de las personas que denuncian, puede usted llamar a muchas personas, tantas, a saber, como sea conveniente para que haya un testimonio doble para la persona denunciada así como para cada una de las que denuncian. Ahora bien, deberá usted transmitirnos una copia autorizada de las Actas directamente y de una manera segura, junto con la instrucción y estas cartas, sin conservar nada con usted.

L. X S.　　　　　　　La firma del ordinario del lugar, que está haciendo la delegación
(La Fórmula G va anexada a esta carta)

PARA EMPRENDER UNA INVESTIGACIÓN PARCIAL

En este día... del mes de... del año...

Nosotros... le pedimos a usted que emprenda la investigación de acuerdo con la instrucción anexa... interrogando por separado, formalmente y bajo juramento de hablar con la verdad y de observar el secreto, a dos testigos que, en la medida de lo posible, sean del grupo de los eclesiásticos, pero más importante que ninguna otra cosa es que estos testigos (*por ejemplo* la mujer o las mujeres) conozcan más de cerca [tanto a la persona denunciada como a las que denuncian].

Ahora bien, usted deberá transmitirnos a nosotros una copia autorizada de las Actas directamente y de manera segura, junto con la instrucción y esta carta, sin conservar nada con usted.

L. X S.   Firma del ordinario del lugar que hace la delegación
(A la carta se le adjunta la Fórmula H)

Fórmula G
Manera de emprender la investigación completa

[Nota: Todo lo que está comprendido entre corchetes es válido en el caso de que la labor sea realizada por un delegado.]

El día... del mes de... del año...
Habiendo sido llamada, esta persona se presentó físicamente ante mí, el que suscribe, *(escríbase aquí el lugar y la diócesis donde él está ubicado)* [especialmente delegado tan sólo para este caso por el R.P.S.... como [es evidente] en razón de las cartas que esta misma persona que hace la delegación me dirigió y me entregó en esta fecha... *(aquí deberá consignarse el día en que se escribió la carta)* haciéndome responsable del presente cargo].
N... N... *(el nombre, el apellido y las cualidades del testigo que responde)*, quien habiendo informado que prestó juramento de decir verdad, cosa que hizo *(incluso si se trata de un sacerdote)* habiendo tocado las Sagradas Escrituras de Dios, fue interrogado por mí mismo de la siguiente manera:
Se le pregunta: Si él conocía al sacerdote N... N... *(nombre, apellido y cualidades de la persona que está siendo denunciada).*
Él responde:... *(escríbanse aquí el lenguaje que usa el testigo, y su respuesta).*
Se le pregunta: ¿Cuál es el tipo de vida que lleva este sacerdote? ¿Cómo es su moralidad? ¿Cuál es la opinión de la gente [acerca de él]?
Él responde: ...
Se le pregunta: Si él conocía a N... N... *(nombre, apellido y cualidades de la persona que hace la denuncia o, si son muchas, de cada una de ellas).*
Él responde: ...
Se le pregunta: ¿Cuáles son las costumbres y la moralidad de esta persona (o de cada una de estas personas), y qué opina la gente de ella (o de ellas)?
Él responde: ...
Se le pregunta: Si él pensaba que dicha persona era digna de confianza, o capaz, por el contrario, de mentir, de calumniar en el tribunal e incluso de cometer perjurio.
Él responde: ...
Se le pregunta: Si él sabe si acaso entre esa persona y el antes mencionado sacerdote pudo haber existido en algún momento alguna razón de odio o enemistad.
Él responde: ...
Después, habiendo leído debidamente el escrito y habiendo traído al testigo para prestar juramento de observar el secreto, que él debe prestar como antes, se le permite retirarse y, antes de que se vaya, firma en confirmación de lo que ha declarado *(o, si no puede escribir:* puesto que él afirma que no puede escribir *(anótense las razones),* anota el signo de la cruz).

465

Después de que el testigo ha firmado aquí o escrito el signo de la cruz, el delegado firma el comprobante de que ha recibido el testimonio, de la siguiente manera:

Estas Actas están firmadas por mí mismo, N... N... [especialmente delegado tan sólo para este caso].

L. X S.

[El delegado transmite entonces esta acta a aquel de quien recibió la delegación, junto con la instrucción y la carta que recibió, sin retener nada consigo.]

Fórmula H
Manera de emprender investigaciones parciales

(Nota: Todo lo que se incluye entre corchetes es válido en el caso en que la investigación sea realizada por un delegado.)

El día... del mes de... del año...

Habiendo sido llamada personalmente, se ha presentado ante mí, la persona que firma al calce *(escríbanse aquí el nombre, el apellido, etcétera, de la persona que ha de hacer la actividad)*, teniendo lugar en *(anótense aquí el lugar y la diócesis donde se le ha de encontrar)*, [delegado especialmente tan sólo para este caso por el R.P.S...., como [puede verse] en la carta que esta misma persona me dirigió y me entregó en esta fecha *(quede aquí asentado en qué día exacto se escribió la carta)* y que se adjunta al presente documento], N... N... *(nombre, apellido y cualidades del testigo que responde)*, quien, habiendo sido traído para prestar juramento de decir verdad, cosa que hizo *(incluso si se trata de un sacerdote)* al tiempo que tocaba las Sagradas Escrituras de Dios, contestó así a las siguientes preguntas:

Se le pregunta: Si él conoce (por ejemplo, a la mujer) N... N... *(nombre, apellido y cualidades de la persona indicada).*

Él responde:... (Esto deberá escribirse con el mismo lenguaje que usa el testigo para dar su respuesta.)

Se le pregunta: ¿Cuál es el tipo de vida que lleva esta persona, y cómo son su moralidad y su reputación entre la gente?

Él responde: ...

Se le pregunta: Si él cree que él [o ella] es digno o digna de confianza o si, por el contrario, cree que esa persona es capaz de mentir, de calumniar en el tribunal e incluso de cometer perjurio.

Él responde: ...

Se le pregunta: Si él cree que quizá entre él o ella y el sacerdote existe o ha existido alguna causa de odio o enemistad.

Él responde: ...

Entonces, una vez debidamente leída el acta al testigo, habiendo consignado que ha prestado juramento de guardar el secreto, lo cual hace igual que antes, al testigo se le permitirá retirarse, y antes de que se vaya, firma de conformidad con lo precedente *(o, si no puede escribir:* dado que no puede escribir, cómo él afirma *(anótese la causa)*, anota el signo de la cruz).

Después de que el testigo firma aquí o escribe el signo de la cruz, aquel que ha recibido el testimonio firma de su puño y letra de la siguiente manera:

Estas Actas han sido hechas por mí, N... N... [especialmente delegado sólo para este caso].

L. X S.
[Entonces el delegado habrá de transmitir el acta directamente a aquel de quien recibió la delegación, junto con la instrucción y la carta, sin conservar nada consigo.]

Fórmula I
Forma de manejar un interrogatorio partiendo de generalidades

(Nota: Todo lo que aparece encerrado entre corchetes es válido en el caso de que el interrogatorio sea llevado a cabo por el delegado o, correspondientemente, sin la intervención de un notario).

Sin embargo, si el delegado, habiendo dado una razón de gravedad, no puede observar esta manera de administrar un interrogatorio, deberá recurrir a aquel de quien recibió la delegación para recibir instrucciones [adicionales].

El notario, si está presente, o de lo contrario aquel que ha de realizar el interrogatorio dará inicio a los procedimientos con estas palabras u otras semejantes:
En el día... del mes de... del año...
Por medio del decreto del R.P.S. [el Reverendísimo Obispo] *(escríbanse aquí el nombre, etcétera, del ordinario del lugar)* entregado con fecha del ..., habiendo sido llamada aquí se presenta ante el que suscribe *(escríbanse aquí el nombre, el apellido, etcétera, de la persona que ha de recibir el acta, quien, si el notario no está presente, escribirá:* en presencia de mí mismo, el que suscribe), en *(anótense aquí el lugar y la diócesis donde tomará a su cargo el caso la persona que ha de recibir la acción)* [especialmente delegado tan sólo para este caso por el R.P.S...., como se puede ver en la carta que él me dirigió a mí y que me dio en la fecha *(déjese asentado aquí el día preciso en que se escribió la carta)*], esta persona, N... N... *(aquí deberán escribirse el nombre, el apellido, el nombre del padre, el lugar de origen, la edad, la condición y la dirección de la persona a la que se hizo traer; y, si se trata de un monje, también el nombre con el que esta persona se conoce en el mundo),* que fue traída para prestar juramento de decir verdad, cosa que hace tocando las Sagradas Escrituras de Dios *(las cuales deberá tocar con la mano),* es sometida al siguiente interrogatorio:
Se le pregunta: Si él sabe o imagina la razón por la que se le hizo acudir al presente interrogatorio.
Él responde:... (Escríbase aquí su respuesta en el lenguaje que utiliza la persona a la que se hizo venir.)
Se le pregunta: ¿Durante cuántos años ha estado recibiendo el sacramento de la penitencia?
Él responde: ...
Se le pregunta: Si siempre ha ido a que le dé el sacramento de la penitencia el mismo y único confesor o si lo ha recibido de muchos sacerdotes; además, si siempre ha ido a recibir el sacramento de la penitencia en la misma y única iglesia.
Él responde: ...
Se le pregunta: Si de cada uno de los sacerdotes con los cuales esta persona se ha confesado ha recibido santas amonestaciones e instrucciones oportunas, que fueron edificantes para la persona que está siendo sometida al interrogatorio, y si la mantuvieron alejada del mal.
Él responde: ...

Si la respuesta fue afirmativa, es decir, si dice que siempre se le ha conducido de la manera correcta, entonces se le interrogará de la siguiente forma:

Se le pregunta: Si él conoce o si recuerda alguna ocasión en que alguien haya dicho o escuchado decir que determinado confesor no ha actuado de esa santa y honesta manera con los penitentes, de tal modo que se han oído murmullos o incluso se han proferido palabras despreciables contra el confesor; por ejemplo, ¿la persona interrogada ha escuchado cosas semejantes de uno o de muchos penitentes, y fue esto durante el año anterior o durante los últimos cuatro o tres meses?

Él responde: ...

Si, después de esta pregunta y del comentario, la persona que está siendo interrogada continúa negando, dése por concluido el proceso legal con la fórmula acostumbrada, la cual se presenta al pie de esta instrucción.

Pero si ha resultado haber algo contra algún confesor, relacionado con aquellas cosas con respecto a las cuales se le ha estado interrogando, entonces se proseguirá el interrogatorio como sigue:

Se le pregunta: Que diga el nombre, el apellido, el oficio y la edad del confesor, y el lugar o el sitio donde daba confesión; o si se trataba de un secular o de un monje, etcétera.

Él responde: ...

Se le pregunta: Que diga, en orden, sincera y claramente, pero usando palabras discretas y concisas, todas aquellas cosas menos que honorables que escuchó en la confesión sacramental, ya sea antes o después o durante la confesión; si hubo algo que el sacerdote haya hecho con él que haya sido menos que honesto, a través de gestos con la cabeza, del tacto, de acciones, etcétera.

Él responde: ...

En este momento, el juez se encargará solícitamente de que la descripción sea dicha con las mismas palabras que usó el confesor, así como las palabras obscenas, las seducciones, las invitaciones a encontrarse en cierto lugar para algún fin inmoral, y todas las otras cosas que constituyen el delito de solicitación, usando el lenguaje vernáculo para las respuestas, que habrán de ser registradas cuidadosamente y al pie de la letra y, en la medida de lo posible, con las mismas palabras con las que se expresaron; el juez deberá incluir una descripción del temperamento de la persona que está siendo interrogada si percibe que ésta parece estar demasiado inhibida por el temor o la timidez como para decir la verdad, y le asegurará que todo quedará guardado como un secreto inviolable. Después deberá preguntarle al interrogado la hora en que se iniciaron las solicitaciones, cuánto duraron, con cuánta frecuencia se repitieron, con qué palabras o acciones que dejaran entrever un propósito inmoral fueron expresadas. Tendrá el mayor cuidado de evitar preguntar acerca del consentimiento de la persona misma que está siendo interrogada con respecto a la solicitación y, más aún, el juez deberá indicarle de manera expresa al interrogado que no tiene ninguna obligación de manifestar si dio su consentimiento, en caso de que lo hubiera dado. Del mismo modo, deberá evitar cualquier pregunta a través de la cual demuestre tener deseo de conocer los pecados de esa persona.

Se le pregunta: Si sabe o ha escuchado decir que el susodicho confesor ha hecho objeto de solicitaciones a otros penitentes, con intenciones obscenas; y si la respuesta es afirmativa, deberá nombrarlos *(y tendrá que ayudar dando los nombres, apellidos, etcétera, o al menos las mejores indicaciones posibles por las cuales las otras personas que fueron objeto de solicitación pueden ser detectadas).*

Él responde: ...

Se le pregunta: Si esa persona antes mencionada que está siendo interrogada ha dado testimonio motivado por el amor por la justicia y la verdad, o más bien por otro motivo: de enemistad o de odio, etcétera.

Él responde: ...

Cuando se ha completado todo este procedimiento, a la persona que ha sido interrogada se le deberá leer todo lo que se puso por escrito o, por alguna razón válida que quedará expresada en las anotaciones, el instrumento [es decir, el documento en el cual el notario ha escrito las respuestas] se le deberá dar a esta persona para que pueda leerlo por sí misma en presencia de aquel que aceptó el interrogatorio; después, una vez que todo ha sido aprobado y aceptado por esa persona, junto con las correcciones, adiciones y borraduras, en caso de que las haya, se le deberá invitar a firmar y se le conducirá a prestar juramento de guardar el secreto, y entonces se le permitirá retirarse. Todas estas cuestiones deberán describirse con estas palabras:

A la persona interrogada, una vez que hubo recibido y aceptado todas estas declaraciones, se le permitió retirarse, después de que juró observar el secreto tocando nuevamente las Sagradas Escrituras de Dios *(la persona jurará de nuevo sobre el libro de las Escrituras)* y, como confirmación de lo que ha declarado, firmará el documento *(o, si no puede escribir:* dado que asegura que no puede escribir *(anótense los motivos),* anotó el signo de la cruz).

Después de que la persona que fue sometida al interrogatorio ha firmado o ha escrito el signo de la cruz [en el documento], el notario habrá de firmar, si está presente, de esta manera:

Estas Actas están firmadas por mí mismo, N... N..., notario *(y si fue autorizado tan sólo para este caso:* autorizado sólo para este caso).

L. X S.

Por último, aquel que ha realizado el interrogatorio firmará el documento. Sin embargo, si el notario no estuvo presente, la persona que se encargó del interrogatorio deberá firmar de la siguiente manera:

Estas Actas están firmadas por mí mismo, N... N... [especialmente delegado únicamente para este caso por el R.P.S., N... N...]

[En ese momento el delegado transmitirá la denuncia [la documentación para el juicio legal] directamente a aquel de quien recibió la delegación, junto con la instrucción y la carta de aceptación, sin retener nada consigo.]

Fórmula L
Para la propuesta que ha de hacer el promotor de justicia: la inquisición completa

Habiendo hecho un breve resumen y una averiguación sobre las razones de hecho y de derecho, la conclusión será pronunciada por el promotor de justicia, por ejemplo, de la manera que sigue, pero de acuerdo con las circunstancias:

Habiéndolo considerado todo, me parece que debe decidirse que el sacerdote... sea amonestado *(simplemente o correctivamente).* O bien: Dejemos que este caso sea constituido en la Curia, *es decir,* en la Curia diocesana, y dejemos que este caso se prosiga de acuerdo con la ley (mientras tanto, sin embargo,... *y aquí deben agregarse las provisiones canónicas oportunas, en caso de que hubiera algunas que parezca necesario proponer al promotor).*

El día... del mes de... del año...

La firma del promotor de justicia

Fórmula M
Del decreto para constituir un correctivo penal

Nosotros (*nombre, apellido, dignidades, etcétera, del ordinario del lugar*), en (nuestra diócesis, abadía, prelatura, etcétera), habiendo sopesado las demandas contra el sacerdote N... N... sobre quien hay denuncia por el delito de solicitación, decretamos que el susodicho sacerdote, N... N..., sea amonestado (paternalmente, gravemente, etcétera, *dependiendo de los diversos casos*) bajo el secreto del Santo Oficio.

Si ha de agregarse alguna resolución, se agrega lo que sigue:
Y de acuerdo con las decisiones, la resolución es que ...
Éstas son las Actas de... (la dirección del ordinario del lugar)
En el día... del mes de... del año...

L. X S.   Firma del ordinario del lugar

Firma del notario

Fórmula N
Método para hacer amonestaciones correspondientes al delito de solicitación

Respecto a aquellos que han sido denunciados una o dos veces principalmente en relación con el horrible delito de solicitación, y habiendo realizado los esfuerzos oportunos, se decreta que: *Deberán ser amonestados (simplemente o correctivamente) bajo el secreto del Santo Oficio.* La persona a la cual le corresponde o le es asignado el deber de impartir una amonestación de este tipo deberá hacer venir al sacerdote denunciado, con la circunspección apropiada, y buscará dejar huella en él con palabras más o menos severas, dependiendo de las circunstancias y del tenor de la decisión, pero en una forma paternal, y teniendo cuidado de no revelar de ninguna manera, ni directa ni indirectamente, la identidad de quienes lo denunciaron. Hará la amonestación con estas palabras: *"Ha llegado a oídos de la autoridad eclesiástica que él, en el seno del sagrado tribunal de la penitencia, no siempre actuó como es propio de la prudencia y la santidad, de modo que con justa razón es de temer que él, en un intento temerario, haya tratado de convertir el sacramento mismo de la reconciliación en la perdición de las almas: por consiguiente, resulta del mayor interés para él que evite con todo cuidado esas cosas en lo futuro, a fin de que la autoridad eclesiástica no se vea orillada a pasar a procedimientos más rigurosos".* Y consérvese en esto, además, el secreto del Santo Oficio en lo relacionado con todo el caso y con todos los implicados, en la mayor medida posible.

Si la amonestación se realiza a través de una carta, el método de amonestación deberá ser el que sigue:

[Sin embargo, el delegado que ha de hacer esta amonestación, en un momento oportuno, informará de los resultados a quien le ha dado esta delegación, transmitiéndole al mismo tiempo todos los documentos, si acaso tiene algunos, sin conservar nada para sí mismo.]
Forma del decreto para el proceso legal

Las fórmulas que se proponen aquí no son definitivas, como resultará evidente, y pueden y deven modificarse dependiendo de las diferentes circunstancias. Se proponen aquí, por lo tanto, como un ejemplo.

PROCESAR SIMPLEMENTE

El reverendo... será procesado en esta Curia diocesana respecto a todos los asuntos que se infirieron contra él y se llevará a cabo un juicio de acuerdo con la ley.
Éstas son las Actas [firmadas en] *(la dirección del ordinario del lugar)*
El día... del mes de... del año...

Firma del ordinario del lugar   Firma del notario

PROCESAR, HABIENDO AÑADIDO CLÁUSULAS CANÓNICAS

El reverendo... será procesado en la Curia diocesana con respecto a todos los asuntos que se levantaron contra él y se realizará un juicio de acuerdo con la ley. Mientras tanto, sin embargo (por ejemplo, déjesele suspendido de la celebración de la Misa, *o* de ejercer los sagrados ministerios y oficios espirituales; deberá abandonar este lugar... e ir al lugar ubicado en ..., donde deberá permanecer bajo vigilancia especial, etcétera).
Estas Actas se firman *(como se cita arriba)* el día... del mes de... del año...

L. X S.
Firma del ordinario del lugar   Firma del notario

Fórmula P
Manera de hacer el proceso

Nótese bien que, de acuerdo con la norma del artículo 52, no se deberá obligar al acusado a prestar juramento de decir verdad.
El notario iniciará este acto así:

El día... del mes de... del año...
Habiendo sido llamado, el reverendo N... N... se presentó en persona ante el que suscribe *(escríbanse el nombre, el apellido, etcétera, de la persona que está realizando el proceso)* [delegado especialmente para este caso], y se le hicieron las siguientes preguntas:
Se le interroga acerca de su nombre, apellido, padres, lugar de origen, edad, condición, etcétera.
Él responde:... (El notario escribirá las respuestas en el lenguaje nativo y, en la medida de lo posible, con las mismas palabras que usa el acusado.)
Se le pregunta: Si sabe o si acaso puede imaginar la razón por la cual se le hizo comparecer.
Él responde: ... (y se proseguirá de este modo hasta el final, tomando nota de cada una de las preguntas y de las respuestas correspondientes).
Si la respuesta a la pregunta anterior es afirmativa, el juez invitará al acusado a explicar todas y cada una de las cosas separadamente y con sinceridad; de lo contrario, lo amonestará con

severidad de modo que, habiendo sido enfrentado con su propia conciencia, habrá de decir en un momento dado si sintió que se encontraba abrumado por algún delito. Y, si a esto responde afirmativamente, se le invitará, como antes, a confesar su propia falta con la humildad y sinceridad debidas, expresando los nombres de aquellos que cometieron el delito junto con él, y las palabras o acciones u otras circunstancias de los hechos que constituyan el centro y las particularidades de los delitos impetrados.

Y puesto que es difícil que el acusado pueda recordarlo todo desde el principio, el juez podrá apartar el espacio de dos o tres días durante los cuales la persona acusada podrá examinar diligentemente, en oración y con lágrimas, su propia conciencia, con lo que se le dará la opción de presentar su confesión también por escrito, la cual el juez recibirá formalmente en la siguiente sesión del proceso; o bien, si la confesión se entrega por escrito, el juez recibirá de manos del acusado el cuaderno en el cual está contenida y se la dará al notario, quien hará una anotación relativa a esto, por ejemplo, de la manera que sigue: *"El acusado [me] entregó un cuaderno [que contiene] su confesión, como él asegura, habiéndola hecho por escrito, y que empieza con...* (aquí tomará nota de las primeras palabras del documento), *y termina con...* (anotará las últimas palabras), *y que yo, aceptándolas, firmo con la letra A* (y el notario marca la página con ésta u otra letra del alfabeto) *y anexo a las Actas".* Este método deberá ser observado siempre que cualquier documento de cualquier tipo recibido del acusado haya de ser insertado en las Actas.

Después de esto, el juez dirigente comparará la confesión que se ha hecho, ya sea verbalmente o por escrito, con las denuncias que existen en las Actas y, si no encuentra nada que haya faltado o que se haya pasado por alto, pero habiendo omitido las declaraciones solemnes (no juradas), deberá proceder a las últimas preguntas; sin embargo, si encuentra en las Actas o bien algo que el acusado no haya confesado en absoluto o bien alguna parte de la confesión que no sea congruente con ellas, simplemente lo mencionará, como se determina más adelante.

No obstante, si este asunto sigue siendo negativo respecto al acusado, el juez llevará más adelante el interrogatorio preguntándole si sabe contra cuáles delitos está procesándolo el tribunal supremo; si el acusado no lo sabe, el juez enumerará los delitos de este tipo (herejía, solicitación respecto a un asunto serio, el peor delito [de pederastia], la violación del sello, etcétera). Después le preguntará si ha cometido alguno de esos delitos. Si el acusado responde afirmativamente, el juez lo invitará a hacer una confesión espontánea, igual que antes; en caso contrario, deberá leerle el decreto por medio del cual se emitió el mandato de llevar contra él un proceso legal. Después le pedirá al acusado que relate la historia de su propia vida y de su profesión: dónde nació, dónde hizo sus estudios, si fue promovido a algún grado académico o si obtuvo otros títulos honorarios, dónde vive, qué oficios y tareas le han sido asignados, y otros datos de la misma naturaleza. Por último, el juez preguntará si el acusado ha tenido algún enemigo, quién es su enemigo y cuál es la causa de la enemistad que existe entre ellos.

Una vez expuestas estas premisas generales, el juez, antes de sacar a relucir las denuncias individuales contra el acusado a quien se hizo venir, interrogará a éste acerca de las particularidades de las personas, lugares y circunstancias relativas a los momentos que se mencionan en la denuncia, así como qué cosa podría demostrar su probable verdad o falsedad. Por ejemplo, en qué lugar de la iglesia se encuentra el confesionario o dónde están las habitaciones en la casa del sacerdote; si éste recibe en su casa a los penitentes antes o después de la confesión de manera que pueda impartir consejo; si puso libros a disposición de los penitentes, etcétera;

si llegó a suceder que haya estado conversando con una mujer durante largo tiempo en su casa o en la sacristía después de la confesión y manteniendo las puertas cerradas; si esto ocurrió en tal día o tal otro, o en tal ciudad o pueblo u otro distinto, etcétera.

En seguida, el juez enunciará al acusado —siempre manteniendo en secreto el nombre de la persona que lo denunció— cada una de las denuncias. Pero de hecho, no lo hará de una manera global o combinada: traerá a la luz todas y cada una de las denuncias de manera distinta y por partes, leyéndoselas al acusado de modo que el juez pueda presentar desde el principio la denuncia completa ante el acusado, y luego la revisará en secciones tal como han sido reveladas en cada denuncia.

El juez empezará por las palabras y los actos menos graves y lentamente irá procediendo hasta llegar a los más serios; y no omitirá comprobar también algunas expresiones o hechos que no sean delictivos, en caso de que las personas que denuncian las hayan manifestado, con objeto de que, una vez que el acusado las haya admitido, si acaso después el acusado pretendiera hablar con engaños, se le pueda demostrar que las palabras o los hechos delictivos fueron conectados de tal modo que la autoridad pública de la iglesia no puede considerar algunas de estas palabras o hechos delictivos como verdaderos y otros como falsos. Estas palabras y hechos habrán de servir para confirmar cada una de las denuncias y, en caso de que hubiere alguno, aquellos intensos esfuerzos [diligentiae] que le son favorables a la persona que denuncia y resultan desfavorables para la que está siendo denunciada; la "información" que no le es favorable a la persona que denuncia no deberá utilizarse contra ella.

Por motivos de asociación [connexio] o de contenido [continentia], el juez también le mencionará al acusado los delitos que no pertenecen al Santo Oficio pero por los cuales ha sido denunciado y por los cuales aún no ha sido llevado a juicio.

De manera simultánea, los contraargumentos en los cuales se pudo haber apoyado el acusado, ya sea [que se hayan basado] en subterfugios, evasiones o respuestas sin sentido, deberán ser demostrados.

Una vez completas las declaraciones de todas las personas que hacen las denuncias, si hubiera de hecho más denuncias y el acusado permaneciere en actitud negativa, el juez tendrá buen cuidado de declararle al mismo acusado que, en desacuerdo con las declaraciones negativas de este último, están pendientes varias otras denuncias, presentadas en distintos momentos y por distintas personas, las cuales son de buen nombre, a juzgar por testimonios confiables, y en todo sentido dignas de crédito, que son incapaces de calumniar o de cometer perjurio, y que de hecho no se conocen entre sí, por lo que cualquier conspiración sería imposible. También le dirá que tampoco se ha aducido enemistad alguna ni ningún otro estado humano patológico como motivo para acusar [al sacerdote]; que fue sólo la finalidad de satisfacer una ineluctable obligación lo que los impulsó a seguir el consejo de su propia conciencia.

Habiendo sacado a la luz todas estas cosas, el juez interrogará al acusado acerca de lo que el acusado siente respecto al sexto mandamiento de la ley de Dios y al sacramento de la penitencia; si él cree que es lícito que el confesor actúe de esa manera con los penitentes, de tal modo que, a partir de ciertos documentos (o, si ya confesó, a partir de su propia confesión), se podría comprobar: si él se comportó [de esa forma] porque posiblemente cree que todo [lo que hizo] no era de ninguna manera pecaminoso; o bien si conoce o desconoce la Constitución apostólica de S. M. Benedicto XIV, que empieza así: "El sacramento de la penitencia", así como las sanciones con las que esta Constitución y los sagrados cánones amenazan a los confesores que, estando en el sagrado ministerio, hacen mal uso de su sagrado ministerio para la perdición de las almas; o, *por último, si puede presentar alguna prueba que lo exonere*.

Después de esto, el juez le preguntará al acusado si debería continuar este proceso legal en ese lugar y en ese momento, con lo cual se volvería legítimo, o si, por el contrario, el acusado tiene alguna objeción que hacer contra dicho proceso; si el acusado se daría por satisfecho teniendo la ayuda de un defensor *ex officio* [salido del tribunal], o si desearía nombrar a su propio defensor y, si insiste en alguna objeción, si acaso quiere que se repitan los interrogatorios de las personas que hicieron las denuncias.

Si da una respuesta afirmativa a esta última pregunta, o si de alguna manera tiene algún [hecho] que ofrecer en su propia defensa debido al cual deba escucharse al testigo (así como, además, si se presenta alguna dificultad grave y en ocasiones inesperada), el proceso deberá suspenderse. Deberá reanudarse después de que las personas denunciantes hayan sido interrogadas de nuevo o después de que se hayan escuchado las declaraciones de los testigos. El juez habrá de obtener nuevos testimonios de estas personas y, habiendo hecho formalmente la [segunda] inquisición, se iniciará formalmente un nuevo proceso legal.

Habiendo sido atendidos los testimonios de las denuncias, el texto de las denuncias deberá ser entregado al promotor de justicia, quien lo revisará meticulosamente y declarará si es necesario hacer algunas anotaciones acerca de dicho texto o si hay que tomar algunas nuevas disposiciones o nuevos pasos.

El proceso legal no será concluido por el juez, a menos que el promotor de justicia previamente haya dado su consentimiento en forma expresa.

Al final de cada sesión el notario le leerá al acusado todo lo que se haya presentado oralmente y todo lo que se haya escrito y, una vez que el acusado haya aprobado y aceptado estas declaraciones, junto con cualesquiera correcciones, adiciones y borraduras que pudieran haberse realizado, se le invitará a escribir su firma; y, habiendo sido severamente advertido de guardar el secreto, al acusado se le permitirá retirarse. El notario describirá todo esto con las siguientes palabras: *"Después de haber recibido y aceptado todo esto, al acusado, antes de que se le permitiera retirarse, se le advirtió que debía guardar el secreto y, antes de que se fuera, se le hizo firmar en confirmación de lo que aquí se ha declarado"*.

Una vez que el respondiente acusado ha firmado, el notario firmará de esta manera: "Estas Actas están firmadas por mí mismo, N... N..., notario (*y, si ha sido autorizado únicamente para este caso:* autorizado solamente para este caso). Entonces el juez que dirige el proceso legal imprimirá su firma.

No obstante, dado que para analizar todos los asuntos hasta su satisfactoria resolución no basta con una sola sesión del proceso legal, sino que se requieren muchas sesiones, cada una de ellas deberá abrirse y cerrarse de la misma manera. En cada sesión, al pie de cada página deberán consignarse las firmas del acusado, del notario y del juez y, al final de cada sesión, el juez citará al acusado, indicándole la fecha de la siguiente sesión, la cual el notario anotará de este modo: *"Habiendo sido informado de todos estos asuntos y habiéndolos aceptado, ahora el acusado está citado para el día... del mes de... para comparecer de nuevo, y se le ha dado permiso de retirarse después de haber sido amonestado, etcétera"*, como antes. Ahora bien, en la siguiente sesión, la primera pregunta será: *Si el acusado tiene por su parte algo que agregar, eliminar o corregir en los asuntos que se trataron en la sesión precedente* y, una vez que se transcribe su respuesta, la sesión podrá proseguir, desde el punto en que terminó el interrogatorio anterior.

Nótese bien que sería superfluo especificar que el juez, antes de presentarse en el juicio legal, debe someter el proceso informativo global a un minucioso examen por su parte —obviamente, todas las denuncias, tanto informales como formales, así como el material que no pertenece al Santo Oficio; sus revisiones acerca de la moralidad y la veracidad de las personas que presentan sus denuncias; y las investigaciones y la información acerca de la vida, la moralidad y la buena reputación de la persona que está siendo denunciada, además de las cartas de amor que él pueda haber escrito, etcétera— de manera que el mismo juez tenga a la mano todos los elementos necesarios para debilitar las negativas del acusado, y con las cuales refutar sus afirmaciones arbitrarias. A partir de las concesiones parciales del acusado, el juez podrá forzarlo a admitir algunos asuntos.

Fórmula Q
Para peticiones del promotor de justicia

A) EN CASO DE PROPUESTA DE UN APLAZAMIENTO

Una vez que se ha establecido como premisa un breve resumen y un sucinto cuestionamiento sobre las razones de hecho y de derecho, se procede a la conclusión, por ejemplo:

Habiendo tomado todo en consideración, creo que debería decidirse que al reverendo... se le permita retirarse después de escuchar una severa amonestación, permaneciendo el proceso en marcha. Y por la misma razón y con el mismo propósito. El propósito es *(por ejemplo)* que se le observe con más atención; que se le mantenga alejado de cualquier familiaridad con mujeres, usando también censuras eclesiásticas y, si se llega a observar algo obsceno *(o bien,* si se observara cualquier cosa que no sea compatible con el estado sacerdotal, etcétera,) en sus costumbres diarias, entonces se le llevará ante el tribunal inmediatamente.

El día... del mes de... del año...

Firma del promotor de justicia

B) EN CASO DE PROPUESTA DE CONDENA

Lo que se ha establecido como premisa anteriormente, etcétera.

... Considero que debería decretarse que, habiéndosele impuesto penitencias congruentes *(o* severas) y curativas, entre las cuales deberán contarse ejercicios espirituales por... días, que deberán hacerse en una casa religiosa, días durante los cuales él permanecerá suspendido de la celebración de la misa, al reverendo... se le permitirá retirarse con (aquí deberán expresarse las sanciones de acuerdo con la prescripción del *Canon 2368 § 1,* así como las sanciones complementarias que parezca necesario infligírsele). Y si acaso él hubiera absuelto a su cómplice, deberá curar su conciencia recurriendo a la Sagrada Penitenciaría.

El día... del mes de... del año...

Firma del promotor de justicia

C) EN CASO DE PROPUESTA DE ABSOLUCIÓN

... Es mi parecer que debería decretarse que la inocencia de la persona contra la que se levantaron cargos es evidente a juzgar por las Actas; y por consiguiente, al reverendo... debería permitírsele retirarse una vez que se le haya absuelto.

Fórmula R
Manera de declarar una sentencia condenatoria en los casos en que el acusado permanece en actitud de negación

Nosotros *(aquí deben anotarse el nombre, apellido, dignidades, etcétera, del juez u ordinario o de la persona delegada).*

Considerando que... *(el nombre, apellido, nombre del padre, edad, condición, etcétera, del acusado, y, si se trata de un monje, deberá agregarse también el nombre que solía usar en el mundo)* no ha mostrado reparo alguno en hacer mal uso del sacramento de la penitencia por medio de palabras y acciones con respecto de las cuales existen tratamientos en las Constituciones pontificias y especialmente en la Constitución de Benedicto XIV —cuyas primeras palabras son SACRAMEN-TUM POENITENTIAE—, diciendo y haciendo esas cosas... *(aquí se dirá concisamente, y con palabras prudentes y discretas, cómo, con qué frecuencia, etcétera, el acusado cometió la falta).*

Y considerando que, debido a todos estos asuntos, dicha persona ha sido denunciada ante nuestro tribunal, se le ha citado debidamente en este día *(anótense aquí el día y el mes de la citación),* habiéndose constituido contra él un proceso apropiado, y ahora se le está haciendo un proceso legal en estos días *(determínese en cuáles días);* sin embargo, esta persona permanece con una actitud de negación. Aun así, se le ha declarado culpable de los cargos.

En consecuencia, pese a que el acusado ha asegurado que siente que ha actuado de la manera correcta en lo concerniente a la fe y la doctrina católicas (habiendo supuesto, como es evidente, que lo que hizo era de verdad correcto), y que el defensor para la acción penal no fue negligente en su labor de promover y sustentar las defensas apropiadas para el acusado; aun así, habiéndolo sopesado todo correcta y seriamente, nosotros, el juez u ordinario o su delegado, en este día *(anótese el día en que se da la sentencia),* a partir de las Actas y de las pruebas, creemos y estamos convencidos de que la sentencia que sigue deberá ser cumplida.

Así pues, habiendo invocado el nombre de Dios y el de la bendita y siempre virgen María, madre de Dios y de Nuestro Señor Jesucristo, emitimos ésta nuestra sentencia definitiva, la cual nosotros, erigidos en el tribunal, expresamos en estas páginas, para la causa que se ha presentado ante nosotros entre D.... *(nombre, apellido, etcétera, del promotor de justicia),* el promotor de justicia de este tribunal y... *(nombre, apellido, etcétera, de la persona acusada, como antes),* y decimos, decretamos y declaramos y mantenemos que... *(aquí se repiten el nombre, apellido, etcétera, del acusado),* debido a aquellos asuntos por los cuales ha sido condenado, ha sido declarado culpable del delito de solicitación en relación con situaciones obscenas (y falso dogma) y por consiguiente se ha hecho acreedor a las censuras y sanciones que ya se han formulado, legislado y promulgado contra este tipo de delincuentes.

Y por lo tanto, para que los errores y las faltas recién mencionados no se queden impunes, y a fin de que el acusado se vea apremiado a vivir en el futuro de manera más prudente y sea un ejemplo para los demás, lo condenamos a... *(aquí se agregará la parte de las disposiciones de este fallo).*

Asimismo, le imponemos las siguientes sanciones curativas... *(y defínanse aquí las penitencias que se han impuesto)*.

Y de este modo decimos, discernimos, declaramos y solicitamos, y definitivamente creemos y realmente pretendemos y deseamos pedir su ejecución, ya que hacemos la solicitud respecto al hecho de este modo y con esta forma con los cuales por ley podemos y debemos [decretar], y al mismo tiempo ordenando para este fin, y mediante la presente carta, que se cite al acusado para la fecha... a fin de que oiga la lectura y entrega de ésta nuestra decisión.

Damos fe *(y el Acta deberá cerrarse con una indicación del lugar y el día en que ha de ser publicada)*.

L. X S.   Firma del juez u ordinario o de su delegado

Firma del notario

Manera de entregar una sentencia condenatoria en casos en que el acusado ha confesado sus delitos

Nosotros *(anótense aquí el nombre, el apellido, las dignidades, etcétera, del juez o del ordinario, o de su delegado)*.

Considerando que... *(nombre, apellido, nombre del padre, edad, condición, etcétera, del acusado y, si se trata de un monje, agréguese también el nombre con el que se le conocía en el mundo)* no ha mostrado reparo alguno en hacer mal uso del sacramento de la penitencia por medio de palabras y acciones en relación con las cuales existen tratamientos en las Constituciones pontificias y especialmente en la Constitución de Benedicto XIV —cuyas palabras iniciales son SACRAMEN-TUM POENITENTIAE—, diciendo y haciendo esas cosas... *(aquí se dirá de manera concisa y con palabras prudentes y discretas cómo, con qué frecuencia, etcétera, el acusado cometió la falta)*.

Y considerando que, debido a que ha sido denunciado por todos estos asuntos ante nuestro tribunal, y se ha establecido un proceso legal ordinario en este tribunal en contra de él y él ha sido debidamente citado en esta fecha *(aquí deberán anotarse el día y el mes de la citación)*, esta persona ha sido sometida a un proceso penal durante los días *(escríbase aquí en cuáles días)*; el acusado ha confesado lo siguiente: *(aquí deberá resumirse su confesión)*.

En consecuencia, a pesar de que él ha afirmado que sentía que estaba actuando de la manera correcta en cuanto a la fe y la doctrina católicas (y con la suposición, como resulta evidente, de que así sucedió en realidad), y su abogado defensor no fue negligente en su labor de promover y sustentar las defensas debidas; a pesar de lo cual, habiéndolo sopesado todo correcta y seriamente, nosotros, el juez u ordinario o su delegado, en este día *(anótese el día en que se da la sentencia)*, a partir de las Actas y de las pruebas, creemos y estamos convencidos de que la sentencia que sigue deberá ser cumplida.

Así pues, habiendo invocado el nombre de Dios y el de la santísima y siempre virgen María, madre de Dios y de Nuestro Señor Jesucristo, con esta sentencia definitiva que publicamos aquí erigidos en el tribunal en este registro público para el caso que se ha procesado en nuestra presencia entre D... *(nombre, apellido, etcétera, del promotor de justicia)*, el promotor de justicia de este tribunal, y... *(nombre, apellido, etcétera, de la persona acusada, como antes)*, decimos, decidimos, declaramos y creemos que... *(aquí se repiten el nombre, apellido, etcétera, del acusado)*, debido a aquellas cosas que ha confesado, ha sido declarado culpable del delito de solicitación en relación con situaciones obscenas (y de dogma falso) y, además, que se ha hecho acreedor a las censuras y sanciones que ya han sido anunciadas, declaradas y promulgadas contra este tipo de delincuentes por los sagrados cánones.

Y para que los antes mencionados errores y las faltas no permanezcan impunes, y a fin de que el acusado se sienta apremiado a vivir de manera más prudente en el futuro, y sea un ejemplo para los demás, lo condenamos a... *(aquí se agregará la parte de las disposiciones de la sentencia).*

Asimismo, a modo de sanciones curativas le imponemos... *(indíquense aquí las penitencias que se le han impuesto).*

Ahora bien, debido a que el acusado confesó de manera espontánea los errores y faltas antes mencionados y humildemente pidió que le fueran perdonados, nosotros deseamos, además, absolverlo de toda excomunión en la cual posiblemente haya incurrido, siempre y cuando primero dé prueba de que, con sentimientos y fe sinceros y verdaderos, abjura de aquellos errores y reniega de sus faltas; entonces le ordenamos por medio de ésta, nuestra sentencia, que actúe de acuerdo a la manera y la forma establecidas por nosotros.

Y de este modo decimos, decretamos, declaramos, solicitamos y definitivamente creemos y pretendemos y deseamos ordenar su ejecución, ya que respecto al hecho hacemos la solicitud de mejor manera y de acuerdo con aquella forma que por ley podemos y debemos usar, y al mismo tiempo ordenando mediante la presente carta que se cite al acusado para la fecha... a fin de que oiga la lectura y se le informe de ésta nuestra sentencia.

Damos fe *(y el Acta deberá cerrarse con una indicación del lugar y el día en que se dio a conocer).*

L. X S.   Firma del juez u ordinario o de su delegado

Firma del notario

Fórmula T
Manera de declarar solemnemente sobre la promulgación y la notificación de la sentencia en casos de solicitación

El notario deberá dar inicio al acto con estas palabras:

Por fuerza del decreto de fecha... *(anótese el día en que se dio la sentencia)* pronunciado por... *(nombre, apellido, etcétera, del juez),* en presencia de la misma persona en *(deberá anotarse la ubicación),* y en presencia del notario, N... N..., se presentó en persona *(nombre, apellido, nombre del padre, edad, condición, etcétera, del acusado y, si se trataba de un monje, también deberá agregarse el nombre que utilizaba en el mundo),* a quien el juez antes mencionado, que forma parte del tribunal, le leyó la siguiente información:

Aquí se lee por completo el documento, palabra por palabra, por el cual se dio la sentencia.

Después se agrega:

El día... del mes de... del año..., con este escrito ha sido promulgada la antedicha sentencia a través de la persona antes mencionada *(nombre, etcétera, del juez),* erigida en tribunal en *(dígase aquí en qué lugar),* quien la leyó en voz alta e inteligible a la presente persona *(el nombre, etcétera, del acusado),* la cual la escuchó sin contradecirla. *(Si el acusado confesó, habrá de añadirse:* Estando el acusado bien dispuesto, en genuflexión ante el juez y tocando las Sagradas Escrituras de

Dios colocadas ante él, abjuró de los errores antes mencionados [y de las herejías y en general de todos los demás errores y herejías contrarios a la Santa Iglesia Romana, Católica y Apostólica], como en el programa de su abjuración, mediante el cual presentó su abjuración, aún arrodillado, y recibió la absolución de la manera acostumbrada por la iglesia respecto a la sentencia de excomunión y se reconcilió con la Santa Madre Iglesia, habiendo iniciado las oraciones y las ceremonias comunes y acostumbradas.) Y habiéndosele impuesto las penitencias curativas contenidas en la mencionada sentencia, y habiendo recibido todas estas cosas, se le permitió retirarse, después de jurar guardar el secreto mientras tocaba las Sagradas Escrituras y después de que, en confirmación de todo lo expuesto anteriormente, él y yo firmamos.

Firma del acusado

Estas Actas han sido firmadas por mí mismo, N... N..., el notario (*y si ha sido autorizado tan sólo para este caso:* autorizado sólo para esta Acta).
Por último, el juez firma.

En el nombre del Padre,
escrito por Carlos Fazio,
pone a la Iglesia en el confesionario;
hace un acercamiento a un animal
psicológicamente interesante;
y contribuye con creces a acabar
con el silencio de los inocentes.
La edición de esta obra fue compuesta
en fuente newbaskerville y formada en 12:14.
Fue impresa en este mes de septiembre de 2004
en los talleres de Impresos GYV,
que se localizan en la calle de Torquemada 78,
colonia Obrera, en la ciudad de México, D.F.
La encuadernación de los ejemplares se hizo
en los mismos talleres.